"博学而笃志，切问而近思。"

（《论语》）

博晓古今，可立一家之说；
学贯中西，或成经国之才。

1905

复旦博学·复旦博学·复旦博学·复旦博学·复旦博学·复旦博学

普通高等教育"十一五"国家级规划教材　　复旦博学　社会学系列

社会调查研究方法

范伟达　范　冰　编著

复旦大学出版社

Fudan University Press

内 容 提 要

　　《社会调查研究方法》一书是本书作者10年前所编著的《现代社会研究方法》教材的第二版或称姐妹篇。本书阐明社会调查研究就是中国特色的社会研究，是社会研究的中国化或本土化。

　　本书作者积30余年从事社会研究方法教学科研和社会调查与市场调查之丰富实践经验，把握现代研究方法发展趋势，引用大量国内外及作者本人的成功案例，对社会调查研究方法进行了更为系统全面的介绍。全书不仅详述了社会调查研究的原理、程序、方法和技术，而且在理论取向与研究的动态组合，调查研究三种类型的科学界定，定性与定量的混合研究，抽样技术和问卷设计的最新成果，电话与在线调查的现状与发展，民意测验、市场调查与纵贯研究的主流趋向，统计分析、定性分析和理论分析的功能与联系等诸多方面提供了崭新的研究视角和分析思路。

　　本教材可供高等院校社会学专业教学主干课程使用，同时也可作为各相关专业的本科生、研究生以及从事教学科研、政策研究、市场调查和对社会调查研究方法感兴趣的同仁们进行理论研究、方案设计、现场实施、资料分析、撰写报告等教学科研与咨询服务的参考用书。

目　录

第一章

导　论

第一节　社会调查研究概述

调查研究是人类社会实践的重要形式,是人们正确认识世界和改造世界的重要途径和科学方法,是辩证唯物主义认识论在实际工作中的具体运用。调查研究是我们的谋事之基、成事之道。目前,调查研究已成为一门学问,在高等院校、科研机构、党政机关和实际工作部门成为一门必修的课程,得到广泛的应用。

一、什么是调查研究

什么是调查研究? 据《辞海》之释义:“调”,具有计算、统计的意思;“查”所指查究、查核、考查。“研”指审查、细磨;“究”指穷尽、追根究底。在《现代汉语大词典》①中,“调查”的解释为:“为了了解情况而进行考察(多指到现场)。”《中国大百科全书》②对“调查研究”作了如下定义:“调查研究是人们了解情况取得正确认识的根本方法。”同时,该书对“社会调查”(social survey)进行了广义和狭义的区分:“社会调查,广义指人们实地了解某种社会现象的活动和方法;狭义指社会研究方法中搜集分析资料的一种技术。”

---

① 《现代汉语大词典》编委会编:《现代汉语大词典》,现代汉语大词典出版社 2000 年版,第 556 页。
② 《中国大百科全书》总编委会编:《中国大百科全书》,中国大百科全书出版社 2009 年版,第5—332 页。

因此,我们可以说,调查研究(或全称社会调查研究),就是人们有目的、有意识地在系统地、直接地搜集有关社会现象的经验材料基础上,通过对资料的分析、研究,从而科学地阐明社会现象状况及其规律的一种认识活动。

调查研究作为科学的认识方法和工作方法,体现了各个方面的有机结合和统一。一是实践性和理论性的统一。其实践性表现在它是以研究客观实际为对象的,与社会生活、社会实践紧紧地联系在一起,并且调查研究过程本身就是一种认识客观世界的实践过程。其理论性表现在调查研究活动要在理论原则的指导下进行,并对调查研究结果作出新的理论概括和总结,形成新观点、新理论。二是普遍性与特殊性的统一。其普遍性表现在调查的范围和内容的广泛,从生产到生活、从社会到家庭、从国家到企业、从城市到农村,等等,就是说客观世界的各个方面都需要进行调查和研究。并且,调查研究所涉及的问题,都与其他问题有这样或那样的联系,不是孤立存在的。其特殊性表现在每项具体的调查研究活动,又都是限于特定的人物、事件、行业、时间和地点。每项调查研究活动都要有特殊的、具体的内容,从一般中找到特殊,又从特殊上升到一般。三是主动性和被动性的统一。其主动性表现在,调查者是否具备把握事物本质的能力,是否努力探索,其结论是大不一样的。其被动性表现在客观条件对调查结果有重要影响,某种社会现象的产生与发展是不以人的意志为转移的,调查课题受客观条件的制约。

调查研究是一项严肃的科学工作。科学的调查研究活动,不是笼统地搜集一些经验材料,或是了解零碎的点滴意见就下结论的事务性工作。它是一个探索事物发展规律的认识过程,是一项探索性的实践活动。在调查研究过程中,调查者通过对实际情况的亲身接触和调查了解,经过分析研究,得出正确的结论,为理论研究提供新信息,为实际工作提供有价值的依据。调查研究作为一种科学的方法,是辩证唯物主义认识论的生动体现和具体运用,在认识世界和改造世界的活动中具有重要作用和意义。

二、调查研究的功能与作用

1. 调查研究是理论联系实际的桥梁

缺乏理论指导的实践是盲目的实践,任何社会活动都要以一定的理论为指导。理论是建立在对客观事物的规律性的认识之上的,这种认识只有经过反复的调查研究,才能逐渐符合客观实际。马克思、恩格斯创建科学社会主义,毛泽东提出符合中国实际情况的革命理论都是在做了大量调查研究之后才完成的。此外,社会现象是不断发展、变化的,新的现象和新的社会问题层出不穷。因此,社会科学研究人员和各部门的理论工作者都要对不断出现的新问题进行调查研究。

理论研究不能仅依靠印证马列主义的一般原理或照搬国外的理论,而是要从中国的历史状况和现实状况、从中国社会的一般特点和特殊规律的分析中建立符合中国实际的社会理论,这样才能有效地指导实践。不对中国的现实问题进行深入细致的调查研究,或者在调查中忽视理论建设工作,那么我们对于中国社会的认识就依然是模糊的。

理论联系实际,是马克思主义的一条根本原则。理论只有联系实际,才能从实际出发,指导革命实践;理论一旦脱离实际,就会变成僵死的教条。调查研究是理论联系实际的桥梁,是将马克思主义普遍真理同本国革命和建设的实践相结合的关键。

老一辈无产阶级革命家,特别是毛泽东同志,从他们从事革命活动的时候起,便十分重视社会情况的调查研究,并同当时反对或不懂调查研究的人们进行过坚决的斗争。在党的六届六中全会上,毛泽东同志针对当时党内理论脱离实际,不懂中国国情,不作调查研究的错误倾向,严肃指出不应把马克思、恩格斯、列宁、斯大林的理论当做教条看待,而应当作行动指南。"使马克思主义在中国具体化,使之在每一表现中带着必须有的中国的特性,即是说,按照中国的特点去用它,成为全党亟待了解并亟待解决的问题。"①对于这个问题,他在 1941 年写的《〈农村调查〉的序言和跋》一文中又明确地作出解答,指出"一切实际工作者必须向下作调查。对于只懂得理论不懂得实际情况的人,这种调查工作尤有必要,否则他们就不能将理论和实际相联系"②。在毛泽东同志的倡导和示范的带动下,调查研究的方法在党内各项工作中普遍推广起来,从而进一步加强了马克思列宁主义的普遍原理同中国革命的每一项具体实际工作的结合,这对于夺取抗日战争、解放战争的胜利,顺利完成对生产资料私有制的社会主义改造,着手进行社会主义现代化建设发挥了极其重大的作用。

党的十一届三中全会以来,邓小平同志从中国国情出发,创造性地运用马克思主义的基本原理,为推进我国社会主义现代化建设提出了一系列重大的理论和方针原则,并逐渐形成了建设有中国特色社会主义理论。这个理论之所以得人心、顺民意,对中国社会主义现代化事业产生如此巨大的推动力量,主要是因为他对中国国情进行了深入、缜密的调查研究,成功地把马克思主义的普遍原理同我国的具体实际结合起来。回顾我们党几十年革命斗争的历史,可以清楚地

① 毛泽东著:《毛泽东著作选读》上册,人民出版社 2006 年版,第 228 页。
② 毛泽东著:《毛泽东著作选读》下册,人民出版社 2006 年版,第 467 页。

看到,只有坚持不懈地调查研究,才能架起马克思列宁主义普遍原理同本国具体实践相结合的"桥梁",才能真正实现理论与实际的结合,才能取得革命和建设的胜利。

2. 调查研究是谋事之基、成事之道

调查研究是把握实际情况,制定政策,决定工作方针的基础。正确的方针政策不是基本原理的简单演绎,也不能用推导公式的方法来求得。党和国家的方针、政策来自群众的实践,但它并不是群众的分散意见和要求的简单综合。正确的方针和政策,是在科学理论指导下,通过周密的调查研究,了解实际情况,科学总结群众经验,正确反映群众意见而形成的。

在实际工作中,要解决具体问题,就要取得对实际情况和事物发展规律的认识,而这就要进行调查研究,了解事物的现状和历史,分析其内部和外部各方面的联系。"你对那个问题不能解决么?那么,你就去调查那个问题的现状和它的历史吧!你完完全全调查明白了,你对那个问题就有解决的办法了。"①毛泽东同志的精辟论述,生动地说明了调查研究在实际工作中的重要地位和作用。

同时,正如任何理论都不是绝对真理一样,任何政策和计划也不可能完全符合实际情况。即便是通过调查研究制定出来的政策、计划也会有某些不足之处。此外,政策、计划在实施过程中,也可能会出现各种偏差。因此,在实践过程中,仍然要不断进行调查研究,检查政策、计划的执行情况,不断地根据实际情况对其进行修正和完善,在实践中检验政策、计划和理论。

党的领导机关的基本任务主要是了解情况和掌握政策两件大事。前一件就是认识世界,后一件就是改造世界。认识世界和改造世界紧密相连,只有认识了世界,才能更好地去改造世界。我们各项工作的第一步,就是了解情况,搞调查研究,按照实际情况制定路线、方针、政策。陈云同志曾经指出,领导机关制定政策,要用90%以上的时间作调查研究工作,最后讨论决定,用不到10%的时间就够了。这绝不是一个简单的时间概念,而是强调各级领导机关和领导同志必须把主要精力放在调查研究工作上。

密切联系群众,坚持全心全意为人民服务的宗旨,是我们党一贯的优良传统和作风。在发展社会主义市场经济的今天,更要发扬我们党的这一优良传统和作风,要为人民服务,就必须了解群众的利益,群众的情绪,群众的呼声,群众的要求。我们定政策、办事情,都要急群众之所急,想群众之所想。只要我们办事情符合群众的利益,合乎群众的心愿,群众就会拥护我们,和我们一道去克服困

---

① 毛泽东著:《毛泽东农村调查文集》,人民出版社1982年版,第2页。

难，夺取胜利。要做到这一点，就要靠经常的调查研究作基础。

如同胡锦涛同志所说："要加强对构建社会主义和谐社会重大问题的调查研究和理论研究；调查研究是我们的谋事之基、成事之道。各级党委、政府和领导干部要切实加强对本地区本部门和谐社会建设有关情况和工作的调查研究，全面分析和把握社会建设和管理的发展趋势，为制定政策、开展工作奠定坚实的基础。"同时，他还特别强调要加强对社会结构发展变化的调查研究，要加强对社会利益关系发展变化的调查研究，要加强对维护社会稳定工作的调查研究，"通过开展广泛深入的调查研究，切实提高思想认识水平，切实提高政策水平，切实提高工作水平，努力把构建社会主义和谐社会的各项工作落实好"①。

3. 调查研究是科学研究的重要方法

方法是科学研究的重要工具，方法掌握着研究的命运。调查研究作为一种科学的重要方法和工具，在社会理论建设和各项社会实践活动中起着感知、描述、解释与预测的重要作用。

首先，人们对客观世界的认识都必须从感性认识开始。毛泽东提出过一句名言："没有调查就没有发言权。"他指出："要了解情况，唯一的方法是向社会作调查。"②

科学的认识是建立在可靠的事实材料基础上的，而社会调查正是为了提供这种真实的第一手资料。只有搜集到大量的经验事实，只有真实地反映出社会生活的实际情况，才有可能建立科学的社会理论和社会政策。因此，经过调查研究我们就能感知了解社会的真实情况。

其次，通过调查我们可以客观描述现象的一般状况、过程和特点：社会调查研究不同于日常观察的一个主要区别在于：它能够用系统的、科学的程序和方法将复杂、多样的社会现象清楚、准确地描述出来，不仅可以描述现象的数量状况，而且还可以说明现象的性质。如古语所说，"格物致知"，通过描述，将大量事实材料的整理、分类，使错综复杂、形式多样的社会现象条理化、清晰化。

再次，调查研究还具有解释和预测社会现象的功能。描述仅仅是说明现象"是什么"，解释则说明现象为什么会产生、为什么会发生变化等等，解释是在"知其然"的基础上探求"其所以然"。换言之，调查研究的解释功能也可以"实事求是"来概括。"实事"就是客观存在着的一切事物，"是"就是客观事物的内部联

① 胡锦涛：《2005 年 2 月 21 日在中共中央政治局第二十次集体学习时讲话》，新华社北京 2003 年 2 月 22 日电。

② 毛泽东：《毛泽东选集》第 3 卷，人民出版社 1953 年版，第 789 页。

系,即规律性,"求"就是我们去研究①。

最后,如果我们的调查研究是符合实际的,那么依据这种研究我们就可以预测现象的发展、变化,并在某种程度上控制现象的发展。当然,由于社会现象的影响因素的复杂多样,我们不可能把现象之间的因果关系完全调查清楚,因此社会调查研究一般只能作出基本上符合实际的解释和预测,这些解释和预测也需要在实践中不断地修正与调整。

4. 调查研究是现代人必备的知识

正如美国社会学家 K·贝利所指出,近来已经出现一种趋向,就是研究方法本身也正在被社会科学研究部门以外的很多部门所采用,甚至已经影响到美国大选进程。如此看来,社会调查已经成为一种社会工程的形式,而不单纯是一种研究方式了。

在社会生活的许多领域都可以看到这种影响。在政治领域,贝利所说的对美国大选的影响是一个典型的例证。大选中社会调查研究及其按照美国的传统,要经过两次调查来决定:一次是社会科学家提出最符合美国民主政体目的的投票时间的理论,要经过调查来证实;另一次调查享有投票权的公民认为最方便的投票时间。社会调查影响大选的第二个方面,是在选举投票过程中所公布的调查结果对选举的影响。有些有投票权的人还没有去投票,但他们从公布调查结果中已明确知道,即使他们再去投票,对大选结果已经不起作用。调查对大选的第三个方面的影响,是由于舆论单位、电视网络进行了选举中间的调查,并且把调查结果显示出来,以致改变大选程序的决议。社会调查活动及其方法在政治生活中的类似影响并不少见。譬如在我国的人事干部制度中,最近也作出了任用领导干部要经过民意调查程序、了解群众意见的规定,在干部选举制度中,也增加民意调查的程序。

在经济生活领域中,许多公司企业都把经济信息的搜集看作企业最重要的工作,设立专门调查机构。一些大公司都设有调查部,进行市场行情调查,甚至有的还作国外投资所在国的政治形势的调查。再有,反映物价涨落情况和物价指数的编制,反映居民生活状况的家庭调查,都与采用的调查方法有直接关系。在文化生活领域,电话、广播节目的制订、收听收看效果,对名优演员的评选,都离不开民意调查方法的运用。

可见,如果没有调查研究方法的知识,是不能适应现代化社会生活的。调查研究及其方法正日益成为现代社会人们必须具备的知识。

---

① 毛泽东:《毛泽东选集》合订本,人民出版社 1968 年版,第 759 页。

三、调查研究的基本原则

我们进行社会科学研究,包括调查研究一般都必须遵循以下一些基本原则。

1. 客观性原则

所谓客观性原则,就是坚持物质第一性、意识第二性的原则;客观性是任何科学研究都必须遵循的原则。这一原则要求研究者对客观事实采取实事求是的态度,不能带有个人的主观偏见或成见,更不能任意歪曲和虚构事实。要做到这一点,必须从客观事实出发,详细占有材料,同时要处理好客观与主观的关系。

首先,必须从客观事实出发,详细占有材料。通过对事实的分析和概括,去揭露社会现象的本质、规律性。调查者应该以事实为依据,让事实和数据说话,没有事实,或没有足够的事实,就不可能进行社会调查研究。

马克思在《资本论》中指出:"研究必须充分地占有材料,分析它的各种发展形式,探寻这些形式的内在联系。只有这项工作完成以后,现实的运动才能适当地叙述出来。"马克思把从客观事实出发,充分占有材料提到首位。为此,他经年累月地,每天都在伦敦大不列颠博物院图书馆里面工作 10 小时,博览一切有关的材料。列宁写《俄国资本主义的发展》一文时,也曾阅读并批判地运用了 583 册书籍。马卡连柯之所以对教育理论作出杰出贡献,是由于他始终坚持这一信念:"理论应该从我眼前发生的全部现实事件里去归纳出来。"在科学活动中,只有当我们采取严格的客观态度,忠实地反映客观现实,才有可能正确地认识客观事物的因果关系和必然联系。

其次,坚持严格的客观性也就是用唯物主义的观点去看问题,是承认客观存在、尊重客观事实。有一是一,有二是二,事情是黑就是黑、是白就是白,不夸大,不缩小;不"唯上",不唯"书",不唯"众"。其中,要处理好"假设"与"客观性"、"党性"与"客观性"等关系。不能把科学研究看作是"证实"自己早已得出的"结论"的过程,为了"证实"自己事先臆造的"结论"便有意识地去寻找那些符合自己的"事实",甚至不惜歪曲情况,伪造材料。那么,假设在科研中起什么作用呢?在科学研究中,有时在分析初步积累的事实的基础上,提出一些假说以便顺利地进行下一步工作是必要的,这跟预先作出结论,毫无共同之处。假说不是结论。在研究过程中,不是要找事实证实假说,而是要用大量的事实,对假说予以检验,在检验过程中,假说或者被修正,或者得到了证实,或者被推翻。同时,要正确看待"党性"与"客观性"的关系。我们不是如资产阶级学者那样企图把理论的无党性颂扬为客观性、科学性。实际上,一切试图说明社会生活问题的学说,都反映着某一阶级的利益,因而是有党性的。问题在于如实地认识世界是跟哪个阶级的利益是一致的。显而易见,共产党的党性不但与客观性没有矛盾,而且同严格的科学性、客观性是完全一致的。

2. 科学性原则

所谓科学性原则主要是指研究及研究结论的实证性和逻辑性。科学是建立在系统的经验观察和正确的逻辑推理之上的。科学结论所依据的事实,应当是全面的、具有内在逻辑联系的,而不应当是个别的或偶然的。列宁指出:"在社会现象方面,没有比胡乱抽出一些个别事实和玩弄实例更普遍更站不住脚的方法了。罗列一般例子是毫不费劲的,但这是没有任何意义的或者完全起相反的作用,因为在具体的历史情况下,一切事物都有它个别的情况。如果从事实的全部总和、从事实的联系去掌握事实,那么,事实不仅仅是'胜于雄辩的东西',而且是证据确凿的东西。如果不是从全部总和,不是从联系中去掌握事实,而是片断的和随便挑出来的,那么事实就只能是一种儿戏,或者连儿戏也不如。"[1]坚持科学性原则,要求我们十分注意由客观事实到结论需要经过正确的逻辑推理,科学的理论或结论还必须能受到实践的检验。在研究的过程中要十分注意科学的精确,防止可能产生的各种误差,特别在理论分析阶段更要注意抽象思维,透过现象寻求与把握事物的本质。

必须最大限度地保证研究的可靠性、准确性。产生不可靠或不准确情况的因素是很多的,而且处处都有可能出现,所以必须步步为营。当然,这里要说明的一个问题是如何看待社会科学的模糊性认识。社会现象的特征之一,就是事物的模糊性。社会系统所包括的因素越多,它的模糊性就变得越明显。但是,正是这种复杂因素的总和,又把个别因素的模糊性相互叠加、相互抵消,在整体上、在全局上又出现严格的分布,使得人们在这模糊程度上,能够求得有效的精确解释。因此,模糊数学实际上并不模糊,恰恰相反,模糊数学找到如何在模糊性中求得精密性的科学方法,这正是社会研究的追求方法。

社会研究必须透过各种现象寻求事物的本质。仅仅把大量可靠的精确材料汇写在一起,还不是科学研究。科学是从探求事物本质、发掘运动规律开始的。认识的真正任务在于经过思维,到达逐步了解各类事物的内部矛盾,了解内在规律性,了解这一过程和那一过程的内部关系,因而社会研究的任务就在于通过事物外部的表现形式来探求事物的本质。正如马克思所说,"科学的任务在于把可见的、流露在现象表面上的运动还原为现实的内部的运动"[2]。

---

[1] 列宁:《列宁全集》第 23 卷,人民出版社 1992 年版,第 279 页。

[2] 马克思:《资本论》第 3 卷,人民出版社 1966 年版,第 348 页。

3. 定性与定量相结合原则

社会调查研究必须注意定性研究与定量研究相结合的原则。所谓定性研究,就是对于事物的质的方面的分析和研究。一事物的质是它区别于其他事物的内部所固有的规定性。此物之所以为此物,此物之所以有别于他物,就是由于它具有自身的质的规定性。矛盾分析法和系统分析方法就是定性分析的重要方法。所谓定量研究,就是对事物的量的方面的分析与研究。事物的量就是事物存在和发展的规模、程度、速度,以及构成事物的共同成分在空间上的排列等等可以用数量表示的规定性,对于事物的这些量的规定性的分析与把握。由于失误的质的差别是最根本的差别,区分事物的质是认识事物的开始,是认识量的前提,定性是定量的基础;同时,由于质总是一定的量的基础上的质,因此,由质进到量,则会导致对事物的认识的深化。正是在这个意义上,在没有对事物进行定量研究、弄清数量关系、找到决定事物的质的数量界限以前,我们对事物的性质的认识就只是初步的、肤浅的,就难以对实践提出十分明确而具体的指导。

既然一切社会现象都具有质和量两个方面,我们在进行社会科学研究时,就应该把定性研究和定量研究统一起来,通过对于社会现象本身的量变以及它们之间的数量关系的分析,来达到对于它们之间质的差异的把握。要把定性研究与定量研究贯彻于研究过程之始终。具体来说,这一原则有下列要求:

第一,在搜集整理经验材料时,既要注意被研究对象的质,也要注意被研究对象的量。在搜集整理经验材料时,就要"胸中有'数'"。这是说,对情况和问题一定要注意到它们的数量方面,要有基本的数量分析。从国家来说,要建立科学的社会指标体系,因为社会指标是社会总体现象的数量描述,是衡量社会进步和社会成员全面发展的尺度;要建立严格和完善的统计制度,并且要及时公布各种主要统计数字;要利用电子计算机去建立完备的数据库,并适度开放,等等。从研究者本人来说,在进行文献研究、观察、调查、实验等时,要注意被研究对象的量,注意搜集有关量的材料。社会现象的极端复杂性和随机决定性,在进行这种调查工作时,可以利用数理统计和电子计算机作为工具。

第二,在对于经验材料的消化、理解过程中,要通过量的分析去把握被研究对象的质,在有条件的时候,要建立被研究对象的数学模型。由于"任何质量都表现为一定的数量,没有数量就没有质量",因此,必须加强对事物的量的分析与研究。只有这样,才能更深刻地认识事物在实践中的地位和作用,为实践提供明确而具体的指导。

第三,在对社会科学成果进行评估时,既要注意质的评估,又要注意量的评价。我们后面将要指出,理论评价有双重标准:真理标准(客观性标准)和价值标准。无论是真理评价还是价值评价,都有质和量两个方面。

4. 理论与实践相结合原则

坚持理论与实践相结合的原则是我们进行调查研究的最基本的原则,这一原则要求我们在科学方法论指导下,需要经验研究对理论假设的验证以及在此基础上所进行的理论解释过程。

历史上,人们对理论与实践或"思维与存在"的认识经历了很大的变化。古代唯理论哲学家轻视实践的作用。他们认为,理论是先天存在的绝对真理,是超乎感觉经验之外的东西。在近代,实证主义科学家认为,只有经验事实才是真实可靠的,所谓理论只不过是对经验事实的概括,两者是等同的。

马克思主义正确地提出和处理了理论和实践两者的辩证关系。马克思主义认为,理论来自经验世界,但它能超越事物的各种表象,它是对事物本质的抽象。"如果事物的表现形式和事物的本质会直接合二为一,一切科学就成为多余的了。"①

马克思主义还指出,思维能否正确地反映或认识客观存在,实际上是一个实践的问题。现代科学方法论说明了理论是人们根据经验事实对现象所作的尝试性解释,这种解释要在实践中加以检验,检验的目的不在于证实理论,而在于修正理论、发展理论。因此,调查研究必须以现有的理论为指导。但是,这种指导不能是带着"框框"去研究,而是以现有理论作为参照系,同时任何理论必须在实践中应用和检验。

坚持理论与实践相结合的原则,需要我们重视并认真选择研究方式,以期求得科学的理论指导。

范式(paradigm)是人们思想和行为的规范或模式。按照韦氏《新世界词典》的解释,范式即是"形式,例证,或模式"。这个概念运用于社会科学中,是指观察社会生活的一种"视野和参照框架",它是由一整套概念和假设所组成的。

今天我们强调社会调查要选择范式,是因为范式本来就是人们借助它去观察世界、改变世界的立场、观点和方法。范式就是指导人们行为的指导思想、指导理论。人的各种社会活动和行为是在一定的思想指导下进行的,不是以这种思想为指导,就是以那种思想为指导。有的是以结构功能主义作为理论依据;有的用符号论作为指导思想;有的则以交换理论作为设计调查研究方案的理论依据。可见,社会调查都是遵循一定理论的指导的。

贝利在《现代社会研究方法》中曾举马克思和马尔萨斯同样研究资本主义社会"人口过剩"问题,由于采用了不同的范式得出了不同结论的例子,这说明社会

---

① 马克思:《资本论》第 3 卷,人民出版社 1966 年版,第 923 页。

调查中选择范式的重要性。马克思把唯物辩证法作为他研究人口问题的指导思想,运用了诸如阶级、阶级斗争和剩余价值等概念作为框架研究人口,得出了不存在超越一切社会制度的人口规律;资本主义社会造成人口过剩的原因,不在于人口的增长数量,而在于资产阶级对无产阶级的剥削压迫的结论。马尔萨斯在研究人口过程中,运用了算术级数、几何级数、积极抑制、预防性抑制、邪恶、苦难之类的概念来认识人口现象,得出了资本主义社会的贫穷和罪恶是人口增长快于生产资料增长这一"人口自然规律"。而他提出的解决人口问题的对策是战争和瘟疫,"道德的抑制"。[①]

可见,在社会调查活动中,研究者的立场和认识问题的参照范式不同,所得出来的结论也就不同,调查研究者选择科学的理论观点作为调查研究的指导是非常重要的。

坚持理论联系实际的原则还要坚持实事求是的态度,社会调查研究虽然是一种科学的研究,但它的最终目的是应用。也就是说,它不是为调查而调查或为兴趣而调查,而是为认识社会和改造社会而调查。调查必须针对现实中迫切需要解决的重要问题,必须根据客观实际来提出政策性建议。中国社会中存在的各种现实问题,都是与中国社会的特点和历史传统有关的,要解决这些问题,就必须深入地了解中国的国情。

定性研究和定量研究相统一的原则当然还有其他要求,我们这里所论及的只是主要的要求。

5. 方法多元化原则[②]

方法多元化作为调查研究的原则之一,具有以下多方面的依据。

第一,研究对象的复杂性。黑格尔在谈到哲学方法的特点时说,方法必须和自己对象的内容本性相符合,因为"方法并不是外在的形式,而是内容的灵魂和概念","方法与其对象和内容并无不同"[③],方法只能是在科学认识中运动着的内容的本性,同时,"正是内容这种自己的反思,才建立并产生内容的规定本身"[④]。黑格尔的上述思想是十分深刻的,他实际上已经以歪曲的形式意识到,研究方法、思维方法是有客观原型或客观根据的,这种原型或根据就是事物自身的逻辑和事物自身的规律性。思维方法实际上只是移入、内化于人们头脑中的事物的客观规律,是由事物的客观规律转化而来的主体思维活动的规则、手段和工具。因此,事物的客观规律是思维方法的客观基础。思维方法不是纯粹主观

---

① 〔美〕K·贝利著、许真译:《现代社会研究方法》,上海人民出版社 1986 年版,第 32—35 页。
② 陈波等:《社会科学方法论》,中国人民大学出版社 1989 年版,第 133 页。
③ 黑格尔:《逻辑学》上卷,商务印书馆 1966 年版,第 37 页。
④ 同上书,第 4 页。

的规定,它本身具有客观性。既然如此,我们至少可以得到下述两个结论:

(1) 不同的研究对象要求有不同的研究方法;

(2) 研究对象的复杂性必然导致研究方法的多元化。

第二,研究主体的差异性。方法确实为对象的内容本性,为事物的客观规律所决定,但是,方法并不就是这些内容本性和规律本身。诚如黑格尔所指出的,"方法就是逻辑内容的内在自我运动的形式之觉察"[1],也就是说,对象的内容本性、客观规律要成为思维方法、研究方法,首先要为研究主体所认识和把握,并且要经历由客观到主观的转化、主体对客体的改造和建构的过程。换句话说,思维方法是被人们认识了的规律,并依据这些规律,经过主体的主管制作、建构而形成的思维的规则、程序、步骤和手段等。所以,思维方法尽管有其客观基础,但绝对不是纯客观的东西,而有其主观的因素、主观的特征。既然客观规律转化为思维方法要经过主体的中介,但研究主体在阶级立场,知识水平、研究能力、兴趣爱好、情感意志、利益需要等方面都是千差万别的,这些差别无疑会影响到对客观规律的认识和把握程度,会造成对于思维方法的不同选择和应用,形成不同的思维视角和研究风格,从而形成不同的学风和学派,造成宏观上方法多元化的局面。

第三,实践活动的多样性。毛泽东同志曾指出,"我们不但要提出任务,而且要解决完成任务的方法问题。我们的任务是过河,但是没有桥和船就不能过。不解决桥或船的问题,过河就是一句空话。"[2]黑格尔认为,"在探索的认识中,方法也就是工具,是主观方面的某个手段,主观方面通过这个手段和客体发生关系"[3]。也就是说,方法是主体从事实践活动、达到预定目的的工具和手段,是主观见之于客观的桥或船。实践是有对象、有目的的,不同的实践活动的不同对象和目的就要求有与之相适应的不同的方法,实践活动的多样性就必然要求思维方法、研究方法、工作方法等等的多元化。

第四,方法对于理论的相对独立性。我们认为,任何科学方法都以规律性的知识即理论为依据,它们是由一定的理论所决定和派生的,实际上只是理论的实际应用,知识行动中的理论。方法具有鲜明的具体性、操作性和规范性,它是理论经过沉淀、变形、具体化的结果。在理论和方法之间还有一个很长的具体化、中介化的过程,这就使得方法对于理论具有相对的独立性,也就是说,理论的正确不一定就能保证方法的正确,理论的错误也不一定导致方法的错误。正由于方法对于理论具有相对独立性,我们在一定的意义上可以说,各种具体的科学方

---

① 转引自张世英:《论黑格尔的逻辑学》,上海人民出版社1981年版,第161页。

② 毛泽东:《毛泽东选集》第1卷,人民出版社1953年版,第125页。

③ 转引自列宁:《哲学笔记》,人民出版社1974年版,第98页。

法本身是中性的,不存在截然不同的这个学派的方法或那个学派的方法,当然更不存在所谓的资产阶级的方法和无产阶级的方法。在原则上,一切方法皆可为我所用,只要用得正确、用得适得其所。

综上所述,研究对象的复杂性、研究主体的差异性、实践活动的多样性以及方法对于理论的相对独立性等,必然要求思维方法、研究方法、工作方法等的多样化,必然要求把方法多元化作为一切科学研究活动所必须遵循的基本方法论原则之一。

方法多元化原则内容是无论何种方法,只要它能够导致科学研究活动和变革现实活动的成功,它就是正确的有效的方法,就可以拿来为我所用。

四、社会调查研究与社会研究

在中国,社会调查、调查研究或社会调查研究可以说是家喻户晓的词汇。人们都很熟悉毛泽东这一句耳熟能详的名言:"没有调查就没有发言权。"有一般公民常识的人都知道社会调查研究作为科学研究方法不仅是政府行政工作的方法,更重要的是学术研究的科学方法。

但是,从 20 世纪 80 年代起,当我们从西方引进"社会研究(Social Research)"这一概念后,国内学者对社会调查研究的认识就有所不同。国内学界,在相近意义上使用社会调查研究的主要概念有:社会研究、社会调查、调查研究、社会调查研究、社会学研究、社会科学研究、问卷调查、实地研究等等。

如上所述,在对方法的研究中,有关社会调查研究的概念和体系的探讨占据了很大的比例。差异表现之一在于对概念的名称或提法不同。有的称之为"社会调查研究";有的称之为"社会调查";有的称之为"调查研究"(尽管大部分学者在使用这几种不同的名称时,所指内涵几乎完全一样)。差异表现之二则在于对概念内涵及外延的界定有所不同。有的认为调查研究或社会调查研究只是社会研究的一种类型;有的认为社会调查研究(或者说广义上的社会调查研究)可以等同于社会研究;有的认为社会调查,只是一种搜集资料的工作;有的则认为社会调查既包含资料搜集的工作,又包含资料分析的工作;甚至还有的认为社会调查仅指那种运用自填问卷或结构式访问的方法。

因而,有必要对社会调查研究、调查研究、社会调查与社会研究这些概念的联系和区别作一下梳理与分析。

1. 调查研究与社会研究

什么是社会研究? 至今没有一个统一的认识。

美国《社会学辞典》曾有如下的说法:"社会研究是在任何社会情景中用严格的程序解决一个问题,检验一个假设,或者发现新的现象或现象间的新关系。"

德国《布罗克家斯大百科全书》中讲到:"社会研究是指社会科学中一种以经验为依据的行为方式……科学研究的主要问题之一,是要在科学理论和方法论上为其奠定基础……记者采访,征询意见,实地调查,内容分析,考察,以及一定的实验都是社会研究中最主要的技术手段。"

港台谢应宽等人合译的《社会调查与研究》一书中这样定义:"社会研究是有系统的方法,它发掘新事实,证验旧事实,发现事实间的顺序、交互关系、因果解说及统制事实的自然律。"

我们国内所出版的《中国大百科全书·社会学卷》对社会研究有如下的描述:"社会研究(Social Research)是运用科学方法对社会生活现象加以了解、说明和解释的一切活动。它是以人类社会为对象,以科学方法为手段,以解释和预测为目的,以科学理论和方法论为指导的一个完整的过程。"

由此可见,社会研究是社会科学中,为了系统地反映和解释现实社会而采用的一种以实践经验为依据,通过严格的科学程序来搜集资料、验证假设和确立理论的研究方法。这是一门以科学理论为指导,对认识社会现象的方法论、基本方式和具体方法及技术进行具体研究的学科。

"社会研究"这一国外的学术用语在改革开放后为国内学术界所引进的一段时期里,一度与"社会调查"、"调查研究"以及"社会调查研究"我国传统使用的学术用语发生了一些混淆并在学术界、教育界引起了一些讨论。

我们说所谓调查研究,是人们有目的、有意识地在系统地、直接地搜集有关社会现象的经验材料基础上,通过对资料的分析、研究,从而科学地阐明社会现象状况及其规律的一种认识活动。它涵盖了"社会研究"的主要内容。

在我国是否有必要严格区分"社会调查研究"和"社会研究"这两个概念,在学术界至今没有一个统一的认识。尽管社会学界部分成员主张要严格区分"社会研究"与"社会调查研究"、"社会调查"等这些概念,但是学术界的不少学者,社会上的大多数人,尤其是非专业工作者,仍然不去区分"社会调查研究"与"社会研究"之异同,并且不加区分地在同等的意义上使用这两个概念。也有人认为,在中国的语境下解释,从比较宽泛的意义上解释"社会调查研究",对推广科学的研究方法更有意义;从我国的具体情况看,有时沿用"社会调查研究"的概念是一个不错的选择。

因此我们觉得,社会调查研究是中国特色的社会研究,也可以说是社会研究的中国化或本土化。"调查研究"是"社会调查研究"的一种简称,它与"社会研究"的本质含义与方法意义是可以完全一致的。以"社会调查研究方法"为书名的本教材,可以看作是本书作者在 10 年前所编著的《现代社会研究方法》第二版或称姐妹篇。

2. 社会调查与社会研究

那么,"社会调查"和"社会研究"这两者的关系又是如何呢?

社会调查的概念,在国内外也有不同的理解和用法。在国内,中国共产党和我国学术界都素有重视并实践社会调查的优良传统。"没有调查就没有发言权"、"调查如'十月怀胎',解决问题如'一朝分娩'",体现了重视调查的思想作风和工作作风。在大多数国人的概念和了解中,开座谈会、个别访问、蹲点调查、问卷调查、民意测验等都是社会调查。当然也有个别人士以美国部分学者的说法为依据,认为社会调查仅指那种运用自填问卷或结构式访问的方法。

国外对社会调查的用法也不尽一致。英国《社会学百科全书》定义为"是通过一种预先设计好的询问方式来搜集社会数据"①,另一本辞典定义为"社会调查(Social Survey)是对生活在特定地理、文化或行政区域中的人们的事实进行系统的搜集……(它)虽然常常包括说明性或描述性材料,但它一般是数量性的"②。美国的 W. B. Sanders 指出:"社会调查(Social Survey)一般指对研究总体中抽取出的样本询问问题的方法。"③日本社会学家福武直则将社会调查定义为"实证地抓获社会现象的一种方法,具有通过直接实地调查搜集所谓实在的数据并由此进行分析的特色"④,与我们国内的"社会调查研究"概念的通常用法比较接近。

而社会研究泛指任何有关一定社会生活现象的各种研究。它既包括研究社会现象的各相关学科,也包括研究社会现象的各相关方式;它不仅包括量的数据,也包括了质的描述。

因此,社会调查从研究方法角度定义(也可以称之为狭义的定义)则是人们实地了解某种社会现象的活动和方法;是搜集分析资料的一种方法和技术⑤,是认识社会现象的一种方法。《现代汉语词典》⑥将"调查"定义为"为了解情况而进行考察(多指到现场)";《新汉日词典》⑦中有关"调查"的定义也强调"多指到现场"。可见"调查"的本质属性是到"实地"、到"现场",它是人们认识社会的一

---

① Macmillan. *Student Encyclopedia of Sociology*, London Macmillan Press Ltd, 1983, P. 368.
② 〔英〕邓肯·米切尔主编:《新社会学辞典》,上海译文出版社 1987 年版,第 338 页。
③ W. B. Sanders. *The Conduct of Social Research*, N. Y. CBS, 1974, P. 54.
④ 〔日〕福武直等:《社会调查方法》,湖南大学出版社 1986 年版,第 4 页。
⑤ 《中国大百科全书》总编委会:《中国大百科全书》第二版,中国大百科全书出版社 2009 年版。
⑥ 中国社会科学院语言研究所词典编辑室:《现代汉语词典》,商务印书馆 2005 年 5 月第五版,第 334 页。
⑦ 尚永清主编:《新汉日词典》,商务印书馆 1990 年版,第 216 页。

种重要方法。从这个意义上,我们可以说,社会调查是社会研究的一种类型,是有别于文献研究与实验研究(或称之为社会实验)的一种更多地到实地、到现场的一种研究方式。为了避免与"社会调查研究"的简称"调查研究"的概念相混淆,本书将社会研究三种类型中的这种类型直接冠之以"社会调查"的名称,以适合国人的阅读习惯和传统思维。也就是说,本教材认为社会研究包含的三种类型为文献研究(调查)、社会调查和实验研究。其中,社会调查不仅是特指运用问卷手段搜集社会现象数量特征的一种狭隘的定量研究中搜集数据资料的一种方法手段,其含义至少可以包括了实地研究类型的深入到研究现场运用观察、访谈、体验等定性研究手段搜集实证资料的方法和含义。也就是说,社会调查既包括定量为主的问卷调查(或称统计调查等)、也包括定性为主的实地研究(或称田野调查等),同时也应该注意定量与定性研究方法相结合的混合调查。

第二节　调查研究的主要特点

调查研究作为一种科学研究是一个认识过程。任何一个认识都有认识的客体、认识的主体及客体对象在人的认识中反映形式这三项组成。作为社会研究的客体就是社会及其社会现象。社会现象是人类共同生活的情形或人与人之间关系的现象。它具有空间性(一个地方的社会现象和别的地方不完全一样)、时间性(一个时代有一个时代的社会现象)、复杂性(社会是一个复杂的有机体)、联系性(任何社会现象并不是独立存在的,而是和别的现象互相关联)、因果性(社会现象并不是偶然发生的,有其原因和影响)等几个特征,因而作为社会研究来说也就有它本身的一些特点。

一、整体上把握社会系统

调查研究之所以要从社会整体角度考察和分析,是因为社会不是单个人的机械集合体,而是一个完整的系统、一个社会有机体。在这个有机体的生存活动中,各种社会现象都完成着一定的功能,它们的社会意义只有在与整体进行对比时才可能得到正确的理解和解释。

1. 社会有机体论

列宁说过:"马克思和恩格斯称之为辩证方法(它与形而上学方法相反)的,不是别的,正是社会学中的科学方法,这个方法把社会看作处在经常发展中的活的机体……"①"这种研究的科学意义在于阐明调节这个社会机体的产生、存在、发展和死亡,以及这一机体由另一更高的机体来代替的特殊规律(历史规律)。"②可见,马克思和列宁在描绘社会特征时曾多次称社会为活的有机体,把社会看作是由一定社会要素构成的、发展变化着的系统,一个活的机体。

在资产阶级"理论社会学"发展史上,一些著名社会学家也曾主张从整体上把握社会并把社会比喻为社会有机体。社会学的创始人孔德就以"社会静力学"和"社会动力学"的划分,首先提出了对社会整体进行纵、横研究的总体设想。斯宾塞继孔德之后更明确地提出必须对"一般社会所表露出来的结构和功能加以研究",并以著名的社会有机体学说实践自己的主张。杜尔克姆在他的社会分工学说中则把社会与人的关系解释为整体与各个部门的关系。韦伯则主张从研究个人社会行动的动机、目标出发,来理解整个社会。20世纪50年代风行一时的帕森斯结构功能主义学说,为社会整体研究提供了一整套概念体系和分析模型。

当然,马克思主义对社会有机体的理解绝不等同于斯宾塞等人的社会有机体论。后者抹杀社会同自然界区别,把社会机体同生物机体作简单的机械类比,把社会矛盾归结为生物体的矛盾,把社会中统治者与被统治者的关系同人的大脑和肢体、器官的关系相比,在理论上和政治上是完全错误的。但是,作为"社会学中的科学方法"把社会作为一个有机系统从整体上来加以研究,则是可取的。

2. 从整体上把握社会系统

历史唯物主义认为,社会是一个系统。所谓系统,就是由一定数量的相互联系的因素组成的具有一定复杂程度的整体。"社会有机体"就是描绘社会这个系统最一般特征的形象用语。从物质基础看,社会系统是在生产方式的矛盾运动中不断进行新陈代谢的;从活动主体看,社会有机体是由在一定的物质生活生产方式基础上由人群所组成的;从各构成要素的关系看,社会系统是一个由生产力、生产关系、上层建筑等基本要素构成的有机整体,并相互依赖、推动社会有机体的运动变化发展。

因而,调查研究要从整体上来研究和把握社会系统,就是要把握社会有机体的普遍本质,主要是它的物质性、整体性和变动性;同时,观察和研究社会生活必须从实际出发,着眼于社会要素的联系和发展,了解要素的结构与功能及其相互之间的联系和制约。这些都是从哲学方法论的角度从整体把握社会的构想。

在我们把握社会系统的方法中,也有一些特殊的方法可供运用。例如,运用

① 列宁:《列宁选集》第1卷,人民出版社1977年版,第32—33页。
② 同上。

辨识"黑箱"的方法。我们知道,对于一种内部结构尚不能直接观测,只能从外部去认识的客体,控制论创始人维纳称之为"闭盒"(Closed box)或"黑箱"(Black box)。比如:商店里待顾客选购的电视机、患脑震荡或失语症的病人、一批受到心理学家跟踪观察的儿童、国家欲实行计划控制人口的系统等,都可称为"黑箱"。当然,在不同的历史时期,由于人类认识能力的提高,某一客体开始是黑箱,后来可能是"灰箱"或"白箱"。

调查研究的社会系统,是一个极为复杂又高度活动性的系统,运用近代科学所形成的传统方法,即把复杂的事物分解成简单的元素,把整体肢解为部分,用简单事物来说明复杂事物,用部分来说明整体,显然是无能为力的。例如,人脑这个系统仅大脑皮层就有 100 多亿个神经元,每个神经元平均又与约 1 000 个其他神经元相连接,要弄清每一个元素及每一个具体联系几乎是不可能的,即使弄清了也不能简单地说明人脑的整体功能。维纳等人大胆冲破近代科学所形成的传统方法的束缚,继承和发展了古代本质上是从整体与外界环境的相互联系中研究事物的辩证思维方法,又吸收了近代科学所形成的精密的科学研究方法(如实验法、数学法、模拟方法等),从而形成了控制论黑箱方法。

黑箱方法一般包括如下基本原则和步骤。

(1) 相对孤立的原则,确认黑箱。就是说,把所要研究的对象看成是一个整体,把它相对地从其环境中孤立出来。把研究对象所受到周围环境影响看成是通过特定通道实现的"输入",把研究对象对周围环境的作用看成是通过特定通道来实现的"输出"。

(2) 观测和主动试验,考察黑箱。就是考察对象的输入、输出及其动态过程。对考察可采取直接观测的方法,在对系统不加干预的情况下测量系统的输入和输出。亦可采取主动试验的方法,人为地在系统的输入端加入某种典型的测试信号,然后再观测对应的输出及其变化。

(3) 建立模型,阐明黑箱。就是利用系统的输入、输出的观测试验的数据,以及原有对系统的知识,建立关于研究对象的模型,然后据此对系统的功能特性进行定性、定量和静态、动态的分析评价,对系统的未来作出某种预测。

今天,控制论的方法已成为现代科学研究复杂的大系统的有效工具。例如:我国的人口系统就是一个极为复杂的大黑箱,如何掌握我国人口发展规律并加以控制,是一个难题。近几年,我国的科学工作者,运用黑箱的方法对这个问题做了有益的探索。他们在人口发展的各种因素中,抓住主要因素,建立了我国人口发展的动态数学模型,并利用这个模型提供对未来一百年内的人口发展作了各种测算,为我国经济和社会发展计划提供了有用的数据。

二、分析社会要素的联系

当然,我们强调从整体上研究并不是不要研究各个要素。整体研究要求的本身就包括应该研究各部分之间的联系。要害在于不是仅仅孤立地或静止地研究各个部分、各个要素,而是要注意研究各要素之间的联系。因此,仅仅判明其功能上的依属关系还不足以理解正在社会上发生的过程,还必须阐明其因果关系。作为社会研究来说就要揭示社会生活各组成部分彼此间的联系,其中很重要的一点是探究它的因果关系。

1. 社会要素及其联系

任何系统都离不开组成它的各个要素。就社会系统而言,就有如生产力、生产关系、上层建筑等这样的社会要素。就某一个社会系统而言,又有其各具体的组成要素,比如人口系统中的人口数、性别比、出生率、死亡率、人口迁移情况、人口文化、构成等各要素。因此,我们要分析和掌握一个组成的各要素,了解分析各要素之间的内在联系,同时,更重要的是要研究一个要素的改变怎样引起其他要素,甚至整个系统的变化,研究社会系统同它的环境(自然界)的关系。因为"整体大于它的各个部分的总和",古希腊伟大思想家亚里士多德说的这句话至今仍然是系统问题的一个基本观点。任何系统由若干部分(要素)构成,但在功能与行为上,在运动规律上,又与构成它的部分(要素)迥然不同。系统的功能不等于各要素功能的总和。例如,食盐(NaCl)为人类食用的必需,但其构成元素(Na)或氯(Cl)就没这种功能,单质的金属钠和有味道的氯气都是不能食用的。因而,我们在做社会研究时,要注意要素的构成,更需要注意要素之间的联系。

2. 因果分析的各种模式

世界上没有孤立存在的东西,一事物总和另一事物相互关联着。联系有多种形式,其中因果联系是一种最基本的联系。讲到因果关系,一般人认为就是指某个单一事件(因)导致另一事件(果)的产生,现代的科学研究则大多摒弃这种一对一的因果关系,而强调多对一,或一对多及多对多的因果观念,因而在因果分析上就呈现多种模式。

比如,有两个社会现象 x 和 y,社会研究就要了解 x 对 y 有何影响(可表示为 $x \rightarrow y$)。x 和 y 的关系,可能出现多种情况:

(1) 单因关系

① 直接关系 $x \rightarrow y$

② 间接关系 $x \to z \to y$

(2) 多因关系

① 多因直接关系

$$x \searrow$$
$$y$$
$$z \nearrow$$

② 多因间接关系

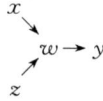

$$x \searrow$$
$$w \to y$$
$$z \nearrow$$

③ 多因间接直接关系

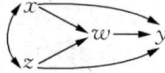

$$x, z \to w \to y$$

在多因素分析方面我们还可从多方面着手：

(1) 了解所有这些因素同时对 y 的影响如何

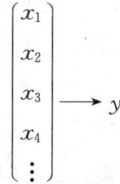

$$\begin{pmatrix} x_1 \\ x_2 \\ x_3 \\ x_4 \\ \vdots \end{pmatrix} \to y$$

(2) 比较一下，哪个因素对 y 的影响更重要

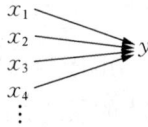

$$\begin{matrix} x_1 \\ x_2 \\ x_3 \\ x_4 \\ \vdots \end{matrix} \to y$$

(3) 知道了各因素（自变量）之值后，如何来预测依变量 y 的值

$$y' = b_1 x_1 + b_2 x_2 + a_{12}$$
$$z'y = \beta_1 z_1 + \beta_2 z_2$$

　　同时我们也可以看到，在错综复杂的社会现象中，不仅是多种原因产生一个结果，在有些情况下是多种原因继续产生它们各自的分别的结果。在另外一些情况下，除了产生分别的结果外还有一个组合的结果。这种组合结果有时是现存原因的"矢量和"，有时则是在性质上不同于各个原因的组合。

　　因而,调查研究就需要有其一系列的特殊方法和功能来叙述和解释这些复杂现象间的关系,这是我们社会研究的一个很重要的着眼点。

　　但是,应该引起重视的是,除了因果关系外,还有系统联系、结构联系、功能联系、起源联系等等。比如,在系统论看来,要素的功能好,系统的功能未必好;要素的功能不好,系统的功能未必不好。因为决定系统功能的,不是要素,而是系统的结构。生物体中构成蛋白质和核酸的基本单位无非是 20 种氨基酸和 4 种核苷酸,但是,通过其不同的排列组合,却可以产生出类别繁杂的蛋白质和核酸,进而通过细胞组织器官等层次组成生物个体,构成了地球上现有的 100 多万种动物、30 多万种植物和 10 多万种微生物,呈现出千姿百态的生命世界。

　　高明的棋手深知棋子布局和走向在对弈中的重要。在棋子数目相当乃至少于对方的情况下,它们在空间(棋盘)上的布局不同,在时间中的走向不同,效果也截然不同。有时一着不慎,全盘皆输;有时走对一步,全局皆活,甚至一兵一卒都可置对方于死地。

三、探求社会发展的规律

1. 偶然现象和必然规律

　　实质是一个必然性与偶然性的关系。必然性、偶然性范畴是认识论的基本范畴,也是我们社会研究要从理论上首先要解决的一个问题。人们在日常认识中自觉不自觉地使用这对范畴,而且从很早的时候开始,就对这对范畴本身进行了哲学的探讨。古希腊时代,人类从知识的角度探讨了这对范畴的意义,中世纪对必然性、确定性的信任和追求变成了对上帝的信仰和追求。近代科学发展起来时,它从中世纪的神学中解放了出来,但又打上了机械的烙印。那个时代的科学家、哲学家大多确信自然界是一个有着惊人的程序与和谐服从纯粹必然性,是一个可用数学计算的运动世界,而偶然性的因素则被忽略了。

　　正当机械论在 18 世纪、19 世纪中叶获得凯旋时,恩格斯就从达尔文的理论出发断言:"确信一切都是建立在牢不可破的必然上面,这是一种可怜的安慰。"达尔文在长期的调查中发现,无论在家养状况还是在自然状况下动植物个体,后代和亲代之间都存在着差异和变异。这种差异和变异不是人力的结果,而是物种自发产生的。变异有的是有利物种的,有的是不利的。每一个物体发生怎样的变异是偶然的,变异的效果对于后代或者是一定的,或者是不一定的,不一定的是更普遍的。和 18 世纪自然科学家描写的物理世界不同,生物界似乎是被偶然性支配的。然而,正是在大量的偶然性中,达尔文发现了生物界的规律,发现了生物进化的必然性。于是,人们认为生命世界和物理世界是相互对立的,社会更如此,在社会中似乎纯粹是由偶然性支配的,无必然性可言。

我们说,偶然性与必然性无论在自然、在人类社会都是客观存在的一对对立统一的范畴,然而在自然界和人类社会中存在着两大类很不相同的现象:一类是决定性现象,另一类是随机现象。

这种决定性现象是在一定的条件下,事物运动的规律是确定的,一旦认识了这些规律就可以事先作出正确的预言。例如,太阳总是从东方升起;生命总要经历生长、发育、衰老直至死亡各个阶段等。

但是,在自然界和人类社会中还广泛存在着与决定性现象有着本质不同的另一类现象,在基本条件不变的情况下,一系列试验或观察会得到各种不同的结果。换句话说,仅仅就一次试验或观察而言,它会时而出现这个结果,时而出现那个结果,呈现一种偶然性。这就是随机现象。例如,抛掷一枚硬币事先并不能正确地预言结果是出现正面或反面,也不能预测未来一小时内电话交换台接到的电话呼叫次数等。

正像黑格尔当时就提出的一个命题:"偶然的东西正因为是偶然的,所以有某种根据,而且正因为是偶然的,所以也就没有根据;偶然的东西是必然的,必然性自己规定自己为偶然性,而另一方面,这种偶然性又宁可说是绝对的必然性。"[1]但是,当时大多数科学家深受牛顿的影响,把黑格尔的命题当作奇异的文字游戏,当作自相矛盾的胡说抛在一边。然而,随着自然科学的发展,无数事实不断地证明,生命世界、物理世界都是一个生生不息、在大量的偶然性中开辟道路的世界,是一个受内部规律支配的世界。

2. 数理统计在社会研究中的作用

如何从大量的偶然性中发现必然性的规律呢?这固然要依靠哲学层次的科学抽象,同时也不可忽视概率和数理统计在社会研究中的巨大作用。

维纳曾说过,我们必须把20世纪物理学的第一次大革命归功于吉布斯,而不是归功于爱因斯坦、海森堡或是普朗克。为什么呢?因为吉布斯等人以彻底的方式把统计学引入了物理学。维纳把概率和统计规律称为"一个激动人心的新观念"。

实际过程就是这样,事物之间的关系从来不会以纯粹必然性的特征显示出来。实际过程总表现为在规律附近的一个涨落、一个统计分布、一个偏离规律的

---

① 马克思、恩格斯:《马克思恩格斯选集》第3卷,人民出版社1966年版,第584页。

波动。规律在具体实现过程总是表现为既是必然的又是偶然的。因此,规律在实现过程中表现出它的统计特性。不仅在自然界,而且在社会历史领域中,规律也同样表现为一个统计分布,必然性同样与偶然性不可分割地交错在一起。价值规律从来也没有以纯粹的形式表现出来,而总是在价格的上下波动中实现,它的每一次实现都有一个对理论形态上的价值规律的偏离,表现为偶然性,而必然性正是在大量的偶然性中为自己开辟道路的。这就是我们看到的价格总是在一定的范围围绕着价值上下波动。

由于随机现象在一次观察中完全呈现一种偶然性,因而要研究随机现象的规律不可能仅从一次试验中得到什么结论,必须对随机现象进行大量重复的试验或观察,才有可能。

调查研究就是要对大量的偶然现象进行研究,以期获得规律性的东西。如同恩格斯所说:"在表面上是偶然性在起作用的地方,这种偶然性始终是受内部的隐蔽着的规律支配的,而问题只是在于发现这些规律。"①

第三节　调查研究的方法体系

一、调查研究的理论基础

1. 马克思主义哲学基础

认识客观世界的方法,按其普遍性程度分成三个层次:一个层次是各门科学的一些特殊的研究方法,如在地质学中利用古生物化石来确定地层的相对年代等;另一个层次是各门科学中的一般研究方法,如观察、实验等方法;再一个层次就是哲学方法,它不仅适用于自然科学,也适用于社会科学和思维科学,是一切科学的最普遍的方法。

前苏联与欧洲的一些学者在方法论研究上曾经面临过这么两个问题:第一,原始理论的立场怎么指导具体研究的方法,而被用来纠正和分析资料;第二,如何将研究资料上升到理论的概括,以使研究不但是对实践予以正面的介绍,也为理论的进一步发展提供基础。

为了试图解决这些问题,前苏联社会学家雅多夫,在理论和经验之间嵌进

---

① 马克思、恩格斯:《马克思恩格斯选集》第 4 卷,人民出版社 1966 年版,第 227 页。

一个过渡阶段,他提出一个三层连锁系统,并画了一些研究程序框图:第一个一层是哲学和科学的世界观(规范),这是关于社会和自然生活进程的一般见解(如辩证法和历史唯物主义);第二个层次是把第一层的概念转换成社会学的语言,这是社会学理论和假设的层次,提出有关具体社会情境的假设,用这种说法叫做"中距"理论的层次;第三个层次是围绕着实际经验调查所需要的方法和技术的问题。这个三层次观点认为:辩证唯物主义占领第一层次,这是绝对科学的层次,对其他一些研究程序起着指导的作用;第二、第三层次分别是社会学研究中一般的和特殊的方法论,总体方法论指挥有关个别的方法并包含了特殊方法论的范围。

把哲学特别是辩证唯物主义哲学作为方法论的理论基础,这是正确的,但还没说清楚如何沟通哲学(第一层次)与第二层次的各门科学之间的渠道。这中间用什么来沟通?

我国科学家钱学森曾对科学体系整体化提出了很好的设想。他曾想用系统科学方法论来沟通系统基础科学与哲学之间的联系。他的图示如下:

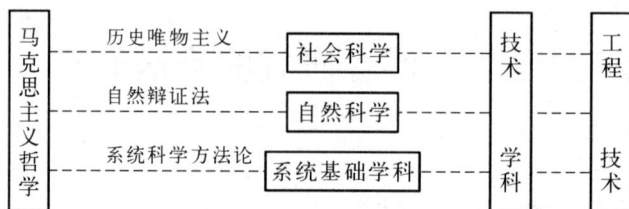

这个图示如何评价,我们暂且不论。不过,其中有一个很可贵的思想启发了我们,即哲学常常要通过一定的科学方法来具体实现对自然科学、社会科学的指导。因此,必须建立某种方法论来沟通两者之间的联系。这个图示显示,历史唯物主义充当这种沟通两者的角色,似乎还欠妥当。历史唯物主义当然既是世界观又是方法论,但毕竟不是像自然科学方法论、系统科学方法论那样的方法,它是最高层次的哲学层次。在沟通哲学与其他社会科学之间应该有一个中间层次的方法即社会研究方法。

社会研究方法其实正是充当了沟通两者联系的角色,可以图示如下:

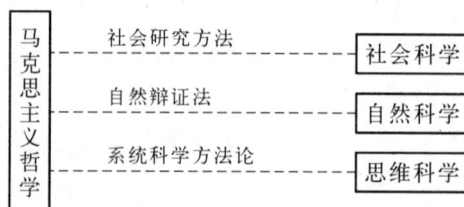

因为作为社会研究方法的理论基础应该是马克思主义哲学,同时它又起到了沟通哲学与社会科学之间渠道的重大作用。

同时,作为西方资产阶级的有关哲学,我们也可以分析批判地吸取其某些合理的因素。例如:以卡尔纳普奎因等人为代表的逻辑重组主义对科学语言就有一种新的理解,他们对语言层次的等级系统的性质作出了若干重要结论①:

(1) 每一个层次都是对低一层次的"解释"。

(2) 陈述的预见力由底层向顶层增高。

(3) 科学语言内部的主要区分是在"观察层次"(这一等级系统底下的三个层次)和"理论层次"(这一等级系统的顶端层次)之间。观察层次包括诸如"压力"、"温度"这样一些"可观察的事物"的陈述;理论层次包括诸如"基因"、"夸克"这样一些"不可观察的事物"的陈述。

(4) 观察层次的陈述为理论层次的陈述提供一种检验基础。

科学中的语言层次

层　次	内　容	例　子
理　论	其中定律是定理的演绎系统	分子运动理论
定　律	科学概念间的不变(或统计)关系	波义耳定律 ($P \propto 1/V$)
概念的值	赋予科学概念以数值的陈述	"$P = 2.0$ 大气压" "$V = 1.5$ 立方分米"
原始实验	关于指针的读数,液柱的弯月面,计数器的咔嗒声等等的陈述	"指针 P 在 3.5 上"

讲到社会研究设计这一章节时,我们可以体会到社会研究方法中,概念、假设、操作化与这种逻辑等级定义等现代哲学的思路十分相似。当然作为哲学的一般的科学推论法,主要有如下几种:

社会研究法首先以一般的科学推论法作为基本研究法,有两种逻辑方式,即演绎和归纳。演绎法就是将一个大前提应用于特殊的个别的事件(小前提),以期得出新的结论的方法;而归纳法,则由许多特殊的事件的分析与比较而归纳出一般原理、法则的方法。

---

① 〔美〕约翰·洛西著、邱仁宗等译:《科学哲学历史导论》,华中工学院出版社 1982 年版,第 182 页。

当然社会研究法也用类比法，依据两个相似的现象，一为已知，一为未知，而由已知者性质与关系推知未知者亦有同样之性质与关系等。以上为社会研究法的理论基础。

2. 数学等其他科学基础

哲学基础如上节所述，同时，数学也是社会研究的重要科学基础之一，特别是作为数学一个分支的概率论和数理统计，更是社会研究的主要工具。数理统计作为数学的一个分支，能与各种科学的研究结合起来，从而在实践中广泛应用，如生物统计、医学统计、工程统计、社会统计、市场统计等。统计应用于社会研究，使我们学会对各种社会现象如何设计指标、确定变量，如何去度量，对社会现象中的变量进行计算和分析。同时，系统论、信息论、控制论作为科学的方法论发展起来，它有助于沟通自然科学和社会科学的联系。这个"三论"有很多特点，其中之一就是"定量化"，"三论"在描述客观世界（包括人类社会）时，努力以各种数学语言和数学工具使各种问题得到定量的表述。

其他又如心理学、生物学等其他的科学学科都在社会研究中起到了一定的作用。

列宁早在 20 世纪初就已提出了一个研究纲领。

哲学史，因此：

　简明地说，就是整个认识的历史

　全部认识领域

希腊哲学已拟出了所有这些部分

各门科学的历史
儿童智力发展的历史
动物智力发展的历史
语言的历史，注意
＋心理学
＋感觉器官的生理学

这就是那些应当构成认识论和辩证法的知识领域

列宁在这个全面的研究纲领中指出，应当研究整个认识的历史，而且应当涉及全部认识领域，并具体列出了哪些认识领域应当成为认识论和辩证法的知识领域①。

----

① 列宁：《哲学笔记》，人民出版社 1956 年版，第 328 页。

综上所述,我们可以认为社会研究方法是介乎于哲学、数学(包括自然科学有关领域)和社会科学之间的学科,它同哲学、数学、社会科学之间存在着如下图示的三维关系:

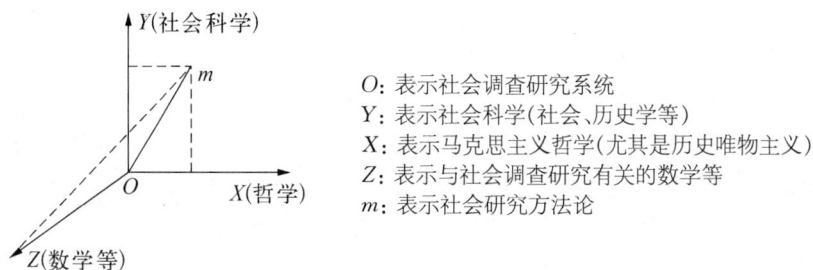

O:表示社会调查研究系统
Y:表示社会科学(社会、历史学等)
X:表示马克思主义哲学(尤其是历史唯物主义)
Z:表示与社会调查研究有关的数学等
m:表示社会研究方法论

从这个三维空间的形象图示,我们可以看到,社会调查研究方法不仅是其他科学日益"哲学化"的产物,还是这些具体科学日益"数学化"的产物。这种"哲学化"的趋势加强了我们定性分析的手段,而"数学化"的趋势又充实了定量分析的内容。社会调查研究方法的形成和发展是一个过程,不是固定不变的,它将随着哲学、数学、社会科学的日益发展而发展。

二、调查研究的方法层次

社会调查研究方法同科学方法一样,可分为三个层次,即最高层次的方法论、中间层次的基本方式和低层次的具体方法。社会研究方法体系就是由方法论、基本方式和具体方法这三个不同层次的研究社会及其社会现象方法所组成的一套方法体系,是人们的思想方法和科学的一般方法在社会调查研究中的体现和应用。

1. 方法论

社会调查研究的方法论是指导研究的一般思维方法或哲学方法,它提供了调查研究的指导思想,主要探讨研究的理论公式、基本假设、研究逻辑、原则规则等哲学社会科学的方法论问题。

任何研究都要以一定的理论和方法作为指导,它提供了调查研究的理论指导。当然,方法论是与一定的哲学观点和学科理论相联系的。不同的理论学派有不同的方法论;不同的学科也有不同的方法论。在社会调查研究中应遵循何种方法论,这是一个实践的问题。研究社会现象有各种可供选择的方法论、研究途径和判断标准,这就要对具体现象作具体分析。

2. 基本方式

社会调查研究的基本方式也称研究方式,它表明贯穿于研究全过程的程序步骤和操作方式。研究方式表明研究者主要是通过何种手段和途径得出研究结论的。研究方式可以从各种角度划分为不同类型,每种类型在具体操作上都有其不同的特点,同时各种类型的分类也仅就其纯粹形态而言,任何实际的调查研究中都会有相互联系和作用。

调查研究的基本方式可以分为文献研究、社会调查、实验研究三大类,这与社会研究的基本分类是一致的,当然作为研究方式之一的社会调查是从事调查研究的最主要的方式,并且依据研究需要,可以进一步从定量与定性研究角度,从研究对象角度以及从时点设计角度予以深入分析考察。

从定量与定性研究角度考虑,社会调查可分为问卷调查(定量研究为主)、实地研究(定性研究为主)和混合调查。这三种分类反映出调查研究中实证主义方法论和人文主义方法论、定量方法和定性方法这两种主要的不同倾向之间的区分,以及定量和定性方法的结合;同时也反映出在调查对象、调查方法、分析方法、资料特点等调查研究的过程的主要区别。当然,它们也呈现相互结合的趋势。

全体调查、抽样抽查、典型调查、个案调查则是在社会调查研究中依据调查研究对象的范围而区分最常用的搜集资料的方法。从研究时点设计角度,调查研究方式可分为横剖研究和纵贯研究。如果说前两种方法的分类主要反映了研究的横向区分的特征,那么横剖研究和纵贯研究则体现了在调查研究方式上的纵向区分的考虑,从时间性角度来区分调查研究的基本方式。

3. 具体方法

社会研究的具体方法是指研究各阶段使用的具体方法技术,包括资料搜集方法、资料分析方法和其他技术手段或工具(见下页表)。它一般更多地应用于社会调查研究中,在社会研究中有着它独特的作用。

本章节列表中,我们将具体方法技术分为资料搜集的具体方法技术和资料分析中的具体方法技术以及其他技术手段三大类来予以概括分类,并在每一类中列举部分具体方法技术的名称,如在资料搜集中具体会运用到问卷设计方法、电话调查手段、田野笔记技术等。在资料分析中必须掌握资料整理技术。定量资料的统计分析、数据挖掘方法以及定性资料分析中的定性编码等技术等,并未涵盖所有的具体方法技术,并且随着社会经济的发展、信息社会的来临,社会调查研究的具体方法技术也在不断地发展与创新,要求我们在实践中从理论和方法上不断地总结与提升。

```
                                  ┌ 哲学方法论
                        方法论 ────┼ 社会科学方法论
                                  └ 社会研究方法论

                               ┌ 文献研究
                               │ (文献法)
                               │                    ┌ 问卷调查(统计调查等)
                               │                    ├ 实地研究(田野调查等)
                               │                    ├ 混合调查
                        基本方式 ┤                   ├ 全体调查(普查)
                               │         社会调查 ──┼ 抽样调查
                               │        (调查法)    ├ 典型调查(蹲点调查)
                               │                    ├ 个案调查
                               │                    ├ 横剖调查
                               │                    └ 纵贯调查
社会调查研究方法体系 ──┤
 (调查研究方法)        │            └ 实验研究
                      │              (实验法)
                      │
                      │                       ┌ 问卷设计
                      │                       ├ 量表测验
                      │                       ├ 抽样设计
                      │                       ├ 电话调查
                      │            资料搜集 ──┼ 网上调查
                      │                       ├ 面访技术
                      │                       ├ 焦点访谈
                      │                       ├ 田野笔记
                      │                       └ 其他技术
                      │
                      │                       ┌ 资料整理
                      │                       ├ 统计分析
                      │                       ├ 软件运用
                        具体方法 ┤   资料分析 ─┼ 数据挖掘
                      │                       ├ 理论分析
                      │                       ├ 定性编辑
                      │                       └ 其他方式
                      │
                      └ 其他技术手段
```

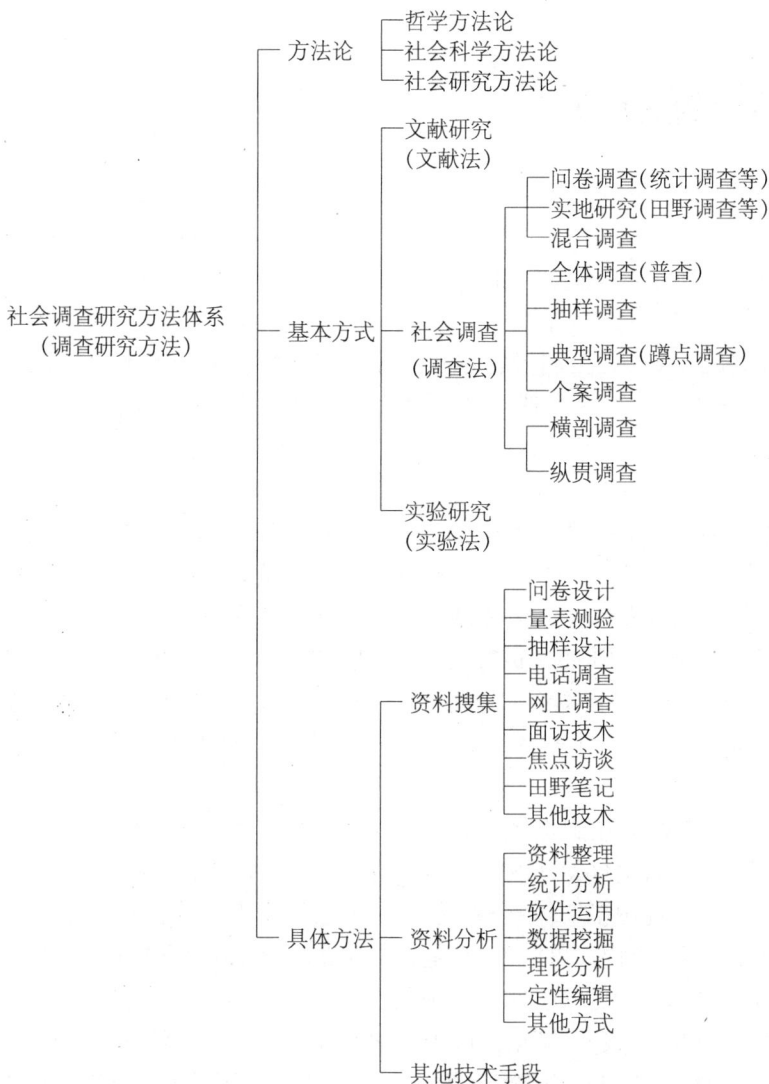

第四节　调查研究发展简史

　　社会调查研究方法经历了漫长的萌芽期,其来源可以追溯到数千年前的埃及和中国。调查研究方法是从人类的社会实践中产生的。在人类历史中,调查研究的发展大体经历了三个阶段,即古代的调查研究、近代的调查研究和现代的调查研究。

一、古代的调查研究

调查研究作为一种自觉的认识活动,起源于奴隶社会初期,是在奴隶主阶级治理国家中产生并发展起来的。当时奴隶主阶级为了维持自己的统治,镇压奴隶的反抗,抵御外族入侵或对外进行扩张,需要征集兵源、派使徭役、收纳贡税,这就产生了对土地、人口等社会情况进行全面调查的客观需要。脑力劳动和体力劳动的分工、文字的发明,又为进行全面的人口、土地调查提供了现实可能。可见,调查研究的产生不是偶然的,而是一定社会历史条件下发展的必然产物。

据史书记载,古巴比伦、古印度、古罗马、古埃及都做过关于人口、土地、财产的调查。例如,古希腊历史学家希罗多德(Herodotus)记载,大约在公元前 3000 年前,埃及国王为了筹建金字塔,就曾经举办过人口与财产的调查,这是人类有文字记载的最早的社会调查①。古罗马帝国明文规定,各户的人口、土地、牲畜和家奴,每 5 年调查一次,并根据拥有财产的多少将居民划分为贫富 6 个等级,作为征税的标准。中国也是进行人口、土地调查历史悠久的国家之一,据《后汉书·郡国志》记载,在大禹治水划九州时就进行过人口和土地调查,当时全国人口数为"民口千三百五十五万三千九百二十三人",土地为 2 438 万顷,其中适垦田为 930 多万顷。

许多史实表明,中国也是社会调查研究的发祥地之一。春秋初期的齐国政治家管仲认为,主持朝廷政事,必须重视对社会情况的调查。《管子》五书中的《问》篇,一共提出了 60 多个要进行调查的问题,其内容广泛涉及当时的经济、政治、军事等方面。可以说,它是世界上最古老、最全面的社会调查提纲。我国古代著名军事家孙武,非常重视社会调查在战争中的作用。《孙子兵法》上的"知己知彼,百战不殆"早已成为至理名言。自秦汉以后,历代统治者为了征兵和徭役的需要,从来没停止过对人口的调查。中国是人口普查最早的国家之一。

古代调查研究,包括奴隶社会和封建社会两个历史阶段,从其性质和特征看都是属于调查研究发展的起始阶段,既没有自觉的系统和理论指导思想,又没有准确的调查时间、项目,所使用的方法主要是简单地观察、访问和有限的文献调查,所以,古代社会调查具有很大的历史局限性,是处于萌芽阶段的调查研究活动。

---

① 〔美〕P. V. Yong 著:《社会调查与研究》,(台湾)世界书局 1968 年版,第 2 页。

《史记》是我国第一部纪传体通史,也是司马迁对于西汉之前古代社会现象和事实的文献考证。"然而,其中不仅有'石室金匮'(汉代的国家图书馆兼档案馆)收藏的图书档案,也有他调查采访的古老传闻,包含社会调查和口头史学的成分。"

明代"以理学开国",但自明英宗"土木堡之变"后,社会政治危机严重,于是忧国之士纷纷向实学转化。从明中叶到清中叶,是中国实学思想发展的一个鼎盛时期。实学的精神实质,包括来说有四点:实事求是的崇实精神;追求真理的科学精神;"兴利除弊"的改革精神;放眼世界的开放精神。而这些思想方法无疑在讲究时间的社会调查中占有非常主要的地位。

《本草纲目》——来源与社会调查的医学著作

李时珍走出书斋,就药物诸问题,广泛地向农夫、渔夫及民间医生请益(访问法),并躬亲实践,深入实地作种种必要的考察。他倾毕生的精力和心血,足迹踏遍了大江南北,并以严谨的科学态度和实事求是的精神,完成了《本草纲目》这部巨著。

对于徐霞客而言,他将毕生的经历都投入到对于中华大好河山、风土人情的考察之中。在这个漫长而富有意义的过程中,他采取的主要方法为"访问法"与"观察法",属于社会调查的两种基本方法。他的这份事业对于社会发展与进步本身具有重要意义,其使用的有效方法也对后世有着重要的启示。

二、近代的调查研究

近代的调查研究是指欧洲进入资本主义社会到 20 世纪初的调查研究过程。在这一阶段,调查研究迅速发展和完善逐渐形成了一套具有科学性的调查研究的方法体系。

调查研究之所以在资本主义社会迅速兴起和发展,首先,这是由于资产阶级行政管理的需要。17、18 世纪的西欧,由于资本主义工业、商业、交通的迅猛发展,政府管理迫切需要人口、土地、贸易等方面的情报资料,于是各国资产阶级政府逐渐重视经济和社会情况的统计调查。其次,这是寻求解决社会问题方案的需要,随着资本主义的发展,资本主义生产方式的固有的矛盾日益暴露,社会急剧两极分化,社会问题日益严重。一方面是物质文明的进步,财富的迅速积累,另一方面是社会的剧烈震荡,贫穷、失业、抢劫、凶杀、吸毒、卖淫等社会病态日趋严重。这样一来,寻求解决社会问题方案的社会调查就逐步发展起来。

这一时期的调查多为实用性的行政统计调查和社会问题调查,并首先在最早进入工业化的国家如英国、法国、德国开始。

17世纪下半叶,欧洲的一些思想家和政治家意识到,要有效地进行社会管理和改良,就必须客观、准确地了解社会经济状况。

被马克思称为"政治经济学之父"的威廉·配第(1623—1687)在《政治算术》一书中就指出,对任何社会现象都应当用数字、重量和尺度来说明并加以比较。在分析英国的社会经济状况时,他就运用了统计分组法、图表法和一系列统计指标。

另一位曾长期担任法国财政大臣的柯尔柏(1619—1683),也在他当政期间倡导和主持了一系列大规模的社会调查,如1664年的法国社会概况普查、1665年的制造业调查以及不定期的人口状况调查,这些调查都为以后的行政统计调查的制度化奠定了基础。

同时,社会问题调查也得到广泛开展,如犯罪调查、监狱调查、城市调查、统计调查等都希望通过"社会诊断",找出社会问题症结,以便对症下药,加以治疗。

18世纪中期,英国一位慈善家约翰·霍华德(1726—1790)亲自进入一些监狱访问囚犯和狱吏,取得了大量虐待囚犯、讹诈囚犯的材料,他以具有充分事实的调查报告,提交英国国会,促成了英国监狱的改革。

法国的一位工程师兼社会改革家拉普勒(1806—1882),他从1829年起就开始调查欧洲技术进步与经济发展对于工人家庭的影响。他以家庭作为社会基本单位,对工人家庭生活进行了持久的调查。他采取了系统观察、个别谈话、用调查表做家庭的访问、家庭记账等多种调查方法。经过20年的调研工作,写出了《欧洲工人》6卷。

当然,作为无产阶级革命家的马克思和恩格斯更是十分重视研究调查。马克思早年在担任《莱茵报》编辑期间(1842—1843),就深入社会、采访调查,实地考察了农民的贫困状况。他后来说,正是对摩塞尔地区农民状况的考察和对林木盗窃问题的研究,促使他从纯粹研究政治转而研究经济问题。1880年,马克思应法国工会领导人边·马隆重新创办的《社会主义评论》杂志编辑的要求,为了进一步弄清法国工人阶级的生活和劳动条件,不顾病魔缠身,毅然帮助编制了一份《工人调查表》。该杂志编辑部为了发表马克思编制的调查表专门写了前言,指出:"任何一个政府(君主政府或资产阶级共和政府)都不敢对法国工人阶级的现状做认真的调查。可是,关于农业危机、金融危机、工业危机和政治危机的调查却有多少啊!"马克思的《工人调查表》,一共设制了99个问题,并按不同的性质做了科学的分类。由于调查表做到了调查内容的阶级性和调查方法的科学性相结合、社会调查和社会改造相结合,因而调查表一问世,就受到了工人的普遍欢迎而广泛流传,仅单行本就在法国印制了 25 000 册之多。恩格斯对英国工人阶级所进行的调查也是为众所熟知的,他早年利用在英国工厂的便利条件,曾长期深入工人住宅区进行实地调查,"观察他们的日常生活,同他们进行交谈,他们的状况和疾苦,亲眼看他们为反抗他们的压迫者的社会和政治的统治者进行的斗争","从亲身的观察和亲身的交往中直接研究了应该的无产阶级"[①]。他将报告写成《英国工人阶级状况》一书。在调查方法上,马克思运用观察、访问和文献法,但他们对一些先进的分析技术极为关注。马克思对凯特勒等人的社会统计方法给予高度评价,他在《资本论》中运用凯特勒的"平均人"概念对产业工人进行了分析。恩格斯系统地研究了自然科学的方法论,写出了《自然辩证法》这一著作,他还将这些观点运用于社会研究。在方法论上,马克思和恩格斯创立的唯物史观和唯物辩证法为科学的研究社会奠定了基础。

在中国,较系统的调查研究是在 20 世纪初开始发展的。中国的社会调查大多在外国教授的指导下进行的,如 1914—1915 年北京社会实进会进行的《洋车夫生活状况的调查》,1912 年清华外籍教师主持的北京西郊居民的生活调查。燕京大学美籍教师对北京进行了全面调查,用英文著有《北京——一个社会调查》在美国发表。

20 世纪二三十年代是我国学术界社会调查研究发展最快的时期。其中有沪江大学搞的《沈家行实况调查》,1925 年陈达搞的海淀区调查,1928 年李景汉搞的北京郊外的乡村调查。1933 年李景汉又完成了《定县社会概况调查》,这是我国第一个以县为单位的最全面调查。费孝通到广西调查,还到江南吴江县搞乡村调查,发表了《花兰瑶社会组织的调查》(1934)和《江村经济》(1983),同时还建立了专门从事社会调查研究的机构。

中国共产党人在其革命实践过程中,对中国社会调查事业的发展作出了重要贡献。20 世纪二三十年代,在无产阶级在中国革命中的地位、中国革命走哪条道路等许多根本问题上,老一辈无产阶级革命家都做了大量的调查研究工作。如李大钊的《土地与农民》,邓中夏、瞿秋白的一些文稿都是社会调查的产物。特别是毛泽东同志对调查研究是有很大贡献的。在广州农民运动讲习班上,毛泽东就把社会调查列为一个重要课程。以后对湖南农民运动的调查,在江西苏区所作的兴国调查等,都解决了如何正确对待农民运动、苏维埃政权建设等一系列政策问题。《毛泽东农村调查文集》汇集了经过战争岁月幸存下来的一些调查材料,是我们的宝贵财富。毛泽东在长期的调查实践中总结"典型调查"、"解剖麻雀"召开座谈会,"走马观花,下马看花"等工作方法和调查方法,以及他所提倡的

---

① 马克思、恩格斯:《马克思恩格斯全集》第 2 卷,人民出版社 2005 年版,第 273—278 页。

"实事求是"、"走群众路线"、"没有调查就没有发言权"、"不做正确的调查同样没有发言权"等观点,在思想上,方法上为全党的调查研究工作提供了指南,并极大地推动了社会调查的普及。

到了20世纪40年代,党中央在延安作了关于调查研究的决定,组织了比较系统的调查研究。当时决定每一个大区都成立一个调查研究局,党中央设立一个政治研究室,整个构成一个调查研究的系统。著名的《绥米土地问题研究》就是西北局调查的产物。还有临固调查、米脂县杨家沟调查等,都对制定政策都起了重要作用。据当时参加调查的同志回忆,那时的调查,基本上是按照毛泽东同志所指出的方法进行的,同时也参考了恩格斯的《英国工人阶级状况》和有关调查方面的书籍。

50年代前后,土地改革时期,各地搞土改,做了大量土地问题的调查,阶级状况的调查。到了60年代,在1958年到1961年我们工作受到很大损失的情况下,毛主席重新提出了"大兴调查研究之风"的号召,并提出要把1961年搞成"调查研究年"。1961年3月,党中央为了进一步贯彻毛泽东同志在八届九中全会上的讲话精神,专门发出了《关于认真进行调查工作问题给各中央局、省、市、区常委的一封信》。《解放军报》发表了《毛泽东同志论调查研究》、《人民日报》、《红旗》等全国各地报纸杂志登载了大量有关调查研究的文章和资料。在大量调查研究的基础上,后来制定了农业60条、工业70条、科技14条和教育60条,制定出了一列符合我国情况的方针政策。

粉碎"四人帮"后,我党又恢复了调查研究的好风气,各方面的工作呈现出一派蒸蒸日上的局面。

三、现代的调查研究

20世纪初至今,现代的调查研究及其方法逐渐形成与发展。

我们这里区分"现代的研究手段和研究方法"(简称"现代调查")和"传统研究方法和调查技术"(简称"传统调查")是鉴于以下两方面的原因和标准。

一个是时空上的原因与区分。国内学者往往把来源于以毛泽东农村社会调查和国内老一辈社会学家所作社会调查作为是"传统"的社会调查研究方法,而把来自现代西方社会学的社会研究方法作为"现代"的社会调查方法。在对西方的社会研究发展期限划分中,也有把20世纪初以前的社会调查研究作为"近代的"或"传统的"研究方法,而把20世纪初特别是第二次世界大战以来的社会调查研究划归为"现代"的社会调查研究。

另一个是方法内涵上的差别和原因。不少学者把传统调查定义为以典型调查或个案调查为主,选取少量个案和典型作为研究对象,采用访谈、观察、蹲点调查、个案研究等方式搜集资料,主要依靠定性分析方法处理资料的研究方式;而将设立研究假设,以抽样调查为主,随机选取研究对象,采用问卷或其他结构式的方式搜集资料,依靠统计分析等定量分析方法处理资料,验证理论假设的研究方式称之为现代调查的方法。

以上述两种标准来区分社会调查研究及其方法的"传统"和"现代",是有其一定道理的。我们以现代西方特别是 20 世纪以来美国经验社会调查研究的发展来概括和归纳现代社会调查研究的一些主要特征。

法国社会学家杜尔克姆的《自杀论》(1897)标志着社会研究进入现代阶段,即社会研究进入了实证化阶段。杜尔克姆创立了社会研究的实证程序,即研究假设经验检验理论结论;他还为如何利用统计分析建构社会理论提供了范例,促进了社会研究从单变量的描性的研究转向多变量的解释性的研究,首次将"多元分析法"引入了社会学。

众所周知,20 世纪初,社会学研究重心转移到了美国。美国的经验社会调查得到迅速发展,有力促进了现代社会研究方法的发展,尤其是第二次世界大战以后,为调查研究的进一步发展提供了科学基础,科学技术飞速发展、大型电子计算机的问世,使调查研究发生了历史性的新变化,现代调查研究的特点更为明显。

现代调查的特点之一,是经验社会调查开始与理论研究、政策研究密切结合。

在美国真正合乎科学的社会调查可以说是始于 1909 年所举行的匹斯堡调查(The Pittsburgh Survey)。20 世纪 20、30 年代美国社会学的芝加哥学派也对美国的移民问题、城市的贫民、种族、社区规划等问题进行了大量的调查,派克等人开展了城市生态学的研究。1929 年,林德夫妇(Robert S. Lynd and Helen Merrell Lynd)发表了他们所作的"中镇——当代文化的一个研究",这在调查研究史可以说是一本划时代的著作。他们将参与观察法等研究方法,运用于现代城镇研究,并在《中镇》(1929)一书中刻画了美国中部城镇的市民生活。

现代调查的特点之二,是数理统计学在社会调查中的应用和发展。

19 世纪中叶,比利时的凯特勒把概率论引入统计学,成为数理统计的奠基人,并进而创立了社会统计学。英国人高尔登在研究人类遗传现象时,发明了相关统计法。1900 年皮尔逊提出了卡方检验、复相关计算,并开始了抽样理论和方法的研究。1928 年费希尔创立了抽样理论,为社会调查开辟了新的广阔途径。特别是第二次世界大战以后,美国社会学家斯托福等人在《美国士兵》

(1948)一书中创立了目前仍广泛应用的统计调查模式。在以拉扎斯菲尔德为首的哥尔比亚学派的努力下,社会调查的多变量分析方法也得以成熟。

现代调查的特点之三,是社会调查方法与电子计算机技术的结合。

20世纪50年代,随着电子计算机技术的日趋成熟,拉扎斯菲尔德率先倡导在社会调查研究中将数理统计与电子计算机结合起来,实现资料处理的自动化。1966年斯坦福大学开发成功"社会科学统计软件包"(SPSS),于1971年投放市场,成为社会调查研究中统计分析的有效手段。"可以说,电子计算机技术在社会调查研究中的应用实现了社会调查方法的革命性变革。在今天,任何大型的、复杂的社会调查,如果离开了电子计算机,都会变得难以想象。"[1]

现代调查的特点之四,是社会调查的应用领域不断拓展。

20世纪20、30年代开始,社会调查进入一个新的发展时期。这种发展一方面体现在新的调查方法和技术的出现和应用,另一方面也体现在社会调查所涉及的领域进一步扩大。应经济、政治之需,民意调查(也称舆论调查)、市场调查大行于世,一些国家相继建立了专门的民意调查和市场调查机构。其中最具代表性的当属乔治·盖洛普在1935年创办的"盖洛普民意测验所"。盖洛普依据费希尔的抽样理论,在美国总统的选举投票预测中取得了很大成功,名声大振,逐渐发展成为一个世界性的民意调查机构,盖洛普的名字也成了"民意测验"的代名词。市场调查则是适应了现代社会中经济发展的需要。由于市场经济体制在世界各国的实践,无论公司还是政府管理部门,对于其产品的市场定位、市场规律、市场潜量,对于消费者的消费行为以及行销、广告等战略的制定都离不开科学的市场分析和市场预测。因而现代调查的方法应用领域越来越广泛。

现代调查的特点之五,是现代调查研究既吸取各门学科的方法和技术,又广泛应用到社会学、管理学、人口学、心理学、教育学、经济学等各门学科领域中去。同时,20世纪60、70年代开始,以现场观察和主观洞察为手段的实地调查方法如"现象学方法"和"民俗学方法"又得到进一步发展。

总之,"我们要大胆地学习、借鉴和吸收一切科学的、现代的研究手段和研究方法,用科学的、现代的手段去进行社会学探索",同时"我们也要继承一切行之有效的传统研究方法和调查技术,从不同学科,包括从自然科学借鉴其方法和手段"[2]。

---

① 　吴增基等主编:《现代社会调查方法》,上海人民出版社1998年版,第20页。
② 　李铁映:《社会学大有作为》,《社会学研究》2000年第4期。

第二章

理论与研究

社会调查研究是通过构建理论来正确诠释社会现象,获得有关社会的知识。理论是构成一门学科的基础,它体现着学科的性质。要有正确的理论建构和检验,首先要对理论有一个基本的了解。

第一节　理论及其要素

"理论"这一术语已被广泛使用,因而也具有多重含义。不同的人在使用"理论"一词时,他们所理解或所指的可能根本不是同一种含义。它或者是指一种观点(perspective)、一种学说(doctrine),或者指一种角度(approach)、一种取向(orientation)。所以,我们这里将首先对理论这个概念加以说明。

一、理论的概念定义

社会学家布莱拉克(H. M. Blaock)认为:"理论并不仅仅是一群概念体系或类型,它必须含有能串联两个或两个以上的概念或变量的命题。"①

从一般意义上而言,理论是指逻辑上相关的概念或命题。雷诺(P. D. Reynolcis)也指出:"理论是指那些被公认的科学知识的一部分的抽象的

---

① H. M. Blaock, *Theory Construction From Verbal to Mathematical Formulations*, Engveuoord Cliggs,N,J,Prentice Hall,1969,P2.

宣言。"①

爱因斯坦也曾说过,"由经验材料作为引导,研究者宁愿提出一种思想体系,它一般是在逻辑上从少数几个所谓公理的基本假定建立起来的。我们把这样的思想体系叫做理论"。他把科学理论的建立分为两步:首先是创造概念,发现原理;然后是逻辑推理,建立体系。

我们国内的教科书一般定义说:"科学理论是正确反映客观现实的概念、判断和推理的体系。"

因而,我们可以说,理论是从客观实际中抽象出来的并在实践中经过检验的,用以解释现象之间内在联系的逻辑的命题系统。一般来说,理论具有以下七个基本特征:第一,理论必须是抽象的,即它们必须与所指涉的社会实践相分离。第二,理论必须是主题化的。一组陈述必须贯穿一个具有专门主题的论点,要求前后密切相关。第三,理论必须保持逻辑上的一致。各陈述相互之间必须没有矛盾,而且如果可能的话,应该能够相互演绎得出。第四,理论必须是诠释性的。理论必须是有关现象的一项命题或论点,能够说明这些现象的形式、实质或者存在状态。第五,理论必须是概括性的。它们在原则上必须用于诠释所要说明的现象的任何一种具体表现,并且能对其作出诠释。第六,理论必须是独立的。它们决不能化约为参与者自己就其行为提供的说明。第七,理论必须在实质上是有效的。它们必须与研究者所掌握的知识相符合②。

二、理论的组成要素

理论是由一组逻辑相关的符号要素组成,这些基本要素包括概念、变量、命题、假设。尽管在理论是什么等一些问题上人们还存在着分歧,但构成理论的这四个要素却是被公认的。因此,可以说理论建构就是运用理论要素建立和构造理论的过程。

1. 概念

概念是理论建构的基础,是对事物或现象的抽象概括,是一类事物的共同质性在人们主观上的反映。

概念是构成人类思维的"细胞",是最基本的思维形式。如同砖块是建造房屋的基本材料一样,概念是建立一门科学的最基本的建造板块,一切科学都表现为概念体系。

---

① P. D. Reynolcis, *A Primerin Theouy Construction*, indianapol is, Bobbsmerrill, 1971, P5.
② 参见马尔科姆·沃特斯:《现代社会学理论》,杨善华等译,华夏出版社 2000 年版,第3—4页。

人们对客观事物能够根据自己的观察和经验,从那些类似的事物中把那些认为主要的特点分离出来,从而归纳出事物的一些共同属性。这种在人类认识客观事物时,从丰富变化的现象中抽取和概括出来的事物的一般和共同属性,便是概念。它体现了主观和客观、抽象和具体、共性和个性的对立统一。因此,一个概念是一个类名,它是一种有特殊语义意义的术语,它反映了在实践中人们逐渐认识了的关于事物的共同属性。例如,"重量"是一个概念,它所指的并不是单个物体的某种特点,而是经验到或观察过很多物体后所抽象出来的一种共同属性。人们所熟知的社会学概念,如群体、正式组织、权力、分层、互动、规范、角色、地位、社会化等,都分别反映了某种社会现象的共同属性。

概念可以作多种划分,分为各种类型。比如,可分为物体概念、事件概念和关系概念等,男人、工厂、书本等物体以及大的、圆的、方的等物体的属性,属于物体概念;游戏、战斗、做事等事件,以及高兴的、繁忙的等事件的属性,属于事件概念;表示物体、事件及其属性之间关系的,诸如校风、友谊、人格等则属于关系概念。当然,这仅是一种分类方法,还可以按其他标准,从其他角度对概念进行分类。

反映事物属性及其关系的两个或两个以上概念之间的连接或联系,便产生了概念之间的关系。这种关系主要有三种类型,即相关关系、因果关系和虚无关系。

(1) 相关关系涉及两个或两个以上同时出现或伴随出现的现象。如"A越大,B越大",说明正相关;"C越大,D越小",表示负相关;相关关系并没有指出哪个是原因,哪个是结果。

(2) 因果关系则说明了一个社会现象的变化引起了另一些社会现象的变化,也就是说,"因A的增长,导致了B的增长"。这种因果关系必须符合三个条件:第一,A和B有关系;第二,A和B不是虚无关系;第三,A的转化在时间上先于B的转化。这些条件中,有一点不具备,就不能称之为因果关系。

(3) 虚无关系表明的是一种虚假的联系,从现象上看,两个概念(或变量)之间存在着某种联系,但实际上这种联系是虚假的,或是受其他变量所影响的。例如,性别和种族偏见之间,就是一种虚无关系,因为知道了一个人的性别,很难预测他或她是否带有种族偏见。虚无关系在社会研究过程中是有其特定作用的,如果虚无假设被否定,研究者就能从其他方面给予更多令人信服的论证。

2. 变量及其类型

我们说,理论是可以简单称之为一组相互关联的命题系统。理论的基本单位是概念,作为概念,它要反映的是客观事物的本质属性。那么,如何探求这种本质属性,特别是对于社会现象,我们如何来确定它的质和量的变化及其关系呢？社会现象区别于自然现象的一个特点在于量的关系不明显、不直观，因而确定社会现象的量就具有举足轻重的意义。

(1) 变量。提起量或变量，人们往往认为指的就是数值，这种理解是不全面的。因为数值仅仅是量的一种表现形式，此外还包括事物存在状态和发展的速度、规模、形式以及组成结构等等。在确定社会现象的量的时候，要从量的各种表现形式去考虑。

在调查研究中，社会学家往往喜欢使用能转换成变量的概念。通过了解变量的性质，像大小、程度、强度等，从而进一步了解概念所表示的事物的性质。概念是反映事物本质属性的，而变量则反映事物属性的现象方面。人们可以通过对变量的这种直观的、具体的社会现象的量的表现形式，探求反映事物的本质概念间的关系。

也就是说，一方面，在调查研究中，我们可以把抽象层概念转换成经验层变量；另一方面，许多概念可分为若干类别、值或子概念，而且，随着可认识的范围或连续统而升降。例如，年龄这个概念就是一个包括许多不同值级如 1 岁……10 岁等的连续统。同样，人口密度可以每平方千米 1 人到 n 人变化不等。因而，我们可以说，这种凡一个连续统可有一个以上值的概念称作为变量；仅有单一的永远不变的值的概念称作常量。也可以说，变量就是可以取两个及两个以上值的统计量。

变量和概念的关系不是完全同一的。概念本身不一定是变量，比如"家庭"这个概念在家庭研究中就不能讲是变量，只有讲到家庭的某一个方面，如"家庭类型"、"家庭关系"才可称之为变量。所以，变量是概念所反映的事物属性的一定特征。变量反映了概念，但概念不一定是变量。

(2) 变量的类型。在调查研究所用的变量中，有些度量只能在两种状态中变动，如性别、贫富、优劣，称之为二分变量；有些变量（如出生、籍贯、宗教、信仰）则可以在两种以上的状态中变动，称之为多元变量。无论是二分变量或多元变量，都是根据一定标准把事物分成两类或多类，因此都可称作离散变量，如性别这一变量中，把人分为男、女两类；宗教信仰这一变量，可分为佛教、道教、基督教及其他等几类。离散变量中的各个类别，并不代表量的差异，而是代表质的不同。与离散变量相对比的是连续变量。连续变量并非由两个或多个类别所组成，而是直接表示一种量的不同；也就是说，一个连续变量是由一组不同的分数所组成，例如，收入、年龄、身高、智力、成绩、教育年限等，都是连续变量。

变量还可以分为自变量（independent variable）与依变量（dependent variablle）。这两个名词来自数学。在数学中，$y=f(x)$ 这一方程式中的 x 是自变量,y是依变量。将这一方程应用于实证的研究,有的研究者将自变量视为依变量的可能原因,而将依变量视为自变量的可能结果。换言之,能影响其他变量发生变化的变量称为自变量,而依变量要依赖于其他变量而变化,它本身不能影响其他变量。

在社会研究中,还经常使用控制变量。研究者为了除去或中立任何可能对观察现象发生影响的因素,就可能控制某个因素这个被控制的因素,称之为控制变量。有些变量常作为控制变量出现,声音、工作秩序、工作内容是在环境中常出现的控制变量。在社会研究过程中,研究者必须决定哪些是要研究的变量,哪些是要控制的变量。

3. 命题与假设

所谓命题,指的是把两个以上概念或变量关联起来的陈述,或者说它是反映现象之间的关系的陈述。比如:"群体的社会整合度影响自杀率的高低",所表示的都是不同变量关系的陈述。命题具有不同的类型,比如公理、定律、假设、经验概括等。在社会科学研究中最常用的命题形式是假设。

假设是一种有关变量间关系的尝试性陈述,或者说是一种可用经验事实检验的命题,假设是命题的特殊形式。假设就是尚待验证的命题,它是有关一定关系类型的尝试性诠释。如"金钱会导致犯罪"可作为一个研究假设,这个假设是否正确需要经验验证。

假设有不同的陈述形式,但主要有下列三种陈述方式:条件式陈述、差异式陈述和函数式陈述。条件式陈述的表达形式是"如果 A,则 B"或"只有 A,才会有 B"。例如,"如果天上的云量聚集得多了,就会下雨","只有收入水平提高了,人们的生活水平才会改善"等。差异式陈述的表达形式是"A 不同,B 也不同"或者"A 与 B 在变量 Y 上有(无)明显差异"。例如,"年龄不同的人,生活方式也不同","现代人在生活方式上没有明显差别"。函数式陈述的表达形式是"A 是 B 的函数:$A = f(B)$"。但这种严格的函数关系主要存在于自然科学中,社会科学研究中很少有这种关系形式。

三、理论的层次及形态

理论具有不同的层次,可根据研究者想要处理的社会事实的层次而被广泛的归位三大类,即宏观理论、中观理论和微观理论。

宏观理论(macro theory)是以整体性的社会现象为诠释对象,它是一种高度概括的诠释框架。这种理论抽象程度最高,应用领域广泛。具有宏观分析取向的学者,主要关注的是社会结构层面的现象与问题。社会学中最典型的代表就是帕森斯的结构功能主义理论,他的理论又被称为"宏大理论(Grand Theory)"。

帕森斯从系统观的角度论述了行动系统的结构与功能,强调对行动系统概念框架的分析。他当时提出的基本理论认为,具有理论兴趣的学者们追求建立统一理论而不是多个理论为共同目标的时机已经成熟。

在这种理论主张下,帕森斯提出用一种"分析性的实在主义(analytical realism)"去建构社会学理论。具体地说,就是用一套抽象的概念体系反映现实世界,要求把这些概念组成能诠释社会重要特征的分析框架,但又不被具体的经验细节所淹没。或者说,这种理论方法类似于韦伯的"理想类型"方法,帕森斯提出,社会学理论必须用有限的重要概念去"恰如其分地'抓住'外部客观事物的特征……这些概念不是与具体现象相对应,而是与现象中的要素相对应,这些要素从分析的角度说可与其他要素相分离"[1]。因此,帕森斯特别强调理论中的中心概念的重要性,如他所用的"行动系统"等概念。

与宏观理论相对的微观理论关注的则是行动个体之间的互动层面的现实与问题。具有微观分析取向的学者,普遍强调微观个体实在的重要性。社学中最典型的代表就是符号互动理论和常人方法论。如作为符号互动论代表人物之一的赫伯特·布鲁默提出,社会学应重视对人们的社会行动的意义性的研究。他

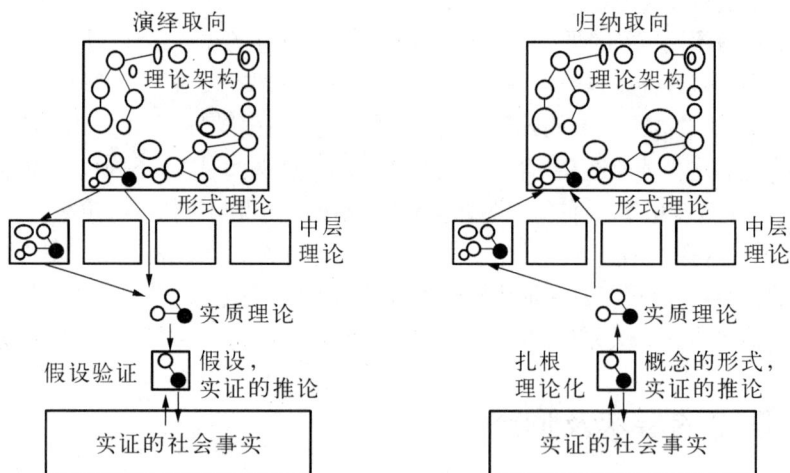

图 2-1　演绎及归纳取向的理论化过程[2]

①　T. Parsons. *The Structure of Social Action*. The Free Press. 1968, P730.

②　〔美〕W. L. Neuman 著、王佳煌等译:《当代社会研究法——质化与量化途径》,(台湾)学富文化事业有限公司 2005 年 2 月(修正版),第 94 页。

认为行动者总是根据他所处的情景采取行动,并选择、重组和改变其意义,即意义存在于人际互动之中。而常人方法论的提出者 H·加芬克尔则提出,常人方法论是对人们所应用的方法的研究,是考察社会成员在建构和诠释他们的社会世界并对其赋予意义时所使用的方法和步骤。

中观理论是介于宏观理论和微观理论之间的理论,其抽象层次和所诠释的对象都介于两者之间。默顿所极力倡导建立的"中层理论(theories of the middle range)",可以说多属于中观理论(见图2-1所示)。默顿所说的"中层理论"是指介于日常研究中低层次的但又必须的研究假设与无所不包的系统化统一性理论之间的那类理论,统一性理论的目的在于试图诠释社会行为、社会组织和社会变迁中一切可观察到得一致性。默顿指出,中层理论上可抽象至理论,下可由经验材料验证,虽具有一定的抽样性但更接近于可验证的命题的观察资料。

默顿并非不主张发展综合性的社会学理论体系,他只是认为,社会学研究目前所处的状况下,社会科学领域出现哥白尼式人物的时机尚未成熟,只能首先发展中层理论,然后才能形成综合性的理论。默顿指出,社会学中常见的也多是一些中层理论,如参考群体理论、社会流动理论、角色冲突理论等。

但是,近年来更多的人主张把这三个层次的理论结合起来,而不是截然分开。如美国社会学理论家乔纳森·特纳指出,社会是由驱动着行动、互动和组织的普遍性的作用力所支配的;在这一个过程中,它们使社会现实形成了自己的模式和结构。他认为这种作用力与牛顿用于诠释行星运转的引力概念十分类似。同样地,社会学理论应该说明的是关于微观、中观和宏观的分析层次上的驱动社会现实属性的基本作用力(如图2-2所示)。

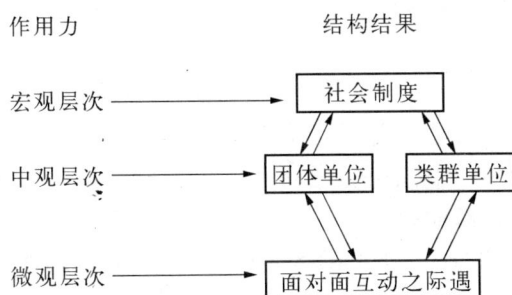

图2-2　宏观、中观、微观层次社会作用力的镶嵌性

图2-2中列出的是这种基本作用力所产生的结构结果。在宏观层次上,最根本的组织模式是制度系统,如经济制度、政治制度、亲属关系制度、宗教制度、法律制度、医学制度、教育制度等。在中观层次上,两个最根本的组织形式是团体单位和类群单位,团体单位是由追求某种目的且有劳动分工的人组成的(如复

杂组织、群体、社区),而类群单位是由具备特定特征的子群体构成的(如社会阶级、年龄群体、民族群体、性别群体)。在微观层次上,最根本的结构就是际遇。根据戈夫曼(Goffman)的理论,它是由专注性互动或非专注性互动构成的。根据图中箭头所指示的,形成这些结构的作用力是相互关联的。从宏观到中观的分析层次来看,制度系统制约着团体单位和类群单位的性质,而后者又直接构成了制度系统;从中观到微观的分析层次来看,个体间的面对面互动发生在团体单位和类群单位的性质。这样,由于际遇镶嵌于团体单位和类群单位之中,因而再生或改变着原有的制度结构;反过来,制度系统又会通过构成它们的团体单位和类群单位来约束际遇中的面对面互动。

在《社会学理论的结构》一书中,特纳综述了理论陈述到格式的四种探讨方案,从而提出了总体理论方案、分析方案、命题方案、模拟方案等不同的理论形式,本教材第十二章"理论分析"中作了详细介绍。

第二节　理论范式及取向

社会调查研究是一种复杂的社会实践形式和深刻的认识活动,要有广阔的视野和科学的理论观点的指导。社会调查中要认真选择研究范式,以期求得科学的理论指导,对于社会调查的成败具有重要意义。

一、范式及其作用

范式(paradigm)是人们思想和行为的规范或模式。按照韦氏《新世界词典》(1968)的诠释,范式即是"型式,例证或模式"(a pattern, example or model)。这个概念运用于社会科学中,是指观察社会生活的一种"视野和参照框架",它是由一整套概念和假定所组成的[①]。

托马斯·库恩(Thomas Kuhn)把形成某种科学特色的基本观点,称为这种科学的范式(paradigms)。在自然科学史上,牛顿的力学、爱因斯坦的相对论、达尔文的进化论和哥白尼的太阳中心说等,都是自然科学的范式。太阳绕着地球转的观念后来就被地球绕着太阳转的观念取而代之。

社会科学家已经发展了很多诠释社会行为的范式。但是,在社会科学中,范

---

① 参考〔美〕K·贝利著,许真译:《现代社会研究方法》,上海人民出版社 1986 年版,第 31 页。

式更替的模式与库恩所说的自然科学并不相同。自然科学家相信一个范式取代另一个范式代表了从错误观念到正确观念的转变,譬如,现在已经没有天文学家认为太阳是绕着地球转的。

至于社会科学中每一种范式,都为关注人类社会生活提供了一种不同的方式,每一种都有独特的关于社会事实的假定。可以把每种范式当作理解社会的一扇窗户来看待。

它的含义也是随着社会科学的发展而有所变化的。今天我们强调社会调查要选择范式,是因为范式本来就是人们借助它去观察世界的工具,用马克思主义的说法,就是指导人们观察世界改变世界的立场、观点和方法。但有人认为社会调查强调理论思想的指导作用,这其实完全是一种误解。人的各种社会活动和行为是在一定的思想指导下进行的,不是以这种思想为指导,就是那种思想为指导。有些社会调查比较强调假设的作用,认为应事先设计好一个框架作为调查的依据。实际上,这就是在遵循某种理论思想的指导,只是不同的国家和不同的学派所遵循的指导思想不同而已。有的是以结构功能主义作为理论依据;有的用符号论作为指导思想;有的则以交换理论作为设计社会调查研究方案的理论依据。可见,社会调查研究都是遵循一定理论的指导的。

以贝利在他的《现代社会研究方法》中举的马克思和马尔萨斯同样研究资本主义社会"人口过剩"问题,由于采用了不同的范式得出了不同结论为例,说明了社会调查中选择范式的重要性。马克思把唯物辩证法作为他研究人口问题的指导思想,运用了诸如阶级、阶级斗争和剩余价值等概念作为框架研究人口,得出了不存在超过一切社会制度的人口规律;资本主义社会造成人口过剩的原因,不在于人口的增长数量,而在于资产阶级对无产阶级的剥削压迫的结论。马尔萨斯在研究人口过程中,运用了算术级数、几何级数、积极抑制、预防性抑制、邪恶、苦难之类的概念来认识人口现象,得出了资本主义社会的贫穷和罪恶是人口增长快于生产资料增长这一"人口自然规律"。而他提出的解决人口问题的对策是战争和瘟疫、"道德的抑制"(包括节欲、无力瞻仰子女的劳动者不得结婚等),以此使生活资料和人口之间得到平衡。

人们在探求社会现象内在联系及其规律时,如果观察和研究问题的地位、角度和理论观点不同,就可能得出不同的结论。对墨西哥一个叫波特兹特兰(Tepoztlan)村的研究就是一个很好的例证。美国芝加哥大学的罗伯特·瑞福泰尔(Robert Reftield)教授对该村调查后写了《一个墨西哥村落》一书。他认为该村是一个纯朴的、与世隔绝的平静的社会,村民们都很乐观,并相互合作,没有猜疑和竞争。17年后,美国伊利诺伊大学一位叫奥斯卡·莱威士(Oscar Lewis)的教授也去该村进行了调查,并写出了《一个墨西哥村落生活的再研究》一书。

莱威士认为,该村的村民生活紧张,具有惊恐、嫉妒和不信任的心理。

为什么两人的调查研究结果会有如此重大的差别呢?原因就在于他们的出发点、研究调查和理论观点的不同。一个是着重于群众理想的外部观察研究,另一个则着重于个人心理特征的研究。

马克思主义是被人类历史进程所证明了的科学理论体系。近年来,在资本主义的一些社会科学研究领域,马克思主义越来越受到重视,这是西方学者经过比较之后的结果。在进行社会调查研究时,马克思主义理论观点的指导作用,我们绝不能忽视,要重视运用马克思主义的立场和观点分析问题,当然也要避免套用马克思主义的现成结论,也不可简单地用马克思主义的理论命题代替对具体问题的具体研究。

可见,在社会调查活动中,研究者的立场和认识问题的参照范式不同,所得出来的结论也就不同,调查研究者选择科学的理论观点作为调查研究的指导是非常重要的。

一个社会调查工作者在进行社会调查范式选择中,应该具有广阔的视野和正确的立场,具有丰富广博的知识,对各种理论观点都应有所了解,并能够比较鉴别,才能选择正确的观点作为社会调查的指导思想,研究问题和认识问题才能做到方法建构,得出正确的结论。

二、实证主义取向[①]

如前所述,范式是一种规范、模式或一种视野。我们要进一步了解这些范式的根据,或这些方法的方法,就要进一步从方法论角度予以概括和抽象。这种从方法论意义上进行的考虑,我们可称之为"取向"或理论研究。

在社会调查研究中,实证主义、阐释学以及批判理论是三种主要的理论取向,现代也时有超越这些传统取向的试图,从而提出了一些新的理论取向。

实证主义取向作为一种曾在西方学术界有着广泛影响的方法论观点,其发展大致经历了三个阶段:古典实证主义、工具实证主义和后实证主义阶段。

在有些学者看来,实证主义可以通过以下五条来界定。

(1) 科学至上主义:对于实证主义而言,自然科学的研究方法和社会科学研究方法之间没有本质的区别。在科学方法的一致性方面,自然科学通常被当做是有科学的典范。

---

① 本章节的二、三、四、五小节均参阅吉尔德·德兰狄著,张茂元译:《社会科学——超越构建论和实在论》,吉林人民出版社 2005 年版,第 2—13、24—43、59—71、121—150 页。

（2）自然主义：实证自然主义要求① 还原主义或原子论、② 关于事实的相应理论和③ 现象主义或客观主义，把自然视为一种外在于科学的客观存在，同时又能够被中立地观察。

（3）经验主义：科学的基础是观察。对实证主义者来说，研究的程序就是从观察开始，然后进行检验。科学家通过试验来发现客观存在，从假设中发现能够被用来预测将来可能性的普遍法则。实证主义所寻求的法则是一种具有诠释、推测能力的因果关系。

（4）价值中立：科学并不对它的研究对象作价值判断，它是独立于社会和道德价值的中立活动。实证主义者因而也坚持事实和价值的二元论。他们声称，价值不能由事实推论得出。

（5）工具性知识：实证主义有过三种政治形态。① 由亨利·圣西门（Henri Saint-Simon）、奥古斯丁·孔德（Auguste Comte）和科学主义科学家们提出的、属于科学政治范畴的古典实证主义意识形态；② 科学是一种工具性的、有用的知识；同时又没有明显的政治意涵——产生于改良运动；③ 在 20 世纪，工具性的、科层化的社会科学与社会科学的专业化紧密相关。

严格来说，古典形态的实证主义，在很大程度上是亚里士多德哲学的基督教版本，也就是由圣·托马斯·阿奎那（St. Thomas Aquinas）所发展出来的经院哲学。它的影响一直延续到科学革命的诞生。当从归纳—演绎法转向强调第一法则时，亚里士多德哲学开始退化。由于受到经院哲学的排挤，亚里士多德哲学逐渐丧失了原有的光环。

文艺复兴见证了科学革命和理性主义的兴起，而从现代理性主义的角度来说，实证主义也直到文艺复兴时经验研究方法兴起之后才真正出现。柏拉图认识论（或只是理论）是形而上学和唯心论的（以寻求超越现实的哲学知识为导向），而现代实证主义却是经验主义式的：以对现实的观察为基础，并且借助实验科学。

实证主义的一个早期代表、文艺复兴在 13 世纪的先行者——罗吉·培根（Roger Bacon）强调可观察的数据的重要性，认为这是知识的基础；奥卡姆的威廉（William）也认为知识必须经过"剔除"的过程以过滤掉多余的东西。这又演进成为一个新的概念："奥卡姆剃刀"——最简单的诠释就是最好的诠释。实验方法在弗朗西斯·培根的著作里得到综合的概括。培根在不作出哲学预设的条件下，提出了一套适用于观察的归纳方法论：理论是在没有前提假设指导下的观察的产物，而不可能经由其他方法达成。

尽管笛卡儿建立了寻求真的知识的基础并展示了思维的怀疑力量，但是实证主义更多的是一种归纳逻辑而非演绎逻辑。笛卡儿倡导在第一法则下进行演绎推演,但是绝大多数的经验主义者都奉行归纳的研究方法:观察数据和进行实验能够帮助我们找到一般的规则。也就是说,笛卡儿是坐在火炉边寻找知识,他的策略是从普遍得出个别;而经验主义者(如牛顿和弗朗西斯·培根)则主张通过搜集数据来诠释一般法则。理性主义者和经验主义者的主要区别在于:前者认为知识依赖于一个更高的逻辑结构;而后者强调感官知觉,或者经验才是正确知识的判断标准。

物理学的新进展,如爱因斯坦的相对论和量子力学,推动了逻辑实证主义的发展。逻辑实证主义还坚持这样一种理念:在数学逻辑的基础上寻求确定性知识,并在此基础上建立大一统的科学。其中,关键的一点是认为只有两种形式的知识存在:经验知识(通过经验获得的知识)和逻辑知识(通过逻辑分析、推演来的)。马赫对逻辑实证主义的形式化无疑已经成为一个经典。鲁道夫·卡尔纳普(Rudolf Carnap)的《世界的逻辑构造》(1928)是一本令人难以忘怀的有关逻辑实证主义的论述。很明显,其中最著名的是来自路德维希·维特根斯坦(Ludwig Wittgenstein)在《逻辑哲学论》(1992)有关真理的对应理论。

在两次世界大战之间,实证主义在科学哲学领域占据了主导地位。在涂尔干过世之后,逻辑实证主义和经验社会科学也一致占据优势地位,只有韦伯所开创的社会学传统能够与之一较低下。

对实证主义的批评主要从两个角度展开。一是反对自然科学的霸主地位及社会科学自身的革命。这涉及自康德主义者到韦伯和现代阐释学革命(第二章的主题),以及自马克思到法兰克福学派再到新马克思主义的马克思主义和批判理论革命。二是实证主义自身的发展动摇了实证主义的根基,如奎因的批判、科学和技术研究(STS)和科学知识社会学(SSK)的复兴,包括研究视角向科学哲学的转变。因为实证主义不仅仅受到来自社会科学的批判,它还受到来自现代自然科学观念的更为有力的批判。更具讽刺意味的是,很多实证主义社会科学家所运用的方法正是现代自然科学家所已经摒弃了的方法。在实证主义从内部开始的崩溃过程中,一个最重要的早期发展就是迪昂—奎因有关证据不足以证明科学理论的论点。奎因建立了有关真理的家族相似理论,并指出了归纳的不确定性。这一理论动摇了古典实证主义的基础——归纳法。

波普尔的科学理论可以看做是对实证主义的批判,尤其是对逻辑实证主义的批判。但是,他也并没有完全摈弃实证主义。在某些方面,波普尔还是认同实证主义的。波普尔在其《科学发现的逻辑》(1934)一书中列出了其所提倡的批判理性主义方法的规则。这本革命性的科学哲学著作的主旨是要以证伪主义来取代证明主义。证伪主义有时也被称为假设—演绎方法。波普尔认为科学的逻辑并不是培根式的归纳程序：从数据观察到理论构造或是假设。波普尔认为，无论通过多少次实验，科学都不能证明任何事情，因为无论理论多少次被证明，还是存在被否定的可能性。波普尔(1959)对证明的否定可以从其所举著名的例子中得到启发："无论我们观察到多少只白天鹅，都不足以证明所有的天鹅都是白色的。"与证明相反，波普尔提出了证伪主义原则，或说是"试错"理论。与归纳相反，科学通过证伪原有理论而不断演绎、发展的。波普尔认为科学程序是从一般(如科学假设)到特殊，而非从特殊到一般。

库恩对于后经验主义科学观的重要性在于他认为科学的进步既不依赖于归纳也不依赖于演绎，而在于范式上的革新：观察并不导向理论。库恩的出发点不是事实而是科学结构(Trigg, 1985)。证据的堆砌和证伪都不能诠释科学的运作，因为他们都未能考虑到科学革命这一角色。科学革命包含了一些非科学元素，如文化价值的入侵，这会使得一些科学家对某些反常视而不见，而另一些人则不会。通过在科学逻辑中引入"视角的革命性转变"，并承认历史和社会环境的重要性，库恩破除了实证主义在寻求完美知识的自信，并质疑知识积累引致科学进步这一所发。在库恩眼中，科学范式的正误无从考证，因为它们本身就是判断的基础：作为认知体系的科学最终是由科学制度形构的。

不过，库恩并不是一个相对主义者，他相信科学的进步。库恩最终还是属于实证主义阵营，因为他反对批判的、理性的共识的可行性(Bernatein, 1979)。库恩最重要的成果之一是他发现了科学结构下的"科学共同体"。库恩赋予了科学经验研究新的活力，将其从空洞的方法论转向建立在科学方法基础上的科学研究。

三、诠释学取向

诠释学取向可以追溯到德国社会学家马克思·韦伯(1864—1920)，以及德国哲学家狄尔泰(Wilhem Dilthey)。在狄尔泰的巨著中《人性科学导论》一书中，他主张有两种在基本形态上不同的科学：自然科学(Naturwissenschaft)和人性科学(Geisteswissenschaft)。前者是植基于抽象诠释，后者则是扎根对于生活在特定历史环境中的人们之生活经验同理心的理解，或称为"体悟"(Verstehen)。韦伯主张社会科学必须研究有意义的社会行动或是有目的的社会行动。他信奉同理的理解，并觉得我们必须认识塑造一个人内在感受以及决定其特定行动方式的个人推理和动机。

诠释学(hermeneutics)，是一门起源于19世纪的意义理论。这个术语出自希腊神话中一位叫做 Hermes 的神，他的主要工作是把神的旨意传达给人类。

它"在字面上的意思是使模糊变清楚"(Blaikie,1993)。诠释学大量运用于人性科学(哲学、艺术史、宗教学科、语言学和文学批评),它强调对文本(包括对话、书写文字和图书)详细地阅读和诠释。

诠释学有几种不同的变化:建构主义、俗民方法论、认知取向、观念主义、现象学、主观主义以及质性社会学。有一种诠释学取向和符号互动主义与1920到1930年代社会学的芝加哥学派紧密联合,它常被称为质性的研究方法。

诠释学取向的研究者常常使用参与式的观察和实地研究,这些技术需要研究者花很多时间与他们的研究对象接触。相对于实证主义者的工具取向,诠释学取向采用的是务实的取向,他们关注人们在日常生活中的生活事件、人们如何与别人互动和相处等等。

诠释学方法具有如下主要倾向:

(1)诠释:诠释学,意味着理解,它强调诠释而非解说和描述。诠释不能够被还原为纯粹的观察。科学家必须理解以把握更深层次的现实。

(2)反科学主义:诠释学方法的支持者们强烈认为,社会科学和人文科学应该从自然科学中分离出来——无论是在方法上还是在科学主题上。

(3)价值中立:虽然诠释学是从实证主义中分离出来的一大分支,但是诠释学方法却被认为是价值中立的,并从根本上具有相对主义的意涵。

(4)人文主义:诠释学方法的支持者们通常都假定人类社会是统一的,这才使得理解是可能的。因此,不同的文化和历史时期都有其不同的价值。在此,有一条有关人类社会亘古不变的信念——世界不可能是没有意义的。

(5)语言建构论:绝大多数的诠释学方法都强调语言作为基本的社会结构的重要性。社会被看成是借助语言和意义而建构起来的。

(6)主体间性:诠释学方法不同于实证主义,还因为它认为科学及其对象之间存在一种主体间性的关系。诠释学有关科学的概念不是被动的,而是包含了文化建构的元素,并认为能够达成自我理解或是对世界的认识。

诠释学方法代表着现代性意识中的沟通取向,这与实证主义的工具逻辑刚好形成鲜明的对照。

诠释学思想中最有影响力的一支无疑是德国古典哲学或新康德哲学。

德国古典哲学代表人物康德的批判唯心主义的先验哲学试图沟通唯心论和理性主义。在其伟大的著作《纯粹理性批判》(1781)中,康德哲学的基本观点就是:经验知识——作为指向外在客观现实的知识——假定现实具有一种能够被认识的结构,但是这种外在机构是由我们思维中的内在形式决定的,因为我们对现实存在的感觉并不是被动的。为了不至于对休谟的经验主义表现出太多的退让,康德试图跟理性主义保持一定的亲密关系。康德认为,尽管我们对现实的感知是被我们思维中的先验形式所形构，但它仍然是"综合的"。这意味着它能够告诉我们有关客观现实的一些知识，但它所给予我们的都只是假定：客观现实是存在的，但是哲学只能够告诉我们知识是如何可能的和看来是什么样子的。也就是说，知识必须严格限定在现象领域，或者意识领域。康德的主体性哲学深深影响了诠释学。

诠释学取向与实证主义方法论有根本的不同。第一，他们主张人文社会科学与自然科学之间有明显的不同，表现在研究对象和目的等方面，特别重视理解方法。第二，重视社会行动及其意义的研究，重视价值问题，倡导特定的分析视角。第三，以个体主义方法论为特征。从韦伯到许茨，他们都是唯名论者，关注对行为个体的研究。第四，倡导定性研究方法，而不是定量研究方法，如实地研究法、人类学的"深描(thick description)"法等。

四、批判理论取向

批判理论是指以 1923 年在德国法兰克福成立的"社会研究所"为核心的一批研究马克思学说和现代工业社会的学者形成的理论流派，又称"法兰克福学派(Frankfurt School)"。其主要代表人物有霍克海默(Max Horkheimer)、阿多诺(Theodor Adorno)、马尔库塞(Herbert Marcuse)、弗罗姆(Erich Fromm)、哈贝马斯(Jurgen Habermas)等。他们深受马克思主义思想的影响，故又属于新马克思主义学派。

前面介绍了有关社会理论的经典观念。实证主义和诠释学的主要分歧在于科学方法是否统一(因果解释和经验观察)和科学主义(相信科学是最完美的知识形式)问题上。在这场争论中，实证主义无疑占据上风，并在社会科学的制度化方面具有最强大的影响力。诠释学的观点同样影响深远，但相比较而言，还是稍有不如。这两种方法都可以看做是建构论和实在论之间的冲突的反映：诠释学代表有关社会现实的建构论视角，而实证主义则是一种实在论视角。

然而，尽管存在很多差异，这两种方法论还是分享了一个共同的预设：科学的价值中立。

在这里，我们将审视理论取向的第三种传统，它同时对实证主义和诠释学提出了挑战。马克思主义的社会科学观是实证主义的主要反对者，同时也可以看做是诠释学的竞争对手。为对社会的批判，马克思主义的社会理论放弃了实证主义和诠释学的价值中立信念。其论点是自我改造，而不是自我理解。对于马克思主义者来说，社会科学知识必须是批判的知识，因为实证主义知识或纯粹的理解都是现存社会的主张。

马克思主义的社会科学意图通过深化社会自身的意识来改造社会。从这个意义上来说,激进的建构论在马克思手里复活了。因为马克思重新拾起了在早先的时期中被抑制的社会重构观念。

以下四个特征代表了批判理论的主要特征和一些参考点。

(1) 批判。科学目的并不是为了解释或是理解社会。知识天生就是对现存秩序的批判,并寻求揭示统治体制。就使用理解和解释的方法而言,与实证主义和诠释学还是可以兼容的,但是批判理论却是以一种批判的方式来进行解释和理解的。

(2) 解放。作为批判理论,它的核心问题是规范基础。批判的规范基础不可能来自科学,而只能是来自解放的政治承诺。批判理论的理论取向因而也是解放实践,它与社会变革紧密相关。

(3) 辩证。不像诠释学和实证主义,并不假定理解主题或是方法的统一性。科学与其对象的关系总是辩证的:科学建构了对象,同时又被对象所建构。理论和时间也是相互缠绕的。

(4) 历史相对论和决定论。批判理论中最有争议的问题是,是否存在源自经济决定论的历史法则? 批判理论倡导历史唯物主义:经济力量是历史中最重要的力量。

批判理论与主张价值中立的实证主义决裂。批判理论并不认为科学是外在于社会的,而是社会的不可分割的一部分。对于批判理论来说,每一个观察和理解本身都是一种世界构造,因为在观察和理解过程中,我们也改造了现实。

批判理论与诠释学、实证主义另一个更大的差异在于社会与自然的关系问题上观点不同。在批判主义那里,自然并不是一个外在于社会的领域,也不是被社会和科学掌控的外在对象。自然和社会之间的关系是一种辩证的运动——通过实践而呈现。作为行动者的改造里的劳动是联结自然和社会的纽带。然而对于实证主义者来说,自然多少是被社会所主宰的;而诠释学的支持者则坚持应该严格区分自然和社会。

批判理论所提出的一个经久不衰的论题是结构与行动者的优先性问题。

通常的观点认为,早期哲学化的马克思,也就是书写《巴黎手稿》时的 19 世纪 40 年代的马克思,坚持行动者优先;而后期社会学化使得马克思走向了结构决定模式的道路。在马克思成熟的著作中,我们很难分清马克思究竟是相信结构变革导致社会变革,还是社会行动者本身是变革的首要原因。很明显的,从理论视角而言,马克思相信结构和行动者是辩证相关的,但从主体论上来说他却更多地强调结构。正是从这个意义上说,马克思是个实在论者。但是,就其实在论是以辩证形式表达的而言,他又具有了建构论的成分。

五、整合建构论和实在论

1. 关于建构论的新视角

虽然建构论起源于多种不同形式的唯心主义哲学(与休谟、贝克莱和康德相关的观点,他们都认为知识是被经验和背景建构的),但是社会科学里的现代建构论的主要代表却是韦伯和曼海姆。建立建构论,并使之成为社会科学里的一个关键的方法论论题,是曼海姆的成就;同时曼海姆还是"知识社会学"的奠基者。

自曼海姆之后,建构论逐渐在实证主义争辩和敌对的诠释性哲学、马克思主义的攻击中被淡忘。随着这些挑战的衰落,建构论重新崛起(Stehr and Meja, 1984)。建构论是 20 世纪 80 年代的社会科学方法论,并且还没有任何衰落的迹象(Knorr-Cetina, 1993;Sismondo, 1993)。现在,人们越来越认识到我们有关社会现实的知识是社会科学的建构,也就是说,社会科学知识是一种反思性的知识,它建构了它的对象。很明显的,对象、社会现实独立于社会科学家之外,但是社会科学自身还是在知识形成之中扮演了一个积极的角色。哈贝马斯和阿佩尔联结知识和旨趣的理论也假定:在部分科学上存在建构。

布迪厄是个很重要的理论家,他的理论能够被描述为建构论(Bourdieu and Wacquant, 1992)。布迪厄自己也将其方法称为"建构论"(1996)。在布迪厄的框架里,社会是一个客观存在,它独立于社会行动者和社会科学家的感知。这样,在结构的客观性上,布迪厄具有浓厚的马克思主义风格。不过,布迪厄比过分单纯化的结构决定主义者走得更远。他倡导一种主观主义的或是建构论的解释,以解释第一规范也就是社会行动者,是如何在意义的生产中建构社会现实的。这样,布迪厄就同时摆脱了客观主义结构论和主观主义诠释学的危险。

布迪厄的建构论刺入了社会科学自身的心脏。借助"反思性"这个概念,布迪厄认为社会科学不可能逃避其自身的自我指示。这也就是说,社会科学是一种嵌入于文化背景——它常常大于个体科学家所能够有意识地反思的领域——智力实践。

作为一种政治——反思性的实践,布迪厄的社会科学——他称之为"实践理论"(Bourdieu, 1990)——又是变革性的,因为它最终是要在与客观化的社会结构的碰撞中创造一种新的主观性。

在当前,有一点很重要,那就是范登达勒(1992)关于当代社会科学的论题从

"一个客观主义视角转为一个建构论视角"的观点。范登达勒认为:"在建构论的语言中,每一个现实都是被观察到的现实。"他还指出了,通过公众讨论、专业论文和政治规章来引起新形态的可能性。这一观点在爱德(1996)最近关于自然的社会建构和后法人秩序的著作以及福勒(1993)的知识政治理论中得到反映。可见,建构论是存在分歧的。

2. 批判实在论

前面涉及了各种形形色色的建构论。建构论的主要特征是它认为知识(日常的和科学的)是其背景所形塑的建构物。

与建构论者不同的是,实在论者强调作为知识的基础的现实是存在的。今天的社会科学中的新实在论事反实证主义、是后经验主义的;用巴哈斯卡(1979)的话来说,它试图坚持自然主义的可能性。实在论认为应该根据研究主题和方法来区分科学。因而,它是全面反实证主义的,以致实在论者不同意哈贝马斯将实证主义特征当做是自然科学的方法。在实在论者看来,实证主义是一个时代错误,因此社会科学中的反实证主义哲学就不能够建立在对自然科学的攻击上。

巴哈斯卡被认为是实在论的带头人。其他实在论代表还包括凯特(Keat,1975)和乌里(Urry, 1975)、塞尔(Sayer, 1984)、哈雷(Harre, 1986)、奥斯外特(Outhwaite, 1987)和阿切尔(Archer, 1995)。巴哈斯卡的理论的一个核心观点是说,社会现实是由他所谓的"生成性机制"组成的,而这些机制又产生了"事件"。这不是一种将社会看做是有意构造的原子论。巴哈斯卡坚持认为作用因果法则的生成性机制是独立于它们所引起的事件的。有一点要强调:因果法则对于实在论者来说不是普遍的确定性法则,而只是一种可能性——这与实证主义的观点一样。而且,因果机制和它们所引起的事件都无须在经验中得到反映。由于这个原因,实证主义和经验主义的传统形式是站不住脚的,因为经验并不为我们提供有关生成性机制的知识。在巴哈斯卡的理论中,科学的及物对象和不及物对象之间是存在差异的。前者指的是科学所使用的概念,而后者指的则是真实的世界。科学的任务是要揭示生成性机制在现实世界中的运作。

在巴哈斯卡的科学理论中,现象是通过调查、解释和经验验证而被认识的。巴哈斯卡的科学进步模型就是科学不断深入地了解社会现实的深层结构,并发现生成性机制的过程。

3. 整合建构论和实在论

今天,对社会科学的一个挑战就是要将实在论和建构论整合成一个全新的科学批判理论。

我们希望得出的主要结论是,建构论者—实在论者之间的划分实际上是一种错误的二分法,而且这两个阵营实际上能够以一种协调的方式得到解释。建构论者和实在论者都坚持关于真理的对应理论,在这一点上他们是统一的。实际上,真正的差异在于建构论内部而不是在于建构论和实在论之间。建构论内部的分化远比实在论所带来的分化更加明显。

贝克(1996)曾经试图调和源自实在论—建构论争辩的理论问题,他认为实在论和建构论并不是相互排斥的。贝克认为,只有当被幼稚地理解时,它们之间才可能是互相排斥的。幼稚的建构论未能看到社会行动者的建构之后是客观的现实,而幼稚的实在论则忽视了社会行动者和科学建构现实的程度。

为了实现"建构论的实在论",贝克坚持"反思性实在论",并反对"幼稚的建构论"。反思性实在论"研究自信是如何产生的,问题是如何被简略的,替代性的理解是如何在黑箱中被埋没的,等等",也就是说,它探讨现实是如何被社会行动者(他们界定了什么是知识)建构的。反思性实在论因而可以被理解为建构论的实在论——其中,现实、符号系统和理解者之间一起互动。也就是说,如果知识具有建构的纬度,那么通过社会行动者在商谈性民主的扩展中不断增加的反思性,这一开放性就可以激进化为科学的认知架构。

第三节　研究逻辑与理论建构

社会调查研究就是运用各种方法,针对某种社会现象和问题进行观察、搜集、统计、分析,找出规律性东西的过程。这种研究要依靠科学的程序和方法。科学是建立在逻辑和观察这两大支柱之上的。作为一项科学的认识活动,社会研究的一般过程是与科学的认识规律和科学研究的一般程序相一致的。

一、两种逻辑和"研究圈"

社会调查研究如同科学研究一样是由归纳和演绎两个逻辑推理过程构成的。科学哲学家拜佛里奇(W. I. B. Beveridge)用我们熟悉的方式这样描述了两类逻辑:"逻辑学家把推理分为归纳(从个别到一般)和演绎(从一般到特殊,把理论运用于个案)两种。归纳法是从观察到的资料发展出概化的通则,可以解释所观察的事项间的关系。而演绎法则是把普遍的法则运用到特定事例上。"①巴比在引用拜佛里奇的描述后,接着写道,最具代表性的演绎法例子就是三段论:"凡人皆会死;苏格拉底是人;所以苏格拉底也会死。"在这个三段论中,同时呈现了理论和操作。要证实理论,你要针对苏格拉底必死进行实证检验。这是传统科学模式最重要的特色。使用归纳法的时候,你要从观察苏格拉底之死开始,然后再多观察几个人。你可能会发现,所有观察的对象都会死亡,这样你就得到了一个结论:凡是人,都会死。在科学研究中,归纳与演绎不是对立的,而是相互结合的。

2009 年 10 月 31 日我国著名科学家钱学森先生逝世后,新华社记者曾专访跟随钱老 26 年之久的秘书兼学术助手、年届七旬的涂元季先生。涂先生回忆说:"钱老在谈到科学与艺术的关系时曾说过,科学的创新往往不是靠科学里面的这点逻辑推理得出来的,科学创新的萌芽在于形象的思维,在于大跨度地联想,会突然给你一个启发,产生了灵感,你才有创新。灵感出来了以后,再按照科学的逻辑思维,去推导、去计算,或者设计严密的实验去加以证实。所以科学家既要有逻辑思维,也要有形象思维。逻辑思维是科学领域的规律,很严密。但是,形象思维是创新的起点。"这段教诲是值得每个从事科学研究的人员深思的。

1. 归纳与演绎

归纳推演从经验观察出发,通过对大量客观现象的描述,概括出现象的共同特征或一般属性,由此建立理论,说明事物之间必然和本质的联系。归纳过程是由感性认识上升到理性认识,由个别到一般,由具体到抽象,由特殊到普遍。

归纳推理在社会研究中有其重要的作用。它可以客观地描述事物的状况,为理论建设提供事实依据,更重要的是,它可以使人们从一些新的事实或偶然发现中得到启发,由此产生新的思想或概念,从而推进理论的创新和发展。归纳推理是在直接经验的基础上进行概括,因此它具有一定的可靠性。但归纳法也有它的局限,即得出的结论可能是错的,它很难建立起一种具有普遍意义的、高度概括的理论。

演绎推理是从一般理论或普遍法则出发,依据这一理论推导出一些具体的结论,然后将它们应用于具体的现象和事物,并在应用过程中对理论进行检验。演绎过程是从理性认识再返回到感性认识,由一般到个别,由抽象到具体,由普遍到特殊。

演绎推理的作用表现在可用一般原理或理论来指导社会研究,可以由抽象的理论推导出具体的、未知的现象,同时还可以帮助我们论证或反驳某一理论。

---

① 〔美〕艾尔·巴比著:《社会研究方法》(上)(第 8 版),华夏出版社 2000 年版,第 76 页。

自然,演绎推理也有其局限性,由于一般理论和大前提有可能是错的,那么由它推导出的结论也可能是错的,这样的结论不可能有效地解释具体现象。此外,由单纯的演绎推理不可能发现一般理论中的错误,所以社会研究中,常常将演绎推理与观察结合起来,通过观察的事例来发现理论的错误之处。

作为社会研究逻辑推理过程的归纳和演绎在科学研究中都有其不可替代的作用,同时又存在一定的局限。正如恩格斯所说:"归纳和演绎,正如分析和综合一样,是必然相互联系的,不应当牺牲一个而把另一个捧上天去,应当把每一个用到应该用的地方,而要做到这一点,就只有注意他们的相互联系,他们的相互补充。"①

2. 假设检验法

19 世纪末到 20 世纪初,通常被科学家们认为是新科学思想丛生、创造发明迭出的时期。社会研究方法尤其是方法论随着科学的发展获得了相当大的突破。在方法论领域,科学哲学家波普尔修正和改造了孔德实证主义的研究逻辑,就是一个重大的进展。

孔德实证体系的核心观点是:"知识起源于观察和归纳",科学研究的目的是证实理论。而波普尔提出,科学知识的起源是从各种"问题"开始的,问题引起人们的思索、探究,促使人们做出各式假设式的回答,然而通过事实证伪而形成知识。波普尔的思想精髓就是他著名的假设检验法或称"试错法"(trial and error method)。

波普尔提出的假设检验法是由归纳和演绎两种推理构成的,它有助于克服单纯演绎或单纯归纳的局限性。假设演绎法就是从问题出发,为解答问题而提出尝试性的假说或理论解释,然后通过观察来检验假设,假设如被证实就可以对被观察现象作出有效的理论解释;假设如被证伪,就要对理论做出修正或推翻原有理论,发展新理论。

目前在社会研究中,假设检验法已成为普遍运用的研究逻辑。

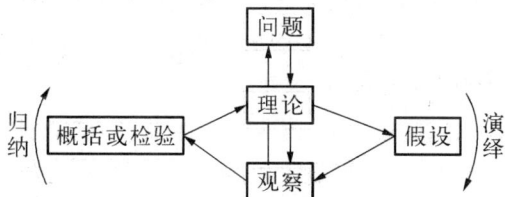

如上图所示,这一循环过程就是社会研究(即科学研究)的逻辑过程,其中各个相互联系的步骤就称为科学的基本程序。

---

① 恩格斯:《自然辩证法》,人民出版社 1997 年版,第 206 页。

3. "研究圈"的启示

美国社会学家华莱士(W. Wallace)1971年在其名著《社会学中的科学逻辑》一书中提出了社会研究的逻辑模型,

"研究圈"图

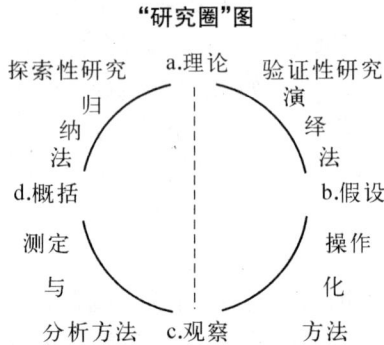

总之,华莱士所提出的"研究圈"(见上图所示)告诉我们:科学是理论与研究之间不断相互作用的过程。在这一"研究圈"中,研究者有两个入口:(1) 有时,研究者首先从观察事实、记录事实入手,通过描述和解释他们所观察到的事实,形成经验概括并上升为理论。然后在他们的理论的基础上作出预测,即对未知事物的假设,再通过观察新的事实以检验这种预测。(2) 有时,研究者首先从理论出发,由理论产生假设,再由假设导致观察,然后由观察形成经验概括,用这种概括支持、反对或建议修改理论,或提出新的理论。

华莱士还从另外两种角度对其"研究圈"进行了分析。首先他认为,"研究圈"的左边一般意味着从观察和对观察的理解中进行归纳和理论建构;而右边一半则意味着从理论出发,通过演绎,应用理论于观察中,进行理论检验。其次他认为,"研究圈"的上面一半代表着运用归纳和演绎等逻辑方法的理论化过程;而"研究圈"的下面一半则代表着运用研究方法所从事的经验研究过程。换句话说,图中的水平虚线将抽象的理论世界与经验的研究世界区分开来。

二、演绎式理论的构建

1. 主要特点

演绎推理是从一般到个别,从逻辑或理论上预期的模式到经验观察,最后检验原来的理论模式的过程。与归纳法相反,演绎法是一种由一般结论推导出特殊或个别结论的方法。这种推理方法的主要特点是:

(1) 按照严格的逻辑规律推导结论。

(2) 公理是演绎的逻辑出发点。

（3）从一般原理向实践转化的重要逻辑形式。

2. 不同类型演绎法也有不同的类型

（1）"形式"演绎。这种演绎过程的结论不是由前提内容得出的，而是由前提的形式及其组合得出的，其推理的基础是事物的种属关系。如果忽略了这一点，把研究对象在客观上所具有的发展过程的关系，错误地当作种属关系，在运用演绎法时，就会产生种种谬误。例如，所有的鸟类都有翅膀，鸽子是鸟类，鸽子也有翅膀。这一论断中，鸟类与鸽子是种属关系，因而结论过程都是正确的。

（2）"内容"演绎。"内容"演绎所依据的是被研究对象的发展过程的关系。演绎的结果并不是前提中一般原理的运用，而是全新的论断。例如，简单价值形态、扩大价值形态、一般价值形态、货币价值形态是历史上出现过的四种价值形态，它们之间的价值关系是个别与一般的关系，是依次递进、相继发展的过程关系，而不是种属关系。

3. 构建的步骤

（1）从待检验的理论推演出一组概念化的命题，用可检验的命题形式即假设的形式重述概念化的命题。

（2）搜集有关的证据加以验证。

（3）理论修正与发展。

在艾尔·巴比所著《社会研究方法》一书中，他举例说明演绎式的理论建构。西方社会学家林格（Benjamin Ringer）和巴比（Earl Babbile）的一个研究案例[1]：为什么美国圣公会教徒参与教会活动的程度不同？在众多的理论和准理论中，研究者仅探讨其中一个称之为"慰藉假设（Comfort hypothesis）"的理论。该理论假设："教区居民中无法在世俗社会中得到满足和成就的人，会转向教会寻求慰藉和代替物。"

在提出了这样的基本假设之后，下一步则是检验这个假设。研究者推论在世俗社会中无法得到满足的人，比那些获得满足的在宗教上更为虔诚。要论证此观点，首先要分辨出谁没有得到满足。研究者从年龄、性别、社会阶层和家庭状况这四项指标来测量这个问题。

在以年轻人为导向的社会中，老年人比青年人在世俗社会中更感到不满足。而资料证实，老年人比中年人的宗教信仰虔诚，而中年人又比年轻人虔诚。

在男性占主导地位的社会中，男性的社会地位比女性高。资料显示，在涉及宗教活动的三项测量上——仪式（如去教堂做礼拜）、组织（如加入某个宗教组织）和知识（如阅读教会出版物）——女性的卷入程度都比男性要高。总体上女

---

① 参见〔美〕艾尔·巴比：《社会研究方法》（上），华夏出版社 2000 年版，第 76—77 页。

性比男性高出 50%。

研究发现,年老、单身、无子女、社会阶层低的教区女性居民的宗教卷入程度,比年轻、已婚、为人父母者、上流社会的教区男性居民的宗教卷入程度高出三倍之多。因此,研究者的慰藉假设得到证实。

三、归纳式理论的构建

归纳法是从个别事实中推演出一般原理的逻辑思维方法。社会科学研究的最终目的是揭示有关事物的一般属性和本质,找出具有普遍性和规律性的东西。但是,这通常需要从对个别事实的直接经验观察开始,即通过归纳法来完成。

1. 主要特点

(1) 对记录的经验事实的加工和处理。

(2) 根据客观事物概率统计的结果做出结论。

(3) 不能深刻揭示事物深层的本质规律。

2. 不同类型

(1) 归纳法有不同的分类。根据归纳的依据是否完全,归纳可分为完全归纳法和不完全归纳法。在不完全归纳法中,又可根据是否运用了因果规律,区分为简单的枚举归纳法和科学归纳法。完全归纳法是从全部对象的一切情形中得出全部对象的普遍结论。数学上的穷举法就是典型的完全归纳法。实际上,一类事物往往含有无限多个对象,根本不可能穷举,因而完全归纳法的应用范围是很有限的。

不完全归纳法是只根据一个或几个(不是全部)对象的情形进行考察,然后推导出结论的方法。它又分简单枚举法和科学归纳法两种。简单枚举法是根据部分对象具有的某种属性,概括出一般结论的推理方法。科学归纳法是根据对某一门类的部分对象本质属性和因果关系的研究,揭示事物的必然联系,从而得出关于这一门类的全部对象的一般结论的推理方法,也可称为判断因果联系的归纳。

归纳法是研究者经常运用的理论构建方法之一。格拉斯(Barney Glaser)和斯特劳斯(Anselm Strauss)用"扎根理论(grounded theory)"来表示运用归纳推理进行理论建构的方法。1967 年格拉斯和斯特劳斯提出的"扎根理论",这是一种研究的方法,或者说是一种作定性研究的"风格"(Strauss, 1987),其主要宗旨是从经验资料的基础上建立理论。研究者在研究开始之前一般没有理论假设,直接从原始资料中归纳出概念和命题,然后上升到理论。这是一种自上而下建立理论的方法,即在系统搜集资料的基础上,寻找反映社会现象的核心概念,然后通过在这些概念之间建立起联系而形成理论。扎根理论一定要有经验证据的支持,但是它的主要特点不在其经验性,而在于它从经验事实中抽象出了新的概念和思想。

在扎根理论被提出来以前,社会科学研究界普遍存在理论性研究与经验性研究相互之间严重脱节的现象。人们或沉溺于对纯粹理论的探讨,空谈一些形面上的问题;或停留在对经验事实的描述上,一味强调"可观察性"和"可证实性"。因此,扎根理论的发起人在提出这种方法时,声称自己的主要目的是"填平理论研究与经验研究之间尴尬的鸿沟"(Glaser & Strauss, 1967)。正如康德所言,"没有理论的具体研究是盲目的,而没有具体研究的理论则是空洞的"(引自布迪厄,华康德,1998),扎根理论不仅强调系统地搜集和分析经验事实,而且注重在经验事实上抽象出理论,因此被认为较好地处理了理论与经验之间的关系问题。

扎根理论特别强调从资料中提升理论,认为只有通过对资料的深入分析,一定的理论框架才可能逐步形成。这是一个归纳的过程,自下而上将资料不断地进行浓缩。理论一定要可以追溯到其产生的原始资料,一定要有经验事实作为依据。因为扎根理论认为,只有从资料中产生的理论才具有生命力。如果理论与资料相吻合,理论便具有了实际的用途,可以被用来指导人们具体的生活实践。

扎根理论的首要任务是建立"实质理论",这种理论类似默顿(1967)以及P·佩尔托和G·佩尔托(1970)等人所说的"中层理论",介于"宏观大理论"和"微观操作性假设"之间(Glaser, 1982)。定性研究者不同的是,扎根理论的倡导者虽然把重点放在建构"实质理论"上面,但也不排除对"形式理论"的建构。然而,他们强调,形式理论必须建立在实质理论的基础之上,而实质理论必须扎根于原始资料之中,不能凭空制造。

3. 建构的步骤

(1) 对经验对象进行观察。这种观察既可以是定量的,也可以是定性的。

(2) 经验概括:借助于一定的概念或命题完成,这是对事物进行抽象总结分析,寻找一般模式的重要步骤。

(3) 建构理论:研究者从大量个别具体的现象得出一般性的经验概括之后,集中到了所存在的共性特征。这种共性的特征所展示的是现象的某种规律性特征。

归纳式理论建构可以分为定性与定量两种方法。再以巴比所举圣公会教徒的研究案例为例:

资料搜集完毕后,解释宗教卷入程度差异的工作,就要从分析对人们生活有重大影响的几个变量开始,其中包括了性别、年龄、社会阶层和家庭状况。如前所述,这4个变量和宗教与宗教活动卷入程度有很大的关系;4个变量对于宗教信仰也有累积性效应。不过这并不是个好消息,它反而产生了一种两难的困境。

葛洛克还记得在哥伦比亚大学教授俱乐部的午餐会上和同事们探讨研究发现时的情景。葛洛克展示所有变量对宗教卷入影响的图表时,一位同事问到:"这到底意味着什么?"顿时,葛洛克不知如何回答,为什么这些变量都和宗教卷入程度有强烈的关联?

这个问题引发了进一步的推理过程,除了对宗教信仰的影响之外,这几个变量还有哪些相同之处(4个变量综合指数,原来称之为"宗教参与度倾向")? 最后我们发现,这4个变量同时也反映了世俗社会中的不同地位,因此想到了其中可能也牵涉到要寻求慰藉。这说明了:归纳法是从具体的观察出发,得到一个一般化的理论解释。

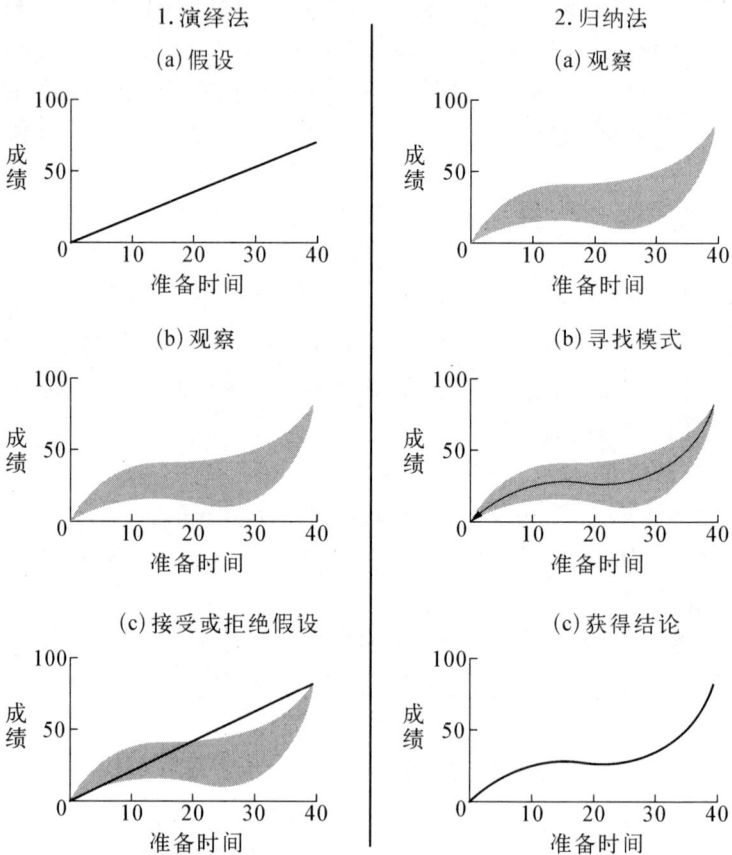

图 2-3　演绎法和归纳法

图2-3比较了归纳和演绎推理方式。在图中,我们想要知道的是备考时间长短和考试成绩之间的关系。在运用演绎法的时候,我们会从逻辑推论开始。考试成绩好的学生,说明他记忆和运用信息的能力好。而且,这两种能力应该随着考试前大量接收信息而增加。依据这样的推理,我们可以获得一个假设,即考前准备的时间和考试成绩呈正相关。

使用演绎法的下一个步骤,就是进行和假设检验有关的观察。图中1(b)的阴影部分代表的是不同学生所做的数百项观察,请注意准备时间和考试成绩之间的关系。最后在图中1(c),我们比较假设和实际观察结果。由于实际观察结果很少和我们的预期完全符合,所以要确定两者之间吻合程度是否足够说明假设已经得到了证实。换句话说,假设是否描述了实际存在的模式,同时又容忍了真实生活中的变异?

现在我们用归纳法来研究同样的问题。我们首先从图2-3的2(a)实际的观察结构开始。由于对准备时间和考试成绩间的关系感到好奇,我们便着手搜集相关资料,然后从搜集到的资料中找出一个最能代表或描述资料特色的模式出来。2(b)穿越阴影部分的那一条曲线,就是具有代表性的模式。

这个模式显示,准备1—15个小时的时候,准备时间越长,成绩越高。但是,在15—25个小时之间,准备时间越长,成绩反而稍微降低。

第四节　理论与研究:动态的组合

我们已经看到理论与研究是相互关联的,刚从事调查研究的研究者会误以为理论与研究并无关系,或研究者只为搜集资料而已。不用理论来进行研究或无法将理论说明清楚的研究者,可能都只是浪费时间在搜集无用的资料而已。

著名社会学家默顿对理论研究与经验研究之间的关系有独到的见解。他明确提出,经验研究必须以理论为指导,而理论研究离不开经验证明。他认为经验研究与理论研究相互渗透,是任何社会学所必需的。他曾尖锐地指出:"我们不喜欢那样的社会学家,他们只空谈而不观察,或者只观察而不思考,或者只思考而不使他们的思想接受系统的经验研究的检验。"[1]

默顿认为,社会学研究中常常出现两种极端:一是有些社会学家热衷于高度概括,他们急于寻求建立社会学的定律,因此这类人不重视具体的细节和小规

---

[1]　Robert Merton. *On Theoretical Sociology*. New York: The Free Press. 1967. P68.

模的观察,只追求宏大的总结概括;另一极端的社会学家则不去关注他们的研究的意义,只是信奉他们报告的事实就是本来的一切。默顿指出,前一种极端的错误会无视与客观事实的联系,而后一种极端则忽视了事物之间的相互关系。后来的科学哲学观点表明,任何经验研究与观察,总是与一定的理论倾向相联系的。根本不存在没有理论取向的经验研究,也没有完全脱离经验基础的理论研究。

一、理论对经验研究的作用

理论提供我们对问题如何看待及思考的框架,理论给予我们概念、提供基本的假定、对于重要的问题给予指导,并且建议我们如何了解资料。理论让我们能够将单一的研究与其他研究者所共同贡献出的广大知识基础予以联结在一起。使用类比的方法,理论帮助研究者能看到一整片树林而不只是看到一棵树而已。理论有助于研究者去注意资料间的相互关联及其广泛的意义。

我们也注意到,有些研究者对于理论对研究的作用有着不同的思考,有些定性研究者比较重视对社会现象进行描述和“移情”式的理解,因此并不要求所有的研究项目都建立理论。定性研究结果可以有很多不同的表现形式,既可以建构不同层次的理论,对现象进行总结和概括,也可以纯粹让当事人自己说话,从他们的角度展现其生活世界;而在这两者之间存在很多不同的变体。虽然描述性研究也必然受到研究者一定理论导向的影响,理论阐释也不得不涉及对具体问题的描述,但是很多时候质的研究结果可以以描述为主,不一定非要建立“理论”。

例如,存在主义理论建构者认为,被研究者日常生活中的尝试足以帮助研究者发展自己的研究方法、策略和步骤,研究的目的是寻找人类生存的使用性知识,而不是抽象的理论(Adler & Adler,1987;Douglas,1976)。研究者从自己的直接观察和体验中获得的知识可以作为解释社会现象的生成性概念,不必去寻找或借用那些形式化的、绝对的理论 (Jonhson, 1975; Kotarba & Fontana, 1984)。

诠释学方法的倡导者对理论持更加激进的态度(Agar,1986;Bruyn,1966;Cicourel,1974)。这些人认为,人类的生活受到特定历史时期的限定,现实生活可以被看成是一个文本,具有一定的历史性。对文本的解释或理解需要研究者对文本提出问题,与文本之间进行互动(Clifford & Marcus, 1986; Goffman, 1974)。问题的解决将导致更多问题的产生,部分的理解和整体的理解是一个不断相互印证的过程,是一个诠释的螺旋。每一个解释都是暂时的、相对的。解释永远不会停止,也永远不会完满。因此,任何先见的或固定的理论对文本的解释都是无济于事的。

还有一些研究者认为,研究的目的不是为了建立理论,而是为了解决问题。判断理论的标准不是"正确"与否,而是"有用"与否。研究者无法对理论进行证实,而只能说某些理论对具体问题进行解释或说明时是否"合理"、"有效"、"有解释力度"。理论必须有事实作为依据,必须与特定的使用情境相联系,抽象的理论对具体的研究没有什么意义。正如费孝通曾经指出的"我们的理论不在道破宇宙之秘,只是帮你多看见一些有用的事实,理论无非是工具"(丁元竹,1992)。

虽然有的学者不重视理论在定性研究中的作用,不刻意追求理论上的建树,但是大部分人认为,建立广义的、实际的、个人的、小理论还是十分重要的。这些理论不仅可以作为资料分析的最终结果,而且可以对研究本身以及有关的后续研究提供十分有益的指导。

首先,理论可以赋予事实以意义,将事实置于恰当的分析视角之中。从某种意义说,研究者观察到的经验性事实通常没有(或无法表达)自己的意义,只有通过研究者对其进行理论分析以后才会"产生"意义。理论通常具有一定的抽象性和概括性,可以从经验中提升出概念和命题,帮助人们将经验世界与理性世界联系起来。理论的深刻性还可以使研究者所说的故事更加有意思,而不只是停留在个人日记或旅行杂记的水平。正如扎根理论的代表人物格拉斯(1978)曾经说过的,"研究的结果很快就被人们忘掉了,但是思想却不会被忘记"。

其次,理论可以为研究导航,研究早期获得的初步理论可以为后期的工作导引方向(Bensman & Vidich,1960)。一个理论中的各个概念之间通常存在一定的"逻辑"关联,因此在建立理论的时候研究者必然会考虑到研究现象中各个方面之间的关系,如果发现前期工作中某些方面比较薄弱,可以在后续研究中加强。实地的调查表明,研究不是一个按部就班的、遵照一定规则和程序进行的活动,而是一个概念和经验事实之间互动的过程,既要使用归纳又要使用演绎的方法(Bechhofer,1974)。理论、方法和资料之间存在一个三角互动的关系,前期通过分析资料获得的理论可以指导研究者使用更加合适的方法进行后续研究。

再次,由于理论具有一定的概括性,可以为那些范围较狭窄的个案提供相对宽阔的视野和应用范围。

此外,理论还可以帮助我们鉴别研究中存在的空白点、弱点和自相矛盾的地方,将一些学术界以前没有注意到的问题或者注意不当的问题挑选出来重新进行探讨。

最后,从"实际"的角度看,理论因其"普遍性"可以为我们的研究成果提供一些现成的标签,将我们的工作与前人(包括我们自己以前)的研究成果联系起来。

理论赋予我们的研究和思想以一些特定的标记,因而使我们的研究比较容易被有关的学术群体所接受。那些与我们有共同兴趣的人通过对这些理论的体认,会比较容易注意到我们的研究成果,把这些理论作为与我们讨论问题的起点或焦点。

理论与作研究是一个统一完整的过程,我们在研究中的所有决策和行为都受到自己理论的指导。理论不是一个孤立的东西,是与研究的所有其他部分紧密相连、相互影响的[①]。

二、经验研究的理论功能

关于经验研究在社会学理论发展中的作用,默顿也做了独到的阐述。他指出,经验研究已超过了证明和检验理论这一被动角色,即它不只肯定或否定假设。经验研究可承担积极的角色,它在推动理论的发展上至少具有四种主要功能,即开创理论、重整理论、扭转理论和澄清理论。

1. 开创理论

经验研究中所获得的那些"不期而遇、异乎寻常而有关全局的资料",常常成为某种理论的开创者。越是富有成效的经验研究,就越有可能成为新的假说和理论的发源地。默顿还特别强调,证实这种不期而遇、异乎寻常而有关全局的经验事实,构成了一种"偶发机遇模式"。这种情形就像在霍桑工厂所进行的管理实验一样,研究者所关注的本来是劳动条件与工人生产的产量之间的关系,然后研究在这方面却并未获得结果。幸运的是,研究者意外地从实验中得到了某种更为重要的"副产品"——一个以前未被研究者所认识、但却对各种社会及行为科学研究有着重要影响的现象——那些意识到自己正在被别人观察的个人具有改变自己行为的倾向——这就是著名的"霍桑效应"。

2. 重整理论

"重整理论的模式"则是把注意力集中在那些到目前为止被忽视了、但却是有着重要关系的事实上,实际社会研究中人们往往会发现一些新的、原有理论框架和概念系统并未注意的事实。这些事实提出了一些新的变量,它迫使研究者把这些新的变量与一个具体的理论相结合,导致原有理论的重整。

3. 扭转理论

经验研究中新的研究方法和研究技术的运用大大地拓展了研究者探索现实、建立理论和检验理论的能力。这些新的研究方法和技术将会产生出许多原

---

① 陈向明著:《质的研究方法与社会科学研究》,教育科学出版社 2000 年版,第 320—324 页。

先人们无法得到或无法利用的新的资料,而这些新的资料又会促成研究者形成新的假设,并导致产生新的理论关注点。新的研究方法的运用不断帮助研究者形成新的理论兴趣中心,不断为研究者打开建立新理论的窗口和途径。

4. 澄清理论

经验研究促使概念的澄清。概念是理论建构的砖石,而概念含义的准确、清晰,则是进行理论建构的基础与前提。许多事例表明,证实经验研究的需要,才促使人们去澄清公认的概念。经验研究的一个基本要求就是要对概念进行界定。同时,经验研究还通过对所讨论的变量的选取和确定指标来澄清概念。这种被称做“概念操作化”的过程,研究者才便于设计出恰当的、反映概念本质特征的并且是可观察的指标来。

三、理论与研究的动态组合

实现理论研究的结合,默顿指出了两条基本途径,即明确导向(formal derivation)和梳理(codification)。

所谓“明确导向”是指在经验研究的设计和研究过程中,必须制定一定的程序,即明确提出假设,以及在可能的情况下确立这些假设的理论基础(预设和公理)。因为通过这一途径,不仅可以明确研究的方向,围绕研究假设引进变量,搜集资料,而且还可以对互不相关的、杂乱无章的、支离破碎的解释加以控制。一句话,“明确导向”强调的是经验研究中要有一定的理论方向,在此理论的明确规定下展开研究。默顿所提倡的理论方向自然就是他的“中层理论”。因此,明确的理论方向便为连续性和积累性研究铺平了道路,从而避免了那种无目的的、零散的研究。

与“明确导向”运作程序不同,“梳理”的目的是从明显不同的行为中提出系统化的可能的经验概括或理论。梳理就是使研究程序和重要发现条理化、严密化。通过这一途径,可以把过去不同领域方面的分散经验发现联系起来,从而有利于扩展已有的理论,并导致进一步的经验讨论。运用“梳理”程序,即使是简单的“梳理”程序,也能提出一些理论问题。如果缺少这一程序,就难以发现互不相关的经验中的理论问题。所以,默顿说:“梳理,作为假设经验中的明确导向的一个互补程序,将有利于有生命力的社会学理论和切实的经验研究的共同发展。”[①]

默顿还通过引入“范式(Paradigm)”概念,使“梳理”程序具体化或操作化。

------

① Robert Merton. "Sociology Theory", *American Journal of Sociology*. Vol. 50. 1954. P473.

默顿所说的"范式"不同于科学哲学家托马斯·库恩(Thomas S. Kuhn)。更广义的"范式"概念,而是指一套社会学(定性)分析的严格的研究程序。它通过明确清楚的假设、概念及命题,提供准确和规范化的语言。范式的主要目的是规范、引导研究。他指出,社会学家往往缺乏可接受的操作程序,没有一致的概念标准和效度标准,因而给社会学研究带来了混乱。通过确立有效的范式,可使研究正规化、科学化。

　　默顿的这些思想提出后,社会学的发展的确像默顿所倡导的那样,理论家和经验研究者已学会了并肩工作,彼此交流。大部分社会学家已意识到理论与经验结合的重要性。经验研究与理论研究相结合的硕果也已充分证明了默顿策略的有效性。美国学者威尔斯和皮考(1981)在一项研究理论运用的长期趋势时发现,传统的假设检验模式有相当大程度的增加。在 1936—1949 年间,在运用了理论的文章中,这种模式所占的比例为 16%;在 1950—1964 年间,则为 36%;而在 1956—1978 年间,上升为 54%。20 世纪 80 年代以来,人们的兴趣似乎又回到定性研究与归纳推理。

　　因而,我们可以认识到,调查研究中没有简易的"食谱"。与科学的传统模式比较,社会调查研究似乎更加开放。但是,无论如何科学建立在两大支柱之上:逻辑和观察。通过阅读本教材,你们将会发现,两者适用于许多种模式组合。

第三章

研究方案设计

第一节　选择研究课题

科学研究始于发现问题,提出和确定研究课题是社会调查研究的起点。正如同费孝通教授所言,"社会调查的第一步是定题阶段,即要确定一个调查的主题"①。

一、选题意义及类型

选择研究课题,是确定了研究任务的首要工作。所谓研究课题,就是社会调查所要说明或解决的社会现象或社会问题。课题产生于研究者对于特定领域的问题的提炼和选择,因此问题就成为整个研究过程的逻辑起点。要正确选择调查课题,就必须善于提出问题。

1. 选题的意义

选择一个恰当的调查课题对于整个调查研究过程来说具有重要的意义。

(1) 研究课题决定调查研究目标。社会调查研究是人们认识社会现象的一种自觉活动,这种活动总是为着认识或回答特定的问题,服从于一定的研究目的。一项调查研究最终要达到什么目的,实现什么任务,以什么作为研究对象,都与研究课题密切相关。

---

① 费孝通:《社会调查自白》,知识出版社 1985 年版,第 9 页。

社会生活包括众多的层面,构成不同的领域,对每一项具体的调查来说,只能在众多的可能性面前进行选择。一项调查所要达到的主要目的就是研究者所要达到的目标,在某种意义上,我们可以说调查课题就是目标,选题就是确定调查研究目标。目标定了,方向也就定了。

(2) 研究课题制约调查研究过程。研究课题一经提出和最后确定,便决定着社会调查的方案设计,制约着社会调查的全部过程。课题不同,调查的内容、方法、对象和范围就不相同,调查人员的选择、调查队伍的组织、调查工作的安排也不相同。提出与确定课题,是设计调查方案,安排调查工作进程的基础和前提,它制约着调查研究的全过程。

(3) 研究课题关系调查研究成败。提出和制定调查研究课题是否得当,关系着调查研究的成败。一个正确的选题,固然不能保证社会调查一定成功,但它却是取得社会调查成功的一个必要条件。一个错误的选题,不管其研究方案设计得如何周密,调查工作进行得如何认真,都不可避免地导致失败。一个具有现实性和时代感的重大调查课题,如果调查取得成功,其调查结果就可能具有巨大的理论价值和现实意义。俗话说"千里之行始于足下"、"良好的开端是成功的一半",都说明了选题对调查研究成败的作用。

(4) 研究课题体现调查研究水平。提出与确定研究课题是否得当,一定程度上反映了研究者的指导思想、社会见解、理论想象力和专业学识水平。因此,课题的选择能从总体上体现调查(包括研究者)的水平。在选题过程中,既需要用到研究者所掌握的专业理论知识和调查研究方法,又需要研究者具有比较开阔的视野、比较敏锐的洞察力和比较强的判断能力,同时还需要研究者具有一定的社会生活经验。

同时,选题的水平既体现了研究者本身的素质和认识水平,某种程度上也反映了人们在一定社会历史条件下的认识进程。因而,从广义上说,调查课题的选择与确定,实际上是体现了人们在当时的社会历史条件下,对社会现象与社会问题的认识水平和调查研究水平。

2. 研究课题的类型

在 W·I·B·贝弗里奇所著《科学研究的艺术》一书中,有专门一节论及"不同类型的研究"。按照贝弗里奇的论述,科学研究的类型可作如下分类:

"科学研究一般分为'应用'研究和'纯理论'研究两种……通常,所谓应用研究是指对具体实际意义的问题进行有目的的研究,而纯理论研究则完全是为了取得知识而取得知识……有一个基本的方法,可用来大体区分应用研究和纯理论研究,即:在前者是先有目标而后寻求达到目标的方法;在后者是先做出发现,然后寻求用途。"

"科学研究还可分成开辟新领域的探索性研究和发展前者的发展性研究。探索性研究比较自由,富于冒险性,偶尔能作出重大的,也许是意外地发现,有时则可能一无所得。发展性研究通常由按部就班、一丝不苟的科学家进行。他们安于去巩固取得的进度,在已开辟的领域内探索较小的发现,并通过付诸应用来充分利用已取得的成果。后一种有的称为'混饭吃'的研究或'安全第一'的研究。"[1]

社会调查研究课题的类型也很多。

根据研究目的来区分,研究课题也有两大类,即理论性课题和应用性课题。与社会学理论发展有关的研究一般为理论性课题,而与解决社会实际问题有关的研究则为应用性课题,这是为了解决社会问题而向政府有关方面提供情况和咨询的社会调查研究。

"当然也有研究人员认为这两种研究也并不是相互排斥的:研究的最终目标是有助于解决社会问题并同时对社会科学的理论文献作出有价值的贡献。"肯尼思·D·贝利称之为"纯理论兼应用的研究"[2]。

根据研究深度来区分,则可分为探索性、描述性、因果性、预测性等方面的研究课题。为探索某一课题,对其进行初步了解为探索性课题;陈述社会现象和问题的存在事实,为描述性课题;揭示社会现象和问题间的因果联系为因果性(也称解释性)课题;推测社会现象和问题发展的一般趋势,为预测性课题。

根据课题的来源,可分为委托性、招标性、自选性课题三大类。

委托性课题指的是那种由有关的机构、部门、单位或个人根据他们的某种要求所确定,并委托或指派给研究者进行调查的课题。对研究者来说,这类课题的确定不存在选择的问题,研究者只需要按照这些机构、部门、单位或个人的要求去完成即可。

自选性课题则是研究者根据自己所从事的科研、教学或实际工作的需要,或是根据自己的专业领域、研究方向或研究兴趣,并结合社会的某种需要自己选定的课题,这类课题的确定,主要取决于研究者本人,因而研究者具有很大的主动性和决定权。

招标性课题,即基金会或某些机构向社会或专业人员广泛征求申请者并择优录取提供资助的课题,既有一定的指导性和规定性,又有一定的自主性和灵活性。对研究者来说,具体课题的确定,也有一定的自主性。

---

① 〔英〕W·I·B·贝弗里奇:《科学研究的艺术》,科学出版社 1984 年版,第 130—132 页。
② 〔美〕K·贝利:《现代社会研究方法》,上海人民出版社 1986 年版。

二、选题因素及途径

任何调查研究课题都不是人们凭空想象的产物,往往受到研究者本身的视野以及他人的观点和研究的影响。社会研究多以现实社会问题、社会现象和社会动向以及有关社会科学文献为课题选择的起始点。提出问题是调查研究课题选择的前提,任何调查课题的形成都是研究者"问题意识"的引申。

1. 影响课题选择的因素

美国社会学家肯尼思·D·贝利在《现代社会研究方法》一书中专著一个章节论述"选择研究课题",可见他对社会调查研究中选题的重视程度。在该章节中,他既论述了影响选题的各种因素,又谈及选题的一些途径与方法。按照贝利的看法,影响课题选择的因素有如下六个主要方面[①]。

(1) 社会学研究范式。研究人员所认可的范式不同,其在研究课题选择中所采用的方法论、价值判断、反映性程度和广度都不同。

(2) 研究人员的价值。社会研究根本不可能排除主题的研究旨趣和其他主观因素。在选择课题的实际过程中,研究者往往选择他们感到同自己生活特别相关的研究课题。

(3) 资料搜集方法中的反映性程度。研究能够影响资料的准确性和可靠性。如观察某一群体,观察者在场和不在场,对观察的结果和判断都可能有所不同。

(4) 研究人员的方法论。研究人员在选择课题时可能选择了不同的方法论,如马克思主义、实证主义、反实证主义等。

(5) 所选的分析单位。在现实的社会研究中,研究的分析对象存在很大的差别。

(6) 时间尺度因素。有横剖研究和纵贯研究两种。横剖研究的选题表现在对某一时点上的现象分析;纵贯研究的选题表现在对一段时间内情况的分析。

如上所述,可以知道,作为调查研究组成部分之一的选题,同时包括科学、客观和非科学、主观的特征。而这同时也影响着研究者选题的途径与方法。

2. 选题的途径与方法

我们知道,研究课题是社会调查所要说明和解决的问题,是调查研究过程的逻辑起点。显然,课题由问题而来。什么是问题呢? 毛泽东同志说过,"问题就

---

① 〔美〕K·贝利:《现代社会研究方法》,上海人民出版社 1986 年版。

是矛盾",正是由于社会实践与现有理论之间、社会领域之内以及不同理论之间存在的条件差异及矛盾,产生了各种问题。研究课题也就从中而来,选题途径也就从中而来。

如何选择课题? 选题的途径与方法有哪些? 我们说,孕育与产生社会调查研究课题的土壤与温床是很多的,主要可作如下四种归类。

(1) 从现实社会中来

人类生活的社会是一个复杂而庞大的系统,是一个不断变化发展着的有机体。在这个庞大而变化着的社会里,社会现象丰富多彩,社会关系盘根错节,遇到的矛盾、产生的问题,可以说层出不穷、无时不有、无处不有。旧的矛盾解决了,新的矛盾又出现了,社会本身就是在矛盾运动中发展。因而,在很大程度上我们可以说,现实社会为人们认识社会、改造社会提供了取之不尽、用之不竭的研究课题。例如,费孝通教授从农民致富渠道不畅通的弊病中发现了必须重视小城镇建设的课题。他说:"由于落实了正确的政策,农村的农业副业和工业都出现了新的起点。可是我们发现农村的富裕不那么稳固。如农民的养兔事业,就随着海外兔毛市场的涨落而波动,一时间家家户户都养起了长毛兔,没过多久又纷纷杀兔吃肉。看来农村地区没有一个相当稳定的经济中心,农民的命运就只能操纵在别人手中,这就提出了小城镇建设的问题。由此可见,社会调查的题目,从根本上说是来自社会实践的发展。"[1]

(2) 从理论发展中来

揭示社会实践与现有理论之间的矛盾,也是产生问题的最基本的方面。这种矛盾往往包括两种不同的表现形式:其一,实践产生了以往理论所没有接触的问题,实践呼唤新的理论。其二,现实生活与原有理论不一致,实践要求修正以往的理论。例如:马克思主义关于社会主义社会的论述,不断地接受着社会实践的检验。我们从中可以发现与提出许多课题,进行调查研究,丰富和发展马克思主义。现阶段我们的经济制度和政治制度的改革,就从理论上、政治上提出了一系列有待解决的问题。

在理论发展过程中,有时同一领域的各种理论、假说、模式或政策之间的差异和对立,也是产生调查研究课题的一个重要通道。因此,理论内部所产生的矛盾和问题,往往会成为研究的新的生长点和空白点。《科学研究的艺术》的作者贝弗里奇就指出,一个将要从事研究的学生,假如他在学习的过程中不曾注意到知识的空白或不一致的地方,或者没有形成自己的想法,那么作为一个研究工作者,他是前途不大的。抓住这些生长点,就是抓住了新的观点、新的理论产生的

---

[1] 费孝通:《社会调查自白》,知识出版社 1985 年版,第 9 页。

关键。

(3) 从研究文献中来

前人与同时代的人已经完成的社会调查研究成果,也是我们发现与提出课题的源泉。社会调查研究的文献,常常能直接给人以启发。作为研究课题的想法、火花,常常可以从学术著作、报刊文章以及学习笔记乃至谈话记录中采摘到。

自然现象与社会现象、社会现象与社会现象,处于普遍的联系之中。为此,自然科学与社会科学之间、社会科学各学科之间,都存在一定的联系。因而,我们在调查研究中,不仅要了解本学科的发展情况,同时也要了解其他学科的成果,尽量多从别的学科中吸取新的养料。在学科日益分化和发达的今天,注意从其他学科的文献中获得启示,提出研究课题,也显得十分重要。

(4) 从兴趣机遇中来

一般而言,选题并没有机械的法则,也没有普遍适用的方法。有些时候,研究者在接受某些信息刺激之后,突然意识到某个课题;有些时候,选择某个课题是出于一时的兴趣和冲动。这些想象的存在,说明兴趣、直觉、灵感、顿悟、机遇等非逻辑因素在科学研究中也具有重大的作用。

美国社会学家 K·贝利在《现代社会研究方法》一书中,特别强调了兴趣在社会研究中的作用,贝利说"社会研究人员往往选择他们感到同自己生活特别有关的研究课题","在各种专门研究中,许多有趣的理论正竞相从想象力方面取得检验"[1]。也正如 W·I·B·贝弗里奇所说,"大多数题目都是由科学家自己创造出来的","他总是着手处理眼前摆着的问题"[2]。

机遇在新发现中(包括在科学研究中)具有重要的作用,"留意意外之事"是研究工作者的座右铭。虽然我们无法有意创造这种捉摸不定的机遇,但我们可以对之加以警觉,做好准备,一旦机遇出现,就认出它,从中得益。达尔文的儿子在谈到达尔文时写道:

> "当一种例外情况非常引人注目并屡次出现时,人人都会注意到它。但是,他(指达尔文)却具有一种捕捉例外情况的特殊天性。很多人在遇到表面上微不足道又与当前的研究没有关系的事情时,几乎不自觉地以一种未经认真考虑的解释将它忽略过去……正是这些事情,他抓住了,并以此作为起点。"[3]

---

① 〔美〕K·贝利:《现代社会研究方法》,上海人民出版社 1986 年版,第 26 页。
② 〔英〕W·I·B·贝弗里奇:《科学研究的艺术》,科学出版社 1984 年版,第 33 页。
③ Darwin, F. (1887). *Life and Letters of C. Daruin*, John Murray. London.

巴斯德的名言道出了事情的真谛:"机遇只偏爱那种有准备的头脑。"机遇只起提供机会的作用,必须由科学家去认出机会,抓住不放。因此,我们要注重训练自己的观察能力,培养那种经常注意预料之外事情的能力,并养成检查机遇提供的每一条线索的习惯。

三、选题的注意事项

在选择课题时有些倾向和问题是值得我们注意和应加以防止的,例如,单纯任务观点、简单草率、凭空设想、贪大求全、不了解"行情"等。其中,后两个问题更应引起我们重视。

1. 贪大求全

这是选题时常会犯的一个通病。当然,条件许可,选择一起重大的现实问题或理论研究课题进行调查研究完全应该支持,但在主客观条件不具备的情况下,课题定得太大、太泛,就会达不到预期的结果。费孝通教授曾告诫说:"在选题上常常容易犯的毛病是脱离实际,想搞大理论,搞一个完整的体系,看不起'小题目',忽视知识的积累,以致老虎吃天,无从下口,自己给自己出难题。这样的教训是不少的。"[①]

选题贪大求全,一定程度上是不能正确认识课题的大小与研究成果的关系。以为只有大课题,研究成果才大。其实不然,只要选题适当,小题目同样也可以出大成果,这就是宏观和微观相结合的研究方法,即从大处着眼,小处着手。

2. 不了解"行情"

所谓不了解"行情",指的是在选择和确定课题过程中,未能事先了解与这一课题有关的文献资料和向有关专家进行咨询,在不了解与该课题有关"行情"的情况下就草率定题。

人类的知识是一个不断积累的过程,每个研究者都是在前人的研究基础上进行相关的研究工作。因此,在确定选题前一定要"兵马未动,粮草先行",充分储备同类研究的信息,充分了解同类研究的行情。"多数科学家认为:研究一个问题时,对该问题已解决到什么程度一无所知,是更为严重的障碍。"(W·I·B·贝弗里奇,1984)。否则研究工作会事倍功半,甚至功亏一篑,劳而无功。

了解行情主要通过两种途径:一是查阅搜集与本课题相关的文献资料,了解前人研究的成果和程度,以便找到本研究课题的"突破口"及重点;二是向相关的专家学者咨询,与本课题有关的人员征询或座谈,初步搜集一些现实资料,以

---

① 费孝通:《社会调查自白》,知识出版社1985年版,第10页。

便准确判断本课题的研究现状及研究方向所在。

选择调查课题既然如此重要,我们当然要高度重视此项工作,正确选择研究的课题。

第二节　调查研究的类型和程序

一、调查研究的主要类型

在由袁方教授主编、本书作者参与编写的《社会调查原理与方法》一书中,我们专列章节介绍社会调查研究的主要类型[①]。

社会调查研究可以从各种角度、按不同的标准划分为不同的类型。各种类型具有各自的特点,它们在调查方式、方法、步骤、程序、使用范围等方面都有所不同。一项调查研究应当首先根据调查任务和调查课题来选择和确定适当的调查研究的类型,这样才能有效地制订调查方案,确定调查对象、调查方法和调查程序。

社会调查的各个类型虽然相互区别,但它们的共同点是,它们都运用社会调查的方法搜集资料,并通过资料分析得出对社会现象的理性认识。

划分类型的标准是多种多样的,它们包括:

(1) 调研任务的性质,可划分为理论性调查研究和应用性调查研究(简称理论研究与应用研究)。

(2) 根据调查研究对象的范围,可分为普查(或整体调查、全面调查)、抽样调查、典型调查和个案调查。

(3) 根据调查研究的作用和目的可分为探索性调查研究、描述性调查研究和解释性调查研究。

(4) 根据调查的时间性,可分为横剖式调查研究和纵贯式调查研究(简称横剖研究与纵贯研究)。

(5) 根据调查的基本方式方法,可分为问卷调查(或统计调查)与实地研究(或蹲点调查)。

---

① 袁方主编、范伟达等参与编写:《社会调查原理与方法》,高等教育出版社 2000 年版,第 37—71 页。

(6) 根据调查研究的层次,可分为宏观调查研究与微观调查研究(简称宏观研究与微观研究)。

(7) 根据调查的区域性,可分为农村调查与城市调查、地区性调查与全国性调查。

(8) 根据调研题目的范围,可分为综合性调查与专题性调查。前者的内容比较广泛,涉及的领域较多;后者内容比较单一,针对性较强。

(9) 根据调查研究的领域,可分为各种类型或各种专题的调查,如民意测验、市场调查、社区调查、人口调查和家庭调查、企业调查、犯罪调查、劳动问题调查、教育问题调查、民族问题调查、社会福利调查等等。

(10) 根据资料分析方法,有人将调查研究区分为定性研究与定量研究。前者是采用观察、访问等方法搜集文字材料,然后对材料进行定性分析;后者是对由问卷、调查表、统计报表搜集来的数据资料进行定量分析。但是,这种划分容易引起误解,因为采用统计分析方法并非是不对资料作定性分析和理论分析。实际上,许多利用统计资料的研究是既有定量分析,也有定性分析。

由以上分类标准可以看出,社会调查研究的分类是多角度或多维的,每一项具体的调查研究都可以按各种分类标准归为多种类型。例如,调查城市居民对物价上涨的态度,既是一种应用性研究和描述性研究,也是一种城市调查和民意调查。又如抽取不同企业调查各种所有制形式与工人的生产积极性之间的关系,就属于理论性研究、解释性研究、抽样调查、企业调查等。另外,各种分类是仅就其纯粹形态而言的,它仅具有分类学的意义。实际上,任何具体的调查研究都不纯粹是某种类型的,如某一项调查可能既具有理论性,也具有应用性;既采取横向分析,也采取纵向分析;既描述现象,也解释现象。

分类的目的:一是要从已进行的各种具体的调查研究中归纳出一些类型,通过对各种类型的优点和缺点的分析来对以往的调查经验进行总结;二是要依据对各种类型的特点和适用范围的认识,指导今后的调查研究;三是通过对各种类型的认识来系统地学习和掌握社会调查研究方法。

在以上分类中,对于调查方案的设计以及调查对象、调查方法与程序的选择有指导意义的分类主要有以下六种:(1) 应用性调查研究与理论性调查研究;(2) 普查、抽样调查、典型调查和个案调查;(3) 探索性研究、描述性与解释性调查研究;(4) 民意测验和市场调查;(5) 横剖研究与纵贯研究;(6) 问卷调查与实地研究。本章节主要介绍这六种分类。至于其他的分类,在各章的论述或示例中都会提到。

1. 应用性调查研究与理论性调查研究

在自然科学中,一般是划分为应用性调查研究与基础性调查研究。基础性调查研究是一种纯理论研究,它的主要目的是认识世界,因而不具有直接的实用目的。应用性调查研究是将基础性调查研究的成果运用到各行各业中,它的任务是解决实际问题。在社会科学中,应用性调查研究与理论性调查研究的划分却没有那样严格,它只是说明两者在调查任务的侧重点上有所不同。

(1) 应用性调查研究

应用性调查研究是侧重解答各个实际工作部门、各个社会领域中的具体问题。这是通过社会调查来了解不断出现的新现象和新问题,并运用社会理论对这些问题作出科学的说明和解释、提出解决问题的方案或政策性建议。其涉及的范围很广,如社会福利、社会保障、社会舆论、城乡关系、劳动就业、青少年问题、老年问题、妇女问题、城市问题、犯罪问题、环境污染问题等等。在现代,应用性调查研究越来越受到政府部门和企事业单位的重视,许多部门都设立政策研究室,专门从事调查研究工作,以解决本部门的实际问题。

在应用性研究方面,近几十年来国外还开辟了一些新的领域,如政策评估研究和社会指标研究。前者是对政策制定的社会政策(或国家计划)的效果或预期效果进行调查和估测,它可以在政策之前或实施之后进行。后者是通过社会调查建立一些综合性的社会指标,以此来衡量社会生活各方面的状况和水平,为及时反映社会的发展和变化、为制定可行的社会发展计划、为有效地进行社会管理提供信息。这两种研究近年来在我国也开始使用。

除了为政府部门和企事业单位提供信心外,应用性调查研究更多的是用于对社会问题的调查和诊断。

(2) 理论性调查研究

理论性调查研究是通过对社会现实问题的调查来发展和丰富社会理论,并提供有关社会发展一般规律的知识。它的主要任务在于解答社会科学领域和各个实践领域中的理论问题。

20世纪以来,社会调查方法开始越来越多地运用到社会理论研究中。这是由于社会理论不同于哲学研究或历史研究,前者更注重说明和解释现实生活中的现象和问题,它与社会实践的联系更为紧密。理论性调查研究可定义为"采用实证方法的理论研究"。与应用性调查研究相比,理论性调查研究更注重分析社会现象的一般性和普遍性,它的研究范围不仅涉及社会结构、生活方式、人的现代化等领域,而且还涉及社会科学各学科——经济学、政治学、社会学、人类学、社会心理学、行政学、法学、教育学——的理论课题。

理论性调查研究的一个主要任务是探求社会现象的规律性。这种规律性可通过对大量现象或大量样本的归纳和比较得到。

当然,理论性调查研究的任务不限于建立学科理论,它还包括建立指导各种实践活动的理论。例如,毛泽东在《湖南农民运动考察报告》《寻乌调查》《兴国调查》等研究中对中国社会的阶级状况进行了调查和分析,由此建立了指导中国革命的阶级理论。

在具体的社会调查中,理论性与应用性很难截然分开,因为一项调查研究的任务有可能是双重的。实际上,许多理论性调查研究本身也具有应用目的。理论性研究与应用性研究是相互促进、相互补充的。应用性研究能够为理论性研究提供大量的感性材料,而理论性研究的成果又有助于应用性研究。此外,任何调查研究都必须有理论的指导,都要以解答社会现实问题为目的,也就是说,它们都既包括理论的成分也包括应用的成分,只不过是研究的侧重点不同罢了。

2. 普查、抽样调查、典型调查和个案调查

依据调查对象的范围可将调查研究划分为普查、抽样调查、典型调查和个案调查四种类型。这种划分虽然主要说明各种调查在对象范围和选取对象的方式上的不同,但它也可间接说明各种调查在搜集、整理和分析资料的具体方法,即操作方式上的不同。因此,它不仅是类型的划分,而且也是调查研究的基本方式的划分。

(1) 普查

普查也称为整体调查或全面调查,它是为了解总体的一般情况而对较大范围的地区或部门中的每个对象都无一例外地进行调查。普查常用于行政统计工作中,如统计部门和政府部门进行的人口普查、工业普查、农业普查。普查的主要作用是对社会的一般状况作出全面、准确的描述,其主要目的在于了解基本国情、把握社会总体的全貌、得出具体普遍意义的结论,从而为国家或部门制定政策、计划提供可靠的依据。

(2) 抽样调查

在社会调查研究中,抽样调查是从调查对象的总体中抽取某些单位(或个人)作为样本进行调查,并以样本的状况来推论总体的状况。

抽样调查是 20 世纪 30 年代以后,随着抽样理论、统计方法、问卷技术以及计算机技术的完善和普及而发展起来的,它常与问卷方法相结合。目前它在社会调查研究中得到越来越广泛的应用,据国外统计,在社会调查中,采用抽样调查方式的已占到 70%以上。因此,本书将对抽样调查以及与它相关的问卷法和统计方法做更多、更详细的介绍。

(3) 典型调查和重点调查

典型调查是从调查对象的总体中选取一个或几个有代表性的单位进行全面、深入的调查。这里的单位可以指企业、学校,也可以指个人、家庭、村庄、城市或班组、团体等。典型调查的目的是通过深入地"解剖麻雀",以少量典型来概括或反映全局。

马克思主义认为,人们对事物的认识是从具体到抽象,由特殊到一般。这是由于普遍性是通过特殊性表现出来的,共性是寓于个性之中的,人们只能通过对具体事物的剖析才能认识同类事物的共性和一般性。但是,另一方面,人们由一些个别事物得出的一般性认识,还需要返回到对其他具体现象的研究中加以检验。典型调查就是一个由特殊到一般的过程。

重点调查是从调查对象的总体中主观选取少数单位进行调查,并通过这些单位的情况来反映总体的情况。这一点与典型调查相同。但是,重点调查常用于统计工作和行政管理中,它是指对比较主要的,在总体中占有重要地位的几个单位所进行的调查。

重点调查的目的主要是掌握和了解调查总体的数量状况。调查对象不一定要有代表性或典型性,但必须要在总体中占有重要地位或在总体的数量总值中占有较大比重。

(4) 个案调查

个案调查也是从总体中选取一个或几个调查对象进行深入研究。它的主要作用不是由个体推论总体,而是要深入、细致地描述一个具体单位(如个人、整体、企业、城镇)的全貌和具体的社会过程。与典型调查不同,个案调查不要求调查对象具有代表性或典型性,它不试图以少量单位来概括或反映总体的状况。

19世纪和20世纪初期,个案调查曾是社会调查研究的主要方式。例如,研究人员从工人、农民、贫民、乞丐、少数民族、原始部落以及街道、企业等单位中选取一个或几个调查对象作为个案,详细、深入地了解每一调查对象的社会活动、生活方式、行为模式、价值观念、文化、规范等。在对个案的研究中,还发展了社会调查的具体方法和手段,如参与观察、深度访谈、重点访问、生活史研究、个人文献分析、社区研究等等。

个案调查与抽样调查的更替反映出社会认识的某种规律性。个案调查是通过深入"解剖麻雀"来描述各个"点"的情况(典型调查的作用也在于此)。而抽样调查则是要了解"面"上的情况,它试图详尽地分析各个"点"之间的相互联系,以便从总体上把握社会现象的规律性。抽样调查的兴起说明,人们对社会的认识已从"点"发展到"面"。但是,目前在对一些新现象或新事物的研究中,仍然先从个案调查开始,然后再扩展到对现象的普遍联系的认识。有时,在一项调查研究中,是把这两种调查方式结合起来,同时了解"点"与"面"的情况。

3. 探索性、描述性与解释性调查研究

依据调查研究的目的与作用,可将社会调查研究划分为探索性调查研究、描述性调查研究与解释性调查研究。这三种研究不仅在研究目的上不同,而且在调查方法、程序和研究设计上也有所不同。

(1) 探索性研究

探索性研究是采用"走马观花"和查阅资料的方式对社会现象进行初步考察。它可分为两种类型:第一种类型是短期的、走访式的调查研究。如领导干部到基层单位视察、检查工作或进行短期调查;调研人员到基层走访,了解情况;大学生利用假期进行社会考察等等。这种调查可以增加感性认识,了解具体情况,从中发现和提出一些问题。它用于了解社会中的一些新现象、新事物和新问题。第二种类型也称为先导性研究,它作为一项调查研究的前期工作,一般在大规模的调查中采用。它的任务是了解调研课题的具体内容以及与课题有关的一些情况,探索适当的调查方法,为更周密的研究提供指导。先导性研究通常包括三个部分:实地考察、请教专家、查阅资料。

① 实地考察。实地考察是在正式调查前先到调查现场去观察、询问、走访,以便明确调查内容、确定调查方法、设计调查方案。根据所了解的情况,就可以明确调查重点有哪些、应采取何种调查方法、应采用何种抽样方法、还要调查哪些有关内容等。

② 请教专家。所谓"专家"是指熟悉这一调查课题内容的人,如曾研究过这一课题的科研人员,政府有关部门的干部,所调查地区或部门的主管人员以及掌握第一手资料的"知情人"等等。请教专家的目的是征求他们的意见和建议,了解他们的经验和想法,以便更全面地掌握课题的背景、现状、内容范围等。

专家的意见能够提供许多宝贵的经验,能够使调研人员更好地制订调查方案。不过应当注意,专家意见只是从不同角度、不同立场反映他们对问题的个人看法,这些看法可供调研人员参考,但不能取代调研人员本人的独立思考。

③ 查阅资料。已有的资料可提供许多与调查课题有关的信息。从以往的理论文献和调查报告中可知道其他人是从哪些角度、采用哪些方法研究这一课题的,他们得出了哪些结论,哪些经验值得吸取,哪些方法值得借鉴。有这些资料就能对课题有更全面的了解。

(2) 描述性调查研究

描述性调查研究可以解答社会现象"是什么"的问题,他能对现象的状况、特点和发展过程作出客观、准确的描述。系统周密的描述是正确认识与解释社会现象的前提。

对社会现象的描述应当注意两个方面:准确性和概括性。

描述性调查研究一般是从观察入手,而不是从理论或假设入手,因此它在调查方案设计上比解释性研究更简单一些。但是,在进行实际调查之前,应当对所要描述的问题、内容、对象、范围有明确的认识,而不能盲目地、无计划地进行调查。一般来说,在调查方案中,都要确定下列项目:① 描述的重点(或主题);② 调查范围;③ 调查对象;④ 描述的时间范围;⑤ 仅仅作总体描述还是要作分类描述;⑥ 描述的目的。

(3) 解释性调查研究

解释性调查研究可以解答"为什么"的问题,它能说明社会现象发生的原因,预测事物的发展后果,探讨社会现象之间的因果联系。解释是以外部因素或内在原因对事物的发生、发展和变化所作的说明,它以科学理论和客观事实为依据,说明社会现象的真实情况,它可由描述性研究得到;而理论则说明现象的本质属性以及现象之间的必然的、普遍的联系,它是通过对各种联系的具体分析得到的。科学的调查研究一般不停留在对现象的描述上,它要在"知其然"的基础上探讨"其所以然"。目前,社会科学的许多研究都采用了解释性调查研究的方式。

假设性调查研究的方案设计首先要明确提出所需经验的假设,提出假设主要有以下三种方式。

① 列出现象的原因或后果。

② 提出主要原因(或后果)和次要原因(或后果)的假设。

③ 建立因果模型。

以上三种提出假设的方式也可以综合起来,形成一种更严密、更系统的理论假说。有了理论假说和具体的因果命题,就可以制订调查方案,详细考虑搜集哪些资料、调查哪些内容、选取哪些对策对象、采用何种调查方法等等。

4. 民意测验和市场调查

根据调查研究的领域,可分为各种类型或各种专题的调查,如民意测验、市场调查、社区调查、人口调查和家庭调查、企业调查、犯罪调查、劳动问题调查、教育问题调查、民族问题调查、社会福利调查等等。

(1) 民意测验

民意测验(也称民意调查、舆论调查)是一种了解公众对某些政治、经济、社会问题的意见和态度的调查方法,也是了解社会与群众意见的测量方法。其目的是通过对大量样本的问卷调查来精确反映社会舆论或一般民意动向。民意测验作为社会调查的一个重要工具是在 20 世纪初期开始广泛应用的,但这种方法的科学化还得益于盖洛普等人。

① 民意测验程序及方法

民意测验实际上是一种问卷调查,其调查范围大至全国,小至一个单位或群体。与问卷调查相类似,它的主要步骤是:(a) 根据调查目的,设计问卷,提出的问题不宜过多;(b) 确定调查对象的抽样方案,一般采用定额抽样或多段分层抽样方法;(c) 对抽取样本进行问卷调查,调查可采用邮寄、电话询问或调查员实地询问的方式;(d) 回收问卷和整理资料;(e) 对调查资料进行统计分析。

民意测验的问卷设计不同于一般的问卷设计。它的主要设计要求是:(a) 提出的问题不能超过 40 个,回答的时间控制在 20 分钟以内,在简单的民意调查中还要尽可能减少问题和回答时间;(b) 提问和回答要尽可能简单明了,一般是采取封闭式回答,选择回答的类别要尽可能少;(c) 要避免使用难懂的词语,要使一般人理解提问的内容和含义,要针对公众熟悉的或关心的问题提问。

设计好问卷之后,有时还需作试调查,以检查问卷中存在的问题,修改之后再进行正式调查。民意测验可采用调查员面访、集体分发自填、邮寄、电话询问等方式;有些民意测验还采用街头面访、在报纸杂志上印发等方式,在这种方式中,应注意研究总体和样本代表性的问题,因为即使是在街头随机抽样(如每隔10 名行人询问一人),在不同时间、不同场合抽取的样本也只是代表特定类型的公众。

② 民意测验评价

尽管民意测验得到广泛应用,实际上,民意测验仍有其明显的缺陷和局限:由于民意测验是用简化的方式来了解公众的一般态度,因此它很难作出深入的分析和理论解释;民意测验只限于询问一些公众熟悉、易答的问题,它获得的信息较为表面化、简单化、缺乏深度。对于公众不熟悉或缺乏了解的问题,回答的信度和效度有可能较低。对民意测验的结果还应作具体分析,因为公众对某一问题的回答是有其特定含义。因此,在说明民意的一般情况后,还有必要分析民意的产生原因。在作具体分析时,应当结合其他方法去进一步搜集资料,这样才能得出切合实际的结论。

当然民意测验有其独特的优点:能迅速地了解群众对某些问题的看法,及时反映社会舆论的变化情况;调查结果能推论总体的一般状况,具有较高的代表性;只需抽取较少比重的样本就能了解总体和全局的情况,相对来说,能节省人力、财力,且简便易行;应用领域较为广泛。正是由于上述优点,民意测验才能在现代社会调查中得到广泛应用。

(2) 市场调查

市场调查,又称市场调研、市场研究、营销调研,有时也简称市调。其定义可谓是汗牛充栋,不同国家和地区有不同的理解。

美国市场调查协会认为:市场调查,是指搜集、记录和分析有关生产者将货物与劳务转移及销售给消费者的各种问题的全部事实。

美国学者 Luck 和 Wales 认为：市场调查，是指采用科学方法解决市场营销中的各种问题。

中国台湾学者樊志育认为：市场调查可分为狭义的市场调查和广义的市场调查。

狭义的市场调查(Market Research)：主要针对顾客所做的调查，即以购买商品、消费商品的个人或工厂为对象，以探讨商品的购买、消费等各种事实、意见及动机。

近年来，"市场调查"的意义更为扩大。它不仅以市场为对象，而且以市场营销(Marketing)的每一阶段，包括市场运营所有的功能、作用为调查研究的对象。

广义的市场调查包括从认识市场到制订营销决策的全过程。如产品分析，从商品的使用及消费角度对产品的形态、大小、重量、美观、色彩、价格等进行分析，同时，对销售的途径、市场营销的方法、销售组织、经销人员培训、广告作用、促销活动等问题进行分析[①]。

因此，市场调查是一种有目的的活动，是一个有系统的过程，是对信息的判断、搜集、记录、整理，是一项市场信息工作。我们可以将市场调查定义为：对那些可用来解决特定营销问题的信息所进行的设计、搜集、分析和报告的过程。

当然，市场调查的观念首先就意味着对消费者的需求应该予以满足，所以公司企业人士一定要聆听消费者的呼声。正如美国市场营销协会对营销调研定义所述，市场调查提供了这种重要联系，通过营销调研"倾听"消费者的声音。同时，市场调查信息也关注除消费者之外的其他实体。

① 基本调查内容

a. 调查市场需求情况。

市场商品需求，是指一定时期由消费者在一定购买力条件下的商品需求量。居民购买力是指城乡居民购买消费品的货币支付能力。市场需求调查就是了解一定时期在企业负责供应或服务的范围内，人口的变化，居民生活水平的提高，购买力的投向，购买者的爱好、习惯、需求构成的变化，对各类商品在数量、质量、品种、规格、式样、价格等方面的要求及其发展趋势等，了解消费者对服务、旅游方面的各种需求，特别充分重视农村广大市场需求及其变化等。

b. 调查生产情况。

这就是要摸清社会产品资源及其构成情况，包括生产规模、生产结构、技术

---

① 樊志育：《市场调查》，上海人民出版社 1996 年版，第 3 页。

水平、新产品试制投产、生产力布局、生产成本、自然条件和自然资源等生产条件的现状和未来规划,并据此测算产品数量和产品结构及其发展变化趋势。通过调查,掌握工农业生产现状及其发展变化,对市场将要产生什么样的影响,以及影响程度的大小等。

c. 调查市场行情。

具体调查各种商品在市场上的供求情况、库存状况和市场竞争状况,特别是影响市场商品价格运动因素的调查,供求关系运动对商品价格的影响。供不应求,价格就会上升;供过于求,价格就会下降。要了解有关地区、有关企业、有关商品之间的差别和具体的供求关系。即了解对比有关地区、企业同类商品的生产经营成本、价格、利润以及资金周转等重要经济指标,它们的流转、销售情况和发展趋势等。

② 专项调查内容

a. 市场环境调查。这包括以下三个方面。

政治环境:国家政策、法令、条例、重大活动、事件。

经济环境:人口、国民收入、消费结构水平、物价水平。

社会文化环境:教育程度、职业构成、家庭类型、风俗习惯。

科特勒说过:"营销环境一直不断地创造新机会和涌现威胁……持续地监视和适应环境对它们的命运至关重要……许多公司并没有把环境变化作为机会……由于长期忽视宏观环境的变化而遭受挫折。"[1]

b. 消费者调查。

这包括购买本产品的消费者是个人还是团体,其性别、年龄、职业、居住区域、收入水平、消费结构、谁是主要购买者、谁是使用者、谁是购买决策者、消费者的欲望和动机、影响消费者购买决策的因素、消费者的购买习惯。消费者调查具体细分可分为:消费者需求分析、消费习惯分析、消费动机分析、文化背景分析、消费者地域特征分析、消费者人口统计特征分析以及阶层差异分析。

c. 需求研究。

这包括产品的需求量和销售量是供不应求,还是供大于求;产品在市场上的占有率和覆盖率;市场潜在需求量有多少;同行竞争者的地位和作用、优势和劣势;细分市场对某种产品的需求情况;国内外市场的变化动态和趋势。

d. 产品研究。

这包括生命周期;产品形式与质量;产品销售前、后的服务工作;分析老产品的性能,研究如何改进老产品;大力开发新产品;对竞争产品进行比较和分析。

---

[1] 〔美〕菲利普·科特勒著,梅汝和等译:《营销管理》,上海人民出版社2001年版,第164页。

e. 大众传媒调查。

销售排行榜是各种产品的年度销售排行榜和月销售排行榜,评估产品的受欢迎程度和企业销售工作的优劣;消费群与消费偏好调查;广告调查,消费者对广告的认知、记忆、评价;广告的诉求点是否与产品的市场定位一致及广告资源的分配;广播电视收视(听)率调查。

另外,还有广告研究、价格研究、证券调查、房产调查、IT、汽车、家电、通讯、环保等各个行业的市场调查。

③ 市场调查机构的类型

市场调查机构(见图3-1)是一种服务性的组织机构。按照市场调查服务的独立程度可分为非独立性调查机构和独立调查机构;按其提供的服务类型可分为完全服务公司和有限服务公司;同时作为政府机构、大专院校、科研机构所属机构和其他相关的专业服务公司也是市场调查行业中一种具有特殊功能的类型。

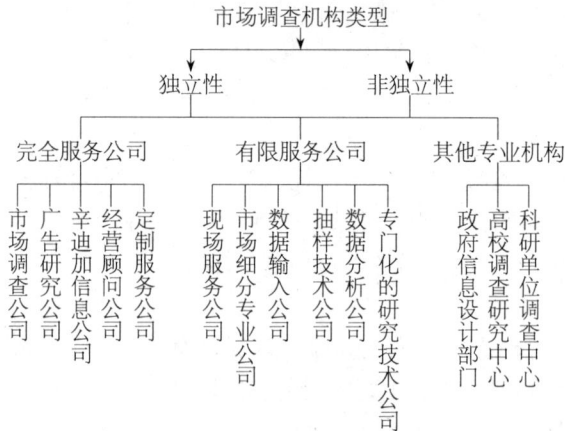

图3-1 市场调查机构一览表

● 上海神州市场调查公司(CHINA MARKETING RESEARCH)是国内研究层次最高的调查公司之一,公司成立于1993年,积累了丰富的市场调查经验。公司以市场调查为主、方法研究为辅,在社会经济各个领域广泛开展各类咨询服务,为中国信息协会市场研究分会理事单位。公司主要从事市场调查策划、经济信息咨询、企业文化交流、调研人员培训、广告效果研究、办公系统维护等业务。下设研究部、项目部、联络部、财务部、办公室等部门。

● 公司拥有一批社会学、经济学、市场学、金融学、管理学、心理学、统计学、计算机及现代高科技领域的高级专门人才。神州调查公司以中国社会调查方法研究会的理事会员为主体,汇集了北大、复旦、南开、中山、中国社科院、国家统计局等国内高校、科研、统计、管理等系统内一流研究力量,由高素质的市场调查专业人员(全部大学以上学历)操作,并在北京、上海、广州、武汉等地设有联络机构及由兼职调查员组成的全国市场调查网络。公司主要负责人兼任中国社会调查方法研究会副理事长、中国市场信息调查协会常务理事、中国市场学会理事、上海复旦市场调研中心主任。

● 公司在市场调查研究中采用国际通用的规范化方法,运用先进的电脑统计技术,保证各项调研成果达到国内一流水准。公司具有广泛的国际联系,与美国、日本、英国、中国香港地区、中国台湾地区等市场研究机构保持经常交往。

● 公司曾做过各类企业的经济顾问,由专家教授挂帅,定期对企业的内外形象、运行机制、促销活动、宏观调控等提出切实可行的意见和方案,并提供各种媒介和信息,提高企业的活力和产品竞争力。

● 神州市场调查公司曾经实施的部分项目

万宝路香烟测试研究	果珍饮料抽样调查
施格兰冰露市场研究	力士洗发水留置调查
力士香皂香味研究	可维可饮料口味测试
雪碧、芬达饮料研究	旁氏护肤品市场调查
统一集团酱油测试	黑五类芝麻糊调查
电信行业顾客满意度测评	咖啡休闲吧连锁经营调查
名优新现代食品展评会	儿童饮食习惯调查
北京、广州、上海果汁饮料研究	服装街头访问
京、津、沪纺织品市场需求调查	夏令卫生品汇展调查
上海速冻食品市场调查	早餐进食习惯座谈会
洋酒研究街头采访	汽水街头采访
威士忌座谈会	花王产品调查
上海卷烟消费市场调查	全国十六城市赛尼可减肥药调查
西门子CT机市场分析	汽车品牌及用户研究
中国汽车零部件国产化研究(如桑塔纳)	施乐复印机市场调查
家用电脑市场调查	上海传呼机市场调查
上海电信宽带与拨号上网市场调查	互联网在中国的使用及影响调查
中国工商银行"牡丹信用卡"特约 　商户调查	上海报纸广告调查(《解放日报》广告 　公司)
《新闻报》读者调查(《新闻报》报社)	全国报纸读者调查

亚运会广告监察汽水广告研究	广告效果研究
视听器材牌子形象调查	年年红红木家具市场调查
IMI消费行为与生活形态年鉴调查	上海罗氏企业文化评估调查
企业的社会责任调查	中国公民展望21世纪调查
上海市民看香港回归抽样调查	上海市民环保意识研究调查
上海市民素质调查	中国青年文学阅读意向调查
上海电信视讯会议业务研究	中国公众科学素养状况抽样调查（中国科协）

5. 横剖研究与纵贯研究

依据调查的时间性可将调查研究分为横剖式或纵贯式两种类型,这两种类型在调查的内容、范围和设计上具有不同的特点。

(1) 横剖研究

横剖研究是在某一时点对调查对象进行横断面的研究。第五次人口普查时在2000年11月1日零时调查这一时刻的人口状况的,在零时以后出生或死亡的人口不在调查范围之内。这里的"时点"是与"时期"相对而言的某一具体时间。例如,民意测验的"时点"可能是某一天或某几天,而离婚问题所研究的"时点"可能是某一年。

所谓"横断面"是指有调查对象的各种类型在某一时点上所构成的全貌,比如不同年龄、不同职业、不同地区、不同民族的人在某一调查时点上对物价政策的意见和态度等。

(2) 纵贯研究

纵贯研究是在较长时期的不同时点搜集资料,并对社会现象作纵向研究。纵贯研究的主要目的是了解某一社会现象的历史发展过程,分析社会现象产生的社会历史背景和社会条件,探寻现象之间的前后联系,由此来发现社会发展的一般规律或者对事物发展、变化的全过程作出详细说明。

6. 问卷调查与实地研究

依据调查方法、资料分析方法和调查资料的特点,可以将调查研究的基本方式(或研究方式)分为两种类型:问卷调查与实地研究。在现代社会研究中,这两种方式反映出实证主义方法论与人文主义方法论、自然科学方法与人文科学方法、定量方法与定性方法的区分,因而它们是具有方法论意义的分类。

(1) 问卷调查

问卷调查是一种利用结构化(或标准化)的调查方法,调查大量样本、搜集数据资料,并对资料进行统计分析的调查研究方式。目前在西方国家,它是一种最主要的社会调查方式。也有人将它称为"统计调查"或"社会调查",还有人直接称它为"定量研究"。

① 利用标准化、结构化的调查方法搜集资料。

② 调查资料可以精确地分类或转换为数据形式。

③ 可以对资料进行数量分析。

(2) 实地研究

实地研究也称为"实地调查",它是调查研究的另一种主要方式。这种调查方式是深入到调查现场,利用观察、访问、座谈等方式搜集少数单位的各方面的信息,以便对调查对象作深入的解剖分析。实地研究不仅指搜集资料的活动,而且也指由经验材料上升到理性认识的活动,它的主要特点是:

① 只调查少数个案。

② 对每一个案的各种特征和各个方面长期深入、细致的调查。

③ 主要是依靠无结构的、非标准化的观察记录和访问记录了解社会事实,调查资料无法汇总统计。

④ 依靠主观的、洞察性的定性分析得出研究结论。

这几个特点恰恰与问卷调查相区别,也有人将实地研究称为"定性研究"。

实地研究适用于:① 解剖一两个有代表性的或独特性的社会单位;② 了解社会现象发展变化的具体过程;③ 了解人们行为、态度的具体表现以及行为动机;④ 研究独特的事物或人物,如企业破产、暴发户、皮包公司等问题。实地研究主要包括参与调查、个案研究、蹲点调查等类型。

蹲点调查是毛泽东在实践中总结和倡导的一种调查方式和工作方法,它在我国的行政管理工作中得到了广泛的应用。蹲点调查是下到一个有代表性的社会单位(如企业、农村、机关、学校)中,进行长期的、系统的调查研究,对现行的政策、计划、措施的效果进行检查,从中发现实际工作中存在的问题,总结经验教训,探索新的政策、措施的可行性,借以指导全局工作。

蹲点调查虽然也是一种领导方法,但它不同于一般的视察和检查工作。它不是仅仅听取下级汇报和群众意见,而是需要较长时间地深入现场,查明问题的原委和症结,把现存的问题摸深、摸透,找出解决问题的办法,并把典型经验推广到全局。

蹲点调查的主要方法是观察、走访、座谈、咨询、搜集和分析统计资料与文献资料等。蹲点调查不是被动地了解情况,而是要主动地发现问题、解决问题,它的特定在于把调查已经与实际工作结合起来,从而有意识地在实践过程中检验现行的方针、政策,并且通过实地调查得出新的理性认识。

蹲点调查虽然是不带假设地进入现场,但在调查之前,应当明确调查的重点和中心工作,应当结合当前工作中遇到的一些具有普遍性的问题。然后,根据这些问题和调查的主要任务来制订调查方案,有计划、有步骤地开展调查工作。

二、调查研究的一般程序

　　任何社会调查研究都是针对社会领域中的实际问题,有目的、有计划、有步骤地进行的。一般来说,社会调查研究的一般程序通常是指对实际问题进行调查、研究和解答的全过程。它可以划分为五个相互关联的步骤:(1) 确定研究课题,提出研究设想;(2) 设计调查研究方案;(3) 搜集资料;(4) 整理与分析资料;(5) 撰写调查研究报告。这五个步骤与科学研究的基本程序相一致,它的逻辑过程也是由演绎推理与归纳推理构成的。其中(1)、(2)两个步骤是调查前的准备工作,这样,社会调查研究的一般程序也可以分为四个阶段:准备阶段、调查阶段、研究阶段和总结与应用阶段。

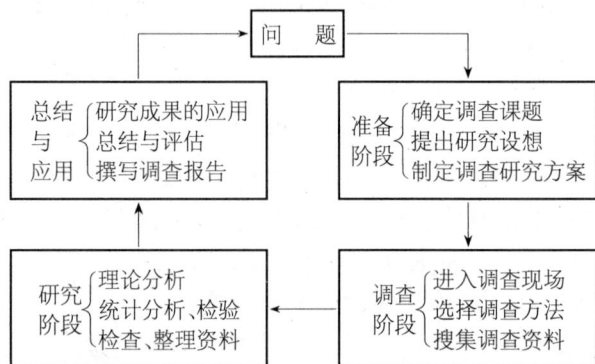

图 3 - 2　社会调查研究的四个阶段

1. 准备阶段
准备阶段的主要任务包括:

　　(1) 通过对现实问题的探讨,来选择、确定研究课题、明确调查任务。

　　(2) 经过初步探索和文献考察(或探索性研究),明确课题的目的、意义和要求。

　　(3) 确定研究的指导思想和理论基础,澄清研究的基本概念。

　　(4) 提出研究设想,按照调查研究的目的要求,明确调查内容和调查范围。

　　(5) 确定调查研究的类型和方式方法。

　　(6) 将调查内容具体化和操作化,确定方向单位和调查指标。

　　(7) 制定抽样方案,明确调查地区、单位、对象,选择抽样方法。

(8) 制订调查方案和调查大纲、表格、培训调查人员。

准备阶段对于一项调查研究有重要的意义,如果准备工作比较充分,就能抓住现实中的关键问题,明确调查的中心和重点,避免盲目性,使调查的实施工作比较顺利,使调查研究具有更大的理论价值和应用价值。

2. 调查阶段

调查阶段是整个调查研究过程中最重要的阶段,它的任务是利用各种调查方法搜集有关资料。调查的实施是直接深入社会生活,按照当初设计的内容和要求系统、客观、准确地获取经验材料。资料的客观性、准确性是一项研究成功的基本保证。为了获得真实可靠的资料应注意几个问题:(1) 获得被调查的地区、单位与个人的支持与协助;(2) 熟悉被调查者及他们的生活环境;(3) 采取适当、有效的调查方式和具体方法。社会调查的主要方式有两种:统计调查和实地研究。调查的具体方法有问卷法、量表法、个别访谈法、座谈会、现场观察、测验法、文献法等等。调查的方式方法以及具体的调查项目虽然是在准备阶段就已经确定,但调查人员在进入实地时应根据具体情况进行调整和补充。此外,调查人员还应当认真、详细、准确地作好观察和访问的记录。

3. 研究阶段

研究阶段的主要任务是在全面地占有调查资料的基础上,对资料进行系统的整理、分类、统计和分析。资料的整理、分类是对资料进行检查、核对、归类,即去粗取精、去伪存真,将大量的原始资料简化、系统化、条理化,使之适宜于进一步分析。在分析资料时,要采取由此及彼、由表及里、层层深入、具体分析的方法,然后从事物的相互联系中入手进行综合、抽象和理论分析,从整体上把握现象的本质特征和必然联系,找出事物发展的趋势和一般规律。理论分析还应当针对研究假设的检验结果展开讨论。这有助于深化原有的理论假说,得出新的理性认识。著名的社会学家默顿写道:"经验研究远远超出检验理论的被动功能,它不仅仅是证实或反驳假设。研究在发展和形成理论方面至少发挥着四种主要积极功能:创造、改进、反思和澄清理论。"[①]理论分析不应当仅限于讨论原有的理论,它应对本次调查汇总的一些新的实施或偶然发现进行深入的探讨,穷追不舍。总之,研究阶段是从感性认识到理性认识飞跃的阶段,它不仅能为解答实际提供理论认识和客观依据,找出问题的症结所在,而且能为社会理论的发展作出贡献。

4. 总结与应用阶段

总结与应用阶段的主要任务有以下一些。

---

① 〔美〕L·默顿:《社会理论与社会结构》,纽约自由出版社 1957 年版,第 103 页。

（1）撰写调查研究报告，说明调查结果或研究结论，并对研究过程、研究方法、政策建议以及研究中的一些重要问题或下一步研究的设想等进行系统的叙述和说明。

（2）将调查报告中的研究成果应用到实践领域或理论领域。应用的方式主要有公开出版、学术讨论和交流、政策论证、内部简报或汇编等。调查研究报告不能只向上级和领导汇报之后，就束之高阁，而应当把主要成果发掘和利用起来，为社会服务。

（3）总结本次调查和研究工作中的优缺点，为今后的社会调查研究提供正反两方面的经验。

（4）对调查研究报告及其成果进行评估。主要从科学性和研究价值这两方面进行系统分析，检查本项调查研究在方法、程序、事实、数据、统计分析、逻辑推理、研究结论等方面是否有错误，对研究成果的理论价值和应用价值进行客观评价。

总结和应用阶段实际上是返回研究的出发点，即对社会领域中某一理论问题或应用问题进行解答，以便深化对社会的认识或制定解决问题的方针、政策和措施。由此可以看出，调查研究的四个阶段是一个相互关联的、完整的循环过程。

第三节   定量研究路径与设计

一、定量研究具体程序

定量研究如统计调查也称问卷调查，它的逻辑过程是：从理性认识出发，经由研究假设、经验观察、归纳概括或检验假设这几个阶段，再返回到新的理性认识。因此，它的程序与自然科学研究的一般过程比较相近。图3-3说明定量研究的具体程序，它是对目前问卷调查的一般过程和主要特征的概括。当然，各种具体的问卷调查在某些程序上可能与它有所不同。

定量研究的5个关键步骤是：（1）建立研究构架；（2）确定调查指标；（3）设计调查问卷；（4）制定抽样方案；（5）汇总统计资料。

定量研究是根据事先建立的研究构架进行设计的，它需要事先明确调查指标和调查项目，而且一般不能在实际调查过程中随意追加或更改调查内容，因此它需要精心、细致地设计制作调研方案和调查表格。在定量分析中，研究构架、调查表格、资料搜集和资料分析这几个步骤是密切联系的。调查表格是依据研究构架设计的;资料搜集以填写调查表为主;资料分析主要是对调查表中的数据进行汇总、统计;而统计结果是对研究构架进行检验。

研究构架是将课题具体化,它可以是一种由理论假设组成的理论构架,也可以是由一些初步设想形成的框架图。

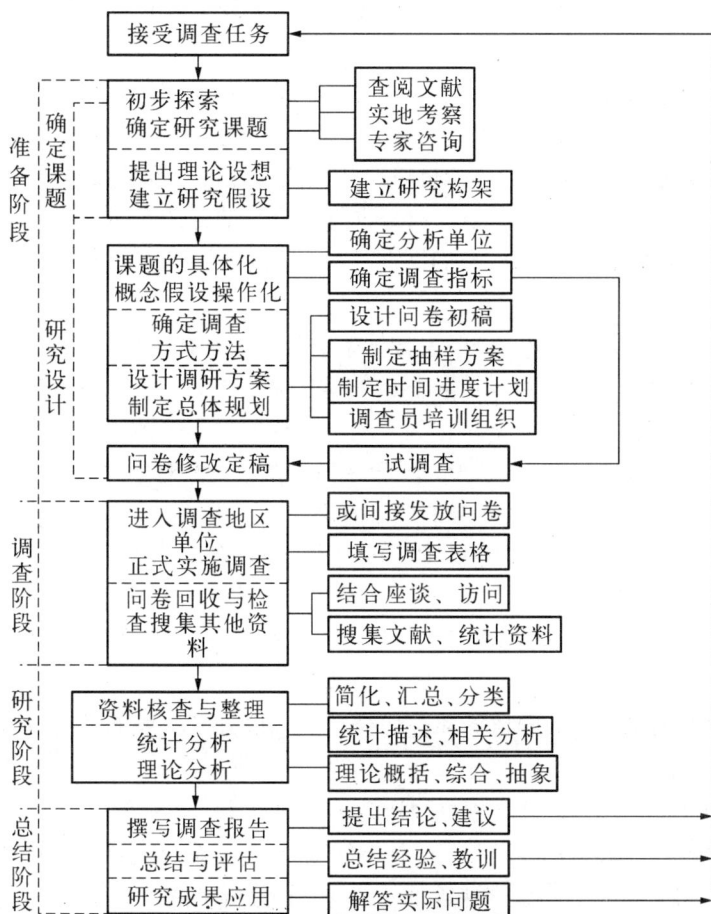

图 3-3 问卷调查的具体程序

二、研究课题具体化

研究题目选定以后,我们便可进行一系列的研究准备工作。准备工作的第一步先就研究课题进行初步探索。这类探索工作包括:(1) 搜集文献资料,如翻阅报纸杂志、档案材料,了解前人的研究成果,也就是查阅有关的全部现有的国内外文献,编制成尽可能完整的图书索引和整理这些文献资料。(2) 咨询,如找那些对研究的题目有经验、有知识的人了解有关社会研究知识。(3) 初步观察个案,就是可选些个案,亲自观察一下。在做了这些初步探讨后,我们便可建立研究假设。

假设是未经实践充分证实的理论,它是科学研究中广泛应用的一种方法。假设是根据已知的科学理论和事实,对未知的现象及其规律性所作出的一种尝试性的解释。

明确了研究假设后,就要着手进行研究方案的设计。要设计研究方案,研究人员首先要将课题具体化与操作化。

所谓课题具体化就是明确分析单位和调查内容。分析单位即调查对象,就是研究者所要调查的一个个"点",它是进行调查和抽样的基本单位。调查内容就是分析单位的属性和特征,它们是研究者所要调查和描述的具体项目和指标。

1. 明确分析单位

分析单位即调查对象。一般说分析单位等同于抽样单位,如调查消费者对某一产品认知程度,这时可以抽取一个个"消费者"进行访问,这时"消费者"就是分析单位。但是,有时候分析单位又可能与抽样单位不一致。如调查学生的思想状况,可以一个个"学校"或一个个"班级"抽取,但调查对象是"学生"。

社会研究中的分析单位主要有以下五类:

(1) 个人,这是社会研究最常用的分析单位,但它又并不停留在个人层面上。

(2) 群体,主要指具有某些共同特征的一群人,如妇女、青年、工人、干部、社交圈等。

(3) 组织,指具有共同目标和正式分工的一群人所组成的单位,如商店、学校、医院、政党等。

(4) 社区,是按地理区域划分的社会单位,如乡村、市区等。

(5) 社会产物,是指各种类型的社会活动、社会关系、社会制度和社会产品。

在社会研究中,一项研究课题可以采用多种分析单位,如果以某一分析单位进行调查不能完满解答课题,可以改变或增加分析单位。

2. 选择调查内容

调查内容指一项调查研究所要了解的调查项目和调查指标,它们涉及各种分析单位的属性和特征。一般来说,可以将分析单位的属性和特征分为三大类:状态、意向性和行为。

(1) 状态。状态特征是指分析单位的基本情况,它们可用一些客观指标来调查。

(2) 意向性。它是分析单位的内在属性,是一种主观变量。它包括态度、观念、信仰、个性、动机、偏好、倾向性等。

（3）行为。行为特征是一种外显变量，是研究者可以直接观察到的各种社会行为和社会活动。

调查内容的选择不仅取决于研究课题和研究假设，而且还取决于研究者所依据的指导思想和方法论观点。同时，研究者在选择调查内容时，还要从研究层次、抽象程度、解释的方式各个因素综合进行考虑。

三、研究课题操作化

研究设计的另一任务就是将研究课题操作化，以便能具体调查实施。所谓操作化就是通过对理论模型的研究假设和抽象概念的经验推理过程，将抽象概念转化为具体的可以测量的变量，将研究假设转化为具体的假设。这一过程涉及概念操作化、假设操作化及操作性定义等诸多环节。

1. 概念操作化

人们对客观事物及其关系的理论认识是借助于概念的，因此，社会调查研究认识过程同样也不能离开概念的运用。

概念的一个重要特征就是概念的抽象性。概念所反映的不是事物的具体形象，而是事物的一般的共同的东西，它是从感性的具体形象中抽象出来的。在社会调查研究中，我们怎样运用抽象概念来反映不断变化的、活生生的社会生活现象，因此，就产生了社会调查中的概念操作化的问题。

概念操作化具体体现在以下四个方面：

（1）选择合适的词语来表达概念。一个明确清晰的概念，才容易成为思想交流的工具。概念的产生、存在和词语是紧密相关的，概念是人们头脑中的思想，要把头脑中的概念清晰、明确地表达出来，就必须选择恰当的词语，这样才能使人易于明白。

（2）概念之含义要加以澄清，明确地予以界定。

（3）把澄清后的概念放到所要研究的理论架构中，从它和其他概念的关系（横向关系）中去考察它的含义。

（4）确定概念的经验测量的方法，从它和经验层的变量的关系（纵向关系）中去考察它的含义。

在概念化过程中，选择词语和澄清概念比较容易理解，对于从横向和纵向变化关系中去考察，则困难一些，需要进一步的解释和说明。

相关关系、因果关系、虚无关系所表达的概念间的关系都是一种横向关系。这种概念间的关系是一种逻辑关系，如 A，则 B；或者如 A，则可能 B。

例如,父母教育不当导致青少年犯罪。这两个概念之间可能具有直接的因果关系,可表示为(见下图):

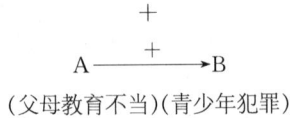

$$
A \xrightarrow{\quad + \quad} B
$$

(父母教育不当)(青少年犯罪)

这就是一种典型的、横向的逻辑推理。但是,在实证性研究中作为理论的建构除了横向的逻辑推理关系以外,还可与从概念推演的经验层次的关系相连。

在概念的经验推演中,通过把理论(或抽象概念)术语与经验术语的联系,将理论的陈述向经验层陈述转化。这类理论术语,通常作为"概念"来对待,比较简洁地反映事物的本质,如工业化、权威、社会公德等;而经验术语,通常被称为"变量",则是具体地反映事物运动状况的,如团体活动次数、管理人员的某种素质的心理测定等。按常规,逻辑推理是水平的显示,是横向的;经验推理是垂直的显示,是纵向的。这种纵向的经验推演将概念的理论陈述向经验层(包括变量)方面转化。这类变量被看作是概念的具体指标。

下面举一例说明在一个理论结构中逻辑推理和经验推理。美国社会心理学家乔治·霍曼斯关于小群体相互反应的研究,提出了这样一个理论,交往与感情有直接的关系。据此,他建立了如下理论结构。

命题:
① 人与人交往与感情相关。
② 交往与通电话次数相关。
③ 感情与拥抱次数相关。
演绎:
④ 电话次数与拥抱次数相关。

第一个命题有两个概念联系在一起,在这个理论结构中,它是纯粹的抽象结论。第二个命题和第三个命题把每一个概念与一个变量联系在一起,则是经验性的演绎陈述。第四个命题推演则把两个变量联系在一起。这个理论结构可图示如下:

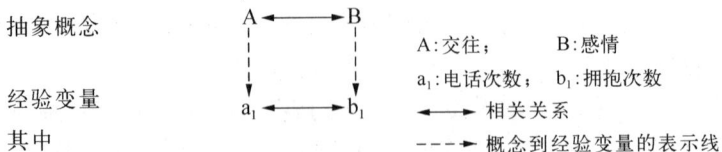

抽象概念	$A \longleftrightarrow B$	A:交往; B:感情
经验变量	$a_1 \longleftrightarrow b_1$	a_1:电话次数; b_1:拥抱次数
其中	$\longleftrightarrow$ 相关关系	
	$---\rightarrow$ 概念到经验变量的表示线	

图示说明,从抽象层次上来说,交往与感情是相互作用的;从经验角度讲,两个变量,电话次数与拥抱次数是用来表示两个概念的。当然,这仅仅是抽象概念层次的交往和感情的经验层次的许多指标中的两个,还可以有 $a_1 \cdots\cdots a_n$,$b_1 \cdots\cdots b_n$,抽象层的概念经过经验推演变成了经验层的变量。通过这么一个概念的具体化过程,理论的构架就可予以检验了。这种带有工具性质的概念和术语的出现,对实证的社会研究起到了一定的作用(见图3-4)。

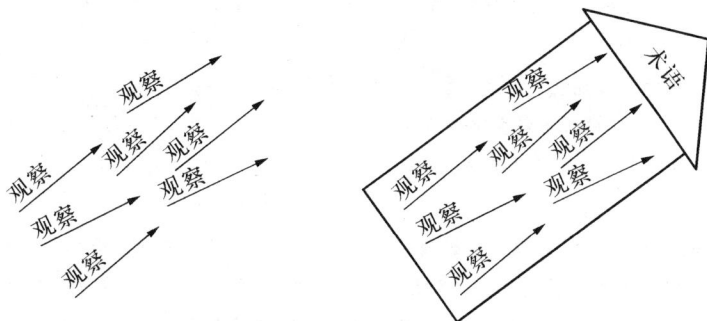

1. 生活中,许多观察都有相同之处。这些观察代表了超越个体的更广泛的意义。因此,用一般性的概念进行交流更有助益。

2. 当交流具有共同之处的观察时,如果总是要描述个别观察的具体内容就很不方便,因此,要用一个概念(名词)代表那些共同之处。

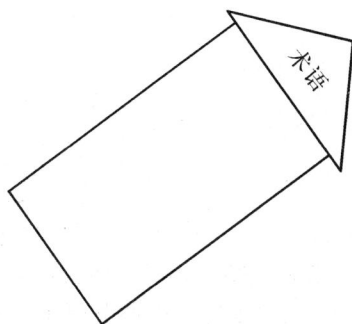

3. 当我们运用概念交流那些共同之处时,就会认为概念所代表的事物真的存在,而不只是一些具体观察的概括。

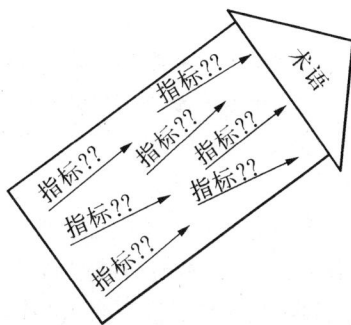

4. 对概念真实性的信赖特别具有讽刺性。对概念的信赖使人们反过来讨论甚至辩论某些具体观察是否"真的"足以表达概念。

图3-4 概念陷阱

引自〔美〕艾尔·巴比著,印泽奇译:《社会研究方法》,华夏出版社2000年版,第158页。

2. 假设操作化

研究假设是对研究课题的尝试性回答,它用抽象概念陈述现象之间的关系。这种假设是无法直接检验的,它必须转换为具体的假设。所谓假设操作化就是由抽象假设转化为具体假设的过程。如同概念操作化一样,这一过程也是运用经验推理的过程,或称为经验演绎法。因而我们可以了解到,经验演绎法也就是从抽象概念推论到经验变量,从研究假设推论出具体假设的过程。可见,假设操作化是经验推论的一个有机组成部分,同时又是以概念操作化为基础的。

袁方教授主编的方法教材中曾举有假设操作化的具体例子:

> 一项课题要研究"为什么近来家庭关系和亲属关系越来越淡漠",其中一个研究假设是"工业化的发展导致亲戚关系的淡漠"。对"工业化"这一概念的度量有多种指标,如:(1)"工业生产总值";(2)"人均收入";(3)"人均汽车拥有量"。对"亲戚关系"可用:(1)"每年走亲戚的次数";(2)"亲戚之间互助行为的多少";(3)"亲戚之间经济关系的强弱"等项指标来衡量。如果这些指标确实反映了概念的内涵,那么研究假设中所说明的概念之间的关系也必然会存在于指标之间。例如,如果研究假设说明两个概念之间具有相关关系,那么具体假设说明两个概念之间具有相关关系,具体假设则说明由概念所推演出的指标之间也具有相关关系。
>
> 研究假设:工业化程度愈高,亲戚关系愈淡漠。
>
> 具体假设:
>
> (1)工业产值愈高,每年亲戚见面次数愈少。
>
> (2)人均收入愈高,亲戚间经济联系愈弱。
>
> (3)人均汽车拥有量愈高,亲戚间互助行为愈少。
>
> (4)工业产值愈高,亲戚间经济联系愈弱。
>
> ……

由于一个概念可用多个指标来衡量,因此从一个抽象的研究假设可推演出许多个具体假设,它们都能通过搜集经验材料来检验。如果这些具体假设被证实了,那就证明了研究假设。由这些调查结果就可以解答研究课题所提出的问题[1]。

当然,检验具体假设,需要调查大量样本,不能以偏概全就做出结论。同样,检验证实或被推翻,也都需要对多个具体假设进行检验,才能定论。

需要重申的是,并非任何社会调查研究都要事先提出假设。这说明,研究课题的具体化、操作化可以有各种方式,而不是千篇一律的。

---

[1] 袁方主编、范伟达等参与编写:《社会调查原理与方法》,高等教育出版社 2000 年版,第 123—124 页。

3. 操作性定义

在社会生活中,人们经常交换彼此的看法,这些看法当然由许多概念及构想所组成。然而,对这些概念及构想的理解会随各人交换看法的目的和所处的环境以及认知能力而产生差异,所以在交换看法时,往往会有同一概念词语被解释为不同含义的情况发生。在研究中为避免和减少这种现象产生,因此采用了对概念给予操作性定义的方法。

定义,如同分类方法、公理方法、假说等一样,是科学研究的逻辑方法之一。一般来说,定义是用特定的逻辑方法来揭示概念的内涵,或用来表示使用这一方法的结果。定义,通常是"$x = y$"的形式,"x"的意义是"y"。其中,x 被称为被界定项,y 被称为界定项。对同一 x,也就是同一被界定项,可以有许多不同的 y,也就是许多不同的界定项给被界定项定义。

一般来说,良好的定义应具备以下的条件:

(1) 所下的定义应该适合于使用该词的目的。

(2) 所下的定义应该易于为他人所了解。

(3) 界定项与被界定项应该完全一致,即在任何情况下两者都可以互相替用。

(4) 所下的定义应该是被界定项的意义的解释,而非仅是被界定项所指事物的一些说明。

最常用的定义有两类,一类是属种差定义(概念定义的一种),另一类是操作性定义。概念定义就是用概念来定义概念,通常为属种差定义,例如,$S = Abcd$,S 是概念,$Abcd$ 是那个概念的各种属性的总和,其中 A 是邻近的属,bcd 是种差。这种定义中界定项和被界定项都是抽象的概念。在建立假说的逻辑推演中,概念定义扮演着重要的角色。

但是,在进行实际的调查研究时,光有概念定义还不行,还必须使用操作性定义,才能将所建立的理论假设在现实世界中加以验证。

什么是操作性定义? 所谓操作性定义是指在经验推演过程中,用变量所具有的可观察到的性质和特征去说明抽象概念。一般来说,操作性定义主要是指实证性的概念(变量)必须在界定项中说明观察或测定被界定项(变量或事物现象时)所作的实际操作活动。也就是说,操作性定义是联结理论与实际现象的桥梁,可以在理论假设与实际现象之间建立起一种对应的关系。

在《企业研究方法》一书中曾就操作性定义与概念定义之间的区别,举了一个很好的例子:在某项对于消费者行为的研究中,如果研究者希望研究的是人们对于某一特定公司的偏好,而欲将所有的调查对象分为非顾客、一般顾客及固定顾客三类。

在研究者构思其理论假设时,如果根据概念定义,把"非顾客"定义为就是从不或极少光顾该特定公司的消费者;"一般顾客"就是偶尔光顾该公司者;"固定顾客"就是指那些经常或固定地光顾该公司的消费者。在进行理论上的思考时,这种定义确是极为方便,在概念上也不含糊。但是,如果在进行调查工作时,就会感到按照这种概念定义就很难对顾客进行区分,因为"极少"、"偶尔"、"经常"及"固定",没有一个判定标准,所以只有使用操作性的定义才可以为这些概念建立起比较客观而一致的验证标准。如果使用操作性定义,"非顾客"可定义为"在过去某段时期内在该公司的购货量(金额、件数或次数),未达到某一最低标准者";"一般顾客"可定义为"在过去同一段时期中,购货量达到此最低标准,但未达另一较高标准者";"固定顾客"可定义为"在此同一时期中,购货量超过比较高水准者"。在时期、购货量、最低及较高标准确定后,就可将被调查对象按以上操作性定义而划分。

很多实际调查研究工作,都体会到使用操作性定义的必要。例如,我们在总人口中要了解"在业人口"的情况,首先就涉及对"在业人口"的定义问题。

什么是"在业人口"? 通常的定义是: 在业人口是指从事社会劳动并取得劳动报酬或经营收入的人口。

这种定义显然是属种差的概念定义。但在实际研究工作中,这样的定义是不能实际操作的。因为"从事社会劳动"、"取得劳动报酬"等等这些规定都比较抽象,不能具体测量。而在我国的人口普查中,就曾对"在业人口"作了如下定义:

(1) 在人口普查标准时间内,有固定性职业的人口。

(2) 退休职工在普查标准时间前一个月参加社会劳动并领取补差或其他劳动收入的人口。

(3) 没有固定性职业,在×年×月×日有临时工作,并在6月内从事社会劳动累计在16天或16天以上的人口。

(4) 农村中,被社队确定为整、半劳动力,并能经常参加社队集体生产劳动,或从事家庭副业劳动的15周岁以上的人口。

(5) 超过劳动力年龄,但仍经常参加农副业生产、相当半劳动力的人口。

这样共有5项,凡符合以上条件的,都属于在业人口。这种定义,就是我们所说的操作性定义。

总之,在社会调查研究中,特别是实证研究中,操作性定义占有重要地位。它具有一些特殊作用,可以使所用的概念具体清晰,增进研究者之间相互沟通的准确性,减少误解。

第四节 定性研究路径与设计

一、定性研究具体程序

定性研究,如参与观察、蹲点调查、个案研究、社区研究等实地研究类型,与问卷调查相比,实地研究更注重到现场去观察、访问,它更具有经济性、洞察性或主观体验性。可以说,实地研究的成败不取决于事先的严密设计,而是取决于现场调查是否有效。实地研究的一般程序如图3-5所示。

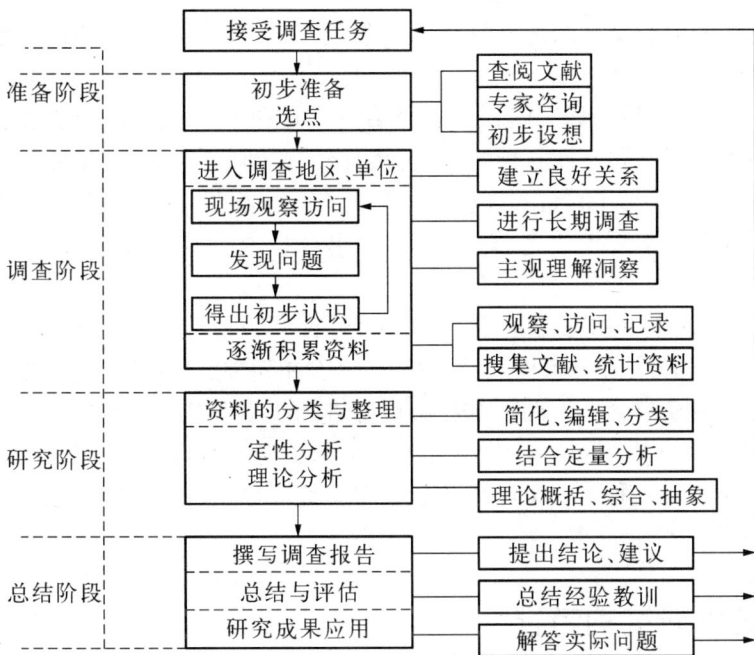

图3-5 实地研究的具体程序①

实地研究主要采用归纳法,研究者一般不带假设直接进入现场,而是从现实

① 袁方主编、范伟达等参与编写:《社会调查原理与方法》,高等教育出版社2000年版,第95页。

社会生活和社会过程中发现问题,搜集资料。实地研究的具体程序具有以下三个特点。

(1) 准备阶段较短,调查阶段很长。准备阶段不需要作精心的理论准备和严密的设计,它的主要任务是选择调查单位。实地研究通常是对一个或少数几个单位作深入的调查,因此,选择的单位应具有特定的意义,它或者是有代表性,或者是具有特殊性、方便性或可行性。

(2) 在调查阶段中要经历一个由观察→发现→再观察→再发现⋯⋯的过程。实地研究是从观察开始,由最初的观察发现一些问题,得到一些初步的认识。这种认识又指导研究者进一步观察,以获取新的材料,得出更成熟的认识。实地调查获得的资料主要是一些无法统计汇总的定性资料,如观察、访问记录,个人档案,单位的会议记录和文件等。对这些资料,研究者要发挥个人的洞察力和想象力,从中发掘出重要信息。此外,除这些定性材料外,实地研究人员所获得的信息还包括他在日常观察中的主观体验和感性认识。这些未形成文字的感性认识对于发现问题,得出成熟的结论也起着重要作用。

(3) 调查阶段与研究阶段紧密结合。实地研究一般在调查阶段就已开始运用主观理解和定性分析的方法,从观察、访问、个人文献、生活史料中抽象出理性认识。实际上,实地(个案)研究是一个逐步深入的过程,在调查阶段也同样需要不断地思考、分析、总结,也就是说,调查与研究不是截然分开的。

在研究阶段,也主要是运用主观理解与经验洞察的方法从大量资料中抽象、概括。国外的方法论专家提出了一种适用于分析定性资料的"反复比较法"。这种方法是,在资料分析开始时,先结合现场调查的认识得出一些初步结论,然后,"通过反复梳理现场记录和其他资料来反复修正这些不明确的结论⋯⋯简单地说,资料分析的过程是一个对结果逐渐提炼、逐渐修正,直到结论与资料完全一致的过程"[1]。

二、定性研究的特征[2]

1. 定性研究在自然场所中进行

定性研究者经常进入参与者的场所(家、办公室)进行研究。这可使研究者

---

① 〔英〕G·罗斯:《当代社会学研究解析》,宁夏人民出版社 1988 年版,第 137 页。

② John W. Creswell 著,崔延强主译:《研究设计与写作指导——定性、定量与混合研究的路径》,重庆大学出版社 2007 年版,第 144—145 页。

深入个人或住所的细节层次,并体会到参与者的真实体验。

2. 定性研究采用了交互式的和人本主义的多种方法

数据搜集方法正不断发展,他们越来越积极地参与到研究中,对参与者也越来越敏感。定性研究者在数据搜集的过程中寻求介入参与者的活动,并且在研究中力图与个体建立和谐和信任。他们并不过多地干扰研究场所。此外,在仍然依靠开放式观察、访谈和文献传统的数据搜集方法之外,现在还包括了获得大量的系列材料的方法,如录音、电子邮件、剪贴簿以及其他新兴方法(见本章数据搜集方法)。数据搜集包括文本(或语词)数据和影响(或图片)数据。

3. 定性研究是自然浮现的,而不是有严密的预测

许多方面的问题只有在定性研究过程中才会显露出来,因此,研究者可能会改变和精炼研究的问题,并会根据自己对"要询问什么"和"要询问什么人"有不断深入的认识。数据搜集的过程可能会随着搜集渠道的"开关"而变化,所理解的理论或一般模式将会从其最初的编码中浮现,并由此发展为更广泛的主题,与扎根理论或广泛的解释相结合。这些开放性研究模式的诸多方面,使得研究者在研究的早期或方案中很难预见定性研究的结果。

4. 定性研究从本质上说是解释性的

这意味着研究者要对数据作出解释,包括对个体或环境进行描述,对主题或范畴进行数据分析,最后对其个体的或理论的意义做出解释或结论,陈述研究者获得的经验,并进一步提出问题(Wolcott,1944)。这也意味着研究者以植根于特定的社会政治背景与历史条件的个人观点来过滤数据。任何人都会不可避免地要将个人见解带入定性研究的数据分析中。

5. 定性研究者对社会现象进行整体性观察

这就是为什么定性研究总是着眼于广阔的、全景性视野而不是仅仅局限于微观的分析。叙事越复杂,越具交互性、包容性,定性研究就会越好。

6. 定性研究者在研究中进行系统性的思考,对他或她的个人传记及将如何塑造这个研究很敏感

这些对偏见、价值观和利害关系[或自反性(reflexity)]的内省和认知代表了当今定性研究的发展特征。个体(personal-self)与研究者(researcher-self)已变得不可分离,这同样表现了研究的真实性与开放性,认识到所有的研究都是有价值取向的。

7. 定性研究者使用多面的、反复的和同步的复杂推理

虽然推理大多是归纳性的,但其实归纳法和演绎法都在起作用。思考的过程同样是反复的,总是从数据搜集与分析到问题的重构周而复始地循环往复。

搜集、分析和补写数据也是同步进行的。

8. 定性研究者采纳并使用一种或几种研究策略作为定性研究步骤的指南

对初学者而言,可以只使用一种策略,查询最近关于研究步骤,以此作为指导,从而学会如何设计一个方案和实施策略的步骤。

三、定性研究的策略

这些策略集中在数据的搜集、分析和撰写上,它们源于各种准则并贯穿于整个研究过程(如,问题的类型、伦理观念的重要性问题,Creswell,1998)。目前存在许多种策略,如泰什的 28 种方法分类(Tesch,1990)、"沃尔科特树(Wolcott's tree)"的 19 种类型(Wcott,2001)和克雷斯威尔的五种"传统"研究方法(Creswell,1998)。定性研究者可以从五种可能的方法中选择,即叙事法、现象学、民族志、个案研究和扎根理论。另外,在设计定性研究方案时,可考虑以下五个策略和要点。

1. 研究者的角色

正如在研究的特征中提到的,定性研究是一种解释性研究。这通常要求研究者潜心于参与者持续的真实的经验之中,这就给定性研究过程划定了一个策略性的、伦理的和个人观念的范围(Locke *et al*.,2000)。根据这些认识,研究者就能清楚地识别其研究主题与过程中的偏见、价值观和利害关系。研究地点的准入和研究中可能引发的伦理观念问题,同样也是研究者角色的组成部分。

对已有经验的陈述提供了背景数据,读者可以据此更好地理解研究的主题、环境或参与者,说明研究者、参与者与研究地点之间的联系。"后院(backyard)"研究(Glesne & Peshkin,1992)即是涉及对研究者自己的组织、朋友或直接工作场所的研究。这通常会使研究者在发现信息的能力和解决困难的力量之间形成一种妥协。虽然,数据搜集可能会很方便和容易,但数据的呈现却可能是有失偏颇、不完整或是道听途说的传闻。如果必须采用"后院"研究,就应该采用多种有效策略确立文本结果的精确性,以给读者较高的信度。

2. 数据搜集步骤

数据搜集步骤包括为数据搜集设定边界,通过非结构式(或半结构式)观察、访谈、文献、影响材料,以及用于记录信息的备忘录等方式来搜集信息。

有目的地为研究选取研究场所和个体。对参与者和研究场所的讨论应该包括四个方面:场所(研究的发生地)、参与者(被观察或访谈的对象)、事件(对参与者的观察或访谈活动)和过程(在场所内参与者所从事的事件的发展状态)。

数据搜集的类型或数据类型。在许多定性研究中,研究者搜集多种形式的数据,并花大量的时间搜集自然状态下的信息。定性研究的数据搜集过程包括四个基本类型:

(1) 观察。研究者在研究场所对个体的行为和活动作田野记录(field-note)。在田野记录中,研究者采用结构式或者半结构式(采用预先准备好了的研究者想了解的问题)方法,把在研究地点的活动记录下来。定性研究者的角色可能从一个非参与者转换到完全参与者。

(2) 访谈。研究者可以采用与参与者面对面的访谈、电话访谈或每组寻找6—8名访谈对象进行小组集体访谈等形式。这些访谈包括非结构式访谈和极少量的试图从参与者那里得出一些观点和看法的开放式问题。

(3) 文献。在研究过程中,定性研究者可能要搜集文献资料。这可能是公众文献(如报纸、会议记录、政府报告)或私人文献(如个人日志、日记、信件、电子邮件)。

(4) 视听材料。这是定性数据搜集方法的最后一种。这类数据可能是照片、艺术品、录像带或其他音像制品。

除了典型的数据搜集类型:观察和访谈之外,有些特殊的形式可以激起读者的兴趣,还有可能搜集到观察法和访谈法有可能遗漏的有用信息。如搜集声音或味道,或在访谈中通过令人产生好奇心的题项提炼意见(见下图表)。

> ● 细查物理痕迹的证据(如雪地里的脚印)
> ● 录制一个社会状况或个人/组群的录像
> ● 细查照片和录像带
> ● 搜集声音(如音乐、孩子的笑声、汽车喇叭声)
> ● 搜集电子邮件或电子信息
> ● 细查访谈中有助于提炼出观点的物品和仪式对象
> ● 通过接触,搜集气味、味道或感觉

注:选自 Creswell(1998)和 Creswell(2002)。

3. 数据记录方法

在进入实地研究前,定性研究者先要设计记录数据的方法。方案中必须明确研究者将记录何种数据和记录数据的步骤。

用观察提纲(observational protocol)记录观察数据。这种观察草案可能是单独一张纸,在中间划一条分界线将描述性记录(参与者的特征、对话的结构、场所的描述、特殊事件或行为活动的记述)和反思性记录(研究者个人的思考,如"思考、感觉、疑问、观点、预感、印象和见解")区分开来。对人口统计信息的时间、地点及实地观察的日期等可以同样的形式撰写。

在定性访谈中,要用访谈提纲记录信息,可以包括以下组成部分:标题、访谈导语(开场白)、研究的关键问题、关键问题之后的探究、转达给访谈者的信息、访谈者写评论的空间以及研究者记录反思性注释的空间。

另外,研究者可通过手写记录、录音带、录像记录访谈信息。文本和可视材料的记录应基于研究者的记录结构。

4. 数据分析与说明

数据分析过程实际是从文本和图像数据中提炼认识的过程。它是一个在整个研究中不断进行数据反思、提出分析问题、拟定备忘录的连续过程。它并不能与研究中别的过程,如数据搜集或叙述研究问题等明确地分开。

数据分析与说明的过程大部分都是使用开放性数据。这就要求研究者提出一般性的分析问题,并从参与者提供的信息中展开分析。

在一般方法之外,研究者必须为定性研究策略的具体类型制作数据分析。比如,"扎根理论"有系统化的步骤。个案研究和民族志研究涉及对研究场所或个体的具体描述,现象学研究使用了重点陈述分析,催生意义单元,进行"本质"描述。叙事性研究采用了重述参与者故事,结构包括情节、背景、活动、高潮和结局等。这些事例说明,过程与术语一样,不断地在一种分析策略与另一种分析策略之间变换。

尽管不同的设计类型所使用的分析各不相同,但定性研究者还提出了研究方案中数据分析的一般步骤,理想的状况是将这个一般步骤与具体的研究设计步骤相结合。一般步骤包括以下六个内容:

第一步,数据分析的组织和准备。这包括转录访谈,浏览材料,打印田野记录或依据信息来源将数据拣选、排列在不同类型之中。

第二步,通读数据。其首要环节是获取信息的大体意义,有时定性研究者会在页边做旁注或者对数据提出一个大体想法。

第三步,详细地分析和编码。"编码"是指在把意义带入"模块"前把材料纳入"模块"的组织步骤。它包括把文本数据、图片、句子(或段落)或图像进行分类,并用特定的术语将它标示出来,这个术语通常是基于参与者的真实语言。

第四步,描述包括对研究中的场所、人或事件的信息的细致解译,研究者能生成这些描述编码。然后,用这个编码来形成少量的主题或范畴,大约5—7个。

第五步,提出在定性叙事中如何呈现记述和主题。流行的方法是用叙事性段落来陈述分析结果,可以是按事件年表顺序进行论述,或对几个主题进行细节论述,或者是交互式主题的论述。许多定性研究者还将图像、文字或图表作为附件来论述,他们提供了一个过程模型(如在扎根理论中),并提出了一个具体研究场所的图解(如在民族志中),或者他们转述表中每一参与者的信息(如在个案研究和民族志中)。

第六步,表达了研究者由于自身文化、历史和经验所决定的个体理解,它也可以提出需要探索的新问题,这些问题由研究者在研究的早期并未预见的数据和分析引出。民族志学者结束一个研究的方法是提出更进一步的问题。

5. 证实结果的精确性

尽管结论的论证贯穿于研究过程的各个步骤,但研究方案开发者需要陈述他们用在其研究中以检验研究结果精确性和可靠性的步骤。

第五节　混合研究路径与设计[①]

有关定性的研究与定量研究相互之间结合的问题,社会科学研究界早在 60 年前就曾经有过一些呼吁。在定量研究占主导地位的 20 世纪 50 年代,特罗(M. Trow, 1957)就提出,没有任何一种研究方法应该成为对社会现象进行推行的主宰,占主导地位的定量方法在发挥自己作用的同时也应该吸收别的研究方法的长处。近年来,随着定性研究方法的不断壮大,有关这两种方法相互结合的呼声也越来越高(Campbell, 1978; Pelto & Pelto, 1978; Reichardt & Cook, 1970; Meyers, 1981)。1973 年,西伯(J. Sieber, 1973)明确提出,社会科学研究者应该适当地同时使用实地工作和抽样调查的方法。1979 年,库克(T. Cook, 1979)和雷查德特(C. Reichardt, 1979)在进行教育评估时同时使用定性和定量的方法,其文章得到了学术界的重视,被正式发表。最能说明学术界对不同方法之间的结合给予重视的一件事情是,1982 年《美国行为科学家》杂志用了整整一期的篇幅全部刊登使用多元方法所作的研究的报告(Smith & Louis, 1982)。进入 90 年代以来,在世界范围内重视多元、强调对话的思潮推动下,社会科学研究对多种方法之间的结合问题日益关注。新的《社会与行为科学中的混合研究方法手册》(*Handbook of Mixed Methods in the Social and Behavior Science*, Tashakkori & Teddlie, 2003)以及一些报道和推广混合研究的期刊(如《田野方

---

① John W. Creswell 著,崔延强主译:《研究设计与写作指导——定性、定量与混合研究的路径》,重庆大学出版社 2007 年版,第 164—173 页。

法》)都对混合研究敞开了讨论的大门。随着混合研究使用频率的不断提高,很多文章出现在诸如职业医疗(Lysack & Krefting,1994)、人际交往(Boneva,Kraut & Levkoff,2000)和中学科学(Houtz,1995)等多种领域的人文社会科学期刊中。作为社会科学研究中两种最主要的研究方法,定量研究与定性研究之间的结合问题已经成为了一个跨学科、跨范式的热门话题。

一、混合研究程序的基本要素

研究者设计一个混合研究时,以下的问题清单来进行自我检查。这些构成要素包括混合研究的特征和计划用于研究的策略类型,以及研究的可视模型、数据搜集和分析的具体程序、研究者角色、最终报告的结构。

1. 混合研究步骤要素

许多资料显示,混合研究来源于心理学以及坎贝尔和菲斯克(Campbell & Fiske,1959)为对源于定量和定性的数据进行整合成三角互证而提出的多质多法模型(multitrait-multimethod matrix, Jick,1979),发展到混合研究的步骤和推论研究(Creswell,2002;Tashakkori & Teddlie,1998)。

2. 策略选择的标准

方案设计者应该说明其打算使用的数据搜集策略,还应该说明选择策略的标准。表3-1所示的这个矩形说明了在选择混合研究策略时的四个决定因素(Creswell et al.,2003):

表3-1 研究的混合法策略选择

实 施	优 先	整 合	理论视角
无顺序并行	同 等	在数据搜集阶段	明晰的
顺序化—定性法优先	定性法	在数据分析阶段	
		在数据解释阶段	内隐的
顺序化—定量法优先	定量法	在综合阶段	

来源:Creswell et al.,(2003),从Sage出版公司获得使用许可。

实施意味着研究者既可以分阶段(按顺序)也可以同时(并行)搜集定量定性数据。当分阶段搜集数据时,策略选择首先应考虑的第一个因素是先搜集定性数据还是定量数据,这主要取决于研究者的最初意图。

策略选择应考虑的第二个因素是是否给予定性还是定量研究以更大优先或权重,尤其是在使用定量数据和分析时。这种优先可以是平等的,也可以向定性或定量数据倾斜。

在研究过程中,有几个环节可以出现这两种数据类型的整合:数据搜集、数据分析、解释或一些需要合并(combination)处理的地方,整合意味着研究者"混合"了数据。

最后要考虑的因素是是否有一个宏大的理论视角来指导整个设计。无论研究策略的实施、优先和整合特征如何,这一框架都将在其中起作用。

二、混合研究方案的备选策略

为选择一个独到的研究策略,混合研究者可从以上四个方面的因素来考虑。尽管接下来的讨论不能穷尽所有的可能性,但下面提出的这六种根据克雷斯威尔(Creswell,2003)等人的讨论改写的主要策略,可以作为研究方案的备选策略。一个方案应当包括策略的描述及其可视模型,以及研究者在实施这一策略时的基本步骤。每种策略都在图 3-6 和图 3-7 中予以了简要的描述和图式说明(Creswell *et al.*,2003)。

a. 顺序性探究策略

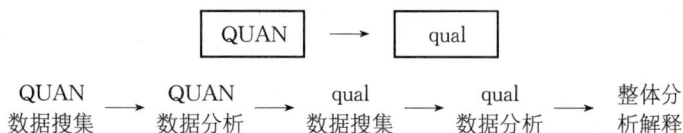

b. 顺序性探究策略

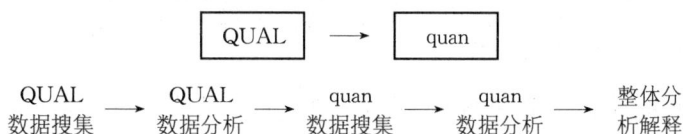

c. 顺序性转换策略

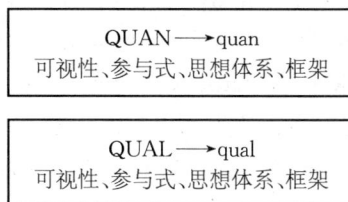

图 3-6　顺序性策略

a. 并行三角互证策略

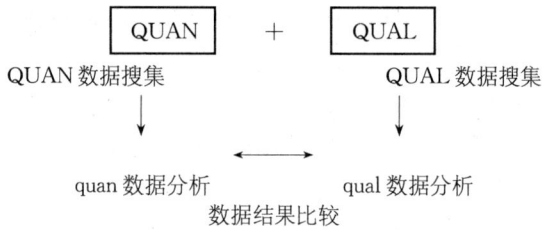

QUAN　　＋　　QUAL

QUAN 数据搜集　　　　　　　　QUAL 数据搜集

quan 数据分析　　　qual 数据分析

数据结果比较

b. 并行嵌套策略

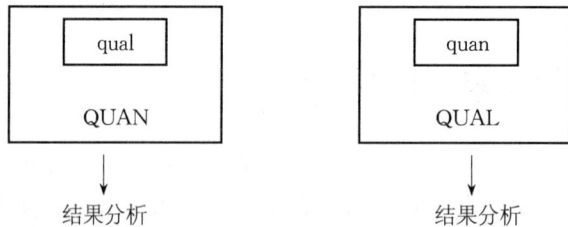

| qual |
QUAN

| quan |
QUAL

结果分析　　　　　　　　　结果分析

c. 并行法转换策略

QUAN+QUAL
可视性、参与式、思想体系、框架

Quan
QUAL
可视性、参与式、思想体系、框架

图 3－7　并行法策略

插图中的注释改编自莫尔斯(Morse,1991)和塔什亚考里和泰德(Tashakkori & Teddle,1998)的论述,他们建议:

- "＋"表示同时发生或并行搜集数据的方式。
- "－"表示按顺序搜集数据。
- 大写的字表示研究中定量或定性数据分析的强调或优先。
- "Quan"和"Qual"分别代表定量和定性的,用同样多的字母以示两种数据的对等。
- 每幅图下画是具体的数据搜集、分析和解释程序,以帮助读者理解其中具体的操作过程。
- 用方框突出定量和定性的数据搜集。

我们以并行三角互证策略为例作个说明:

在六种主要的混合法研究模式中,并行三角互证策略可能是最为人所熟知的(参见图 3－7a)。但是,研究者试图在一个单一研究中使用两种不同的策略来对结果进行证实、交叉效度分析或确证时,常常采用这种模式(Greene *et al.*,1989;Morgan,1998;Steckler,Mcleroy,Goodman,Bird & McCormick,1992)。其模型一般是让独立的定量研究或定性研究之间相互补充,扬长避短,因此,定量和定性的数据搜集是同步进行的。理想状态下,两种研究方式的优先是对等的,实际应用中,则要么是定量研究,要么是定性研究优先。这一策略通常在解释说明阶段将两种研究得出的结果加以整合,这一解释既可以深化对既往知识的认识,也可以解释对既往认识的修正。

这种传统混合模式的优点在于,它为大多数研究者所熟知并且能够得出充分有效和确切的结果。此外,与顺序性研究相比,并行法的数据搜集所需要的时间更短。

这种模式同样存在很多局限:要使用两种独立的方式充分地研究某种现象,就需要研究者具有更多的经验和付出更大的努力,研究者在比较两种数据类型的分析结果时也是较困难的,另外,研究者也不一定清楚如何解决出现在结果中的分歧。其他策略,读者可以依据示图予以仔细推敲应用。

三、混合研究程序示例

下面是使用混合研究的例子,它们既采用了顺序法又采用了并行法的策略和步骤。

例 3.1 顺序性研究策略

库什曼(Kushman,1992)研究了 63 个城市的中小学教师的两类工作责任——组织责任和教学责任。他提出了一个两阶段混合研究,下边是研究的目标陈述:

本研究的核心假设是,在一个有效组织的学校里,组织责任和教学责任虽然区别很大,但教师的态度具有同等重要性。这一理念在文献上有一定的论述,但却要求更多的经验证实……第一阶段是定量研究,探明教师责任、组织责任及其在中小学的实施效果之间的统计关系;紧接着这一宏观分析的是第二阶段,对具体的实施学校进行考查,使用定性/个案研究方法更好地了解教师责任的动力机制(Kushman,1992)。

这一目标陈述说明了目标和基本原理为混合("为更好地了解")而进行的联结,这一陈述也为研究中不同类型数据的混合进行了联结。这个导言集中在检验组织责任和教学责任的需要上,这一需要使得定量研究优先,这一优先在定义组织责任和教学责任以及借用大量文献来证明这两个概念时做了进一步的论述;接着,为探究两者之间的关系,作者提出了一个概念性框架(用可视模型完成)和研究的问题,这给研究的定量阶段提供了一个理论指导(Morse,1991)。在这个两阶段研究中,是按定量法(QUAN)→定性法(qual)的实施方案进行的。作者分两段展示结果,首先是定量结果——展示和讨论了相关性、回归方程和双向方差分析(two-way ANOVAS),然后以引证作为支撑,以主题和次主题的方式提出个案研究结果。定量结果和定性结果在最后的讨论中予以整合,其中研究者突出了定量结果和从定性结果中显现的复杂性。此外,研究中作者并没有用理论视角进行研究的透析。

例 3.2 并行研究策略

1993 年,霍斯勒(Hossler)和维斯珀(Vesper)进行了一项研究,考查影响家长为筹集子女上大学的费用而节约开支的有关因素。研究者用三年时间对学生和家长进行纵向数据搜集,作者考察了家长为孩子接受高等教育而节衣缩食的最密切因素。研究结果表明家长的支持、对孩子受教育的期望值和大学消费的知识是重要的因素。从我们的角度来看,最重要的是作者通过 182 个调查和 56 次访谈从家长和学生那里搜集到了信息,他们的目标表明了三角互证法对形成结果的益处:

> 为了尽可能把家长储蓄这一情况清楚明白地表现出来,本文考察了家长的储蓄行为。三年间,作者采用了对学生和家长进行纵向研究的多重调查,用逻辑回归的方式来确定与父母为使孩子接受高等教育而储蓄最相关的因素。此外,从对二次抽样样本的学生和家长的访谈中获得深层次的认识。他们在三年的时间里对样本进行了5 次访谈,以此用于进一步分析家长的节约行为。

这些准确的数据使研究者花费了 4 年时间,它是从 182 名学生及其家长那里进行调查和从 56 名学生及其家长那里进行访谈得来的。从目标陈述中,我们可以看出他们是把并行数据搜集作为实施策略。此外,他们还对定量分析和调查数据提出了广泛的讨论,包括讨论变量测量和逻辑回归数据分析的细节。他们同样提及了定量分析、详细的 t 检验和结果回归分析所存在的局限性。与之相反,他们只用了一页的篇幅来进行定性数据分析,简要注明了讨论中出现的主题。这个混合研究中的优先是给予了定量数据搜集和分析,研究的标记法是:(QAUN)＋(qual)。两种数据来源的整合是在研究过程说明阶段的"调查和访谈结果的讨论"那一节里。在这一部分,他们一方面把家长储蓄的各个因素的重要性和定量结果进行比较,另一方面又与访谈数据的结果进行比较。与例 3.1相似,虽然文章以计量经济学研究和关于大学选择的研究的文献开头,以"家长储蓄增强模型"结尾,但这一研究并没有以理论透析引导研究。因此,我们可以将这一混合研究的理论应用概括为归纳法(如定性研究一样),源于文献(如定量研究一样)并在研究过程中逐步生成并最终形成。

第六节 设计研究方案

研究设计的最后一项任务是制定一个详细周密的调查研究方案。调查研究方案是对某项研究的程序和实施过程中各种问题进行详细、全面的考虑,对研究意义、研究目的、研究设想、研究方法的详细说明,制定出总体计划和切实可行的调查研究大纲。

一、研究方案的作用

研究方案设计在社会研究中有着十分重要的作用,它是整个研究的指导大纲,又是研究计划的说明书,还是对研究过程、方法的详细规定。

研究方案的作用之一,它是整个研究的指导大纲,有了方案,研究就明确了方向、目的,它指导整个研究的全过程。研究方案的作用之二,它又是研究计划的说明书,方案是对研究者有关研究项目总体设想的概括和详细说明。研究方案的作用之三,有了研究方案还便于对整个社会研究过程实施监督、管理和控制。根据工作计划,何时、何阶段必须完成的任务,阶段性研究成果完成情况检查等。研究方案的作用之四,还在于据此向有关方面申请研究项目和研究经费。社会研究的不少项目来源于研究者向政府、有关部门或各种基金会提出申请,在申请报告中必须写明研究的设计、经费预算及相关事项,供这些部门组织专家对申报项目进行评审。可见,研究方案在社会研究中起着不可或缺的重要作用。

从研究方案的作用、性质、研究方式等不同角度可以将方案划分为不同的类型。

从研究方案的作用来看,可将方案分为项目申报书和正式研究方案。项目申报书是向有关方面申报课题和申请经费资助。例如,20世纪90年代中期起,经美国福特基金会资助,中国社会学会专门设立了“社会学研究基金”,可供研究者申请。这类申报书的内容就有如下一些规定:研究项目说明摘要,研究的关注点和研究的意义、研究的方案、基本假设和研究的主要问题,研究设计,分析方法,工作计划,该项研究对社会学发展具有的意义,经费预算,参阅的文献资料等。而正式研究方案是指导调查研究的正式文本,它主要包括研究课题的具体化、研究课题的操作化、调查内容及问卷设计、抽样方案、资料分析方法、调研人员组织与培训、工作计划、经费预算等。项目申报书与正式研究方案的内容基本上是相似的,但前者常带有论证性质,研究者的某些设想多基于文献资料,认识也较抽象;后者则将设想和假设具体化,计划也更为周密,更具操作性,而且在正式调研方案中,有时还必须根据实际情况对原先项目申报书的设想进行修正。

从研究方式来说,调研方案可分为统计调查方案和实地研究方案。统计调查与实地研究是社会调查研究中最基本的两种研究方式,它们在调查方法、资料分析方法和调查资料等各方面都有不同的特点。在现代社会研究中,这两种方式反映出实证主义方法论和人文主义方法论、自然科学方法与人文科学方法、定量方法和定性方法的不同区分,因而这两种具有方法论意义的不同分类,在研究方案中也有所体现。一般来说,统计调查的成功很大程度上取决于精心的准备与设计,如果准备工作不充分,就有可能导致失败。而实地研究的成败不取决于事先的严密设计,而是取决于现场调查是否有效。体现在研究方案上,统计调查方案比较注重研究假设、研究框架,精心设计调查指标和问卷,确定较为严格的抽样方案,具体规定对资料的统计分析方法等,其方案比较精细、严密。实地研究方案不一定要有明确的研究假设,一般只需要有研究设想以及详细的调查提纲。同时,实地研究方案一般要根据调查的逐步深入而不断定量和深入;特别要善于捕捉调查研究过程中发现的新问题,也需要制定对新发现问题调查的补充方案。因此,实地研究方案一般是伴随调查的深入而不断予以完善的。

二、研究方案的内容

虽然研究方案可以以不同角度分为不同类型,不同类型的研究方案在具体形式和内容上也会有差别,但一般来说,凡研究方案都会包括以下八个方面的主要内容。

1. 研究目的

任何一项调查研究都具有其理论意义和应用价值,因此方案要开宗明义地说明调研任务的目的、意义和阐明研究课题。

这部分内容的主要方面即为"破题",说明所选择这一研究课题的目的和意义,简述课题是如何形成的,是从哪些角度出发提出来的。

此外,还要提出所研究的理论构架(或研究设想)是什么,研究假设(或主要思路)是什么,假设(或设想)中的概念定义是什么。

必要时也可简单综述此领域已有的研究及结果,你的研究起点及突破。

2. 研究内容

确定调查研究内容,设计调查问卷(或调查提纲)的主要思路,对概念进行分解和界定,根据操作定义确定所要调查的指标和项目,并依据指标和项目具体设计问卷、观察表或调查大纲。

这部分内容中既要体现研究人员的考虑角度,也要体现项目委托方的要求和意见(假如此项目是接受委托的话),并在前期交流讨论中形成双方认同的研究内容。

在这部分中也往往要说明所研究的最终成果形式或包括中期的阶段性的成果形式是什么。

3. 调查对象

要明确界定总体和确定分析单位,即说明此项目调查研究的范围和调查对象。"何年何月在何地调查何人",这是界定总体的基本要素。在什么区域、地区调查,其界定方式如何,分析单位是个人还是组织群体,调查对象的范围有多大,调查要求的对象特征如何。这是体现研究方法的重要环节。

4. 资料搜集

这是研究方案中体现研究方法科学性的重要标志。

首先,要确定研究类型和调查方式、方法。说明是探索性研究还是描述性研究;是横剖研究和是纵贯研究;是综合研究还是专题研究;采用何种调查研究方式,是统计调查还是实地研究;具体的调查方法是什么,是采用问卷法还是采用访问法或观察法。

其次,要测定抽样方案,确定抽样方法。如果采用抽样调查要说明研究总体是什么,采用何种抽样方法,是概率抽样还是非概率抽样,抽取多少样本。此外,还要考虑具体抽样时的各种问题,如:被抽中的调查对象因各种原因无法调查时怎么办? 实地抽样时缺乏人员名册或单位目录时怎么办? 采用典型调查或个案调查,那么就要说明如何选择典型或选"点",等等。

5. 资料分析

如何进行调查研究资料的分析也是研究方案中必须阐明的重要问题。拟订资料分析方法是什么,是采用定性分析还是结合定量分析;如果是定量分析,采用何种统计分析,是仅做单变量分析,还是做相关分析,或者做多变量分析等。

6. 研究进程

确定调查研究的时点界线和调查期限,即调查的地点、时间、设计工作进度计划,也可指定如下所示的"研究进程表"。

研究进程表	1	3	6	9	12	15	18	21	24	27	31
1. 选题	——										
2. 初探		——									
3. 研究设计		———									
4. 拟定问卷		——									
5. 测试问卷				——							
6. 训练访员				——							
7. 实地调查					————————						
8. 整理资料								——————			
9. 分析									——		
10. 报告									———————		

7. 经费预算

调查经费和物质手段的计划与安排。调查经费主要包括调研人员的差旅费、课题资料费(包括书籍、统计资料、文献的费用以及复印费等)、调查表格的印刷费、调查人员和协作人员的劳务费、文具费、资料处理费用(包括计算机使用费等)。统计调查由于需要发放大量的问卷、处理大量的数据,因而所需经费较多,而实地研究则相对节约经费。物质手段主要指调查工具、设备以及资料加工整理的手段,如录音机、照相机、计算器、计算机等等。在手工汇总资料的时候,还需要汇总卡片、汇总表格等。

8. 课题组织

一个研究项目一般总要组成一个课题小组,在研究方案中要介绍参加研究人员的基本状况,包括年龄、学历、职称、所在单位机构、主要研究方向和研究成果等,以便反映课题组的总体实力和水平。

规模较大的社会调查除有研究人员参与外,还要有一定数量的调查人员帮助搜集资料。这些成员大多没有受过专业训练或不具有实际调查的经验,因而就需要对调查人员进行选择和培训。培训有多种方式,可以较系统地讲授社会调查的基本知识,也可以进行模拟调查或现场实习,也有在实际调查中由研究人员带队,边工作边实习。同时,在培训中通常需要事先编制"调查员手册"等指导手册,详细讲解本次调查的注意事项及规则。调查人员的组织管理主要是明确职责、分配调查任务、设专人检查、核对调查资料。

总之,有了研究方案,对整个研究过程事先有了比较周密、细致的考虑,就能在实际调查研究过程中有备无患,保证调查工作顺利进行。

三、研究方案示例

为使读者对研究方案的要点有个全面的了解,我们以统计调查和实地研究两个实例对研究方案作进一步的介绍。

(一)浦东新区社会发展研究

《浦东新区社会发展研究》项目是本书作者策划并负责、由复旦大学社会学系和浦东新区社会发展局联合进行的一项研究项目。1993年第一次调查,每隔5年进行一次追踪调查,5年间进行专项调查。该纵贯研究课题自1993年以来已连续进行数年。此项研究"千户调查教学实习"获上海市教学成果三等奖、复旦大学教学成果一等奖;并申报全国大学生科研奖项,获全国"挑战杯"二等奖。本书作者又在1996—1997年向"社会学研究基金"提出课题申请,经国内外专家评审,获当年福特基金立项资助。以下附上该课题申请书作为研究方案之实例。

社会学研究基金申请书

申请项目名称:

　　浦东新区社会发展研究

申请课题摘要:

　　浦东的开发开放是一项跨世纪的宏伟工程,它不仅是土地开发、项目开发,更应是社会开发。本课题旨在浦东开发起步阶段就记录、解释和预测浦东社会发展的现状和轨迹,对浦东民众的观念和意向进行调查研究。

　　本研究为综观研究,计划进行20年,采用问卷抽样调查和个案深度调查相结合的方式进行。通过透视微观家庭来纵览宏观社会,通过个案分析、个体的价值、意向和行为的变迁来衡量社会变迁的程度,同时通过了解民意来促进政府工作的决策民主化、科学化的进程,并从研究中提炼发展社会发展的理论。

研 究 题 目

　　浦东的开发开放是一项跨世纪的宏伟工程,为了实施"面向世界、面向21世纪、面向现代化"和"振兴上海、开发浦东、服务全国"的战略任务,把浦东建设成为具有世界一流水平的外向型、多功能、现代化的新区,在开发起步阶段就须对浦东社会发展的现状及轨迹,对浦东新区民众的观念及意向进行调查研究。

　　我们认为,社会发展的主要目标是为了创造和改善人民大众的生活及其社会环境。在现代化进程中,社会各项事业的变迁,民众的实际生活状况,对生活质量的知觉与评估,政府在推进社会发展中的功能与作用,应是高校及政府有关部门需要很好研究的重大课题。

　　为了通过透视微观家庭来纵览宏观社会,通过个体的价值、意向和行为的变迁来衡量社会变迁的程度,同时通过了解民意来促进政府工作决策的民主化、科学化的进程,我们希望采用户卷抽样调查和个案深度调查相结合的方式,对浦东新区的社会发展、社情民意进行一项长期的纵观研究。1993年为首次调查,5年后再进行一次,在相隔的5年中,每年做一专题调查。

　　通过本项目的长期研究,至少可以达到下述一些理论性与应用性的目标:(1)增进对浦东新区社会、文化、政治状况的全面客观了解;(2)定期的纵贯调查,可以把握和预测浦东新区社会发展的趋势和方向;(3)协助政府探讨民众的实际状况及面临的问题,以供政府决策参考;(4)高校研究机构凭借逐年积累的信息资料,对有关重要指标进行深入分析,推动教学和科研,深化我国的社会发展理论研究。

　　在社会发展的经验研究领域中,国内外有关专家学者已做过一些同类研究。例如,美国哈佛大学英克尔斯教授于20世纪70年代在6个发展中国家所做的"人的现代化"研究,美国杜克大学林南教授在 80 年代所做的生活质量的研究,台湾学者杨国枢等"变迁中的台湾社会"的研究,中国社科院朱庆芳研究员等"社会发展与社会指标"的研究,以及国家统计局在 1988 年、1990 年、1991 年分别在全国四十个城市进行的"中国社会发展"的问卷调查。以上这些研究提供了一部分测量社会发展的主观和客观指标体系,并在国内外部分国家与地区进行了经验研究,总结了一些现代化过程中社会发展、人的发展、生活质量、价值观念变迁的假设和结论。

我们这项研究试图在以下两个方面有所突破:

1. 将以往的研究指标及结论在浦东新区社会发展中得到检验和发展,将浦东新区社会发展现状和趋势与国际国内研究指标对比分析,以求发现新的理论生长点,发展新的理论。

2. 着重探讨后发国家与地区在经济急剧发展过程中的城市化、现代化的现状、进程及相关问题。以世人瞩目的浦东新区为社会实验区,调查研究在当代国际国内环境下,该区域社会发展的特点及规律,以求对社会发展理论作出贡献。

研 究 方 案

本研究的主题是浦东新区的社会发展。

基本理论假设:

一、浦东新区的环境、经济及人口是影响以社会结构、生活质量、人的素质为特征的社会发展的主要因素;反之,后者对前者也具有巨大的反作用。

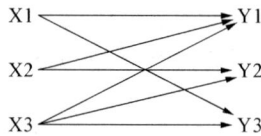

人口家庭 X1;社区环境 X2;经济要素 X3
人的素质 Y1;社会结构 Y2;生活质量 Y3;

二、以人为中心的社会发展观:经济建设、社会发展、生活质量都是为了人的全面发展,为了人的素质提高。

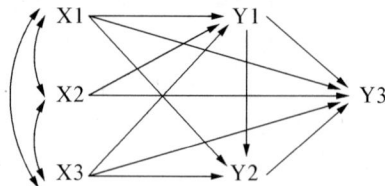

(符号含义同上)

在参照对比了国际国内社会发展指标的基础上,我们组成 10 个领域和 4 个方面交叉的完整系统对浦东新区的社会发展状况进行测定。10 个领域是环境、人口、经济、生活、劳动、文化、教育、治安、心理、观念等;4 个方面为存量、质量、结构、变动等,共设计了近百个项目,近 200 个问题,主要涉及以下内容。

（一）个人及家庭有关资料

1. 个人背景资料：性别、年龄、文化程度、职业、籍贯、政治面目、宗教信仰等。

2. 家庭及社会背景资料：家庭人口、家庭结构、父母职业及文化程度、经济收入、支出构成、住房类型及条件、家电拥有状况、居住条件、社区环境设施、参与社团状况等。

（二）对社会状况的评估与态度

1. 对生活质量的评估：对生活现状、过去生活的评估以及对未来生活之期望。

2. 对社会环境的评估：对自然环境（空气、噪声、水质、气候等），家庭生活（夫妇子女各方面关系），经济收入（月收入与月支出情况），劳动条件（劳动报酬、单位远近、与同事领导关系、技术培训等），文化生活（图书、电视、旅游、公园等），社会状况（社会风气、社会治安、法制状况等），有关家庭、社区、政治、文化等各个方面的环境评估。

3. 各类价值观念态度：基本价值观念及教育、宗教、政治、文化、生育、传媒、个性、现代化等各方面价值观念，从传统人到现代人的转化轨迹。

4. 心理与生理之测量。

（三）人们的愿望及对政府工作的期望

1. 对新区政府当年工作之评价：尽力程度，是否一年一个样，印象最深的三件事等。

2. 人们对社区发展的期望：急需解决的事，最困难的事，优先要建造的社会事业设施等。

3. 对教育、文卫、社区服务的具体项目提出看法：对部分伤残人员的了解，对教育设点、收费标准、教学质量的了解，对医疗卫生、基层机构服务等建议。

4. 对新区政府1994年政府工作的建议及要求：民众当前最关心的事情，希望政府办好的实事，对新区开发有何建议等。

5. 用150字左右描绘一下浦东新区未来的发展前景。

研　究　设　计

一、本研究采用问卷抽样调查和个案深度调查相结合的方法进行，并考虑纵观研究所需要求。

二、抽样设计

（一）总体定义

本研究的总体为在浦东新区具有正式户籍的家庭户居民与村民，采用分段类型系统抽样原则抽取样本。

（二）抽样方法

本研究样本为1 000人/户，在浦东新区51 826平方公里区域、14 067万人口中，根据自然行政区划和人口比例，同时兼顾产业形态及重点开发区的划分，按分段系统抽样法抽取1 000人/户。

第一步从全区抽到街道乡镇。根据中国统计出版社出版的《上海浦东新区1993年统计年报》，我们按系统抽样法从41个街道乡镇中抽取10个。被抽中的街道乡镇为：陆家嘴街道、周家渡街道、歇浦路街道、高桥镇、黄楼乡、龚路乡、金桥乡、高南乡、洋泾乡、张江乡。

第二步从街道乡镇抽到居委会村委会。根据每个街道乡镇占总人数之比例,以每个居(村)委调查20人计,确定每个街乡应该调查的居委会数。然后,以市民政局行政区划资料为准,在每个街乡等距抽取所需调查的50个居(村)委。

第三步从居(村)委会抽到被访户。我们派员到各个居(村)委会或有关派出所按照居民(村民)户籍表等距抽取被访户,抄写户主姓名及被访户地址。考虑到各种原因(如出差、因病、三次上门未遇、拒访等)而出现的不成功户,为了保证每个居(村)委成功访问20人/户,我们在各个居(村)委摘取30户名单,以供选择,到户后,我们也按照抽到被访对象的随机数表,随机确定被访对象。

三、样本性质

本项专题调查的备取样本共1500份,完成1030份,删除无效问卷,实际用于统计分析的样本为1000份。经过对样本的基本指标的统计,我们以《上海浦东新区1993年统计年报》和上海科委《1992年上海社会发展分析报告》上的有关具体的人口资料评估样本的正误。样本资料1000人中,男性508名,占50.8%;女性492名,占49.2%。浦东年报1992年浦东新区性别构成为:男性占49.7%,女性占50.3%;市科委报告分析全市户籍人口中,男性占50.4%,女性占49.6%。可见,样本与上海及浦东新区母本的性别比例十分接近。再以文化程度为例,上海市1992年文盲率为13.52%,我们千户样本的文盲率为12.5%,仅差1%。其余在年龄、职业、家庭类型等指标上,样本与母体特征都比较接近。经评估,我们这个样本对浦东新区乃至上海市具有一定的代表性。

四、对个案的研究采用访谈、观察、座谈会、查文献等方法搜集资料

资 料 分 析

一、定量分析方面,运用SPSS软件和LISREL方法对资料进行分析

1. 统计图示及表列:频数、相对数、累积数。

2. 单变量分析:集中趋势、离散程度。

3. 双变量分析:相关分析、回归分析。

4. 详析分析:因果、条件、阐述分析。

5. 多元分析:复相关、净相关。

6. 因素分析:主因素、因子类别。

7. 途径分析:5—6个变量的途径分析。

8. lisrel分析:结构方程。

9. 动态分析:依时间系列进行趋势分析。

10. 对比分析:与其他资料进行对比。

二、定性分析方面,运用理论分析方法进行抽象思维

1. 案主生活史分析:从数百个案的生活史看社会发展变迁。

2. 比较研究:主客观、各地区、各时期比较分析。

3. 结构功能分析:相互关系、历史变迁。

4. 与定量相结合：相互对照、相互印证。

5. 系统分析：从静态与动态角度进行社会系统分析。

工 作 计 划

一、本研究已在 1993 年末和 1994 年初进行的前期工作

1. 抽样方案及问卷设计。

2. 1993 年 11—12 月已首次入户调查，有效问卷 1 000 份，可供分析数据 60 万个。

3. 数据已全部输入电脑，进行了初步统计分析。

二、在获得美中社会学研究基金后，本研究将进行的工作

1. 对首次调查 60 万数据进行高级统计分析。

2. 在样本中抽取百户进行个案深度调查。

3. 1994 年浦东新区工作评估，并与 1993 年进行比较。

4. 1995 年选一专题进行调查(计划另立)。

经 费 预 算

申请经费 6 000 美元，合人民币约 50 000 元。

1. 60 万个数据处理分析(3 个月)：15 000 元。

2. 1994 年千户调查：8 000 元。

3. 百户个案调查：5 000 元。

4. 1995 年专题调查：13 000 元。

5. 专家咨询座谈：3 000 元。

6. 资料搜集差旅：4 000 元。

7. 其他(打印等)：2 000 元。

对社会学发展的意义

一、充实和发展社会学理论。特别对社会结构、社会阶层、社会变迁、社会发展及社会指标等理论会有较大推进。

二、建立一个社会发展实验区。以世人瞩目的浦东新区社会发展为实验区，全面地、长期地进行观察、研究，以求探寻后发国家高速发展的社区(会)现代化过程的规律。

三、对社会学方法中纵观研究方法进行一次尝试。注意积累纵观研究方法在中国施行的经验和教训。

四、建立一套社会发展研究的指标体系。

五、建全高校、政府、企业三结合进行社会研究的合作模式。

本课题的研究争取为 1995 年国际社会发展首脑会议的召开作些社会学方面的贡献，在中国社会学发展史上留下复旦社会学系从事浦东研究的光辉一页。

（二）越轨行为研究

这一例子取自美国著名社会学家 H·贝克尔 20 世纪 60 年代所做的一项调

查研究①。

1. 调查项目：美国城市中吸取大麻者的研究。

调查目的：通过对吸毒者的调查建立一种"如何成为吸毒者"的理论。这一研究对了解吸毒者的情况，并制定政策和措施解决这一社会问题有现实意义，对于认识越轨行为的产生过程有普遍的理论意义。

2. 理论设想：心理学家以一个人心理特征来解释越轨行为，但本研究的设想是，越轨行为的产生是人的一系列社会经历连续作用的结果。人们在这些社会经历中逐渐形成了一定的观念、认识和情景判断，它们导致了特定的行为动机和行为倾向。因此，应当以个人的社会经历来解释越轨行为。

3. 研究类型：描述性研究、纵贯研究（追踪研究）、个案研究、理论性研究。

调查方式：实地（个案）研究。

调查方法：无结构访问法、长期观察。

资料分析方法：定性分析、主观理解法。

4. 调查范围：美国某一城市。

分析单位：个人抽样单位，即个人。

5. 抽样方案：以所有认识的几个吸毒者为首批调查对象，然后由这些吸毒者介绍他们所认识的吸毒者，再调查第二批、第三批……共调查 50 人（这种抽样方法称为非概率抽样，或"滚雪球"式的抽样）。

6. 调查内容：询问吸毒者的吸毒经历。如何开始，中间经历哪些过程，现在是什么状况，吸食量开始是多少、中间是多少、现在是多少，都有什么感受，是否想过戒毒，都受哪些因素影响才开始吸毒，等等。调查提纲：根据以上内容自由交谈，无调查表格。事后根据录音或回想作详细的访谈记录。

7. 调查场所：由被调查者选择他们认为合适的场所和时间接受访问。时间计划：在第一次访问之后间隔几个月或半年后再访问一次，共访问两次或三次，调查时间大约一年半。

8. 调查经费和物质手段。

9. 调查员：课题组有 3 人，每个人负责自己的调查对象。

贝克尔在调查研究报告中对 50 个个案的共同特征进行了归纳，概括出成为吸毒者必经的三个阶段：(1) 学习吸食大麻的方法；(2) 学会体验吸食大麻的效果；(3) 享受吸食效果。他由此抽象出三个相互联系的理论概念：接触——体验——享受。这三个概念可描述许多越轨行为的产生过程，并且可以建立一种"社会习得"理论，以此来反驳某些心理学家用"个性"理论或"先天倾向"理论对

---

① 〔英〕G·罗斯著：《当代社会学研究解释》，宁夏人民出版社 1988 年版，第 183—193 页。

越轨行为所作的解释。

　　贝克尔的研究是从观察入手,事先没有提出研究假设,但他是依据一定的理论设想去调查,然后通过归纳、概括和抽象提出一种理论假说。浦东新区社会发展研究则是先建立一个假设的因果模型。这两个研究形成了鲜明的对比,它们反映出当前社会调查研究中两种最常用的调查方式,即实地研究与统计调查。通过对这两个调查研究方案的了解,我们可以把握社会调查研究设计的一些要点。

第四章

社会测量及指标

当代科学和社会实践向现代哲学社会科学提出了一系列需要解决的问题，尤其是认识论方面的问题。这些问题包括人类认识主体所要认识的客观现实是如何通过概念来刻画其本质属性的，这些概念又是如何通过横向和纵向的运动概念化的。在社会研究中，这就涉及社会测量问题。

比如，对直观现象在科学中的价值和作用的看法改变了，那种不带直观性的人工语言系统开始蓬勃发展起来，数学符号体系作为创建理论结构的工具开始充当了人工语言角色。又如，各门科学中出现了那些带有工具性质的概念和术语，不是直接指向被研究客体，而是指向被研究客体的那种由元理论和元科学创造出来的知识本身。不仅有通常的定义，同时又出现了"操作性定义"。又如，无论在对自然还是社会的研究中不少学者倾向于把被研究客体分解成最简单的结构和关系，同时这种分解又同系统的分析结合在一起。

因而，分析现代认识的特点及其发展的主要趋向，成为对导致改变辩证唯物主义形式的科学知识进行全面综合的方法论前提之一。特别在主体和客体关系问题上，我们注意到这么一种研究倾向。哲学的中心问题是：人是否按自然界的本来面貌认识自然界；而现代人们感兴趣的是：根据自然知识，借助于技术工具，人能从自然界中制造出什么东西。研究人员早就注意到从认识论方面来研究人—仪器—客体的问题。

在我们看来，以上这个问题目前正在得到解决，它的实质或更有待于解决的却是如下这个问题：

人类主体—认识工具—客观现实

因为仪器无非是一种被物化了的人的概念和构想,作为一种物质的仪器本身,它也是根据人的观念创造出来的。这里的认识工具是指作为通过语言表达出来的概念运算子,尤其是作为现代科学语言的形式运算子。当然,广义地说,认识工具中应该还包括了认识手段、认识方法等内容。

这样问题的实质变为:人类主体所要认识的客观现实是如何通过概念来刻画其本质属性的,这些概念又是如何通过横向和纵向的运动操作化的。尤其是数学(形式运算子)逐渐成为一种科学的语言,它变成了某种辅助性构件,人们借助于这种辅助性构件从理论上来把握客体。我们得到的理论不少是用数学语言表达的形式结构和经验材料,是一些公式、方程式或某某系数和数据。因而,科学理论就成了某种形式运算子和经验材料的综合。基于这样一种哲学思考,我们来分析一下社会测量的具体内容。

第一节　社会测量及层次

一、社会测量三要素

所谓测量,是指按照某种法则给物体和事件分派一定的数字和符号的过程和方法。这一定义表明,任何一种测量都包含三个不可缺少的条件(要素):测量客体、数字或符号和测量规则。反过来说,只要符合这三个条件,就是一种测量。在社会测量中,测量的三要素各有其特定的含义。

1. 测量客体

客体(物体或事件即调查对象)的属性与特征。测量首先要有测量客体,即人、事物或事件、现象等。但是,我们所要测量的并不是客体本身,而是它的特征或属性。例如,我们研究的主要对象是工人,这是测量的客体;但我们主要感兴趣或需要测量的并不是某个工人,而是工人对职业的满意程度、他们的价值观念、文化素质、管理的能力等等特征或属性。

2. 数字或符号

测量既是用数字或符号这些形式语言从理论上把握客体的过程,那么我们可以把测量中的一个数字当作一种物体或事件特征的代表符号。例如,我们常以 60 或 70 公斤代表某一个人的体重,以 1.60 米或 1.70 米来代表一个人的身高,同样,我们也可用智商(例如 110)来表示一个人的智力状况。这些数字或符号,不是客体本身,而仅仅是代表客体的特征,用以表示各个调查对象在属性、特征上的数量差异或类别差异。

3. 测量规则

测量规则即法则,是把数字或符号分派给调查对象的统一标准,它是一种索引或操作方法。测量中较为困难的工作是确定法则,也就是说,要设立一种如何分派数字或符号的准则。例如,有一种法则描述说"根据每个人工作积极性的高低而分派1—5的数字。如果某人工作积极性高就给他分派数字5,反之则给他分派数字1。介于两者之间的人,则分派给他们中间的数字2—4"。这样,1—5这些抽象的数字符号就依据如上我们规定的法则来表示一个人的工作积极性的高低了。又如,假定我们有一个集合 A,含有五个人,其中三男二女:a1、a3 和 a4 是男的,a2 和 a5 是女的,那么我们可以规定:如果一个人是男的,则分派数字1;如果是女的,则分派数字0。如让0和1为一集合,称为 B,那么 B={0,1}。我们可把这种测量用图4-1表示。

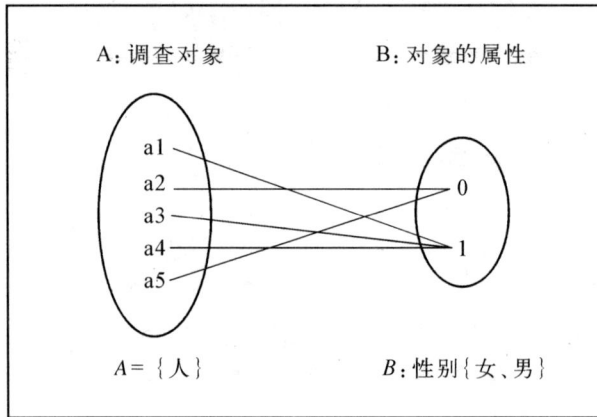

A:调查对象   B:对象的属性

a1
a2   0
a3
a4   1
a5

A={人}   B:性别{女、男}

图 4-1　测量规则示例

由此我们可以看到,对社会现象的测量,也就是根据一定的法则,将一些数字、符号分别来代表人、事物、事件属性的过程和方法。这一过程,也就是将社会现象精确化或将概念(变量)操作化的过程。当然,法则的确定是至关重要的,法则有好有坏,只有确定了恰当的测量法则,才可能有准确、客观的测量。

总之,随着科学的发展和人类认识的进步,测量被逐步引入社会科学领域并得到了广泛应用。我们知道,最早研究测量的性质并把它应用于实验研究中去的是物理学。这是因为科学研究的发展,要求对各种物理现象用数字标定。同时,物理学研究的对象相对专一、稳定,测量容易找到标定单位,设计和制作出各种专用的测量尺度也比较容易。例如,在力学中,对于现象共同的运动本质,存在着长度、时间、质量三种最基本的测量,称为基本量纲,所有其他的力学单位都可以由基本量纲引出。但是,对社会现象的测量远比自然现象的测量复杂得多。因为被测现象主要是"人",而人是有思维能力、价值观和感情的,人与人之间结成了错综复杂的社会关系。尽管如此,人们在社会测量领域中仍进行着不懈的探求。我国古代思想家孟子就说过,"权然后知轻重,度然后知长短,物皆然,心为上"。他明白地提出了用数量来权衡人的心理活动和状态的问题。美国心理学家桑代克和教育测量家麦柯尔在60多年前也曾指出"凡是客观存在的事物都有其数量","凡是有数量的事物都可以测量"。因而,尽管在社会科学领域内,测量有其特殊的问题,但我们对社会存在也可探寻进行测量的科学途径。只要我们努力掌握不断探索对社会现象进行测量的方法和技术,我们便可以更客观地反映社会及各种社会现象。

由此,与自然科学相比社会测量有其自身两个特点:

(1) 对社会现象的测量其标准化和精确化程度均较低。由于对许多现象尚缺乏统一的测量法则,因而对同一现象,不同的人会得出不同的测量结果。

(2) 尽管社会测量也是用数字或符号来表示客体的属性和特征,但这种测量不完全是数量化的,它也可以是类别化的;"用数字表示的、通过回答类别而反映的观察客体本身的差异性,也许是定性的,也许是定量的"[1]。前者如是否入党、是否信仰某一宗教、是否受过处分等,后者如收入水平、教育程度、态度好坏等差异。对事物的定性测量一般是使用下面所要讲的定类尺度。

二、社会测量的尺度

如前所述,理论可以简单地称之为一组相互关联的命题系统,假设是未经实践充分证实的命题。理论的基本单位是概念,作为概念它要反映的是客观事物的本质属性。

在社会调查研究中,我们可以通过操作化的过程把抽象概念转换成经验层次的变量。概念是反映社会现实本质属性,而变量则是反映社会现实的现象方面。我们可以通过对变量这种直观的、具体的社会现象的计量,透过现象找到本质,来探求反映社会本质的概念之间的联系。

然而,作为在社会研究与社会统计中可以取两个或两个以上值的统计量——变量来说,它有质的差异和量的不同,有间断和连续的区别;同时,根据被测量的变量所具有的数学性质的不同,对变量的测量也有不同的尺度。

---

[1] 〔美〕林楠:《社会研究方法》,农村读物出版社1987年版,第191页。

但是,不论是何种变量,也不论是哪种测量尺度,它们都必须具有完备性和互斥性。所谓完备性,即分派规则能包括所测量的所有取值。所谓互斥性,即每个调查对象的属性或特征都能以一个而且只能以一个数字或符号表示。如在测量性别时,测量尺度要包括性别的各种情况,即男、女两种情况,而尺度赋予男和女的值又是互相排斥的两个值,如男为1,女为2,1≠2。

了解了测量尺度的完备性和互斥性以后,我们可以来介绍测量尺度的分类。史蒂文斯(S. S. Stevens)1951年创立了被广泛采用的测量层次的分类法,即有四种类型的尺度:定类尺度、定序尺度、定距尺度和定比尺度。与这四种尺度相对应,社会研究中所要测量的变量(社会现象)可分为:定类尺度、定序尺度、定距尺度和定比尺度。

1. 定类尺度

定类尺度也称类别尺度、名义尺度。定类尺度是测量层次中最低的一种。它实质上是一种分类体系。定类尺度只能将调查对象分类,标以各种名称,并确定其类别。例如,性别、职业、婚姻状况、宗教、出生地、所有制等,都是按照事物的性质和类别来区分的。有时,我们也用一定的数字和符号来代表某类事物,如用"0"代表女性,用"1"代表男性;用"1"代表工人,用"2"代表农民,用"3"代表军人,用"4"代表知识分子等。但是,这些数字都是人们赋予某类事物的识别标志(如同运动员服装的编号、公共汽车的数字编号、化学元素的符号这一类用数字符号当作标记一样),并不反映这些事物本身的数量状况,不能作加、减、乘、除等数学运算,而只能作"是"或"否"这样一些回答。但是,这种分类毕竟是一切测量的基础。

例如:* 性别:

(1)男

(2)女

* 宗教信仰:

(1)基督教

(2)天主教

(3)佛教

(4)伊斯兰教

(5)其他

2. 定序尺度

定序尺度也称等级尺度、顺序尺度。定序尺度的取值可以按照某种逻辑顺序将调查对象排列出高低或大小,确定其等级及次序。例如,对人们的经济地位和文化程度(以大、中、小学和文盲作测量标准)的测量,产品质量按一等、二等、三等的排列,在人们的心理测验或态度测验中对某一事物的满意程度,分为很满意、比较满意、一般、不满意、很不满意等等,都是定序尺度的高低、大小、先后、强弱等序列上的差异,它的数学特性比定类尺度高一个层次。也就是说,它不仅能区别异同,而且能确定其大小,可用数学符号"＞"或"＜"来表示。

例如:＊文化程度:

(1) 不识字或识字很少

(2) 小学

(3) 初中

(4) 高中

(5) 大专

(6) 大学

(7) 大学以上

＊当您和一个从不认识的人打交道时,您是否会信任他(她)?

(1) 完全信任

(2) 基本信任

(3) 很难说

(4) 不太信任

(5) 很不信任

3. 定距尺度

　　定距尺度也称等距尺度、区间尺度。定距尺度不仅能将变量(社会现象)区分类别和等级,而且可以确定变量之间的数量差别和间隔距离。例如,人的智商和温度的测量等都是定距测量。定距尺度的每一间隔是相等的,如米尺和磅秤的刻度都是等距的。由于有了相等的量度单位,就引入了数量变化的概念,如张三的智商为130,李四的智商为110,130－110＝20,于是可以说张三智商比李四高20。因而,只有通过定距尺度,事物才开始真正显示了在数量方面的差异。但是,定距尺度没有绝对的零点,因此这一测量类型所得出的数据只能作加减,而不能作乘除等运算。例如,华氏或摄氏温度计的零度并不说明没有温度,所以我们不能说40度比20度的天气热一倍,而只能说40度比20度高20度。由此我们看到,在定距尺度中,我们不仅可说明谁的测量等级较高(如定序尺度那样),而且也可说明它的等级高多少单位。从这个意义上,我们便可进一步理解定距尺度就是以等距的测量单位(相等的量)去衡量不同的类别或等级间的距离。因此,这类尺度不仅能反映社会现象的分类和顺序,而且能反映社会现象的具体数量,计算出它们之间的距离。

4. 定比尺度

定比尺度也称比例尺度、等比尺度。定比尺度除具有上述三种尺度的全部性质之外,还具有一个共同的基准——有实际意义的零点(绝对零点),所以它所测得的数据,既能作加减运算,又能作乘除运算。例如身高、年龄、出生率、死亡率、性比例、工资增长速度等都是定比尺度。如张三的工资是 180 元,李四的工资是 90 元,便可说张三的工资等于李四工资的两倍。是否具有实际意义的零点存在,是定比尺度与定距尺度的唯一区别。年龄有个绝对零点(零是非任意的),而无负值,因而可以运用定比尺度,一个人不会比这个绝对零点(在母腹中尚未出生的婴儿)更年轻;一个人的体重也必定至少为零,因而体重也是定比尺度。"而有许多量尺仅仅是定距的而不能认为是比率的,因为它们的零点是任意选取的,关于温度的华氏温度量表和摄氏温度量表就是适例。"[①]与定距尺度相比,定比尺度更有利于反映变量(社会现象)之间的比例或比率关系,这种关系一般可以用百分比来表示(见表 4 - 1)。

表 4 - 1 几种测量尺度的比较

尺度＼特征	定 类	定 序	定 距	定 比
分类(＝,≠)	√	√	√	√
次序(＞,＜)		√	√	√
距离(＋,－)			√	√
比率(×,÷)				√

由于不同的测量尺度具有不同的数学性质,所以在资料整理和统计分析中,将采用不同的统计方法。特定的分析技术适用于特定的测量尺度。例如,一群人的年龄可用定距尺度来计算其平均值,但他们的宗教信仰则是不可计算的,因为宗教信仰是定类变量,对它只能使用定类尺度将其分类。当然,有些变量(如年龄、工资收入)可按多种尺度测量。高层次的尺度具有低层次尺度的功能,因而高层次的变量可以作为低层次变量来处理;反之则不然。例如,年龄既可作为定距变量,也可作为定序变量来处理,如按 0—10 岁,11—20 岁,21—30 岁……分组,或分为老、中、青三组;还可将其作为定类变量来处理,以 1949 年 10 月 1

---

① 〔美〕K·贝利著,许真译:《现代社会研究方法》,上海人民出版社 1986 年版,第 88 页。

日为界,分为新中国成立前出生的和新中国成立后出生的两类。因此,在对社会现象进行测量时,要十分注意它们的变量类型,选择适当的测量尺度。

第二节　社会指标的设计

一、指标及其设计

1. 社会指标的意义

指标(indicator)是对一个抽象概念在经验上的具体说明,是用一组可以观察到的经验现象来"指示和标志"一个抽象概念。指标所反映的经验现象,不仅包括客观现象,也包括主观现象。按其属性可以分成两大类,即客观指标和主观指标。客观指标主要是用来测量社会生活的事实或条件,是反映客观状况的测量指标。主观指标用来测量个人对某种现象或事物的感受、评价和态度,有评价性指标、情感型指标和取向性指标。

2. 社会指标的含义

社会指标是测量社会现象特征的有力工具,它能提供一个对整个社会状况的客观描述,有助于说明社会问题、预测社会趋势。也有人把社会指标简称为衡量监测社会状况和社会发展的统计指标。可见,社会指标既是对社会过程和社会调查研究成果的某种概括和总结,也为系统地、科学地进行社会调查提供了一定的指南和依据。

首先提出"社会指标"这个概念术语的美国社会学家 P·鲍威尔把社会指标解释为统计学上的一个数量概念。1976 年原苏联出版的《社会学手册》一书中则把社会指标确定为对社会过程进行质量和数量的概括。他们认为,社会指标是这样一种统计指标系统,它记载着各种社会变化(客观的和主观的变化),并能把这些变化同社会目标联系起来进行概括和描述。而在《世界指标大纲》一书作者看来,社会指标是可以被观察的一切。

20 世纪 60、70 年代,在世界范围内掀起了一股不大不小的"社会指标运动"。美国相继发表了《社会发展纲要》、《1973 年社会指标》、《1976 年社会指标》等小册子;原苏联和东欧等国也在 1976 年通过了《社会统计基本指标》。联合国各个专门机构也都致力于它们所负责的和感兴趣方面的社会指标的改进和推广工作。近年来,不少国家都结合本国的具体情况,制定了各国的社会统计指标体系。可见,为了全面、准确地了解社会现状和发展趋势,社会统计和社会指标被置于越来越重要的地位。

在我国,建立和完善社会指标的工作作为社会经济发展的客观要求也被提到了议事日程。新中国成立以来,我们相继建立了人口、卫生、体育、广播、电视、社会救济、社会治安等各项社会统计,这些统计都从不同的角度反映了社会发展的一个侧面,对我们研究某一方面的社会问题起到了重要的作用。但是,把社会领域的各种指标,有机地、科学地联系起来组成一个指标体系,借以综合地、系统地反映社会发展面貌,这项工作还是刚刚起步。自从党中央和国务院提出"不仅要编制国民经济发展计划,还要编制社会发展计划"的指示以后,统计部门、高等院校、科研单位以及实际工作部门密切配合,为建立一个科学的具有中国特色的社会指标体系做了不少工作。

3. 社会指标的设计

如前所述,对"社会指标"的理解和定义不尽一致,有的仅指统计学意义上的数量概念,有的泛指对社会过程进行质量和数量的概括,有的则指可以被观察的一切。在本书中,我们主要从社会调查和社会测量的角度类介绍社会指标的选择与制定。

社会指标可定义为现有的或现行的社会统计指标,它"是衡量、检测社会经济发展数量关系,研究社会经济发展各要素的现状、相互关系和发展趋势的手段。它对社会生活现状具有描述、评价和预测未来的功能"[①]。

据此,我们可以看到,社会指标的设计、制定主要有两种方式。

第一种方式以理论分析为基础,运用演绎推理方法(包括所有可能的演绎法),由范畴演绎出概念,再由概念演绎出变量,并以各种类型的指标予以指示。

第二种方式以经验分析为基础,从丰富多彩、错综复杂的社会现象中归纳概括出一些基本的分类事项和度量标准,由此建立指标,用以指示社会现象。当然,这只是从方法论角度称之为经验的方式,因为它实际上包含了大量的理论观念成分。

社会指标的设计是运用这两种方式确定出某一概念的指示和标志。

例如,要了解一个人的学习成绩。对学习成绩这个变量,可以通过设置一些具体的指标来测量。如,学习成绩={数学、外语、政治……}

再以住房调查的具体项目来举例:

住房家庭人口构成={住户姓名、工作单位、职务、常住人口总人数,其中30岁以

---

①　何建章主编:《中国社会指标理论与实践》,中国统计出版社1989年版,第1页。

上的未婚女青年,12岁以上大儿大女数}

　　住房类型、性质＝{类型、原始用途、产权、性质、管理性质}

　　居住状况＝{住房层数、室号、居住部位、间数、居住面积、按户平均居住水平、是否三代同室户、是否两对夫妻同室户、是否无房产、房屋设备(有无自来水、厨房、厕所、洗澡设备)}

因此,要了解社会现象间的关系,需要靠指标来作为具体的测量工具。

二、社会指标的综合

　　简单的概念可以用一个指标来测量,如文化程度、性别、年龄等。但是,有些概念较为复杂,较为抽象的概念就采用多个指标来测量,如上例中讲到的居住状况、住房类型、性质,又如政治态度、工作积极性、智力等。各项指标,有时可以分别研究,但有时却需要将各个指标合并起来,提高概念的抽象层面,反映出被测事物概念的质和量的特征,就需要制定综合指标。例如,智力量表就是用几十项问题测量智力这一概念,它是以一个综合指标计量的。

　　指标的综合有多种方法,这里我们介绍常用的三种:类型法、指数法和量表法。

1. 类型法

　　类型法,也称交互分类法,是将各指标交互分类予以综合,获得新的分类的一种方法。

　　例如,　　　　　社会地位＝{经济收入,教育水平}

　　　　　A　　　　a1　　a2

　　　　　　　　　高　　低

我们进行交互分类得到下列四种类型:

① 经济收入高,教育水平高,是第一类型

② 经济收入高,教育水平低,是第二类型

③ 经济收入低,教育水平高,是第三类型

④ 经济收入低,教育水平低,是第四类型

把指标交互分类后得到了四种类型,以此来测量每个人属于哪种类型。由此还可发展出一些新的概念,帮助我们开拓一些思路,如第三种类型的人是"穷秀才"(念书多,挣钱少);第二种人为"暴发户"(念书少,挣钱多)等。

2. 指数法

这是用简单合理的公式来综合各指标。

例如:

$$一胎率 = 生育一胎者人数育龄/妇女总数$$
$$人口密度 = 该地区人口数/一定地区的土地面积$$
$$少年系数 = 少年数/总人口数$$

3. 量表法

量表法就是将所有的指标相加,然后按确定的标准予以分类的一种综合方法。

例如:

$$A = \{a_1 a_2 a_3 x\}$$

变量 A 是考生的高考成绩总分,这成绩是依据 $(3+x)$ 四门课的成绩加起来计算的。如 a_1 是语文,a_2 是数学,a_3 是外语等,显然:

$$高考成绩总分(A) = a_1 + a_2 + a_3 + x$$

把所有的指标相加然后按确定的标准分类。这里的确定标准就是录取分数线。如某地本科的录取分数线是 450 分,这样就把某地所有的考生分为两类,即大于 450 分或小于 450 分,450 分以上的就录取,低于 450 分的就读大专等。

这是总和尺度法最简单的例子。

对一个社会现象的测量有多种手段和工具。在社会调查中,社会指标、综合指标、量表、问卷、观察表格、访问记录等等,都是常用的测量工具。由于社会现象甚为复杂,有时很难精确、客观地度量,故需要结合多种测量手段来验证测量结果。使用两种以上的测量手段度量同一客体,以便相互验证,这种方式也称为"三角测量"。例如,要了解一个职工的劳动积极性的高低,可采用问卷法、观察法或访谈法。

第三节　态度量表与指数

一、态度量表

一个理想的测量,除了能保证资料的准确性和可靠性之外,另一个要求是能明确地反映可观察世界的客观和主观的活动。测量要对主、客观活动的质和量的方面都具有反应上的敏感性。态度量表就是由一套有关联的项目或语句构成的测量人们主观态度的表格。而其中对于态度的测量,要涉及大量的主观性指标,我们往往采用一些态度量表进行测量。

态度是人们的认知、情感和行为倾向,并不是很明显地立即可观察到的。有的学者(例如 G. W. Allport)认为,“态度是由经验组成的一种心理学与神经的准备状态,是个人对于事情及有关情况所做的反应,引导与动态的影响”。可见,态度含有反映的可预测性与一致性,具有引导、中介与预测的功能。态度与其他类似的名词——如价值、信念、意见——有联系也有区别。意见通常是针对某种事件所作的短程性的评价,大多涉及公共事务的问题;态度所指的反应则较意见更具有持续性,范围也较广泛,所以有时也称之为价值。意见有时称之为印象或猜测,态度有时称之为观点。

因为态度是一种潜在性变量,故只能采用间接法,从个人的反应来推测。态度测量法中,最常用的方法是态度量表。个人对组成态度量表的这些语句或项目作出反应。最后,研究者根据这些反应去推测个人的态度。研究者所做的量表或尺度可能有差异,但是其原则都大同小异,亦即利用一个连续函数来代表一个人的态度,一个人在这个连续函数中所占的位置,就代表他对某种事情态度的强弱。

态度量表主要有以下三种。

1. 总和量表法

总和量表是由一套态度项目构成,假设每一项目具有同等的态度数值,根据受试或被测量者反应同意或不同意的程序给分数,所有项目分数的总和即为一个人的态度分数。这个分数的高低代表个人在量表上或连续函数上的位置,以示同意或不同意的程度。总和量表大多采用李克特(R. A. Likert)于 1932 年所发明的量表法,故称为李克特量表法。

下面是一个总和量表法的最简单例子。

假设我们要研究各阶层人在生育观念上受封建思想影响的情况。

研究变量 A 是:"受封建的重男轻女思想的影响。"我们可以列出下列几个问句作为变量 A 的测量指标:

　　a1:男子的社会地位要比女子高。

　　a2:生儿子才能继承门第。

　　a3:女儿终将是别人家的人。

　　a4:多子才能多福。

在上述这些问题中可选用"非常同意,同意,无所谓,反对,非常反对"五个选择答案请被测量者填答。另外,还需要人为地分派一些数字到每个选择答案上,如:非常同意给 5 分……非常反对给 1 分,按其强弱程度派定相应的数码。

假定某人的填答结果如下(见表4－2):

表 4－2　测量指标的填答结果

	5 非常同意	4 同意	3 无所谓	2 反对	1 非常反对
a1	√				
a2					√
a3		√			
a4			√		

$$X_1 = 5 + 1 + 4 + 3 = 13(\text{分})$$

这里 X_1 代表某人在变量 A 上的得分。

倘若我们发了 500 份问卷,其中 300 份是工人填的,200 份是农民填的。统计结果,300 个工人的平均得分为 12 分,200 个农民的平均得分为 14 分。这样一来,我们就可以从总体上进行比较,农民平均得分高于工人,说明农民在重男轻女问题上受封建思想影响比工人深。这是总和量表法的第一种实际用法。

它的第二种应用是,还可以按确定的标准进行分类比较。

从上表可知,任何人只要愿意填答,他的最低分为 4 分,最高分为 20 分。我们可以把反对划为一类,用Ⅰ表示,则Ⅰ类为4—8分。按同样的方法,我们可以划分出Ⅱ类和Ⅲ类,Ⅱ类为9—16分,Ⅲ类为17—20分。

这样,就可以把所调查的500人分为三类,以此来分析社会上受封建的重男轻女思想影响的人的比例各为多少。当然,如何划分,要依据具体情况而定,并没有一个固定的格式。

李克特还为研究者提供了构建量表时进行项目选择的方法,即从量表中消除有问题的项目(即陈述)的方法。这种方法成为研究者设计量表时确定量表项目的主要依据。其基本程序如下:

(1)围绕要测量的态度或主题,以赞成或反对的方式写出与之相关的看法或陈述若干条(一般为20—30条)。对每一陈述都给予五个答案:非常同意、同意、无所谓、不同意、很不同意,并根据赞成或反对的方向分别附以1、2、3、4、5分。

(2)在所要测量的总体中,选择一部分对象(一般不能少于20人)进行试测。

(3)统计每位受测者在每条陈述上的得分以及每人在全部陈述上的总分。

(4)计算每一条陈述的分辨力,删除分辨力不高的陈述,保留分辨力高的陈述,形成正式的量表。所谓分辨力就是指一条语句或陈述能区分出人们不同态度的强弱程度。

分辨力的计算方法是:先根据受测对象全体的总分排序,然后取出总分最高的25%的人和总分最低的25%的人,并计算这两部分人在每一条陈述上的平均分;将这两个平均分相减,所得出的就是这一条陈述的分辨力系数。该系数的绝对值越大,说明这一陈述的分辨力越高。下表4-3是计算分辨力的一个例子。

表4-3 分辨力的计算

被调查者	题目	(1)	(2)	(3)	(4)	(5)	(6)	(7)	(8)	(9)	(10)	(11)	(12)	个人总分
总分高的25%人	工人1	4	5	5	4	3	5	4	4	3	5	2	5	49
	工人2	3	4	4	5	5	4	3	2	5	4	1	4	46
	工人3	5	4	3	3	4	5	4	3	4	4	2	5	45
	工人4	4	4	4	4	5	3	3	3	4	5	1	4	45
	工人5	5	5	5	2	4	4	3	4	5	2	2	4	43

续　表

题目 被调查者	(1)	(2)	(3)	(4)	(5)	(6)	(7)	(8)	(9)	(10)	(11)	(12)	个人总分
工人 6	4	3	2	5	4	5	4	4	2	3	1	5	42
工人 7	4	4	4	4	2	3	3	4	4	3	2	4	41
工人 8	3	3	4	4	2	3	5	4	2	3	2	5	41
⋮	⋮	⋮	⋮	⋮	⋮	⋮	⋮	⋮	⋮	⋮	⋮	⋮	⋮
工人 14	2	3	2	3	3	2	3	4	4	3	2	4	36
工人 15	2	4	2	3	2	2	3	4	4	3	1	4	34
总分低的 25% 人　工人 16	2	2	4	2	3	3	2	2	2	2	2	5	32
工人 17	2	2	2	3	4	2	4	1	3	3	2	4	32
工人 18	1	3	2	4	1	3	3	2	1	2	2	5	29
工人 19	1	1	2	2	2	3	2	3	4	1	1	4	26
工人 20	1	1	1	2	1	2	1	2	3	2	2	3	21
总分高的 25% 人的平均分	4.6	4.4	3.8	3.6	4.2	4.2	3.4	3.2	4.2	4.0	1.6	4.4	
总分低的 25% 人的平均分	1.4	1.8	2.2	2.6	2.2	2.6	2.4	1.8	3.0	2.0	1.8	4.2	
分辨力系数	3.2	2.6	1.6	1.0	2.0	1.6	1.0	1.4	1.2	2.0	−0.2	0.2	

　　从上表可以看出，第 11、12 条陈述的分辨力很小，故在制作正式量表时，应将这两条陈述删除①。

2. 累积量表法

　　累积量表法即哥特曼(Gutman)量表法，它是由哥特曼创造的一种顺序量表法。

　　它与总和量表相比，有两个显著的差别：第一，累积量表仅仅使用包括两个

---

　　① 参见袁方主编：《社会研究方法教程》，北京大学出版社 1997 年版，第 302 页。

相反回答的选答类别(即"是与否"式),而不是使用多个选答类别。第二,在其陈述的强度上,有依次排列的特点,而不像总和量表那样假定每条陈述都是平等的。因而,在这个量表上回答的人们也可以依次排序。

举例来说,下面是一个包括四项用来测量堕胎态度陈述的哥特曼量表。

(1) 任何孕妇均可要求堕胎:

　　　　　　　　同意　　　　　　　反对
(2) 孕妇在其身心健康受影响的情况下可以堕胎:

　　　　　　　　同意　　　　　　　反对
(3) 孕妇在生命有危险时方可堕胎:

　　　　　　　　同意　　　　　　　反对
(4) 孕妇在胎儿有残废和死亡倾向时可以堕胎:

　　　　　　　　同意　　　　　　　反对

依据对堕胎的保守程度,这4项陈述是依次排列的,对此做出的回答有下列五种模式(见表4-4)。

表4-4　累积量表法的测量结果

回答类别	项目			
	1	2	3	4
A	＋	＋	＋	＋
B	－	＋	＋	＋
C	－	－	＋	＋
D	－	－	－	＋
E	－	－	－	－

注:＋为同意,－为反对。

思想自由的回答者(类别A)同意全部回答项目,最保守的回答者(类别E)反对全部项目。

当然,上图的量表类型是规范型的。在实际调查中,也可能出现非量表类型的,它与累计量表的规则相违背,即违反了各条项目在内容上的包含关系。非量表类型也称为错误类型,如下表4-5所示。

表 4-5 非量表类型的测量回答

回答类别	项 目			
	1	2	3	4
F	+	—	+	+
G	+	+	—	+
H	+	+	+	—

注:+为同意,—为反对。

如果回答者按上表的非量表类型回答,其答案就一定是错误的。因此,可按照有关公式计算误差比率。

3. 等距量表法

等距量表法又称瑟斯顿(L. L. Thurstone)量表,因瑟斯顿与蔡夫(E. J. Chave)于1929年用这种方法测量人们对宗教的态度而得名。

瑟斯顿当时制作的这一组量表,均为距离量表,其中每个量表都包括项目(问题)、评分、评分类别等部分。现限于篇幅,实例省略。

二、指数建构

1. 目的

我们经常会听到指数,如FBI、CPI等等。FBI指数是警方7项所谓犯罪指数报告的总和(凶杀、重伤害、强奸、抢劫、偷窃、侵占50美元以上的财产,以及汽车窃盗)。它始于1930年的警方犯罪报告(Uniform Crime Report)。CPI是消费者物价指数,其制作是购买一份财货与劳务(如食物、租金、与公用事业费率)的成本加总,并和前一年购买同一份财货与劳务的成本做比较。由此,所谓指数就是各种项目结合为单一的分数值。一个构念的不同成分或小部分经由个别测量后,再结合为一的一个量数。例如,你考试有25个问题,答对问题的总数就是一个指数。它是一个综合量数,其中每个问题测量一小部分知识,所有答对或答错的问题加总起来,产生单一的量数。

有一个指数的范例是大学品质指数(college quality index)。有一理论定义说高品质的大学有六个突出的特质:(1)每位教师分到的学生较少;(2)教师学历较高;(3)图书馆藏书较多;(4)退学学生较少;(5)修读进阶学位的学生较多;(6)教师出版书籍与学术文章的数量。我们可以为100所大学打分数,然后把每个大学的分数加起来,制作大学品质的指数分数,这些分数可用于比较大学。

指数可以彼此结合。例如,为强化大学品质指数,可加上教学品质的次指数。这个指数包含八个项目:(1)班级平均人数;(2)讨论时间的百分比;(3)每位教师教不同班级的数量;(4)学生在课外可以找到的教师数量;(5)指定阅读的频率与分量;(6)作业促进学习的程度;(7)教师了解每个学生的程度;(8)学生对教学的评分。类似的次指数可以为大学品质指数的其他部分而制作。他们可以结合为更全面的大学品质量数。这更进一步阐释大学品质,这个构念的定义。

指数的范例如下所示。

大学品质指数是根据下列六个项目:

1. 每位教师分到的学生数目。

2. 具有博士学位的教师所占百分比。

3. 每位学生分到的图书馆藏书。

4. 入学的新生未能获得学位的百分比。

5. 学生修读进阶学位的百分比。

6. 教师出版书籍与学术论文的数量。

符号代表:

Q=大学品质指数。

R=每位教师分到学生的数目。

F=具有博士学位的教师所占百分比。

B=每位学生分到的图书馆藏书。

D=新生退学或未完成学业的百分比。

A=学生修读进阶学位的百分比。

P=每位教师出版的数量。

未加权公式　$(-1)R+(1)F+(1)B+(-1)D+(1)A+(1)P=Q$

加权公式　$(-2)R+(2)F+(1)B+(-3)D+(1)A+(3)P=Q$

老牌常春藤大学

未加权公式　$(-1)13+(1)80+(1)334+(-1)14+(1)28+(1)4=419$

加权公式　$(-2)13+(2)80+(1)334+(-3)14+(1)28+(3)4=446$

地区大学

未加权公式　$(-1)20+(1)82+(1)365+(-1)25+(1)15+(1)2=419$

加权公式　$(-2)20+(2)82+(1)365+(-3)25+(1)15+(3)2=435$

大型大学

未加权公式　$(-1)38+(1)95+(1)380+(-1)48+(1)24+(1)6=419$

加权公式　$(-2)38+(2)95+(1)380+(-3)48+(1)24+(3)6=392$

2. 加权

指数建构的一个重要议题,就是是否要将项目加权(Weighting)。除非另有说明,都要假定一个指数是没有加权的。同样地,加权要一致,除非在理论上有分派不同权数的好理由。未加权指数给每个项目同样的权数。它把项目加起来,不予修正,好像每个都乘以 1(或用-1 乘以负的项目)。

在加权指数中,研究者加重某些项目的价值或予以加权。权数的大小可以来自理论假定、理论定义或因素分析这类统计技术加权改变构念理论定义。

例如,大学品质指数的理论定义。我们可以决定师生比和具有博士学位的教师数量要比每名学生分到图书馆藏书,或是比追求进阶学位的百分比重要两倍。再者,退学的新生,还有每位教师出版的数量比图书馆藏书或追求进阶学位的百分比重要三倍。用公式表示,比较容易看得出来。

每位教师分到学生数量和退学的百分比有负值,这是因为它们越大,大学品质就越低。加权与未加权的指数能产生不同的结果。看看老牌常春藤大学、地区大学与大型大学。每个都有相同的未加权指数分数,但加权之后,大学的品质分数就不同了。

加权在这个范例中产生不同的指数分数,但在多数个案中,加权与未加权得到的结果差不多。研究者关切变项之间的关系,加权与未加权的指数经常给人相同的结果[1]。

第四节　测量的信度和效度

一、社会测量的信度

1. 信度的含义

信度即可靠性,指测量结果的一致性或稳定性,也即指测量工具能否稳定地测量所要测的变量。换言之,所谓信度乃指对同一或相似母体重复进行调查或测量,其所得结果一致的程度。

例如,用同一架磅秤去称某一物体或某人体重,称了好几次的结果都是相同

---

① 〔美〕W. L. Neuman 著,王佳煌等译:《当代社会研究法——质化与量化途径》,(台湾) 学富文化事业有限公司 2005 年 2 月(修正版),第 316—320 页。

的重量,则可说这架磅秤信度很高;若称几次结果都不同,则说明其信度甚低,说明这架磅秤坏了,这种测量工具不可信。

社会研究也一样。对一社会现象,用某一方法多次研究相同的问题,几次回答都不相同,说明这一方法的信度有问题,不可靠。

2. 信度的类型

测量的信度通常以相关系数来表示。由于测量分数的误差变异之来源有所不同,各种信度系数分别说明信度的不同层面而具有不同的意义。在实际应用上,我们介绍三种信度类型。

(1) 再测信度。用同一种测量方式(或量表)对同一群被测者前后测量两次,再根据被测者两次测量分数计算其相关系数,即得再测信度。这是一种最普通、最常用的信度决定方法。使用这种方法时,两次测量所使用的工具是完全一样的。第一次测量(T1)和第二次测量(T2)的相关程度就是这种测量工具的信度。这种方法的优点在于能提供有关测量结果是否随时间而变化的资料,但其缺点是容易受记忆的影响,前后两次测量相隔的时间务须适度。最适宜的相隔时间随测量的目的和性质而异,少则 2 周,多则 6 个月,甚至一两年之久。

(2) 复本信度。如果一套测量有两种以上的复本,则可交替使用,根据一个被测者接受两种复本测量的得分计算其相关系数,即可得复本信度。就是说,研究者设计两套测量工具以测定同一主题现象。例如,研究人员可设计两份问卷,每份使用不同的项目,但用来测量同一概念,两份都让同时在场的同一个或同一群被测者回答。以复本测量信度的方法可避免再测法的缺点,但所使用的必须是真正的复本,在题数、形式、内容及难度等方面都要一致。

(3) 折半信度。在一种测量没有复本且只能实施一次的情况下,通常采用折半法来估计测量的信度。通用的折半法是将被测者的测量结果,按题目的单双数分成两半计分,再根据各人在这两半测量上的分数,计算其相关系数,即得折半信度。

例如,一个态度测量包括 30 个项目,若采用折半法技术来了解其内容一致性,则可将这 30 个项目分成相等的两部分,再求其相关。

二、社会测量的效度

1. 效度的意义

什么是效度? 效度是指用测量工具测出变量的准确程度,即准确性。

例如,1 米长的布一定是 1 米长,绝不会测得 1.2 米或 0.8 米,否则这把尺便缺乏准确性或者说缺乏效度。在这个例子中,尺是测量尺度,布是测量对象,布的"长度"是测量的主题。在研究测量上,如果某一测量方法能测出研究者所要测量的变量,则这种测量方法就可说具有有效性;如果我们想测量某一特征 X,测量结果确实测出了物质 X,那么我们所用的测量工具的效果是高的,亦即此项测验是有效的。又如,测验学生某科学习成绩,如果一张考试卷上仅出一些无关紧要的名词解释,不能反映学生整个学习情况,或者测验远远低于或高于学生现实水平,那么,这种测验就是无效的,是不能准确地反映学生情况的。

2. 效度的类型

效度主要是看其准确性。它是个多层面的概念,可以从三个角度去看,因此也可分为三种效度。

(1) 内容效度。内容效度是测量内容的适合性和相符性。如图 4-2 所示:

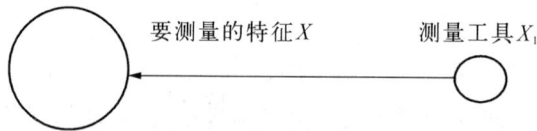

图 4-2 内容效度的测量

要看 X 中得到的东西是否能代表 X 中的东西。也就是说,实际测量工具 X 是否抓住或体现了 X 这个概念的所有或主要特征。如果是的话,这样的测量效度就是高的。

一般人常把表面效度与内容相混淆,事实上两者意义不同。表面效度仅指测量在采用上或被测者主观上觉得有效的程度,不能替代客观决定的真正效度。当然,在研究上为了取得被测者的信任与合作,表面效度也不容忽视,因而在测量的取材方面,必须顾及被测者的经验背景,选用合适的试题内容和用语,使测量兼具内容效度和表面效度。

(2) 准则效度。准则效度或称之为实证效度、统计效度。这指的是用几种不同的测量方式或不同指标对同一变量进行测量时,将其中的一种方式或指标作为准则,其他的方式或指标与这个准则作比较。如果感到其他的方式及指标也有效,则具有准则效度。

准则效度可如图 4-3 所示:

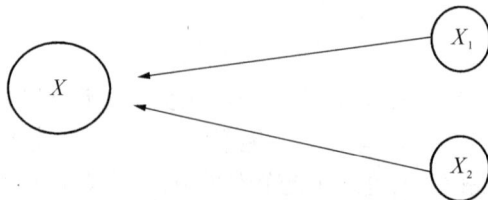

图 4-3 准则效度

X是一个变量,用X_1、X_2两种工具测量。用X_1作为准则,X_1与X_2有关系,有同等的效果,我们讲,X_2也是具有同等的效度。

例如,测量性别这一变量有几种测量方式:

$$性别＝\{看,检查证件……\}$$

在这几个方式中:将其中一种作为准则,如检查证件(即认为检查证件是最有效度的),在61个学生中,检查下来18个是女的,43个是男的。然后,我们用另一种方式"看"结果也是18个女,43个男,结果相同。这样,"看"这种测量方式也有效,也具有准则效度。

日常生活中也是如此。如我们认为某个人成绩好,我们的考试成绩与某人一样,则我们的成绩也好,在社会中这种情况可以"参照群体"来描述。当然,关键在于作为准则的测量方式,其指标一定要是有效的,否则越比越差。

(3) 构念效度。"构念"本意是指心理学理论所涉及的抽象而属假设性的概念或变量,如智力、焦虑、机械性、成就动机等。现在泛指研究者根据研究需要而建构的一种概念,是一类特殊的概念。

构念效度则是指下述这种情况:变量X、Y在理论上有关系,如果测量X的指标X_1与测量Y的指标Y_1也有关系,并且我们以X_2取代X_1并复测整个理论时得出了使用X_1时同样的结果,则我们称新的测量(X_2)具有构念效度;反之,则没有构念效度。如图4-4所示:

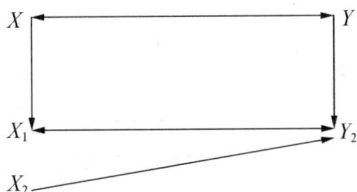

图 4-4　构念效度

例如,设想我们设立社会经济地位的两个标准,分别为X_1和X_2。假定我们有一个包括社会经济地位与生产率之间的负相关命题——社会经济地位越高,生育子女数越少。进而假定这个命题已通过X_1这个指标对社会经济地位的测定而受到检验并已经得到证实。那么,构念效度就包括在理论上以指标X_2取代X_1和复测整个理论,如果我们整个理论(特别是含有指标X_2的命题)得到了我们使用指标X_1来测量社会经济地位时同样的结果,则我们说这个新的测量(指标X_2)具有构念效度。

效度测定的这三种类型,从内容效度到准则效度,再到构念效度,可视为一个累进或积累的过程,效度测定后面的每一类型包括前面所有类型的成分,并具有某些新的特征。正如定距测量需要比定序测量多的变量信息,而定序测量需要比定类测量多的信息一样,构念效度需要比准则效度多的信息,而准则效度又需要比内容效度多的信息。由于这一原因,构念效度常被认为是最强有力的效度测量程序。因此,内容效度(含表面效度)只需要一个单一的概念和对它的一个单一的测量法,准则效度仅需要一个概念,但需要对该概念的两个以上的测量法;而构念效度不仅需要对一个概念的两个以上的测量法,而且还需要其他概念和可以通过命题与所研究的概念相关的测量法。

三、信度与效度的统一

效度与信度是优良测量工具所必备的两项主要条件。效度与信度之间存在的关系,可以用一句话来概括:信度是效度的必要条件而非充分条件。

信度是效度的必要条件,就是说,一个指标要有效度就必须有信度,不可信就不可能正确。但是,信度不是效度的充分条件,即是说,有了信度,不一定有效度。

两者的关系可如图4-5所示:

图 4-5　效度与信度的关系

1. 可信且有效

这样的测量工具是优良的测量工具。在这种情况下,可测出真正要测的事物或现象,因为它既是可信的又是有效的(如下图所示)。

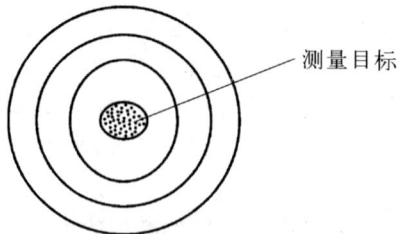

可信并有效

2. 可信但无效

这种类型的测量工具是可靠的,但不一定在特定的目标上有效,它可能在其他目标上有效,当然,这种无效的测量,可能是可信的,也可能是不可信的。假设我们拟测量变量 X,结果却测量出变量 y;这样,虽然对变量 X 是无效的,但对于变量 y 却是有效的测量。对于 y 变量是有效的,自然它是可信的(如右图所示)。

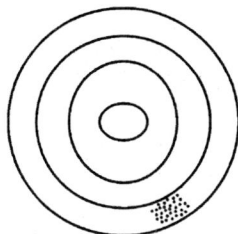

可信但有效

3. 不可信但有效

这种情况在理论上应该是不存在的。因为效度的必要条件是信度,因此,一个不可信的测量工具对任何测量主题都是无效的。在效度和信度这两者之间,信度似乎更为重要,因为信度是效度的必要先决条件。

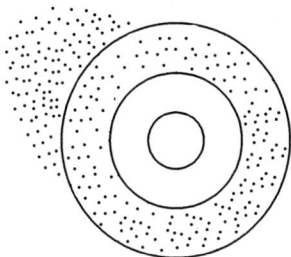

不可信亦有效

4. 不可信亦无效

这是测量中应避免的类型。在这种测量类型中,被测特征都散落在圆圈的周围或外面(如左图所示)。

总的来说,在设计测量工具(如问卷)中,要力图做到可信且有效,即达到信度与效度的统一。

为达到信度和效度的统一,我们要研究和分析影响资料信度和效度的原因,以对症下药,努力提高社会研究的信度和效度。

一般来说,影响资料信度和效度的因素有以下四个方面。

(1) 调查者

调查者没有严谨的工作作风和实事求是的科学态度则会影响调查资料的信度和效度。例如,在抽样时不是按照科学的抽样方法抽取调查对象;或者在实地调查时,当所选的调查对象不在场而随便让人代替。如果这方面的问题较大,整个调查就可能没多大价值,因为它不能代表总体的真实情况。另外,调查者在实地调查时没有使调查对象明了调查目的和内容,或者对调查对象给予了一定的"启发"或暗示,从而影响资料的信度、效度。当然,调查者仅有提高资料信度和效度的主观愿望还不够,还必须深入了解调查研究的具体方法和技术。

(2) 测量工具

如所设计的问卷中表述问题的语言不通俗、不清晰,使调查对象感到模棱两可;或者问题的答案并不是互相排斥,而是有交叉重合的现象,这样,回答者就较有可能作出前后不一致的回答;或者问题的答案数目过少,不能清楚地区分各调查对象意见之间的差异;或者问卷的容量太大,所用时间太长,造成了调查对象的疲劳或厌倦的感觉等。这些都会影响调查资料的信度和效度。

（3）调查对象

调查对象可能由于某种顾虑而抱着敷衍了事的态度，或者将某些情况轻描淡写，或者作不实的回答。如对涉及个人的思想观念、态度、意见之类的问题不作回答或按社会舆论的要求去编造答案等。

（4）环境因素及其他偶然因素

调查时的环境，外界因素的干扰，在资料的编码、登陆、录入计算机的过程中，每一步骤都可能出现疏忽或差错，都会降低调查资料的信度和效度。

第五章

抽样设计与样本

第一节　抽样调查的基本概念

　　抽样调查是一种非全面调查,它是从全部调查研究对象中,抽选一部分单位进行调查,并据以对全部调查研究对象作出估计和推断的一种调查方法。根据抽选样本的方法,抽样调查可以分为概率抽样和非概率抽样两类。概率抽样是按照概率论和数理统计的原理从调查研究的总体中,根据随机原则来抽选样本,并从数量上对总体的某些特征作出估计推断,对推断出可能出现的误差可以从概率意义上加以控制。

现代抽样方法的先驱——盖洛普

　　"一种客观测量报刊读者阅读兴趣的新方法"是乔治·盖洛普(George Gallup)在艾奥瓦大学写博士论文时用的题目。通过对"Des Moines Register and Tribune"和瑞士数学家雅克布·贝努里(Jakob Bernonlli)具有 200 年历史的概率统计理论的研究,盖洛普在抽样技术领域取得了进展。他指出,当抽样计划中的调查对象涵盖广泛,涉及不同地域、不同种族、不同经济层次的各种人时,你只需随机抽取而无需采访每个人。尽管当时他的方法不能为每个人理解和认同,但是现在,这已经被广泛使用。

　　盖洛普通常引出一些特例来解释他自己在说什么或做什么。假设有 7 000 个白豆子和 3 000 个黑豆子十分均匀地混在一起,装在一只桶里。当你舀出 100 个时,你大约可以拿到 70 个白的和 30 个黑的,而且你失误的几率可以用数学方法计算出来。只要桶里的豆子多于一把,那么你出错的几率就少于 3%。

　　20 世纪 30 年代早期,盖洛普在美国很受欢迎。他成为 Drake 大学新闻系的系主任,然后转至西北大学。在此期间,他从事美国东北部报刊的读者调查。1932 年的夏天,一家新的广告代理商电扬广告公司,邀请他去纽约创立一个旨在评估广告效果的调查部门,并制定一套调查方案。同年,他利用他的民意测验法帮助他的岳母竞选艾奥瓦州议员。这使他确信他的抽样调查方法不仅在数豆子和报刊读者调查方面有效,并有助于选举人。只要你了解到抽样范围具有广泛性:白人、黑人、男性、女性、富有、贫穷,城市、郊区,共和党、民主党。只要有一部分人代表他们所属的总体,你就可以通过采访相对少的一部分人,来预测选举结果或反映公众对其关心问题的态度。盖洛普证实,通过科学抽样,可以准确地估测出总体的指标。同时,在抽样过程中,可节省大量资金①。

一、抽样调查的特点

　　1. 随机原则。所谓随机原则,就是在我们所研究的总体中,每一个个案都有被选中、抽取的机会。也就是说,我们在总体中抽样时,哪一个个案能被抽取,哪一个个案不能被抽取,不是人为主观决定的,而完全是偶然碰机会的。

　　2. 推断总体。抽样调查是抽取部分个案(单位)进行调查,但它的主要目的不是为了了解这部分单位本身。它的任务是从某一事物的总体中,抽取部分样本进行调查观察,取得所需要的指标,据以从数量上推断全体。

　　3. 抽样调查使我们有可能用更少的人力、物力、时间、费用达到对总体的认识,而且可以起到对普查资料进行修正补充,提高大范围调查的准确程度的作用,因而在理论上和方法上都具有重要的意义。

　　4. 可以用一定的概率来保证将误差控制在规定的范围之内。

二、抽样调查的几个概念

1. 总体

　　总体也称之为母体、一般总体等。具有某种统计特征的一类事物的全部个案,在统计学上称为总体。也就是说,研究对象的全体称为总体,如某批产品、某类病人、某个生产过程等。总体的单位数常用符号 N 表示。

2. 个体

　　个体也称为个案。组成总体的每个元素称为个体。有时也称具有某种统计

---

① George Gallup's Natioc of Numbers, *Esquire*(December, 1983),pp. 91 - 92.

特征的每一个对象为个案。构成一个总体的个案,可以是人或物,也可以指个性、心理反应等。

3. 样本

样本也称之为抽样总体、样本总体等。从总体中抽取一部分代表进行研究分析时,这一部分被抽取的个案称为总体中的一个样本。也就是说,从总体中抽取的若干个案所组成的群体,称之为样本。可见,总体是大群体,而样本是小群体。样本的单位数(即样本容量)常用符号 n 表示。

4. 抽样框

抽样框是指用以代表总体,并从中抽选样本的一个框架,其具体表现形式主要有包括总体全部单位的名册、地图等。抽样框在抽样调查中处于基础地位,是抽样调查必不可少的部分,其对于推断总体具有相当大的影响。

5. 样本的统计值

在实际研究中直接从样本中计算得到的各种量数,称为统计值。

6. 抽样误差

在抽样调查中,通常以样本作出估计值对总体的某个特征进行估计,当两者不一致时,就会产生误差。因为由样本作出的估计值是随着抽选的样本不同而变化,即使观察完全正确,它和总体指标之间也往往存在差异,这种差异纯粹是抽样引起的,故称之为抽样误差。

7. 总体的参数值

那些从已知统计值进行推论得到的各种量数,称为总体参数值。所以,今后讲到统计值就是指样本的,而讲到参数值则是指总体的。

8. 统计推论

统计推论就是用样本的统计值推论总体的参数值的统计方法。

第二节 抽样调查的一般步骤

在设计一个抽样调查时,我们通常需要做的工作是:界定总体及个案、确定抽样框、选择抽样方法、确定样本大小、制定实施细节、评估样本正误。

抽样步骤可简单图示如下:

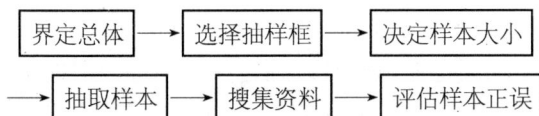

界定总体 → 选择抽样框 → 决定样本大小

→ 抽取样本 → 搜集资料 → 评估样本正误

一、界定调查总体

界定调查总体就是要清楚地说明研究对象的范围(时间、地点、人物),如2008年6月,A市B区C街道18—35岁青年对互联网发展的看法。然后,根据总体的规定搜集全部个案名单。

为了满足研究目的的需要,注意详细说明可提供信息或所需信息有关的个体或实体所具有的特性。调查总体可以从以下几方面进行描述:地域特征、人口统计学的特征、服务使用情况、认知程度等。在调查中,从问卷表开始部分的过滤性问题,可以看出某个体是否属于本次调查的总体范围。即使有总体和样本清单,仍有必要使用过滤性问题识别合格的应答者。

界定总体后,我们也可考虑资料搜集方式。资料搜集方式对抽样过程有重要影响,如采用入户面访、电话调查、街上拦截还是网上调查、邮寄调查对抽样结果都会有不同的影响。在进行抽样设计时,要反复比较不同的资料搜集之方式,争取做出最好的选择。

二、选择抽样框

抽样框又称抽样范畴,是抽取样本的所有单位的名单。例如,要调查某大学学生上网的情况,这时抽样框就是该校全体大学生的花名册。在一次抽样中,抽样框的数目是与抽样单位的层次相对应的。若有3个层次的抽样单位,如乡、村、家庭,则抽样框也应有3个,全乡的名单、乡样本中所有村的名单、村样本中所有家庭的名单。

准确的抽样框包括两个含义:完整性与不重复性。完整性,是指不遗漏总体中的任意一个个体;不重复性,是指任意一个个体不能重复列入抽样框。在实际抽样操作中,满足这两项原则非常不容易。例如,在城市居民户的抽样中,会经常出现一户有多处住房的情况,这样很容易把这一户重复列入抽样框,使得他们在抽样中的中选概率高于其他居民,从而违背了随机抽样的等概率原则;同样,许多城市居民居住条件较差,很多居民同住在一个门牌号中,因此很容易遗漏。例如,在上海,会有10多个家庭居住在一个门牌号的情况,如果出现这种情况,被遗漏掉的户就没有可能被抽中,也就是说,他们的中选概率为零,当然也就违背了随机抽取的等概率原则。又如,电话号码本就可能是电话调查的框架。在问卷中,调查总体很有可能是城市中的所有居民。但是,电话号码本就不包括那些没有电话的居民和那些没有公布他们号码的居民。

一些潜在的因素证明,公布电话的居民和不公开电话号码的居民在一些重要的特征方面具有很大的区别。很明显地,那些不主动提供电话号码的居民很有可能是房客,居住在城市中心,最近刚搬家,或人口多、孩子小、收入低。在某些产品的购买、拥有、使用方面,两种类型的人具有很显著的差别。可见,在抽样领域,形成一个适当的抽样框经常是调查者面临的最有挑战性的问题之一。我们把抽样框定义为被调查总体的数据清单(数据库或者数据仓),从抽样框中可以抽出适合访问的样本单位。众所周知,一些抽样框原来根本是不存在的,因此,在调查的初期还要建立符合需要的抽样框。例如,在一项调查中,调查的总体是那些在近 30 天内打三轮或三轮以上十八洞高尔夫球的人。但是,根本就没有一种计算方法可以完全提供这份名单。在不存在传统意义上的抽样框的情况下,我们需要依据能够产生具有希望特征的样本个体的程序来建立新样本框。

抽样框误差的例子

菲什(Fish)、巴恩斯(Barnes)和巴纳汗(Banahan)提供了两个有趣的关于抽样框误差的例子。一个是 1936 年《文学摘要》(*Literary Digest*)作的民意测验。这个杂志社从电话簿和汽车主登记表中选出了一大批选民(超过 200 万人次)作抽样调查,基于这个调查的结果,它预言阿尔弗·伦敦(Alf London)会在竞选中击败富兰克林·罗斯福。不幸的是,这份抽样框选择的(电话簿和汽车主登记表中)选民并不能代表1936 年整个美国的所有选民。因为,当时大多数人没有电话,没有汽车,并且这部分被忽略的选民收入很低。然而,抽样中作为重点的富裕阶层的选择,更倾向于投共和党的票。所以,在竞选后不久,《文学摘要》因其失误的预言使其可信度急剧下降,最终导致了破产的结局。[①]

三、确定抽样方法

选择了抽样框后,我们就可以确定抽样方法,并决定样本大小。这两个步骤我们将在下一步作专题研究,至于抽取样本搜集资料,也会在资料搜集章节中专门介绍。

---

① Kelly E. Fish, James H. barnes, and Benjamin F. Banahan Ⅲ, Convennience or Calamity: Paharmaceutical Study Explores the Effects of Sample Frame Error on Research Results, *Journal of Health Care Marketing* (Spring 1994), pp. 45 – 49.

四、评估样本正误

我们把样本从总体中取出来后,不要急于作全面调查,要初步检查一下这个样本对总体的代表性如何,资料有无代表性,需要按确定的标准加以评估。

例如,《中国青年的生育意愿》一书中讲到,为了评估样本之正误,他们拟定评估标准两条。

> 其一,性别。根据我们的有效样本看,3 921 人当中男青年 2 081 人,占总数的53%,女青年 1 340 人,占总数的 47%。根据我国 1978 年人口统计的资料看来,男青年占 51.28%,女青年占 48.72%。又根据我国 1975 年部分省市县的人口统计资料看,在 15—24 岁的青年中,男青年占总数的 51%,女青年占总数的 49%。
>
> 其二,年龄均值。在我们的有效样本中,15—24 岁的青年 2 537 人,其年龄均值为 20.6 岁。根据上述我国 1975 年部分地区人口年龄分组统计资料推算,15—24 岁青年的均值为 19.53 岁。由此可见,所抽样本误差不大。[①]

评估样本之正误,可同时使用两个或两个以上的标准。当然,无论是用哪些标准,都应该是在总体内容中易找到的,并且是当初抽样时所确定了的。当我们作调查报告时,应有抽样评估说明,以表示资料的正确性。

第三节　非概率抽样

一、判断抽样

判断抽样又名立意抽样,是研究者根据自己的主观判断去选定符合自己研究目的的样本。它受主观影响比较大,研究人员若判断不准,则误差极大。

二、巧合抽样

巧合抽样又名方便抽样,是选取偶然遇见的个案或者利用自己身边和附近

---

① 张子毅等:《中国青年的生育意愿》,天津人民出版社 1982 年版,第 7 页。

的人作为研究对象和样本。例如,"街头拦人法"就是一例。巧合抽样好像有随机的味道,其实不然,因为巧合有很大的局限性,缺乏代表性。

三、配额抽样

配额抽样又称定额抽样,是根据某些标准分组,然后用判断和巧合抽样法抽样。它与分层随机抽样相似,也是按调查对象的某种属性或特征将总体中所有个体分成若干类或层。但不同的是,分层抽样中各层的子样本是随机抽取的,而配额抽样中各层的子样本是非随机抽取的。

四、推荐抽样

推荐抽样有时又叫"雪球抽样",要求回答者提供附加回答者的名单。有时营销调研者为符合研究的要求,起初汇编一个比总体样本要小得多的样本名单。在采访了每个回答者之后,要求他或她提供其他可能的回答者名单。如此,先前的回答者就提供了额外的回答者。其他名单意味着样本如雪球滚下坡一样越滚越大。当手头只有一份有限且少得可怜的样本构架时,而回答者又能提供对调查可能有用的别的回答者的名单时,推荐抽样是最合适的。最初的名单在某些方面也可能是特殊的,然而增加样本的主要方法是通过原始名单中那些人的回忆产生的[①]。

以上非随机抽样的优点是方便易行,多用于探索性研究及总体边界不清或由于客观制约无法实施概率抽样之时,在市场研究中也用。但是,其致命缺点是无法保证样本代表性,不能做推论总体之用。

第四节　概　率　抽　样

一、简单抽样

简单抽样又称纯随机抽样、简单任意抽样法等。它是从调查总体中完全按

---

① For an applicaition of referral sampling see Rowland T. Moriarity Jr and Robert E. Speckman, An Empirical Investigation of the Information Sources Used During the Industrial Buying Process, *Journal of Marketing Research* Vol. 21(May 1984; pp. 137 - 147.)

照随机的原则抽取调查单位,是抽样调查的基本形式。这种方法使每一单位都有同等机会被抽中,它的工作过程,一般是先把总体中每个分子都编上号码,然后抽出需要的样本。

简单抽样经常使用统计上的"乱数表",即"随机数表"[见本书附录统计用表(一)]。所谓随机数表,就是让每一个数字号码在表上出现的机会长期平均起来都是一样的。数字号码如果随便让它出现,会有一定的循环性,数学家用一套公式把这些数字一一列出,使它们出现时不会有循环性。

怎样使用"随机数表"?比如,你要从 130 个中抽出 50 个样本,编排号码就从 001 到 130。你可以随意指出表上其中的一个同位数码,然后从这个数码向上、下或左、右走向(往哪个方向都可以,因机遇一样,但要固定向一个方向走),把走向经过的每组数目中三位数不超过 130 的写下来,直到抽满 50 个数码为止,这 50 个个案就是你要抽的样本。

简单随机抽样也称为单纯随机抽样,是指从总体 N 个单位中任意抽取 n 个单位作为样本,使每个可能的样本被抽中的概率相等的一种抽样方式。

简单随机抽样一般可采用掷硬币、掷骰子、抽签、查随机数表等办法抽取样本。在统计调查中,由于总体单位较多,前三种方法较少采用,主要运用后一种方法。

按照样本抽选时每个单位是否允许被重复抽中,简单随机抽样可分为重复抽样和不重复抽样两种。在抽样调查中,特别是社会经济的抽样调查中,一般是指不重复抽样。

简单随机抽样是其他抽样方法的基础,因为它在理论上最容易处理,而且当总体单位数 N 不太大时,实施起来并不困难。但在实际中,若 N 相当大时,简单随机抽样就不是很容易办到的。首先它要求有一个包含全部 N 个单位的抽样框;其次用这种抽样得到的样本单位较为分散,调查不容易实施。因此,在实际中直接采用简单随机抽样的并不多。

但是,简单抽样也有缺陷,按数字分配的研究对象不一定有代表性。虽然样本每分子机遇平等,但最后所得出的结果不一定相等,往往不能照顾各方面和各部分,很可能抽出的全是老年人或全是青年人,而不是老、中、青各有一定的比例。

二、等距抽样

等距抽样又称为机械抽样、系统任意抽样。这种方法就是依据构成总体中个案的出现顺序,排列起来,每隔 K 个单位抽一个单位作为样本,如逢十抽一,每隔七户抽一户等。其抽样步骤为：

1. 按构成总体中个案的出现顺序排列。

2. 计算抽样间距，即 K 值。

K 值指每隔多少个抽一个，计算公式是：

$$K = N(总体个案数)/n(样本个案数)$$

3. 确定起抽号，即 k。起抽号 k 可使用"随机数表"在抽样间距内确定。

4. 从起抽号 k 开始，按抽样间距(K)抽取样本，直到抽满研究确定的样本数。即 k、$k+K$、$k+2K\cdots k+(Sn-1)K$。其中 Sn 为样本序号。

与简单抽样相比，等距抽样易于实施，工作量小；而且样本在总体中分布更为均匀，抽样误差小于简单抽样。因此，等距抽样成为实际中广泛应用的一种抽样方法。

这种方法的一个弱点就是容易出现周期性偏差。为了防止这种情况，我们可以取一定数量的样本以后，打乱原来的秩序，建立新的秩序，以纠正周期性偏差。

根据总体单位排列方法，等距抽样的单位排列可分为三类：按有关标志排队、按无关标志排队以及介于按有关标志排队和按无关标志排队之间的按自然状态排列。

按照具体实施等距抽样的作法，等距抽样可分为：直线等距抽样、对称等距抽样和循环等距抽样三种。

等距抽样的最主要优点是简便易行，且当对总体结构有一定了解时，充分利用已有信息对总体单位进行排队后再抽样，则可提高抽样效率。

三、分层抽样

分层抽样也称类型抽样、分类抽样或分层定比任意抽样等。

分层抽样是将总体各单位先按主要标志分组，然后在各组中采用简单或机械抽样方式，确定所要抽取的单位。分层抽样实质上是科学分组和抽样原理的结合。

要确定抽样的数目，一般有两种方法：

(1) 定比：就是对各个分层一律使用同一个抽样比例。

抽样比例 f 的计算公式为：

$$f = n(样本个案数)/N(总体个案数)$$

(2) 异比：如遇其中某一层人的数量特别少，按统一比例取样所得的个案数量太少以致会影响这一层抽样个案的分析时,则这一层可采用比其他层较大的取样比例,这叫做异比抽样的方法。

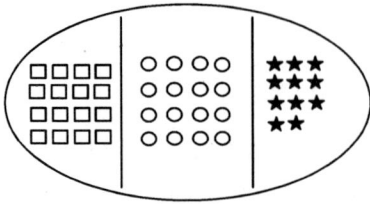

图 5-1 分层抽样

如图 5-1 所示,三层中皆不相同,但每一层之内部每一单元却相同,换言之,每一群体(group)所含之要素,在其内部虽然是"同质"的(homogeneous),但在各群体间却是"异质"的(heterogeneous),这样,将样本分为几个层抽出时,其群体称为层(strata),被分的层称为层化(stratification),经过这种程序所选的样本为分层抽样(stratified sample)。

分层的作用主要有三:一是为了工作的方便和研究目的的需要;二是为了提高抽样的精度;三是为了在一定精度的要求下,减少样本的单位数以节约调查费用。因此,分层抽样是应用上最为普遍的抽样技术之一。

按照各层之间的抽样比是否相同,分层抽样可分为等比例分层抽样与非等比例分层抽样。

实际上,分层抽样是科学分组与抽样原理的有机结合,前者是划分出性质比较接近的层,以减少标志值之间的变异程度;后者是按照抽样原理抽选样本。因此,分层抽样一般比简单随机抽样和等距抽样更为精确,能够通过对较少的样本进行调查,得到比较准确的推断结果,特别是当总体数目较大、内部结构复杂时,分层抽样常能取得令人满意的效果。

四、整群抽样

整群抽样也称聚类抽样、集团抽样。整群抽样是首先将总体中各单位归并成若干个互不交叉、互不重复的集合,我们称之为群;然后以群为抽样单位抽取样本的一种抽样方式。

上述三种抽样调查方式都是以总体中的各个个体为单位进行抽样调查。在实际工作中,当总体特别大时,有时不是一个个单位(个案)抽选,而是整群(组)、整批地抽选,对被抽选的各群(组)中的所有个案毫无遗漏地全部进行调查,这样的抽样组织方式叫做整群随机抽样。

如我们从几所中学任意地选几个班级,以班为一整群,对这几个班所有学生进行整体调查。这种方式往往用于同质性比较强的总体。分层抽样中,层的划分依据是层间异质性高、层内尽可能同质的原则。整群抽样,因仅抽取某几个子群作为整体的代表,如果子群间差异显著,而每个子群内同质性很高,则抽出的几个子群显然无法代表总体。因此,整群抽样的分群原则与分层抽样不同,它是使群间异质性低,而群内异质性高。所以,分层抽样适用于界质分明的总体,而整群抽样适用于界质不清的总体。

整群抽样特别适用于缺乏总体单位的抽样框。应用整群抽样时,要求各群有较好的代表性,即群内各单位的差异要大,群间差异要小。

整群抽样的优点是实施方便、节省经费;缺点是往往由于不同群之间的差异较大,由此而引起的抽样误差往往大于简单随机抽样。

五、多段抽样

多段抽样,也称为多级抽样,是指在抽取样本时,分为两个及两个以上的阶段从总体中抽取样本的一种抽样方式。其具体操作过程是:第一阶段,将总体分为若干个一级抽样单位,从中抽选若干个一级抽样单位入样;第二阶段,将入样的每个一级单位分成若干个二级抽样单位,从入样的每个一级单位中各抽选若干个二级抽样单位入样……

这种就是从集体抽样到个体抽样,分成若干阶段逐步地进行。如对某县200 000人的抽样可分为三段进行:

县 ──从中抽取── 8个乡 ──从中抽取── 15个村 ──从中抽取── 500人

整个过程的各段抽样,都可采取简单的或分层的抽样法。在上例具体的过程中有三段,则可称为三段抽样。也可分五段抽样:

华东 ── 省 ── 县 ── 乡 ── 村 ── 农民

这种方法,在大规模调查时非用它不可。但是,由于每段抽样都会有误差,经过多段抽样,最后抽出来的样本误差就会比较大,这是多段抽样的缺点。依此类推,直到获得最终样本。

多段抽样区别于分层抽样,也区别于整群抽样,其优点在于适用于抽样调查的面特别广,没有一个包括所有总体单位的抽样框,或总体范围太大,无法直接抽取样本等情况,可以相对节省调查费用。其主要缺点是抽样时较为麻烦,而且从样本对总体的估计比较复杂。

六、PPS 抽样

PPS 抽样(sampling with Probability Proportionate to Size)是一种不等概

率抽样,即"概率与元素的规模大小成比例的抽样"方法。

PPS抽样就是将总体按一种准确的标准划分出容量不等的、具有相同标志的单位在总体中不同比率分配的样本量进行的抽样。特点是总体中含量大的部分被抽中的概率也大,可以提高样本的代表性。

总结我们以上介绍的抽样方法有一个共同的特点,即总体中的每一个元素都具有同等的被抽中的概率。如果总体中每个元素的"大小"基本相同,或者每个元素在总体中的地位或重要性差不多,则这种基于同等概率的抽样是合适的。但是,当元素的大小不同,或元素在总体中地位不同时,则需采用不等概率抽样的方法。比如,从某区几百家企业中抽取20家企业进行调查时,一个有着几十万职工的大型企业与一个只有几十个人的小企业所占的地位显然是不同的。如果仍用等概率抽样方法,样本的代表性和精度显然都比较差。这时,就需要用PPS抽样法。

用一个例子来说明PPS抽样。在中国科协组织的"2001中国公众科学素养调查"中就采用了PPS抽样法进行抽样。我们选取从区抽至街道乡镇的第二阶样本的方法来说明如何进行PPS抽样。从城市的区抽取第二阶样本(街道或乡镇)的方法为:在抽取街道的时候,直接将选中区内的所有街道汇总在一起,按照PPS抽样步骤抽取要求的街道数即可。例如,在第一阶抽样中,抽中某城市的区N,它管辖的街道分布如表5-1,该区应抽取两个街道,具体的操作方法如下:

表5-1 区内抽取街道的方法示例

街道序号	街道名称	街道常住人口数 M_i(人)	累计人口数 T_i(人)	产生的随机数码
1	N_1	8 659	8 659	
2	N_2	7 569	16 228	
3	N_3	10 112	26 340	
4	N_4	5 328	31 668	27 449
5	N_5	14 563	46 231	
6	N_6	12 034	58 265	52 132
7	N_7	6 752	65 017	
8	N_8	9 778	74 795	

1. 根据有关部门的统计资料,查处 N 区各街道的常住人口数,并计算汇总人口,结果如表 5-1。

2. 用计算器产生两个随机数,分别为 0.367 和 0.697。

3. 把 0.367 和 0.697 分别乘以 N 区街道的总人口数 $T = \sum_{i=1}^{N} M_i = 74\,795$,得随机数码 $74\,795 \times 0.367 = 27\,449.765$ 和 $74\,795 \times 0.697 = 52\,132.115$,取整后分别为 27 449 和 52 132。

4. 27 449 和 52 132 分别位于累计数 T_i 的 26 340～31 668 和 46 231～58 265 之间,所以 4 号和 6 号街道,也就是街道 N_4 和街道 N_6 被抽中。

5. 如果产生的随机数挨得太近,使得算出的随机数码对应于同一街道,那么,需要重新产生随机数,直到取整后的随机数码对应于不同于被抽中的街道为止。

七、入户抽样

入户抽样就是进入家庭户后,在确定调查对象范围内,随机抽取一个调查对象。入户抽样方法主要有 KISH 表法和生日法。

1. KISH 表法

这是指美国著名的抽样专家 KISH 创立的一种在确立了户之后,如何选择户内家庭成员的方法(见表 5-2)。它的原理与随机数表的原理是一致的。

表 5-2　入户抽样表

家中 14—70 岁人口数:人

序号	姓名	年龄	性别	选样	问卷编号尾数									
					1	2	3	4	5	6	7	8	9	0
1					1	1	1	1	1	1	1	1	1	1
2					2	1	2	1	2	1	2	1	2	1
3					1	3	2	2	3	1	3	1	1	2
4					2	2	4	1	3	4	1	3	2	2
5					2	5	3	3	4	4	1	1	5	3
6					3	1	4	1	5	2	6	2	3	6

序号	姓名	年龄	性别	选样	问卷编号尾数									
					1	2	3	4	5	6	7	8	9	0
7					4	5	6	5	7	2	3	1	7	3
8					4	5	6	2	7	1	8	3	4	5
9					2	4	9	5	9	3	7	6	1	8
10					5	2	3	4	10	8	9	8	9	1

注意事项：

1. 家庭成员的登记序号按照年龄大小"从大到小"的顺序依次排列。

2. 所列家庭成员应同时具备下列条件：18—70 岁，具有本市正式户口或暂住证。

3. 选样依据表中问卷编号尾数与家庭人口数交汇的数字而确定相应的序号所对应的家庭成员，并在该家庭成员同一行的"选样"栏中打钩。

那么，如何运用 KISH 表呢？其步骤是：

(1) 确定该户的符合调查要求的人口数。

(2) 依照年龄由高到低，按家庭成员编号的顺序写在表的相应位置上。

(3) 确定样本户的编号。通常的作法是：调查员调查的第一户的编号为 1，第二户的编号为 2，以此类推；或以问卷号的末位数为准。

(4) 样本编号末位数所在列，于家庭成员人口数行所对应的数字为该户成员年龄由大到小排列的编号，此编号所对应的人为抽样样本。

举例来说，该户有 5 人，年龄分别为 69 岁、67 岁、38 岁、32 岁、4 岁，调查对象年龄要求为 18 岁至 70 岁，所以确定人口数为 4，依照年龄顺序分别填入表中；该户的样本编号末位数为 5，从而确定该户的样本的调查顺序号为 3，即该户 38 岁的人为调查的样本。

2. 生日法

所谓生日法，就是根据调查实施的具体时间和家庭成员出生时间的匹配程度选择被调查对象，家庭成员中谁的出生时间越是接近调查的实施时间，这个人就是被调查对象。例如，某调查的具体实施时间是从 2008 年 3 月 15 日开始到 3 月 31 日结束，研究主持人可以指定其中的一天，如 2008 年 3 月 15 日为生日法抽样的对照时间，某家庭有 4 人，其中父亲的出生时间为 1946 年 3 月 12 日，母亲为 1950 年 5 月 11 日，儿子为 1977 年 11 月 22 日，比较他们的出生月与出生日，最为接近 3 月 12 日的是父亲，因而父亲就是该家庭的被调查对象。如果遇到家庭成员中有数人的出生月份与出生日期是完全一样的或者出生月份、出生日期与生日法对照时间的差距是完全一样的,可以采用抽签法确定谁是被调查对象。

什么时候用概率抽样,什么时候用非概率抽样,应当根据是定量研究还是定性研究等各种要求来决定,例如研究的性质、对误差容忍的程度、抽样误差与非抽样误差的相对大小、总体中的变差以及统计上的、操作上的考虑等。尽管非概率抽样不能推断总体,不能计算抽样误差,但在实际调查中仍常被应用。一方面是操作的考虑,减少非抽样误差的发生;另一方面也是因为所调查内容不需投射总体,而且一般总体的同质性较强。

第五节 样 本 大 小

样本大小又称样本容量,指的是样本所含个体(个案)数量的多少。样本的大小不仅影响其自身的代表性,而且还直接影响到调查的费用和人力的花费。确定样本大小,一般应考虑的因素有:(1)精确度要求;(2)总体的性质;(3)抽样方法;(4)客观制约。

一、样本及影响因素

样本是从总体的所有单位中抽取出来的能代表总体的部分单位,用 n 表示。样本是总体的缩影,是用以估计或推断总体全面特征的依据。影响样本对总体代表性强弱的因素有:(1)总体分布的离散程度——总体的平均离散程度小,样本的代表性就大;总体的平均离散程度大,样本的代表性就小。(2)抽样单位的数量多少——样本单位过少,代表性就差;样本单位达到一定数量,才有一定的代表性。(3)抽样的方式方法——以不重复抽样和不等概率抽样的样本代表性为好。不重复抽样,是指从总体中随机抽取一个单位,经调查观察后,不再放回原总体,就余下的总体单位中,又随机抽取第二个单位,如此继续抽下去,直至抽满预定单位数为止。不等概率抽样,是指对中间层抽样时,按抽样单位包括下级单位或基本单位数所占比例的不同,给予相应于这些不同比例的抽样。例如,调查某区小学生体质情况,可分区抽学校、学校抽学生两个层次。在区抽学校时,学生数多的学校,给予较大的被抽概率;学生数少的学校,给予相应较小的被抽概率。30 及 30 个以上单位的称为大样本;不到 30 个单位的称为小样本。当然,海外有关统计书籍也有将 100 个单位一下称之为小样本的标准,这可根据研究要求予以明确界定去用何种标准。

二、样本大小的确定

在确定了抽样方法后,要考虑的是调查多少人合适,也就是样本量多大合适。

样本量的大小涉及调研中所要包括的人数或单元数。确定样本量的大小是比较复杂的问题,既要有定性的考虑也要有定量的考虑。

从定性的方面考虑样本量的大小,其考虑因素有:决策的重要性,调研的性质,变量个数,数据分析的性质,同类研究中所用的样本量,发生率,完成率,资源限制等。具体地说,更重要的决策,需要更多的信息和更准确的信息,这就需要较大的样本。探索性研究,样本量一般较小,而结论性研究如描述性的调查,就需要较大的样本搜集有关许多变量的数据,样本量就要大一些,以减少抽样误差的累积效应。如果需要采用多元统计方法对数据进行复杂的高级分析,样本量就应当较大;如果需要特别详细的分析,如做许多分类等,也需要大样本。针对子样本分析比只限于对总样本分析,所需样本量要大得多。

具体确定样本量还有相应的统计学公式,根据样本量计算公式,我们知道,样本量的大小不取决于总体的规模,而取决于:(1)研究对象的差异程度;(2)所要求或允许的误差大小;(3)要求推断的置信程度。也就是说,当所研究的现象越复杂,差异越大时,样本量要求越大;当要求的精度越高,可推断性要求越高时,样本量越大。

总之,在确定抽样方法和样本量的时候,既要考虑调查目的、调查性质、精度要求(抽样误差)等因素,又要考虑实际操作的可实施性、非抽样误差的控制、经费预算等因素。我们要根据具体情况及调查性质进行综合权衡,达到一个最优的样本量的选择。

因此,首先我们要了解,样本数和总体两者不是直接关系,而是缓慢的曲线关系。如从1 000人中抽取380人,可信度为95%,置信区间为±3%;那么就是从50万人中抽样所需抽出的样本数量是增加得很缓慢的,只达到600个。如果从100万以上的人中抽样,所需抽出的样本数就增加得更慢了。如图5-2显示。

可见,如果不同城市分别进行抽样时,"大城市多抽,小城市少抽"这种说法原则上是不对的。在大城市抽样太大是浪费,在小城市抽样太少没有推断价值。

同时,我们还要从两个方面来考虑其样本数目。

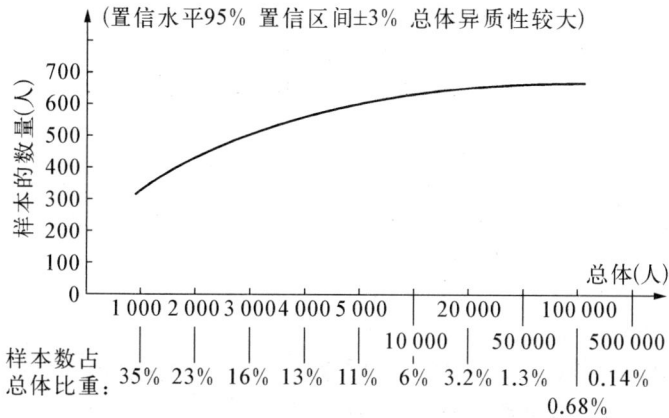

图 5 - 2　不同的总体规模所需的样本数量①

1. 资料分析上的要求

这里有一条准则,样本的数目起码要够作资料分析用。比如取 30 个样本,研究年龄与收入的关系。

把年龄分为三组:(1) 21—40 岁;(2) 41—60 岁;(3) 60 岁以上。把工资收入分为上、中、下 3 个层次。要找出年龄和工资收入的关系,可以把年龄和工资收入进行交互分类(见表 5 - 3)。

表 5 - 3　年龄与工资收入

		年　　　龄			
		(1)	(2)	(3)	
工资收入	上	0	0	4	4
	中	0	8	2	10
	下	12	2	2	16
		12	10	8	30

由表可见,用 30 个样本个案进行资料分析是不够用的,这样得出的结论不可靠,因为数据太少,在统计上是没有意义的。那么,要增加个案,如这组资料统计分析,最少要有 120 个个案。

2. 统计上的要求

样本的大小与抽样误差成反比,与研究代价成正比。这里有个均衡的准则。

---

① Nan Lin, *Foundations of Social Research*, N. Y. MCG Raw-Hill Book Co,1976.

均衡的主要准则
- (1) 根据代价限度抽取最大样本辅助准则
- (2) 容忍错误的程度越小,样本越大
- (3) 研究对象之间差异越大,样本越大

　　总之,我们依据"代价小,代表性高"的原则。对同质性强的总体,其差异不大,选择样本可以小一点;而异质性高的总合,则要选择大一些的样本。估计样本大小,我们有个简单的公式:

$$n = (k \cdot \delta / e)^2$$

　　公式中,e 是抽样误差,即总体的参数值与样本的统计值之间的差异。$e=$(参数值-统计值)根据统计资料的随机性的特点,决定了从各总体中抽取一部分进行研究时,根据样本计算的统计量与总体的参数是不可能相等的,而具有多值性。

　　δ 是总体的标准差。总体标准差 δ 反映了总体变量值分散的程度(也可以说是异质性程度)。如果总体变量值分散程度大,即 δ 大,样本变量也就要大。如果总体变量值分散程度小,即 δ 小,样本变量也就要小。

　　k 是可信度系数。可信度,即可靠程度,也就是样本对总体的代表性程度。在统计中,可信度和可信度系数具有这样的关系: 可信度为 99%,可信度系数 $k=2.58$;可信度为 95%,可信度系数 $k=1.96$;可信度为 68%,可信度系数 $k=1.00$。

三、样本推论的逻辑

　　我们进行抽样,目的是从样本推论总体。事实上,在统计资料分析中有一个关注正确推论的子领域,就叫推论统计。

　　在第四章我们看到测量的逻辑如何用抽象概念与具体指标之间的差距表述出来。具体的、可观察资料的量数是抽象概念的近似值。研究者用近似值评估真正有兴趣的东西。如图抽样一样、抽样过程与推论的使用是缩小抽样的差距,概念化与操作化是缩小测量的差距。

　　研究者直接观察概念的量数与样本中的经验关系(见图 5-3),把抽样与测量的逻辑连在一起。他们根据样本中能够从经验观察到的部分,推论或概括出母体的抽象法则为概念。

　　效度与抽样误差有类似的功能,这可以用抽样逻辑与测量逻辑之间的类比说明。研究者测量是要有效的概念指标——也就是精确代表抽象概念的具体指

抽样逻辑的模型①

测量逻辑的模型

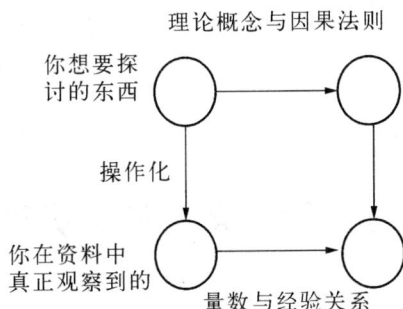

抽样与测量逻辑结合的模型

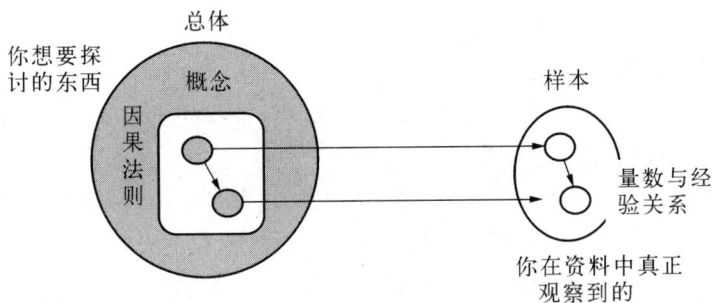

图 5-3　抽样与测量逻辑的模型

标,抽样时是要抽样误差小的样本——具体的个案集合,能够正确代表没看到的、抽象的总体。有效的量数不会和所代表的概念偏离太多。抽样误差不大的样本不会推估偏离总体大多。

---

① W. Lawrence Newman 著,王佳煌等译:《当代社会研究法》,(台湾)学富文化事业有限公司 2005 年版,第 383—384 页。

第六章

文献研究

第一节 文献及其类型

一、文献的特点

1. 文献的概念

文献是由人们专门建立的,用来传递和储存情报的对象,它包括各种报刊、书籍、档案、图像、书面材料等。

任何社会文献都是一定社会现实的结果,它本身反映着人们之间的各种关系,反映着人们的利益和需要。因此,以文献形式记载下来的社会情报,本身就是对社会现实的一定反映。在社会研究中,除了实地资料外,还要用科学的方法去搜集与研究有关的各种文献资料,通过对搜集来的文献进行分析研究,以获得有关研究对象的信息资料的方法,以便对研究对象进行深入的、历史的、多层次、多方面的考察和分析。这种研究方法我们就称之为文献法。

2. 文献的作用

文献在社会研究中具有很大的作用。任何研究都必须了解和掌握前人在这方面研究的成果,借鉴前人对这种社会现象的观察和研究。反映社会情况的各方面文献提供了这方面的广泛资料,以致所有社会研究都是从分析研究人员感兴趣的现有文献开始的。搜集和研究文献资料是大多数社会研究工作者首先要做的工作。对各种文献资料进行理论的解释和比较分析,能使研究人员发现在历史发展过程中,各种社会现象发生、发展的规律性。这在马克思的一系列经典著作中(如《资本论》等)都有光辉的范例。列宁的《帝国主义是资本主义的最高阶段》一书的准备材料就摘自 146 本外文书、引用了刊登在 49 种期刊上的 232 篇国外文章。同时,文献资料还能使研究人员了解社会生活的有关方面,有助于抓住一定历史时期社会所具有的准则和价值,描述某种社会结构、社会现象、社会人际关系等各方面的必然知识,为阐述历史的、现实的各种社会情况准备大量的素材。

文献分析是获取有关研究对象的信息资料的一条重要途径。例如,1935年,正当法西斯德国的战争机器开始运转的时候,有一名叫雅各布的德国新闻记者,写了一本小册子,具体地记载了当时德军的情况,包括德国的组织机构、参谋部的人员、各个军区的情况,列举了 168 员指挥员的姓名和简历。希特勒严令追查泄密者,但抓住雅各布一审讯,雅各布说,他的小册子上的每一条消息都是德国报纸上公开登过的,并指出哪一条在哪一家报纸的哪年哪月哪日登过。又如,1979 年,一个叫莫兰德的美国人在《进步》杂志上发表过一篇关于氢弹秘密的文章,震动了美国政府。因为文章中有 1 322 个字是保密数据。他之所以获得如此绝密的情报,是因为他采用了三个办法:一是广泛研究分析公开发表的有关核知识的文献资料;二是仔细参观了展出核武器的公共博物馆;三是花了 9 个月时间攻读热核物理学教科书。再如,日本在 1960 年代就是通过文案调查取得了我国大庆油田位置、产量等重要情报。他们从画报上看到铁人王进喜的照片,判断出大庆就在东北地区,并根据某报关于工人从火车站将设备由人拉肩扛运到钻井现场和王进喜在马家窑的相关言论报道,弄清了大庆油田的确切位置。从王进喜出席人大会议判定大庆出油了,之后又根据画报上一幅钻塔的照片,推算出油田的产油能力。在此基础上,日本人又估算出我国将在随后的几年中急需进口大量设备,并按照中国的特点设计了有关设备,从而在谈判中一举击败了欧美各国的竞争对手,使其设备顺利地打入中国市场。

二、文献的类型

文献的分类有许多方法,按照资料的形式一般可分为书面文献、图像文献、有声文献等。

1. 书面文献

书面文献是最广泛的文献形式。它是用文字或数字、符号形式反映社会现象和过程的资料。如国家和中央的档案、企事业的档案、报刊与书籍、个人文献及各种统计资料。现介绍其中的四种类型。

(1) 档案资料。档案资料在社会研究中起着重要的作用。首先,政府、事务部门、企事业单位及其他人员搜集了越来越多的调查资料,尤其像我国从中央到地方直至基层都建立了档案服务部门,保存着许多有关社会的政治、经济、文化、教育、家庭、婚姻、治安等社会生活各方面的历史资料。按照一定的手续,研究者可以查阅这些资料研究有关问题。其次,由于资料处理的电子计算机化,越来越多的此种资料变得实用了。例如,在美国,自 1960 年来,调查资料在很多图书馆、大学和团体中已搜集并开放使用,许多资料交换中心正在形成。任何社会研究只需付出不多的费用,就能得到记录在计算机卡片或磁带上的资料副本。比如,美国社会学家布劳和默顿研究的一个课题就是利用了档案资料。他们利用联邦调查的调查资料,分析了一个人的社会出身(父亲和教育)和他自己的教育水平与这个人在职业上成功职业声望的关系。结果表明,虽然先赋地位(社会出身)和自致的地位(教育成就)都是重要的因素,但至少在美国,成就更依靠自致的地位,而不是先赋地位。人们普遍认为,这一研究是社会阶层分析领域中一个先导性的研究工作,它关于职业成就过程的模式已在许多其后的研究中被用作范型。

(2) 报刊书籍。书籍和定期出版的报刊和杂志是书面文献资料的重要方面之一,它提供了前人的研究成果,是任何经验研究利用最多的文献资料。列宁曾在 1921 年 8 月 13 日建议成立专门委员会,从事搜集和处理苏联和资产阶级报刊的大量材料。他说,这样的情报所能够建立,而且应当建立。它能带来很大的好处,没有它,我们参加国际运动就等于没有眼睛、没有耳朵、没有手……

(3) 个人文献。这是指个人编写的文献,这些文献包括书信、自传、回忆录、日记、讲演稿等。这些个人文献往往是有关个人生活的一方面发展的详细描述,或对某种的生活方式的典型行为和活动详细记述,往往把重点放在主观经验和理论上,从而提供了一个往往被资料搜集的客观方法所忽视的境界。这种个人文献由于其详细入微,从而为研究工作提供不同的或新的观察高度,能为更系统的资料搜集所必需的假设打下基础。

(4) 统计资料。统计资料文献是社会研究的最强大的工具之一,是进行研究时搜集事实材料的最重要的来源之一。统计资料是在研究范围内进行直接观察所得的数据。因为业务统计计算是经常进行的,并可以选择任何时间段的指标,将其与过去的指标进行比较,从而阐明变化的趋势。

2. 图像文献

图像文献主要包括电影、录像、照相、图画、雕塑等。作为造型艺术作品和电影照相能形象地反映过去时代的精神和物质生活、人情风俗等方面,特别是记录片和照相是特别有价值的材料,因为它们是现实事件的复制品。

3. 有声文献

有声文献如录音带、唱片等,也是极有价值的文献资料。它对于语言结构、方言比较、文学语言和口语的对比等研究有很大帮助。

文献分类还有其他的方式。比如,把文献分成原本和副本,用意在于保证和证实副本的可靠性和精确性。按文献的性质、意义、来源、适用性来分,可分为正式文献和非正式文献,文件、报告、书籍等属正式文献,个人日记、声明等属非正式文献。国外也有按资料划分的类型来分类的:(1) 档案资料;(2) 个人资料(包括个人生活经历);(3) 私人资料(日记、忏悔、秘密文件等);(4) 公众资料(有广泛影响的宣传工具、文献)。

第二节　文献的分析

文献分析种类繁多,而且在不断地完善。具体方法也因人而异,不同的研究者会有不同的思维视角和分析综合技术。但是,研究者还是会遇到某些共同的问题,会使用一些共同的方法和技术。这里我们简单讨论三种主要方法:传统分析、内容分析和二次分析。

一、传统分析

传统分析实质上是一种信息推理分析方法。这种分析方法就是根据研究人员的需要和观察将文献资料的原始形式改变为研究人员需要的形式,实际上研究者从文献资料出发,加上自己的知识背景,运用创造性的演绎推理,导出一系列结论的方法。传统分析是一种独立的创造性过程。这种过程取决于该文献本身的形式和内容,取决于研究的目的和条件,取决于研究人员的丰富经验和创作直觉等。这种分析能抓住文献的主要思想和观点,把握文献的最深刻、最隐蔽的内容。这种分析的主要弱点是主观性。无论研究人员怎么认真、公正、客观地研究材料,但其解释多多少少是主观的。在传统分析中要区分外部分析和内部分析。外部分析就是分析文献的"来龙去脉",弄清资料在何时、何地产生的,当时的研究目标如何,文献的可靠和可信度如何等。内部分析则是对文献内容的分析,包括弄清实际内容与文字内容之间的差别等。

二、内容分析

1. 内容分析的含义

内容分析(content analysis)是一种搜集资料以及分析文本内容的技术。这里的"内容"指的是文字、意义、符号、标题以及其他可以沟通的信息。"文本"(text)也是我们所说的文献则是任何书写下来的、视觉上的或语言上作为沟通的媒介物,如书籍、报纸、杂志上的文章、广告、官方文件、音乐中的歌词、照片、艺术品等。内容分析是 20 世纪才开始兴起的一种文献研究方法,它通过对文献的分析来了解人们的行为、态度,进而了解和解读社会状况的变迁。

内容分析通常被看作是形式化的数学分析、形式分析,文献研究中的量化分析方法。比如,拉扎斯菲尔德和贝尔森认为:"内容分析是一种对传播所显示出来的内容进行客观的、系统的、定量的、描述的研究技术。"[①]在主流社会学研究中,内容分析是对确切的文件内容进行客观的系统的和定量描述的研究技术,它的基本特征在于将文字的、非定量的文献转化为定量的数据。这样,质的内容就变成可以测量的、可以进行精确的数量运算,分析的结果在相当大的程度上是客观的。当然也有些教材和研究者也有将内容分析视为定性研究方法的,从而进行定性的内容分析。这种分析方法主要通过研究者的阅读、收视,然后依据主观的感受、理解和分析,来解读、分析信息中所蕴涵的本质内容。这种分析方法与我们所介绍的传统分析方法较为接近。畅销书《2000 年大趋势》的作者奈斯比特和阿布尔丹,便是使用内容分析法判断现代美国生活的主要趋势。

显然,内容分析也有其局限性,因为文献中远不是所有丰富的内容都能借助形式指标来测量的。但是,这种分析方法在现代化过程中我们应予以研究和注意。这种分析把非统计性材料转化为可以进行统计操作的资料,以便能被电子计算机识别,这样就大大加快了我们文献分析的进度和广度。这种借助于高速度大规模存贮计算机的协作,按照词的计算和词的结合所作的内容分析已经在国外发展起来。

新闻中的社会科学

Evans 及其同僚(1990)针对平面媒体对科学研究的报导进行一项内容分析研究。他们检视了 1987 年 9 月的《纽约时报》(*New York Times*)、《费城调查报》

---

① 〔德〕阿特斯兰德:《经验性社会研究方法》,上海人民出版社 1986 年版,第 186 页。

(*Philadelphia Inquirer*)、《全国调查》(*National Enquirer*)以及《星球报》(*Star*)所有的讨论议题。前两者是声誉卓著的每日都会报纸,另两份是全国性的八卦性周报。作者将其运用或研究发现锁定在行为科学、生物学、化学、物理或社会研究等领域,只把那些将研究发现当作主要报道焦点的文章纳入。因此,单独提到科学家的名字并不重要。研究者编码以下项目:研究领域、研究者的职业类型(如大学、政府、私人企业)、研究者姓名、研究者报告的原始形式(如书籍、文章、会议手册)、研究方法、研究脉络(即前置研究的范围、研究发现的限制)以及文章长度。他们编码了291篇科学性研究文章,每篇文章都由接受过训练的编码员加以编码。此外,文章中随机选出10%再有全部编码员加以编码,编码员件的信度为82%。

研究者发现报纸比八卦性杂志刊出较多的研究(前者登185篇,后者登106篇);两种刊物都刊载了较多的社会科学研究(39%比44%);正派报纸报道比较多政府部门所作的研究,而小报登比较多大学进行的研究——正派报纸的90%比小报的62%;两种媒体都着重在研究发现;只有略高于1/3的文章指出研究进行的方法。两种刊物都很少提到与其他研究发现的比较分析;而几乎没有报导提到研究限制(例如:研究概化程度的限制)①。

1984年以来,彭昆仑先后在《红楼梦学刊》等会议或刊物上发表了《中国古籍电脑化与社科研究手段现代化》等16篇论文。

彭昆仑,这位名不见经传的普通科技人员,以他全新的研究思路和方法,为长期以来依靠版本学、考证学、谱牒学等传统方法进行研究的红学界吹进一股清新之风,在红学界乃至古籍研究界引起震荡。

中国红楼梦学会会长冯其庸教授对彭昆仑的研究作出这样的评价:"这是红学研究的一大创举,是科学与艺术的拥抱。"

以拼成了"永远拼不成"的七巧板——红楼"两年"问题为例。

两百多年来,对《红楼梦》的年序、年龄问题(即"两年"问题)作过系统研究的红学大家不乏其人。从清代算起,有姚梅伯、王希廉,20世纪30年代有胡适、俞平伯、张笑侠,50年代有周汝昌、何心,"11岁"、"6岁"、"13岁"、"9岁"、"15岁"等等,诸家学说均有依据,如此各执一词,谁也说服不了谁。70年代末,有人断言:"《红楼梦》中的人物年龄是一块永远也拼不起来的'七巧板'。"

彭昆仑感到解决"两年"问题,必须采用社会科学与自然科学相结合、版本考证与逻辑判断相结合、微观分析与宏观判定相结合、正常信息检验与异常原因追踪相结合等综合考察和全面判定的方法。而如此浩繁的工作量,非计算机难以完成。

彭昆仑从《红楼梦》中选出有关72个主要人物含有时间和年龄信息的资料共800余条输入电脑。从1440个"窗口"中选出近百个"窗口"作为优选"窗口",每一个"窗

---

① 〔美〕W. Lawrence Newman 著,王佳煌等译:《当代社会研究法》,(台湾)学富文化事业有限公司2005年版,第514页。

口"再确定一个上下时限。如红楼16年,黛玉的年龄下限为14岁,上限为18岁等,如此经过逐条测算,结果是"六岁论"有90多个矛盾点无法通过,"13岁论"有70多个矛盾点受阻,"9岁论"基本上全部通过。

这就是说,如果黛玉入都定为9岁,则其他人的相对年龄和故事发展年序都较为合理。

红学家们第一次听说中国人自己成功地应用电脑参与红学研究,两百年的疑案一朝廓清。红学家们更为激动的是,他们看到了红学研究乃至整个社会科学研究新的前景①。

2. 内容分析的步骤

内容分析的主要步骤有四个方面。

(1) 选定文本。依据研究目的,选取适合研究专题的文本资料。这些文本要达到规范性的要求,保证研究资料的真实性和可靠性;当然,这些文本也要是可以找到的,如有的可利用公开出版发行的资本,有的也许要征集(如个人日记、传记等文献);有的则需要长期的积累,如《大趋势》的作者为了出版每季的趋势报告,有规律地考察着每月数以千计的地区报纸,从而得出他们观察到的普通趋势。

(2) 进行抽样。首先,要考虑什么是分析单位。假如分析单位是个别作者,抽样设计就可以选择适合研究问题的全部或部分作者;假如要分析文本材料,那么分析单位可能就是词、题目、体裁、段落、概念、语意或以上各项的合并。其次,要考虑抽样方法。应该说任何常用的抽样方法都可以用于内容分析。我们可以将简单随机抽样或系统抽样方法用于某一国小说家、某一地区的法律、甚至某个名人的独白;我们也可以去分层抽样各类报纸的社论立场进行分析;也可以用整群抽样的方法进行电视广告研究。然后,我们便转入对原始资料进行转换的过程。

(3) 分类编码。内容分析法本质上是一种编码运作。无论是定量研究还是定性研究,分类编码都是必需的;定量的内容分析主要以"数字"作为编码的代号,建立相应的"数据库";定性研究则以"文字"(为检索方便,也可以数字或符号作为类别的代码)进行分类编码,建立相应的"资料库"。内容分析中的分类编码包含着概念化和操作化的过程,这一过程中都包含着理论指导和经验观察的互动。其中还涉及显性编码和隐性编码之区分。显性编码是针对文本中可见的、表面的内容进行的编码,如某个字、某个动作在文本中出现几次,相对说比较明确;而要对文本内容中隐蔽的、暗示性的意义进行编码,也就是隐性编码则较为困难,它要依赖编码者对语言及社会意义的知识和训练。

---

① 朱宏瑗:《科学与艺术的拥抱——记我国"电脑红学"创始人彭昆仑》,《文汇报》1992年3月16日。

（4）分析归纳。建立"数据库"和"资料库"后,就可以进行资料的分析。定量的内容分析主要进行统计分析、单变量分析、相关分析、回归分析等都是常用的方法;定性的内容分析主要就是对资料进行归纳概括并抽象到一定的层面,不仅描述,而且试图找出模式以及变量间的关系。

总之,内容分析有它的经济性、非介入性和可重复性等优点,当然我们在进行分析时要注意效度和信度。

3. 二次分析

二次分析是对第二手资料的分析,主要是指对他人搜集的统计资料进行再分析。二次分析最成功的例子是人口统计学,它已经作为一门科学学科确立了自己的地位。人口统计学利用政府机构为了管理的目的而搜集的统计资料,通常是人口普查资料,通过对它们的分析,得出关于人口的出生率、死亡率、迁移率、职业变化以及其他过程的概括结论,这些结论通常超出了政府部门搜集这些资料所关心的范围之外。二手统计资料可分为原始数据和经过整理后的统计数据。这些资料有的是以统计文件(如书籍、报告等)的形式呈现数字;有的以集刊的形式保存在图书馆或存入电子档案;有的则是向社会公开的调查资料数据库,如美国的"综合社会调查"(General Social Survey,简称GSS)数据库就向社会公开,研究者可以无偿使用相关数据进行研究。现有统计资料的二次分析对长时间或跨国的研究非常有用。法国社会学家涂尔干的《自杀论》就是一项基于统计数据进行的研究典范。

二次分析不一定劣于首次分析,它甚至可能产生比最初搜集那些资料的研究人员更为精确和适用的结论。事实上,二次分析完全可以象首次分析一样的完善和精确。二次分析人员甚至稍有优势,因为他不必把大量的时间和精力花费在研究设计和资料搜集上,而能够把更多的时间和精力用于对于所获资料的分析、解释和创造性思考上。

但是,指标选择与索引构造是应注意的事情。因为二次分析人员必须在现成的指标中寻求那些适合与他的概念框架的指标。这里总是会有这样一种危险:某些指标之所以被选择、只是由于它们容易得到、而不是因为它们应被选择;它们可以测度一些正被研究的概念之外的概念,所以有可能引入尚未知晓的偏见程度。

自 杀 研 究

人们为何自杀? 每个自杀案无疑都有它独特的历史和解释。然而,法国社会学家涂尔干越考察手边获得的资料,就发现越多的差异模式。他考察了下面几个变量:温度(炎热的夏季,自杀出现了不成比例的数量)、年龄(35 岁是最普遍的自杀年龄)、性别(男女性别比例大约是 4:1),以及许多其他的因素。最后,从不同的资料来源得出了一般模式。他发现在政治动荡的时期自杀率会上扬,这种现象在 1848 年左右的许多欧洲国家都存在。这个观察使他建立了另一个假设:自杀与"社会均衡的破坏"有关。换个角度讲,社会稳定与整合似乎是对抗自杀的保护伞。

涂尔干通过对几套不同资料的分析,使这个一般性的假设获得了证明和解释。当涂尔干考虑到不同国家的许多其他因素时,他注意到一个显著的现象:以基督教为主的国家比以天主教为主的国家,有更高的自杀率。以新教为主的国家每 100 万人中有 190 人自杀;新教与天主教混合的国家则有 96 人;以天主教为主的国家则只有 58 人。这增加了涂尔干的信心,认为宗教在自杀问题中扮演一个很重要的角色。

最后回到较为一般的理论层次,涂尔干将他在宗教上的发现和早期在政治动荡时期的发现加以合并。最简单地说,涂尔干指出许多自杀都是失范(anomie)的产物,或是对社会不稳定或不整合的一种反映。天主教,作为一个结构较健全以及较整合的宗教系统,给人们以连贯和稳定的感觉,远超过结构松散的新教。这个研究给了你们一个很好的范例,它告诉你们利用政府机构定期搜集或发表的大量资料从事研究的可能性。

根据宗教分布所呈现的德国各省的自杀率

各省的宗教特征	每百万居民中的自杀者	各省的宗教特征	每百万居民中的自杀者
巴伐利亚各省(1867—1875)	*	普鲁士各省(1883—1890)	
天主教徒少于 50%		新教徒超过 90%	
莱茵河西岸地区	167	萨克森	309.4
中弗兰科尼亚	207	石勒苏毅格	312.9
上弗兰科尼亚	204	波美拉尼亚	171.5
平均	192	平均	264.6
天主教徒占 50%—90%		新教徒占 68%—89%	
下弗兰科尼亚	157	汉诺威	212.3
斯瓦比亚	118	黑森	200.3
平均	135	勃兰登堡与柏林	296.3
天主教徒超过 90%		东普鲁士	171.3
上莱茵河西岸地区	64	平均	220.0
上巴伐利亚	114	西普鲁士	123.9
下巴伐利亚	19	西里西亚	260.2
平均	75	威斯特伐利亚	107.5
		平均	163.6
		新教徒占 28%—32%	
		波森	96.4
		莱茵兰德	100.3
		霍恩措伦	90.1
		平均	95.6

*注意:15 岁以下的人口都被省略。

资料来源:Adapted from Emile Durkheim, *Suicide*(Glencoe, IL: Free Press, 1951),P153.

第三节　文献法评价

文献研究法具有一系列优点。

优点之一是节省时间金钱,不需要大量研究人员和特别的设备。文献往往集中在图书馆、档案馆、报刊资料室等中心地点,查阅它们一般不需花费很多。也正因如此,文献研究的保险系数较大。

优点之二是可以避免反应性,并且可以研究不可能接近的研究对象。在文献研究中,只需同文献本身打交道,这样就可以避免反应性。有些文献是被研究者为个人原因而写,例如日记、信件、自传等等,自发性较强;有些文献则是为了非研究目的,例如为了管理控制、为了日常工作之需要而搜集的,客观性、可靠性程度一般比较高。正因为文献研究者不需要与被研究者直接接触,所以可以用它去研究历史事件、历史人物以及历史状况的演变,除了利用有关的文献资料之外,简直别无他法。总之一句话,文献研究法可以用来研究长时期内发生的过程,用来发现和揭示历史过程发生发展的规律。

文献研究也有一些明显的缺点。文献分析时对两个问题要予以特别注意:首先,现有文件只能提供与研究项目有关的情报。由于统计的书面文件在记录社会现象和过程时,往往根据一定的目的反映现象、情况、事件的某些特征,所以必须按照提纲中确定标准、目的,对现有材料进行加工和改造。其次,应当注意借助文件只能研究与过去的过程有关的社会单位和特征,因而要永远弄清这些文件与建立文件时间的关系,以免得出错误的结论。同时要检验所获社会资料的可靠性、可信性和准确性。

第七章

社会调查(一)

国内外专家普遍认为,现代社会调查研究方法等于问卷加抽样。问卷调查作为现代定量研究的主要手段和方法在调查研究中起着越来越重要的作用。

边燕杰教授在《关于问卷调查方法的思考》一文中曾论述道:问卷调查,作为学术研究和资料搜集的方法,是第二次世界大战前后在西方各国发展起来的。进入 20 世纪 80 年代,问卷调查已是许多社会科学学科搜集资料的主要方式。以美国为例,20 世纪 90 年代初,社会学领域公开发表的学术成果,53%是以分析问卷抽样调查结果为基础的,政治学是 33%,经济学是 28%,社会心理学是 12%(Rossi 等,1983),由于 80 年代和 90 年代问卷调查在这些学科有长足发展,这些数字普遍提高。

在新中国成立以前的社会调查研究,均未以问卷方式进行,而以蹲点观察、座谈会、深度访谈等"社区研究方法"为主,问卷的使用只是为了记录有关数据,是次要的(韩明谟,1996)。1952 年和 1978 年间,社会学的教学研究在国内停顿了 27 年,没有社会学者从事任何形式的学术性调查。问卷调查的兴起,是 1979 年恢复、重建社会学以后的事。

问卷调查方法帮助我们搜集系统的数量化资料,经验理论假设,这个作用是公认的。但是,问卷调查分析成果是否学术性、学术水平有多高,除了学术取向外,关键是看问卷设计是否符合学术研究的标准。为此,设计问卷要有一套专门的知识和经验,否则,问卷的学术地位是无法保证的。学习这套知识,探索这套经验,不断提高问卷的设计质量,是保证问卷调查的学术性的基本条件。

从学术研究的发展看,无论西方还是中国,问卷调查都是学术性调查研究的基本方法,所以有必要研究和发展这个方法,推动社会的调查研究。当然,提高问卷调查的学术地位,至少在社会学领域,必须强调理论的应用,将问卷调查与理论研究结合起来。需要明确的是,问卷调查只是一个方式、一种方法。探索和证明理论假设,提高我们认识和分析社会的能力,方是目的①。

<h1 style="text-align:center">第一节　问卷设计</h1>

一、问卷的作用和类型

问卷又称调查表,或问卷表,就是为了调查研究而设计的问题表格。它既是一种搜集数据的结构化技术,又是实施各种调查方法的一种必备的工具,一种类似于体温表、测量器、磅秤那样的工具。它与这些工具所不同的是,问卷以书面的形式按顺序事先设计的反映调查目的和调查内容的一系列问题及答案组成的,从调查对象那里获取信息的表格。

在调查研究中采用问卷来搜集资料有很多优点,问卷调查与抽样技术相结合的方法在社会调查中得到越来越广泛的应用。

1. 问卷的作用

问卷在调查过程中的作用如下:(1)问卷是调查中广泛使用的一种工具;(2)提供标准化的数据搜集程序;(3)访问员了解应答者信息的工具;(4)提供委托方管理决策所需的信息;(5)将研究目标转化为具体的问题;(6)实施方便,提高精度;(7)易于对资料进行统计处理和定量分析;(8)节省调查时间,提高调查效率。

图7-1说明了问卷在调研目标和调研信息之间的中心地位。制作一份优秀的问卷既需要努力的工作,也需要有创造力。如果问卷设计得不好,那么所有精心制作的抽样计划、训练有素的访问人员、合理的数据分析技术和良好的编辑和编码都将徒然无用。不科学的、不规范的问卷设计将导致不完全的信息、不准确的数据而且导致不必要的高成本。

也正如有的研究人员所肯定的:"调查问卷有六种主要功能:(1)把研究目标转化为特定的问题;(2)使问题和答案范围标准化,让每一个人面临同样的问题环境;(3)通过措辞、问题流程和卷面形象来获得应答者的合作,并在整个谈

---

① 边燕杰、涂肇庆、苏耀昌编:《华人社会的调查研究——方法与发现》,香港牛津大学出版社2001年版,第296—299,305—307页。

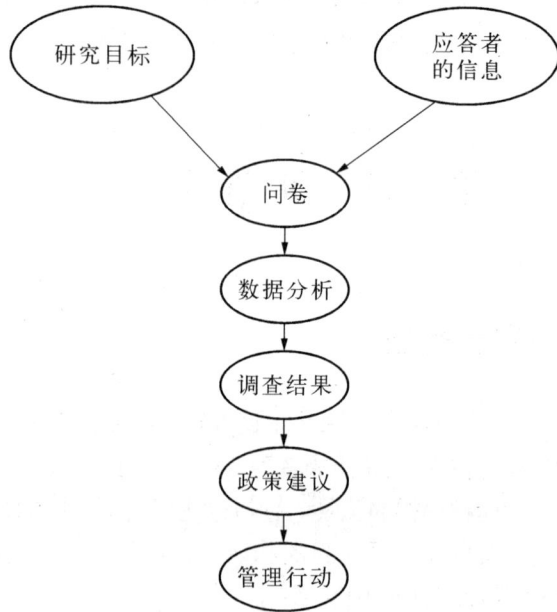

图 7 - 1 问卷在调查过程中的作用

话中激励被访问者;(4) 可作为调研的永久记录;(5) 它们能加快数据分析的进程,例如有些公司使用能被计算机扫描的问卷来快速处理原始数据;(6) 它们包括测定可行性假设的信息,如安排测试一再测试或等效形式的问题,并可以据此验证调研参与者的有效性。正因为调查问卷有以上功能,所以,它是调研过程中的一个非常重要的因素。研究表明,调查问卷的设计直接影响所搜集到的数据的质量。即使有经验的调研者也不能弥补问卷上的缺陷。"①

2. 问卷的类型

问卷的类型,可以从不同的角度进行划分。如按问题答案划分,可分为结构式、无结构式、开放式三种;如按调查方式划分,可分为访问问卷和自填问卷;如按问卷用途分,可分为甄别问卷、调查问卷和回访问卷等。

(1) 按问题答案划分

问卷可分为结构式、开放式、半结构式三种基本类型。

① 结构式

通常也称为封闭式或闭口式。这种问卷的答案,研究者在问卷上早已确定,

---

① Susan Carroll, Questionarie Design Affects Respondse Rate, Marketing News, Vol. 28 (1994), H25;Maria Elem Sandeg, Effects of Questionarie Design on the Qualiti of Survey Data, *Public Opinion Quarterly*, Vol. 56(1992), pp. 206 - 207.

由回卷者认真选择一个回答划上圈或打上钩就可以了。

优点：

(a) 答案标准化,回卷者的答案可相互加以比较。

(b) 便于资料处理,答案事先编了码,可直接转入电脑处理。

(c) 回答者对问题意思比较容易明白。

(d) 答案较完整,减少不相干的回答。

(e) 当问及敏感性与威胁性问题时,因为答案已编码,比较容易取得合作。

不少调查,尤其是大型的调查,一般都用这种结构式的问卷。但此种问卷也有其先天性的无法克服的缺陷。

缺点：

(a) 回答者在不清楚问题时,容易胡乱打钩。

(b) 回卷者与研究者对问题有不同解释与理解时,勾出的答案意义容易使研究者误解。

(c) 有时容易在两个答案之间圈错或勾错。

(d) 一个问题有好多种可能的回答,全部列出,会浪费回卷者的时间。

② 开放式

开放式也称之为开口式。这种问卷不设置固定的答案,让回卷者自由发挥。

优点：

(a) 当研究者不知道答案时,可由回答者自己填写,提供答案。

(b) 能让回卷者充分发表意见及看法,回答详尽。

(c) 特别适用于问题复杂,需要列出太多的答案项目,可能变化的情况太多的问题。

缺点：

(a) 可能答非所问,收回一些无用的资料。

(b) 提供的答案不划一,不标准,难以处理。

(c) 要求回卷者有较高的文化水平、表达能力。

(d) 这类问题往往是探索性与广泛性的问题,回卷者可能不清楚研究者的意思及确切的含义。

(e) 有时回卷者不愿多花时间,因而拒绝率高。

(f) 空间多,纸张多,问卷长而厚。

③ 半结构式

这种问卷介乎于结构式和开放式两者之间,问题的答案既有固定的、标准的,也有让回卷者自由发挥的,吸取了两者的长处。这类问卷在实际调查中运用还是比较广泛的。

（2）按调查方式分

按调查方式分，问卷可分为发送问卷和邮寄问卷两类。发送问卷是由调查员直接将问卷送到被访问者手中，并由调查员直接回收的调查形式。而邮寄问卷是由调查单位直接邮寄给被访者，被访者自己填答后，再邮寄回调查单位的调查形式。

相比而言，访问问卷的回收率最高，填答的结果也最可靠，但是成本高，费时长，这种问卷的回收率一般要求在90%以上；邮寄问卷，回收率低，调查过程不能进行控制，因此可信性与有效性都较低。而且由于回收率低，会导致样本出现偏差，影响样本对总体的推断。一般来讲，邮寄问卷的回收率在50%左右就可以了；发送式自填问卷的优缺点介于上述两者之间，回收率要求在60%～70%以上。

（3）按问卷用途分

按问卷用途来分，一般来讲，问卷调查都包括三种类型的问卷，即甄别问卷、调查问卷和回访问卷（复核问卷）。

① 甄别问卷

a. 对年龄的甄别。

您的年龄：

18 岁以下	中止访问
18—65 岁	继续
65 岁以上	中止访问

b. 对收入的甄别。

您的个人月收入（包括工资、奖金、第二职业收入等）为：

1 500 元及以上	继续
1 500 元以下	中止访问

您的家庭月总收入为：

3 000 元及以上	继续
3 000 元以下	中止访问

② 调查问卷

任何调查，可以没有甄别问卷，也可以没有复核问卷，但是必须有调查问卷，它是分析的基础。

③ 复核问卷

它是由卷首语、甄别问卷的所有问题和调查问卷中的一些关键性问题所组成。

二、问卷的结构和内容

问卷表的一般结构有标题、说明、主体、编码号、致谢语和调查实施情况记录六个部分组成。

1. 标题

每份问卷都有一个研究主题。研究者应开宗明义定个题目,反映这个研究主题,使人一目了然,增强填答者的兴趣和责任感。例如,"厂级干部推荐表",这个问卷的标题,把该厂人事部门的调查内容和范围反映出来了。又如,"中国青年的生育意愿调查"这个标题,把调查对象和调查中心内容和盘托出,十分鲜明。我们在这里提这个常识性问题并不是多此一举,在实际工作中,有的同志不注意问卷的标题,要么没有标题,要么列一个放之四海而皆准的标题。

2. 说明

问卷前面应有一个说明。这个说明可以是一封告调查对象的信,也可以是指导语,说明这个调查的目的意义,填答问卷的要求和注意事项,下面同时署上调查单位名称和年月。问卷的说明是十分必要的,对采用发放或邮寄办法使用的问卷尤其不可缺少。我们调查某个问题的目的意义和方法,不光要使所有参加调查工作的人知道,而且要使被调查的人员都知道。我们应该明白,被访者不是材料袋,他们也是调查研究的主人。因此,我们要让被访者去做的事,就要尊重他们,让他们知道为什么要去做,怎么去做。当他们明了目的意义和方法,就会给予很大的支持,积极认真的配合。信后署上调查研究单位(不是笼统的"家庭调查组"、"青年问题调查组"),这本身又是尊重被访对象的表现,是不可小视的。

问卷的信或指导语,长短由内容决定。但是,尽可能的简短扼要,务必废除废话和不实之词(如虚张声势、夸大其词一类的话)。

3. 主体

这是问卷主题的具体化,是问卷的核心部分。问题和答案是问卷的主体。从形式上看,问题可分为开放式和封闭式两种。从内容上看,可分为事实性问题、断定性问题、假设性问题和敏感性问题等。

事实性问题——要求调查对象回答有关的事实情况,如姓名、性别、出生年月、文化程度、职业、工龄、民族、宗教信仰、家庭成员、经济收入、闲暇时间安排和行为举止等等。

断定性问题——假定某个调查对象在某个问题上确有其行为或态度,继续就其另一些行为或态度作进一步的了解。这种问题由两个或两个以上的问题相互衔接构成。前面一个问题是后面一个问题的前提,如长年订阅或坚持阅读《人民日报》的读者才需要转折回答第二个问题,如果回答是"否"的人,就不必填答第二个问题:你是经常阅读的哪些版面和专栏?所以这类问题又叫转折性问题。

假设性问题——假定某种情况已经发生,了解调查对象将采取什么行为或什么态度。

敏感性问题——所谓敏感性问题,是指涉及个人社会地位、政治声誉,不为法纪和一般社会道德所允许的行为,以及私生活等方面的问题。例如问:"您小时候是否偷拿过别人的钱物?""您是否利用职务搞不正之风?""您是否有贪污行为?"这类问题对那些事情已经败露或在押犯,已不是什么秘密,大多数能如实地回答。但是,对其他确有此类行为但尚未为他人所知的人来说,则总是企图回避,不说真话。要了解这些情况,就要想法变换提问方式或采取其他深入群众的调查方法。

4. 编码号

这并不是所有问卷都需要的项目。但是,在规模较大又需要运用电子计算机统计分析的调查,要求所有的资料数量化,与此相适应的问卷就要增加一项编码号内容。也就是在问卷主题内容的右边留一统一的空白顺序编上 1、2、3……的号码(中间用一条竖线分开),用以填写答案的代码。整个问卷有多少种答案,就要有多少个编码号。如果一个问题有一个答案,就占用一个编码号,如果一个问题有三种答案,则需要占用三个编码号。答案的代码由研究者核对后填写在编码号右边的横线上。

5. 致谢语

为了表示对调查对象真诚合作的谢意,研究者应当在问卷的末端写上"感谢您的真诚合作!"或"谢谢您的大力协助!"等语。如果在说明中已经有了表示感谢的话,问卷之末就不必再写。

6. 实施记录

这个"实施情况记录"用大框显示,有的放在问卷主题内容之前,有的放在问卷最后,以研究者认为怎样方便为准。其作用是用以记录调查的完成情况和需要复查,校订的问题,格式和要求都比较灵活,调查访问员和复查员均在上面签写姓名和日期。

以上问卷的基本项目,是要求比较高的问卷所应有的结构内容。但是,通常使用的如征询意见表及一般调查问卷可以简单些,有一个标题、主体内容和致谢语及调查研究单位就可以了。

本教材附录有较为规范的学术调查问卷一份,此份问卷是由作者设计并负责带领复旦大学社会学系等师生进行《浦东新区社会发展》户卷调查时使用,可供参考。

三、问卷设计的一般程序

问卷设计是由一系列相关的工作过程构成的。为使问卷具有科学性、规范性,一般可参照以下程序进行(见图 7 - 2)。

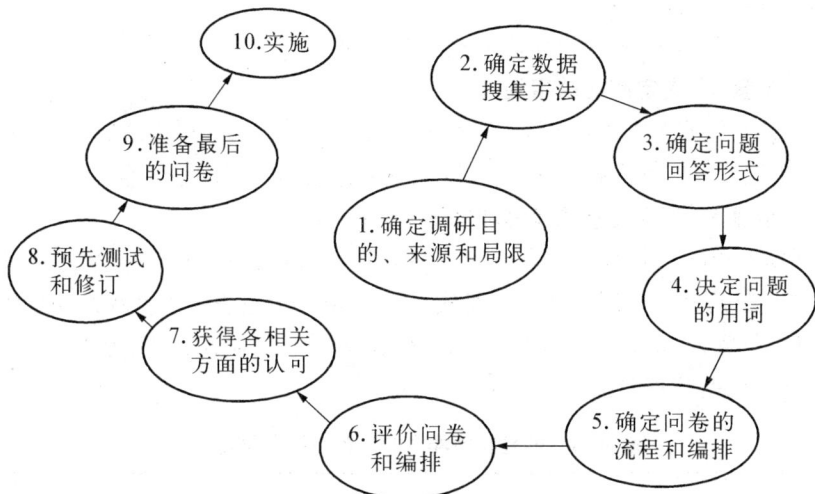

图 7 - 2　问卷设计的程序

1. 步骤 1:确定调研目的、来源和局限

调研开始经常会感到所需信息不足。因而,评价全部二手资料以确认所需信息是否搜集齐全是研究者的责任。

可以一起讨论一下本研究究竟需要些什么数据,询问的目标应当尽可能精确、清楚,如果这一步做得好,下面的步骤会更顺利、更有效。

2. 步骤 2:确定数据搜集方法

获得数据可以有多种方法,如人员访问、电话调查、邮寄调查与自我管理访问等。每一种方法对问卷设计都有影响。操作上,在街上进行拦截访问比入户访问有更多的限制,街上拦截访问有着时间上的限制;自我管理访问则要求问卷设计得非常清楚,而且相对较短,因为访问人员不在场,没有澄清问题的机会;电话调查经常需要丰富的词汇来描述一种概念以肯定应答者理解了正在讨论的问题。这些都应成为问卷设计的考虑因素。

3. 步骤 3:确定问题回答形式

这包括开放式问题、封闭式问题、量表应答式问题。

(1) 开放式问题

开放式问题是一种应答者可以自由地用自己的语言来回答和解释有关想法的问题类型。也就是说,调研人员没有对应答者的选择进行任何限制。

(2) 封闭式问题

封闭式问题是一种需要应答者从一系列应答项做出选择的问题。

(3) 量表应答式问题

量表应答式问题则是以量表形式设置的问题。

4. 步骤 4:决定问题的用词

问卷的用词应尽量考虑到:(1) 用词必须清楚;(2) 避免诱导性的用语;(3) 考虑应答者回答问题的能力;(4) 考虑到应答者回答问题的意愿。

5. 步骤 5:确定问卷的流程和编排

问卷不能任意编排,问卷每一部分的位置安排都具有一定的逻辑性。在表7-1中列出的就是其逻辑性的一种安排。问卷制作是获得访谈双方联系的关键。联系越紧密,访问者越可能得到完整彻底的访谈。同时,应答者的答案可能思考得越仔细,回答得越仔细。

表 7-1 问题在问卷中的位置是符合逻辑的

问 卷 结 构			
问题类型	问题所处位置	例 句	理 论
过滤	最早提出的问题	"在过去一个月中你是否在超市买过东西?"	用于选择符合调研要求的被访问者
热身	在过滤问题之后	"你经常买东西吗?""你通常在一周的哪几天买东西?"	问题通常较为简单、有趣,使被访者感到调研是轻松的
过渡	在主要问题前或变换一下提问方式	"在以后几个问题中,我要问一些关于你家中看电视习惯的问题。""下面我会读一些句子,要求你在我读完每一句后告诉我同意或不同意该说法。"	将被访者引入正题,或是提醒他接下来要变换一下提问方式

问　卷　结　构

问题类型	问题所处位置	例　句	理　论
较复杂或难以回答的问题	一般位于中间;接近结束	"请按你的喜欢程度将下列店从 1 到 7 排列。" "在以后的 3 个月中你可能有多少时间会做一下这些事情。"	此时被访者已同意完成调研;并且剩下不多了
分类和个人统计	最后统计	"你的最高学历是什么?"	一些关于"个人"的资料问题,应将这些可能令人不快的问题放在最后

在确定问卷内容的流程时,我们也经常会用到框图法或问卷的流程图,即根据问题的逻辑秩序和难易程度排列出问题的先后次序。具体做法是：先排列好问题的先后秩序,然后根据问题的先后秩序,画出问卷的流程图。问卷流程图的制作过程有时比较复杂,它既要考虑问题的先后秩序,也要考虑过滤性问题和相倚性问题之间的关系,并在流程图上标好每个问题的编号,有可能的话最好把问题答案写在旁边;最后根据问卷流程图的内容编写问卷草案。如果你对问卷设计很熟悉的话,并不一定要采用这样的方法,甚至可以采用专门的问卷设计软件,直接在电脑里设计问卷草案,对问卷草案进行修改等。

6. 步骤 6：评价问卷和编排

一旦问卷草稿设计好后,问卷设计人员应再回过来做一些批评性评估。如果每一个问题都是深思熟虑的结果,这一阶段似乎是多余的。但是,考虑到问卷所起的关键作用,这一步还是必不可少的。在问卷评估过程中,下面一些原则应当考虑：(1) 问题是否必要;(2) 问卷是否太长;(3) 问卷是否回答了调研目标所需的信息;(4) 邮寄及自填问卷的外观设计;(5) 开放试题是否留足空间;(6) 问卷说明是否用了明显字体等等。

7. 步骤 7：获得各相关方面的认可

问卷设计进行到这一步,问卷的草稿已经完成。草稿的复印件应当分发到直接有权管理这一项目的各部门。实际上,委托方或合作者在设计过程中可能会多次加进新的信息、要求或关注。不管委托方或合作者什么时候提出新要求,经常的修改是必需的。即使委托方或合作者在问卷设计过程中已经多次加入,草稿获得各方面的认可仍然是重要的。

委托方或合作者的认可表明了委托方或合作者想通过具体的问卷来获得信息。如果问题没有问,数据将搜集不到。因此,问卷的认可再次确认了决策所需要的信息以及它将如何获得。

8. 步骤8:预先测试和修订

当问卷已经获得管理层的最终认可后,还必须进行预先测试。在没有进行预先测试前,不应当进行正式的询问调查。通过访问寻找问卷中存在的错误解释、不连贯的地方、不正确的跳跃模型、为封闭式问题寻找额外的选项以及应答者的一般反应。预先测试也应当以最终访问的相同形式进行。如果访问是入户调查,预先测试应当采取入户的方式。

在预先测试完成后,任何需要改变的地方应当切实修改。在进行实地调研前应当再一次获得各方的认同,如果预先测试导致问卷产生较大的改动,应进行第二次测试。

9. 步骤9:准备最后的问卷

精确的打印指导、空间、数字、预先编码必须安排好,监督并校对,问卷可能进行特殊的折叠和装订。

10. 步骤10:实施

问卷设计完成后,为通过调查获得所需决策信息提供了基础。问卷可以根据不同的数据搜集方法并配合一系列的形式和过程以确保数据可正确地、高效地、以合理的费用搜集。这些过程包括管理者说明、访问员说明、过滤性问题、记录纸和可视辅助材料[①]。

四、问卷设计的原则和技巧

在本小节中,我们从问卷设计的原则,问卷开始的说明,问卷措辞的语言、问卷的题型设计等几个方面来总结一下问卷设计的一些技巧,或者说,问卷设计应注意的一些问题。

1. 问卷设计的原则

问卷设计要遵循以下的一些基本的原则:(1)设计内容必须与研究目的相符合;(2)考虑按不同的变量层次来设计问题;(3)问题要清晰,语言要易懂;(4)讲究问卷的格式,注意问题间的转接;(5)要注意问题的排列顺序。

---

① 参看〔美〕小卡尔·麦克丹尼尔等著,范秀成等译:《当代市场调研》,机械工业出版社 2000 年版,第 213—227 页。

从问题排列次序来看,应把简单的只问事实的问题放在前面,而把表示意见态度的问题放在稍后;对于敏感性的问题或开放性的问题,应放在问卷较后的位置,但不必全放在最后;遵照逻辑发生次序安排问题先后,时间上先发生的问题先问,不同主题的问题分开,同性质的问题按逻辑次序排列;为了加强答案的可靠性,可以从正反两个方面或问卷的前后不同位置来了解同一件事情;要把长问题与短问题混合使用,也可依照范围的大小,按从大到小的次序排列,层层缩小。

总之,问题次序,可以依照题目,逻辑的先后,重要性如何,范围的大小等因素来排列。

问题转接也是个值得注意的问题:有些问题只适用于一部分对象,必须先提出识别性问题,符合了条件,再问下一类问题(如下图示)。

例:(1)您在结婚之前有工作吗?

```
    ┌──── 1. 有          0. 无
    └──► 您的工作单位是_____
```

如果设计得当,即使是复杂的关联式问题,也能在使受访者不感困惑的情况下被组织起来。图7-3就是一个比较复杂的例子。

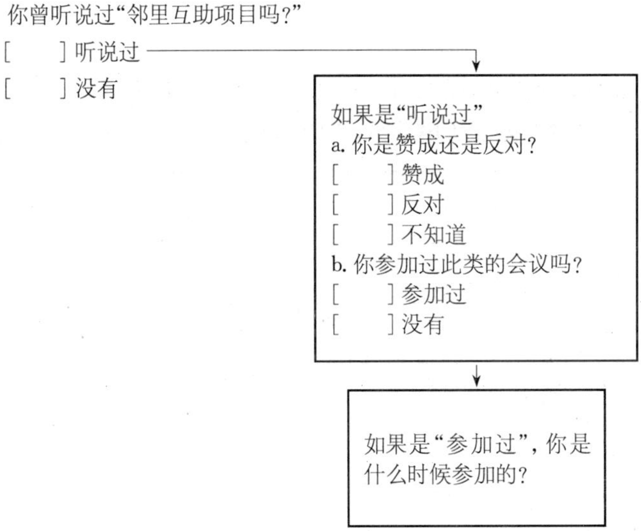

你曾听说过"邻里互助项目吗?"
[   ]听说过 ─────────────────┐
[   ]没有   ▼
```
┌──────────────────────────────┐
│ 如果是"听说过"                │
│ a. 你是赞成还是反对?          │
│ [   ]赞成                     │
│ [   ]反对                     │
│ [   ]不知道                   │
│ b. 你参加过此类的会议吗?      │
│ [   ]参加过                   │
│ [   ]没有                     │
└──────────────────────────────┘
              │
              ▼
┌──────────────────────────────┐
│ 如果是"参加过",你是          │
│ 什么时候参加的?              │
└──────────────────────────────┘
```

图7-3 复杂关联问题

有时候,一组关联式问题会长达数页。假如你们在研究大学生的社会实践活动,方式是对那些参加过志愿者活动的学生提问,就可以用"你参加过青年志愿者活动吗?"作为区分受访者的问题。然而,把长达数页的关联式问题放在同一个框子里会造成一些困扰。因此,合理的方法是在第一个问题的每一个答案后面用括弧注解,指示受访者接下来该跳过或回答哪些题目。

2. 问卷的题型设计

我们可以考虑依据不同变量层次来设计不同题型。

(1) 类别量表

① 按类别排列

以性别的类别为例,可分为"1. 男 2. 女",要求被访问者自己在性别类中打"√"或画圈。

② 列成表格排列

如同一个问题可以适用于许多人,我们可以画成表格,把调查对象的情况集中起来。

③ 清单式问卷

如问:你家中现有的耐用消费品:

1. 计算机 2. 收录机 3. 电视机 4. 缝纫机
5. 电风扇 6. 照相机 7. 电冰箱 8. 其他

④ 棋盘式问卷

涉及两个不同的问题时,可以把两个问题交叉起来放在同一个表格中,就形成了棋盘式的表格,如要了解疾病的种类以及求医的种类,问卷可设计如下:

	看 中 医	看 西 医	中西医混合使用
咳　嗽			
伤　风			
失　眠			
消化不良			

(2) 顺序量表

这主要适用于定序变量,等第层次。

① 人们在态度上的意见,一般是主观的。对这类主观态度的测量往往可以

这样设制量表。例如,你要了解学生对本校伙食的满意程度如何,可以把答案分成:非常满意,相当满意,有点满意,可以,有点不满意,相当不满意,非常不满意七个等级,也可只用五个等级:很满意、满意、中等、不满意、很不满意。对一件东西好坏的判断也可以这种尺度:极好,好,尚可,不好,极坏。在行为的时间上可以分成:经常如此,有时如此,从不如此等。对于重要性问题的测量可分成:很重要,重要,一般,不重要,很不重要。这是用文字来表达态度,在社会研究中经常使用这一方法。

② 另一种方法不用文字而只用数字来测量态度。例如:学生应对课程安排作最后的决定还是全部课程应由教师作决定。

社会心理学家和政治家还使用温度计式的尺度来测量人们对竞选候选人的态度。尺度是 $0°—100°$。例如,问你对×××的态度是多少度? 答:$51°$。这种温度计式的尺度对于极端问题可以分得清楚,但如果两个人的态度分别是 $51°$,$52°$,这 $1°$ 之差究竟代表了什么,有时也分不那么清楚。

③ 顺序量表的等级测量还可以列出答案,然后由回卷者自己决定其次序。

	(1) 很满意	(2) 满意	(3) 不满意	(4) 很不满意
(1) 你是否满意本厂内的娱乐设施?	□	□	□	□
(2) 你是否满意本厂附近的娱乐环境?	□	□	□	□
(3) 你是否满意假日的休闲生活?	□	□	□	□
(4) 你是否满意平常的休闲生活?	□	□	□	□

像上述这类情绪或态度方面的测量,有时还是会使人感到为难,因为情绪上不能这样一格一格的选择,好坏之间,它是一个连续体。所以,不如改用下列方式。

情绪问卷方式

喜欢……讨厌

快乐……忧愁

满意……不满意

同意……不同意

赞成……反对

这种方式,事实上已把从"喜欢"到"讨厌"之间,列成一条线,无论受测者勾在哪一段或哪一点,研究者可以在测后量化。而勾的时候,可以让受测者随心所欲,毫无拘束。这种方式的问卷,用在量表上可能更为有效,因为量表总是用来量度个人情绪或态度的赞成与反对的程度。但也有人觉得,这样还是有一种模糊之感,把分数附上去会有实在的感觉,也更觉得具体些。如改为:

(1) 赞成……反对
  1 2 3 4 5
(2) 赞成……反对
  2 1 0 −1 −2

这种方式的好处是,可以用分数来表示好恶的程度,坏处是容易使答案集中到中段,尤其像第(2)式的给分办法。

这类的问卷或量表,都是强迫勾选一项。只有在这种情况下,量化才比较容易讨论,否则,很难作有效的处理。

(3) 距离量表

距离量表常常是用来测量连续的数字。我们不可能在问卷中列出所有的数字,我们关心的是数值的一般趋势,关心的是主要的类别是什么,而不必把所有的数值都列出来,那我们就可把等级测量的数字加以归类。例如收入,不必列出从 500 元—5 000 元以上,而可以列成以下量表:

本人月收入(元)
① 500 元以下;
② 501—1 000;
③ 1 001—1 500;
④ 1 501—2 000;
⑤ 2 001—3 000;
⑥ 3 001—5 000;
⑦ 5 000 元以上。

在国内,问卷法运用于调查中已是非常普遍的现象,而且在研究设计、确立题型、假设、概念分解、操作定义、指标综合、问卷的题型设计等方面都取得了一些成绩。如果问卷的题型单一,不仅缺乏生动活泼的美感,还会使问卷本身的局限性更加突出。在问卷设计方面,中国台湾学者樊志育先生所著《市场调查》一书,为我们在问卷设计特别是题型设计和问卷速成法方面提出了不少可供借鉴的经验。

　　□ 顺位法(排序题)

　　● 您认为决定个人收入高低的因素主要是什么,并按重要性排序:

　　(1)年龄　　(2)学历　　(3)岗位职务　　(4)工作态度　　(5)业务能力

　　(6)与领导的关系　　(7)成就贡献　　(8)风险责任感　　(9)其他

　　第一因素_____　第二因素_____　第三因素_____

　　□ 倾向偏差询问法

　　(1)现在您用什么牌子的口红?(答:甲牌)

　　(2)目前最受欢迎的是乙牌,今后您是否仍然打算用甲牌?(答:是或否)

　　(3)若答是,据说乙牌的价格要下降一成,您还用甲牌吗?

　　这种设计表面上违背了不能有"诱导性问题"的原则,但正是这种"诱导"才使人们的购买动机更加清晰。

_____

　　□ 回想法

　　● 请列举您所知道的巧克力糖的名字

_____

　　□ 再确认法

　　● _____、_____,一曲歌来一片情;

　　● 每当我看到天边的绿洲,就想起_____。

　　□ 配合法

　　配合法是再确认法的另一变化,是将公司名、商标牌名与提示文句等两个项目间的某些关系联结起来,作为记忆的媒介,从而发现认知程度及了解程度。举例如下:

　　这张表左侧列有各种营养保健药的牌名,右侧列有它们的效能,各种营养保健药与哪一项效能有较深的关系,请用画线方式把它联结起来(两种效能以上亦可)。

　　　　营养保健药　　　　　　　　　效能

　　(1)硫克肝　　　　　　　　　(1)解酒

　　(2)欲不老　　　　　　　　　(2)消除疲劳

　　(3)安赐白乐　　　　　　　　(3)强肝

　　(4)合利他命　　　　　　　　(4)养颜美肌

　　(5)克补　　　　　　　　　　(5)治神经痛

　　(6)克劳酸化蒙　　　　　　　(6)促进血液循环

　　□ 强制选择法(forced choice technique)

　　评价量表法和自我报告法(self-report method),经常遭到"社会压力"的问题,因此常使被调查者不按其真正看法作答。譬如针对下列的问题发问时:你觉得 A 牌口香糖好不好吃？如果让被调查者在许多可能的答案中、自由选取一个答案(free choice)，本来被调查者可能觉得不好吃、但是由于我们的社会传统，不要使人难堪，或应该对人奖励等社会要求，于是所选取的答案可能是"还不错"。如此则调查效度降低。针对"社会要求"这个缺点，于是发展出强制选择法。

强制选择法是同时列出两种以上的描述时，要被调查者选出一句最接近他的看法者。这些描述句，必须都是同方向的，全是描写被调查商品的特性好的一面或是坏的一面，只是程度上不同而已。例如，上述 A 牌口香糖的例子，如果用强制选择法，可以变成有被调查者在下列两个句子中选出一个较接近它的看法的一句：

(1) A 牌口香糖具有迷人的滋味。

(2) A 牌口香糖吃起来感觉不错。

如果被调查者选择 2，表示他在这两句中选取不好的一句，这可能是同时对 A 牌口香糖的味并不喜欢。用本方法可以克服"社会要求"困扰。但是有一些实验证据显示，强制选择法并不能完全消除"社会要求"这个束缚，只是降低"社会要求"的影响而已。

3. 问卷的措辞语言

无论哪种问卷，问题的措辞与语言十分重要。语言与措辞要求简洁、易懂、不会误解，在语言、情绪、理解几个方面都有要求。

(1) 多用普通用语、语法，对专门术语必须加以解释。

(2) 要避免一句话中使用两个以上的同类概念或双重否定语。

(3) 要防止诱导性、暗示性的问题，以免影响回卷者的思考。

(4) 问及敏感性的问题时要讲究技巧。

(5) 行文要浅显易读，要考虑到回卷者的知识水准及文化程度，不要超过回卷者的领悟能力。

(6) 可运用方言，访问时更是如此。

有的教材则把问题措辞的要求归纳为五个"应该"等。

(1) 问题应该针对单一论题。调研者必须立足于特定的论题，如"您通常几点上班？"是一个不明确的问题。这到底是指你何时离家还是在办公地点何时正式开始工作？问题应改为："通常情况下，你几点离家去上班？"

(2) 问题应该简短。无论采取何种搜集模式，不必要的和多余的单词应该被剔除。这一要求在设计口头提问时尤其重要(如通过电话进行调研)。以下就是一个复杂的问题:"假设你注意到你冰箱中的自动制冰功能并不像你刚把冰箱买回来时的制冰效果那样好,于是打算去修理一下,遇到这些情况,你脑子里会有一些什么顾虑?"简短的问题应该是"若你的制冰机运转不正常,你会怎样解决?"

(3) 问题应该以同样的方式解释给所有的应答者。所有的应答者应对问题理解一致。例如,对问题"你有几个孩子?"可以有各种各样的解释方式。有的应答者认为仅仅是居住家里的孩子,然而,另一个可能会把上次结婚所生的孩子也包括进去。这个问题应改为:"你有几个 18 岁以下并居住在家里的孩子?"

(4) 问题应该使用应答者的核心词汇。核心词汇就是应答者每天与其他人进行交流的日常语言词汇,但其中并不包括俚语和行语。比如,"你认为商店提供的额外奖金是吸引你去的原因吗"这一问题的前提应是对应答者知道什么是额外奖金并能把它和商店的吸引力联系起来。所以,问题可以改为:"赠送一个免费礼品是你上次去乡村服装店的原因吗?"

(5) 若可能,问题应该使用简单句。简单句之所以受到欢迎是因为它只有单一的主语和谓语。然而复合句和复杂句却可能有多个主语、谓语、宾语和状语等。句子越复杂,应答者出错的潜在可能性就越大。

第二节　访问调查

一、访问法及其类型

访问法就是通过训练有素的调查人员按照事先设计的题目、词句、内容,有程序地同受访者进行交谈,利用面对面的交互刺激的作用,以期了解对象的行为、特性、动机以及有关事实真相的一种方法。这种方法是以研究人员和被询问者(回答者)之间发生直接的(访问)或间接的(调查表)的社会心理的相互影响为基础的。

访问法是我国的光荣传统之一,两千多年前,司马迁就地访问与调查曲阜(孔子故乡)、淮阴(韩信故乡)将这一类的故事写到《史记》中去了;以后我们土改时的"访贫问苦"也以访问为主要方式。西方人类学家做民族与文化研究时,这种方法用得最多,也最彻底。他们所得的资料几乎都是"问"出来的。精神病学家也利用这种方法使病人回溯他的早期生活或生活上的挫折(如弗洛伊德的精神分析法中);社会学家利用它作为了解社区发展或群体行动的工具。

当然,人们做研究时通常把观察和访问两种方法交互或同时使用。在访问与交谈中获得资料时,我们也不能完全忽略观察可能得到的现象,如摊开双手表示无可奈何,点点头表示肯定。这类无声的语言,或者说符号,在访问的过程中应特别留心。有时它们代表的意义比一般语言还要深沉。

访问还有个特点,即通常是以个人的叙述为基础的,这种方法所获得的信息,对于分析各种社会情况是有重大的意义。费孝通教授对于以个人叙述为基础的访问曾给予高度的评价。他曾经在给一位研究人员的信中讲到,我已经多次讲过要一个人一个人地谈话,把谈话汇集起来,按原样整理个次序。让被调查的人自己讲出他们社会生活的内容。这就把人们的想法,为什么这样做、怎样考虑问题,表达出来了。这样就比经过调查人的折光镜来反映更接近事实。费孝通教授说,他曾读过一本关于英国一个农村的著作,就是这样写的,而且成了20世纪60年代的畅销书。他把这个村子里各种人物选出来,让他们自己讲他们的身世和感想。选人物之前要了解这村的社会结构,作者只在书前交代清楚之后,就让村子里的人说话了。他认为我们的科学工作是在反映实际,只有当事人才有真的思想行为,我们不过是要如实反映,所以要让"当事人说话"。进一步是要看到当事人并不自觉其思想行为的来源和在他们生活上所起的作用,所以要由观察者予以分析研究。但是观察者究竟是观察者,不能代替当事人,两者要分得清楚。用直接记录法就保存了(或多少保存了)当事人的真面貌。

可见访问不见得十分困难,也不是想象的那么容易。在访问中如何才能把握主题,如何才能获得真实可靠的信息,如何控制策略,不致浪费时间、金钱和精力。这一切都值得我们事先考虑、周密安排。为此我们先介绍访问的两种基本类型。

1. 问卷访问

问卷访问实质上是一种结构型访问,也叫标准化访问或导向性访问、控制式访问。这种访问方法就是由访问员根据事先设计好的调查表(调查大纲)或问卷进行访问。这种方法的特点是把问题标准化,由受访人回答或选择回答,因而资料比较整齐划一,易于整理和进行定量分析,适用于规模较大的社会调查研究。从访问的形式来说,又可分为人员访问法和电话访问法。通常所用的就是人员访问法,由访问员与受访者面对面地访问和直接对话,也可以在访问员的监督和指导下,由一群人填写问卷。电话访问法,就是访问员利用电话同受访者谈话。这种访问时间较快,但访问时间的不能太长,内容不能太多,如用长途电话,费用也较大。这种方法费用较大,但搜集资料较多,资料的可靠性程度也高,且适合于调查任何对象。

2. 非问卷访问

非问卷访问也有称之为无结构型访问。这种访问事先不预定表格、问卷或定向的标准程序,只拟定粗略的调查提纲,由访问员和受访人就某些问题自由交谈。这种访问比较适用于搜集人们的感情、态度、价值观、信念等方面的资料,能使受访者充分表达自己的意见。根据方式的差别,通常可分为下列几种。我们将在第八章的实地研究中作详细的介绍。

总之,非问卷访问法,需要有较高的访问技巧,一般是研究者本人亲自访问。这种访问法所搜集到的资料不易比较,不能作定量分析,因此在大规模的调查研究中较少采用。

二、访问心理及技术

1. 访问技术

访问的目的是为了获得确实的材料,强调访问方法及技术,就是为了有效地达到这个目标。从某种意义上说,访问技术是访问能否取得成功的关键,否则会功亏一篑。从访问技术来说,它主要包括访问前准备、如何进行访问和处理特殊情况的应变能力这三个方面。

(1) 访问前的准备工作。准备工作包括两方面内容。首先是情况方面的准备。访问员要了解受访者的一些基本情况,如生活环境、工作性质及由此形成的行为准则、价值系统,包括了解当地的一些风俗习惯、社会规范。在访问中,访问员要采取适合受访者特点的问话方式,使问话的语气、用词、方式适合受访者的身份和知识水平。同时,要接纳和尊重当地人的风俗习惯,赢得受访人的信任与合作,把每个受访人都当作自己的朋友。其次要做好工具方面的准备,最常用的如照相机、录像机、录音机、纸张文具以及测量用的表格问卷等等。照相和录音要视情形而定,使用前要征得同意,否则会引起误会。记录也要讲究方法,最好的是带一张纸,偶然把一两个重要的字记下来,对回家整理资料的联想非常有帮助。当然,对及时记录的人使用这种方法必须小心,不要引起反感。

(2) 如何进行访问。访问员和受访者接近以后,首先要创造一个融洽的谈论气氛,消除受访者的戒备心理。第一步首先要说明自己的身份,把自己介绍给受访者。自我介绍是一种艺术,要做到不卑不亢,使对方了解你,并认为你的访问是善意的,或这项研究是与他的切身利益有关的。如有可能由当地的干部陪同前往,介绍认识,那当然更好。也许受访人会问,你们如何知道他,又找到他来访问？你不妨强调他在这项研究中的重要性,如说:"在这里,谁不知道你的大名?"或者强调这是完全按科学的随机抽样的方法选择对象的,打消他的顾虑。第二步要详细说明这次访问的目的。说明主题的范围,以及包括那些子题目。当双方可以建立起一种互相信任的关系后,访问员便可以提问了。第三步就是提问了。在发问过程中,一般的程序是按问题的先后次序一一提问。要避免"冷场",并避免枯燥机械。当受访人说题外话时,你也要耐心地听,即使要把话题抓回来,也要选择有利的机会,使对方察觉不出来。有些问题需要进一步"追问"的,使用"立即追问"、"插入追问"、"侧面追问"等方法,使受访者不感到厌烦为限度。

(3) 处理特殊情况的应变能力。我们在进行访问时,各种问题都可能发生。经常出现一种情况是拒绝访问、不想接待,或受访者生病有事外出等。这是常有的事,不必为此生气。对于拒访,除耐心说明研究目的意图外,要弄清拒访的原因,以便采取其他方法进行。对于不按时赴约者,只能下次再去。有时人家很忙,你刚要开口,受访者先说了:"你看,我忙成这样,哪有时间聊天。"这种情况下,不能勉强,可帮助他,说等等,或随便谈起不相干的家务事,以便慢慢"言归正传"。对于一些较感性的问题或者受访者认为有关他安全的问题,也许他们不肯提供情况,如每月收入等。这种情况下只能耐心的解释或通过其他途径了解。

2. 访问过程及心理

为使访问最优化,从准确性言,必须将访问划分为三个主要阶段:适应、达到既定目的和消除紧张状态。

(1) 适应。任何一种访问都是从适应阶段开始的。开始访问是一种真正的艺术,全部情报的准确性在很大程度上取决于研究人员在这方面做得怎样。访问各种社会代表的经验表明,如果回答者知道了要求并且回答了前二三个问题,那么在大家的调查情况下,也对其他所有问题也给予回答。因此,社会学家往往先提出一些与研究题目无关和情报内容不多但又能吸引人参加谈话的问题。

(2) 达到既定目的。即访问的主要内容,达到搜集主要情报的目的。在回答这部分调查表的过程中尤其是这部分的篇幅很大的,研究的兴趣可能会逐渐降低。为了提高兴趣,可使用功能心理问题,这些问题的内容应使被询问者感兴趣。例如,对男人可以问踢足球和打篮球方面的问题,对女人可提家务方面的问题。这些问题不一定含有内容丰富的情报,而我们的主要目的是消除回答者的疲劳和提高他们的动机。

(3) 结束访问。结束访问有时比开始还难,被访问者还未说完,他还有某些紧张感。因此,要设计一些轻松的问题,有助于消除紧张状态和提供表达感情的可能。整个访问过程中充满着访问员和受访者的心理活动及其交互影响。从访问员来说,他们的行为动机主要表现在访问时所激发出使访问成功的动机。一个优秀的访问员要有不畏艰苦的意志,对于自己的成功充满信心。胆怯、急躁等都是不足取的。

作为受访者来说,他的行为动机主要表现在能积极配合访问员的工作,提供可靠资料。他要知道对他的访问与他有否切身关系,对他自身安全有没有妨碍,他提供的资料将派处等。只有"目标"明确,才可能激发接受访问的动机。

访问员与受访者一经接触就开始交往,并构成了两人之间的暂时的关系。这种暂时的人际关系是最重要的,是两个人之间的相互认知。这种认知当然首先表现为首因效应(即印刻现象),即初次见面时对方的仪表、风度所给双方的第一印象。作为受访者来说,访问员的衣着、举止、仪表,甚至性别都可用来判断访问员的品行,有的则根据访问员的年龄、性别、学历,以及派出单位来决定自己应取的态度。同样,访问员也可根据受访者的外貌、举止,甚至家庭摆设来判断受访者特征、兴趣爱好等,采取适当的访谈方法。鲁钦(A. S. Luchins)研究认为,先出现的线条或资料对总印象的形成具有较大的决定力。因而我们要特别谨慎。

在交谈过程中,访问员和受访者相互交流中也要注意社会心理的过程。这里可借鉴米德的象征性相互交往理想模式。这个理想模式如下:

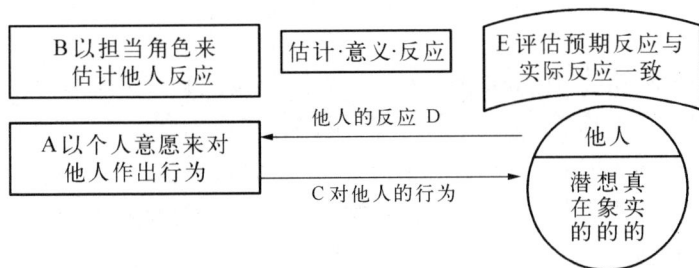

个人愿望如何影响他人? 即如何从 A 到 C。一般人认为,似乎可以直接从 A 到 C。但是,米德(G. H. Mead)认为,一个人发出某一行为时,必须要估计到他人的反应。怎样估计他人对自己的反应呢? 他们认为可以通过担当(或想象中的)角色来估计他人的反应,即从 A 到 B 再到 C。也就是说,在人际交往中,首先要估计到可能会发生的情况,才能发生对他人的行为。当然这种相互作用之间的第一步,是靠"设身处地"估计对方起作用的。我们在访谈中,如何提问也好,追问也好或者记录、照相、录音等辅助手段也好,都要首先估计受访者可能的反应,以便采取适当的行为,否则就会使访谈失败。

三、访问调查评价

在社会调查中,访问法是一种使用非常广泛的方法,也是一种十分有效的调查方法,这是和它的特点分不开的。

与其他调查方法相比,访问法的最大特点在于,访问是一个面对面的社会交往过程。访问者与被访问者的相互作用、相互影响贯穿调查过程的始终,并对调查结果产生影响。访问的这种特征是其他调查方法所不具备的,这就使访问法不仅能搜集到其他调查方法所能搜集到的资料,而且还能获得其他调查方法所不能获得的资料。这后一种资料正是通过访问者与被访问者相互刺激与互动得到的。访问既然是一种面对面的社会交往,因此交往成功与否将决定调查质量的好坏。因此,访问法一方面能较其他调查方法获得更多、更有价值的社会情况;另一方面它也是一种较其他社会调查方法更复杂、更难于掌握的社会调查方法。

也正如袁方教授主编的书中所分析的:"访问由于包括结构式访问和非结构式访问两种方式,这就使得它既能用于定量研究,也可以用于定性研究;既可用于大规模调查,又可用于小规模研究;既可以了解主观动机、感情、价值方面的问题,又可以了解客观问题;既可以了解现时资料,又可以了解历史资料,即长的历史发展和短的历史变化;既可以用于验证某种假设或理论,又可以用于提出假设和理论;既可获得语言提供的信息,又可以获得大量非语言提供的信息;既可以用于文化水平高的调查对象,又可以用于文化水平低的调查对象。因此与其他调查方式相比,访问可以获得的资料更丰富,实行起来也更灵活,弹性更大,应用范围更广泛,且有利于对问题进行更深入的探索。"[1]

此外,访问法还可以充分发挥研究人员的主动性和创造性,训练培养他们的想象力、人际交往能力以及对事物的洞察力,激发他们对问题的新的认识和解决问题的新思路。

当然,访问法的上述优点的发挥有赖于访问员的素质与能力。如果访问员能力不够,或对研究目的不十分了解,上述优点将受到限制。特别是对于敏感性问题,一些无法用语言表示的经验、情感过程,以及许多人的互动资料、心理体验、身体动作以及场所与速度的变化等社会测量的资料都不宜或无法用访问法获取,而需用观察法或其他调查方法获得。

---

① 袁方主编:《社会调查原理与方法》,高等教育出版社 1997 年版,第 274 页。

第三节　电话调查

一、电话调查及其意义

电话调查是调查人员利用电话这种通讯工具，同被调查者进行语言交流，从而获取信息，采集数据的一种调查方法。

在一些电话普及率较高的国家，电话调查已经独立地应用于社会经济市场调查的许多方面，例如对健康状况的调查，对就业状况的调查，对消费者商品需求情况的调查，其他信息的搜集以及各种各样的民意测验。广泛采用电话调查这种方式的国家和地区有瑞典、加拿大、芬兰、新西兰、美国、德国、丹麦、法国、荷兰、奥地利、中国香港地区、澳大利亚、英国等。一些电话调查专家曾指出，如果电话普及率达 40％以上，电话调查就有十分广阔的用武之地。

目前，我国的电话调查基本上还是刚刚起步，主要的原因是居民家庭的电话拥有率还不很高，但是，电话调查在我国有着广阔的发展前景。人们越来越深刻地认识到，市场调查的科学化和调查方式的现代化，是社会发展的客观要求，要正确认识现代市场，有效管理和建设现代社会，一刻也离不开正确、完整、及时的市场信息。电话调查作为一种搜集社会信息的现代化方式，在现代社会中具有十分重要的作用。我国的电话通讯事业，近些年取得了突飞猛进的进展，特别是大城市，电话拥有量的增长速度很快。虽然，在很长一段时间内，我们还达不到发达国家的电话普及程度，电话调查还难以作为一种单独的调查手段对具有不同类型的复杂总体进行调查。但是，充分利用电话调查的优点，特别是计算机辅助电话调查的方式的推进，电话调查和其他调查方法结合运用，电话调查就具有旺盛的生命力。在我国一些专业的市场调查公司以及相关信息机构已开始活跃在这一领域。

二、电话调查的类型

随着高新科技的发展，电话调查在其传统方式的基础上，正发展为多种不同的新型方式。

1. 传统的电话调查

传统的电话调查使用的工具是普通的电话、普通的印刷问卷和普通的书写用笔。经过培训的调查员在电话室内(可以是设置有多部电话的调查专用的电话室,或是一般的办公室,条件不允许的情况下也可能是在各个调查员的家中),按照调查设计所规定的随机拨号的方法,确定拨打的电话号码。如果一次拨通,则按照准备好的问卷和培训的要求,筛选被访对象;然后对合格的调查对象对照问卷逐题逐字地提问,并及时迅速地将回答的答案记录下来。一般情况下,电话室内有专门的督导员,负责电话调查实施管理和应急问题的处理。

传统的电话调查对于小样本的简单的访谈虽然简便易行,但也存在不少问题,如:效率低、难于进行统一的监控和管理、难于处理复杂的(例如有许多跳答或分支的)问卷等等。对于传统的电话调查的访问员,他们需要一些特别要求,主要是发音正确、口齿清楚、声速适中和听力良好。

2. 电脑辅助电话访谈

电脑辅助电话访谈(CATI, computer-assisted telephone interviewing)是访问员直接将答案输入电脑控制中心的电话访谈方法,是中心控制电话访谈的"电脑化"形式,目前在美国十分流行。当利用这种方式进行调研时,每一位访问员都坐在一台计算机终端或个人电脑面前。当被访者电话被接通后,访问员通过一个或几个键启动机器开始提问,问题或多选题的答案便立刻出现在屏幕上。访问员说出问题并键入回答者相应的答案,计算机会自动显示恰当的下一道问题。例如:当访问员问到被访者是否有家庭影院,如果回答为"是",接下去会显示一系列有关选择"家庭影院设备"的问题。如果回答为"没有",那么,这些问题就不恰当了。计算机会自动显示与被访者个人有关的问题或是直接跳过去选择其他合适的问题。

与传统的面访调查方法相比,电脑辅助电话访谈具有以下优点。

(1) 可以完全避免由于跳答路线而产生的错误。由于跳答路线已经设置在事先设计好的问卷当中,计算机软件系统会根据回答情况自动选择跳答路线,问卷会对调查员和被访者进行引导,因此不会因跳答路线的错误导致数据的丢失或多余的回答。

(2) 可以对数据进行即时检查,最简单的是对取值范围进行检查,例如某个问题可能的答案编码为 1—5,而访问员误输入 6,那么计算机将不会接受,并提醒改正错误。在传统的调查方法中,这种错误只有在数据编码核查阶段才能发现,已经无法返回调查现场进行更正,只能作为丢失数据处理。而电脑辅助电话访谈由于能够即时发现错误,有机会进行修改,因此完全可以避免这类错误。

(3) 可以通过计算机软件系统对问卷采用灵活的问题组织方式,例如对不同的回答者问题出现的先后顺序可以是随机的,这样可以避免由于特殊的问题顺序造成的系统误差,这种误差在某些性质的调查中可能会很显著。

(4) 可以省去传统调查的数据编码和录入阶段,这往往是一个很费时费力的过程,而使用CATI调查可以在访问结束后很快地得到分析结果,这在某些对时效要求较高的调查中尤其体现出其优越性。

(5) 调查过程中的各种信息都可以详细地保存在系统中,如访问的开始时间、结束时间,两次访问的间隔等。访问过程始终处于监控之中,不会出现调查员作弊等严重影响数据质量的问题。

(6) 能够对由不同的访问员完成的样本进行即时汇总分析,准确及时地掌握样本的构成情况,因此可以及时调整对样本的取舍,这在某些配额抽样调查中是十分必要的。

(7) 样本中能够包含一些通过面谈访问很难接触到的个体,有些地位较高的被调查者由于工作繁忙等原因,个人面谈方式不易接纳,相对比较短暂的电话访问则可能被接受,因此在一定程度上提高了样本的随机性。

(8) 对一些涉及个人隐私或比较敏感的问题,如教育水平、个人存款等,在面谈的情况下,被访者有时会感到窘迫或心存顾虑,而在电话访问中,由于存在着较大的距离感,往往可能获得较真实的回答。

(9) 由于省去了往返调查现场、数据编码、录入、审核等环节,因而与传统的面谈方法相比具有较高的效率,可以在相对较短的时间完成较大规模的调查,同时调查费用也相对较低。

电脑辅助电话访谈技术在我国的市场调查中的应用才刚刚起步。随着我国通讯产业的迅速发展,其方法的适用范围会越来越大。只要在市场调查中能够正确地使用此项技术,必然会取得事半功倍的成效。

3. 全自动电话访谈

近年来,在美国利用一种使用内置声音回答技术取代了传统的调研方式——电话调查。这种全自动电话访问方式利用专业调查员的录音来代替访问员逐字逐句地念出问题及答案。回答者可以将封闭式问题的答案通过电话上的拨号盘键入,开放式问题的答案则被逐一录在磁带上。全自动电话访谈主要有两种类型:向外拨号方式和向内拨号方式。向外拨号方式需要一份准确的电话样本清单,电脑会按照号码进行拨号、播放请求对方参与调研的录音。这种方法的回答率很低,因为人们通常容易挂断电话。向内拨号方式是由被访者拨叫指定的电话号码进行回答,这些号码通常是邮寄给被访者的。使用全自动电话访谈的公司发现它们可以在较短的时间、利用较低的费用快速搜集到大量的信息。该系统的适用性很强,能够适合各种特定调研的需要。它已用于几种不同类型的研究:顾客满意度调查、服务质量跟踪调查、产品(担保)登记、家庭用品测试及选民民意测试等。虽然全自动电话访谈无法代替其他传统的调研方法,但它为调研者们提供了另外一种全新的选择。

4. 电脑柜调研

这是一种在形式上类似于公用电话亭的电脑直接访谈调研方式。多种形式、带触摸屏的计算机存放在可自由移动的柜子里,计算机可以设计程序以指导复杂的调研,并显示出彩色的扫描图像(产品、商品外观等),还可以播放声音录音和电视影像。

在美国、西欧、日本等市场调研技术发达的国家,电脑柜调研已经成功地用于贸易展示、会议,现在正在尝试零售环境,在那里会有更多的用途。从调研的观点来看,在获取信息方面,以电脑、电话亭方式进行的访谈可能取代一般的访谈。这种访谈方式的费用较低,而且还有一些特定的优点。比起个人访谈,人们更倾向于给出诚实的答案。由于调研已进行了事先的程序化设计,因而内部控制较高。

三、电话调查的实施

1. 电话号码的抽选

电话调查必须先决定如何抽选电话号码,在电话调查中,电话号码的决定不外有三种。

(1) 电话簿抽样法

利用最新出版的电话簿上的电话全体作为抽样架构,可以采用简单随机抽样,系统抽样或集团抽样。如果采用简单随机法,必须先计算号码总数(样本框),然后利用乱数表抽选出号码,不过利用此法,工程浩大,尤其大都会的电话动辄上百万,的确不容易。如果采用系统抽样,可分页数、栏数、行数而抽出所要的号码,工程简易得多;如果采用集团抽样,则可以以页为集团,或以栏为集团,工作又简单些。不过在住宅部分的电话簿抽样以系统抽样法最为常见。其他以专业分类的电话部分,应先了解是否具有系统性排列,亦即了解母群分布的情形,再决定是否采用系统抽样法。

电话簿抽样的缺点是:① 号码记载不正确;② 有的人电话不登记;③ 电话号码变更。为了避免上述缺点,于是有随机拨号法(random digit dialing,简称 R. D. D)。

(2) 随机拨号法

随机拨号法就是利用电话号码的整体作架构,利用简单随机、集团或多阶段方式抽出所要的号码。利用随机拨号法,研究者须先了解电话局为各地区所分布的电子交换码的代号,以免误拨了非研究地区的电话。集团法则采最后两码的一百只电话为集团,施之即可。

随机拨号法的缺点在于空号太多,且无人接听的电话究竟是空号,无人在家,还是电话故障,根本无从判断,使得拨通率大受影响。为了改善上述缺点,因此有了加一法(plus-one)的出现。

(3) 加一法

所谓加一法乃是采取电话号码簿的优点——空号少,加上随机法的优点——未登记者也能被抽中。其做法是利用电话号码簿上抽出的电话号码加1,便成为抽样号码,譬如由电话簿抽出的号码为53369993,则抽中之号码为53369994,即为加一法。用这种方法所得号码,其空号率较 R. D. D 减少很多,但是却高出电话簿法不少。因此,在目前的电话抽样法中,研究者可根据自己的研究性质加以决定采用何种抽样法。

2. 受访者的决定

电话号码很少是一人独有,通常是一户人家共用,因此接听电话者可能不是访问对象,而同一户内符合访问条件的对象又不止一人,如果以接电话者符合资格便访问,可能造成偏差。对于受访者的决定有几种不同的方式:

(1) 任意成人法

只要是成人,选择一位皆可,在此种情况下,样本呈现女性较多,年轻人较多,此法虽然提高访问完成率,却降低样本的代表性。

(2) 随机选择表

亦即事先排列户中可能的人口组合,以之排列成表,访问员先了解户中人口状况,再决定受访者,如表7-2所示:

表7-2　随机选择受访者排列表①

样本户中20岁以上的人数	其中的女性数	应选受访者
1	0	男性
	1	女性
2	0	年轻男性
	1	男性
	2	年轻女性
3	0	最年长男性
	1	较年长男性
	2	较年长女性
	3	最年长女性

---

① 吴统雄:《电话调查——理论与方法》,(台湾)联经出版事业有限公司1985年版,第117页。

续　表

样本户中 20 岁以上的人数	其中的女性数	应选受访者
4	0	最年长男性
	1	次年长男性
	2	较年轻女性
	3	最年轻女性
	4	次年轻女性
5 人以上	'0	第三年长男性
	1	次年轻男性
	2	最年轻男性
	3	最年长女性
	4	次年长女性
	5 人以上	第三年长女性

　　例如,如何随机选择受访者。

　　问题:已抽出一个电话号码样本,欲用随机选择受访者方法在样本户中选出一位受访者,应如何选择?

　　条件:1. 样本户中有一对夫妇,男主人的母亲,以及在学的子、女各一;

　　2. 假设接电话的是男主人。

　　方法:访员与接电话者之回答(使用电话表)。

问:请问你家里 20 岁以上的人有几位?

答:3 位。

样本应落在表中第三排

问:请问这 3 位中,女性有几位?
答:两位。

据第二列值(2)所对应第三列应选受访者为"较年长女性"

问:请问两位中年纪比较大的那一位是谁?
答:我的母亲。
问:我们能不能请教您的母亲几个问题?

---

(3) 选男或选女

上述排列表使用起来较不易,因此,简易又顾及性别比例的做法是单号的电话号码则请男性回答,双号则请女性回答。这种方法在实用上较简便,且所得的样本也大致符合人群总体结构,况且访问员在拨号前即知该请男性或女性回答,在谈话前掌握主动,故容易请到受访者接受访问。

3. 替代样本的决定

抽出电话号码,可能无法接通而必须放弃,如果接通了,里面没有适合的受访对象,如非受访地区,非住宅电话,无人成年,无男性或女性等原因必须放弃,便须有替代样本,才能补充到所需的样本数。采取替代样本有两种方式:

(1) 抽出的电话号码采小组排列,如三码一组或五码一组,研究者抽出的号码数随机归成小组,该小组内的号码打通,则只取一号,若一号不通,便以该小组内其他号码替代,研究者考虑拨通率来决定是三码一组,还是五码一组,使得访员能自动地拨替代号码。

(2) 抽出的电话号码上下一号或两号替代:上述小组法在抽样时必须加数倍抽出电话号码,若采用上下附号的方式,则只需抽出所需号码,若该号不通,访问员可随机拨上码或下码,此种替代较上述简便,但是空号率显然亦多。

第四节 在 线 调 查

在线调查是借助联机网络、计算机通讯和数字交互式媒体实现研究人员研究目标的调查研究方法。在线调查的内容除了进行网上调查外,在广义上还可以包括网上的信息搜集、网上商业宣传、网上广告发布与投放、网上购物销售、网上客户支持服务等内容。

一、在线调查概述

在线调查在 20 世纪 90 年代开始走热。伴随着浩浩荡荡的网民的产生,在线调查的作用越来越被人们所看好,网民数量的快速增长为在线调查的可行性提供了基础。

同时,随着互联网日益普及和相关技术的逐渐发展,通过互联网接触民众进行社会调查、民意测验和市场调查已经越来越被研究者及研究机构所认可与采用。利用互联网为平台的在线调查,为调查研究提供了新的技术手段,同时也为企事业单位、调查机构提供了更高效、更经济、更高质量的调研技术和方法。

然而,虽然 2010 年中国互联网网民数量已达 4 亿,成为世界上网民最多的国家,但由于在线调查起步较晚,同时受到互联网网民素质及结构特征影响,在线调查的普及与发展还是受到一定影响。另外,政府部门、公司企业、研究单位对在线调查质量控制的认知度缺乏,需要我们对此进行更好的宣传普及互联网在线调查技术和方法,逐步培育市场,使中国的互联网在线调查逐步进入鼎盛时期。

与传统调查相比,在线调查有其鲜明的特色:自愿性、定向性、及时性、互动性、经济性、匿名性等,因此无论在定性研究中,还是在定量研究中都越来越发挥其重要的作用。

1. 在线调查的优点

与传统调查方式比较,在线调查在组织实施、信息采集、信息处理、调查效果等方面具有明显的优势,这些优势正是在线调查方式会产生、运用、发展,并最终取代传统调查方式的内在原因。相对于传统的社会调查,网络上的社会调查有如下优点:

(1) 组织简单、费用低廉。在线调查在信息采集过程中不需要派出调查人员、不受天气和距离的限制、不需要印刷调查问卷,调查过程中最繁重、最关键的信息采集和录入工作分布到众多网上用户的终端上完成,可以无人值守和不间断地接受调查填表,信息检验和信息处理由计算机自动完成。

(2) 调查结果的客观性高。一是被调查者是在完全自愿的原则下参与调查,调查的针对性更强。二是被调查者在完全独立思考的环境下接受调查,不会受到调查员及其他外在因素的误导和干预,能最大限度地保证调查结果的客观性。

(3) 快速传播与多媒体问卷。在线调查能迅速通过网络传播调查结果,并能设计出多媒体问卷,增强调查结果。

(4) 便于对采集信息的质量实施系统的检验和控制。一是在线调查问卷上可以附加全面规范的指标解释,有利于消除因对指标理解不清或调查员解释口径不一而造成的调查偏差。二是问卷的复核检验由计算机依据设定的检验条件和控制措施自动实施,可以有效地保证对调查问卷 100％的复核检验和保持检验与控制和客观公正性。三是通过被调查者身份验证技术可以有效地防止信息采集过程中的舞弊行为。

(5) 没有时空、地域限制。这就与受区域限制的传统调研方式有很大不同。此外,在线调查还能开展 24 小时全天候的调查。

(6) 国际互联网的交互性使在线调查的周期大大缩短。传统方式的调查活动需要耗费大量人力进行,周期也比较长。

2. 网上调查的缺点

首先是上网的人不能代表所有人口。例如,许多美国的家庭就不经常上网(虽然不少人都已入网,但不常用)。使用者多为男性,教育水平高、有相关技术、较年轻和收入较高的人,这就影响了目前样本的代表性。当然,这种情形正有所改变,越来越多的人开始接触互联网。

商业网/尼尔森互联网人口统计研究(http://www. nielsen-media. com)利用互联网进行调研,同时结合电话调研以评估互联网数据的偏差。随着这两种调研方式差异的减少,互联网已成为一种大众化的市场工具。虽然这还需要一些年头,但在新技术快速变化、传播及采用的时代,这注定会成为现实。

其次是互联网的安全性。现在的使用者很为私人信息的安全性所扰,加上媒体的报道及针对使用者的各种欺骗性文章,使这一问题更加沸沸扬扬。然而,考虑到对互联网的私人信息,诸如信用卡账号之类进行担保的商业目的,提高安全性仍是互联网有待解决的重要问题。我们希望能够解决该问题。

再次是互联网无限制样本问题。这是指网上的任何人都能填写问卷。它完全是自我决定的,很有可能除了网虫外并不代表任何人。如果同一个人重复填写问卷的话,问题就变得复杂了。例如,*Info World*(一家电脑使用者杂志)决定第一次在网上进行其 1997 年读者意向调查。由于重复投票,调查结果极其离谱,以至于整个调研无法进行,编辑部不得不向读者们请求不要再这样做[1]。一个简单的防止重复回答的方法便是在它们回答后锁定其所处站点。

二、在线调查步骤

在信息化条件下的市场调查,其抽样方法及调查步骤会与传统方法有所不同,在线调查就是一例。

1. 在线调查样本

互联网样本可以分为 3 类:随意样本、过滤性样本、选择样本。

随意样本在上文已经讨论过了,就是指网上的任何人都能填写问卷。

过滤性样本是指通过对期望样本特征的配额限制一些自我挑选的未具代表性的样本。这些特征通常是一些统计特征,如性别、收入、地理区域位置或与产品有关的标准等。对于过滤性样本的使用与随意样本基本上类似。过滤性样本

---

[1] Mary Beth Solomon, Targetng Trendsetters, *Marketing Research: A Magazine of Management and Applications*, Vol. 8, No. 2 (Summer 1996),9. Bill Eaton, Internet Surveys, *Quirk's Marketing Research Review* (June/July 1997), pp. 28 - 30.

通常是以分支或跳答形式安排问卷,以确定被选者是否适宜回答全部问题。有些互联网调查能够根据过滤性问题立即进行分类,确定被访者所属类别,然后根据受访者不同的类型提供适当的问卷。

一些研究者创建了样本收藏室,将填写过分类问卷的被访者进行分类重置。最初问卷的信息用来将被访者进行归类分析,被访者按照专门的要求进行分类,而只有那些符合统计要求的受访者,才能填写适合该类特殊群体的问卷。

选择样本对于已建立抽样数据库的情形最为适用。例如,以顾客数据库作为抽样框选择参与顾客满意度调查的样本。互联网选择样本用于互联网中需要对样本进行更多限制的目标群体。受访者均通过电话、邮寄、E-mail 或个人方式进行补充完善,当认定符合标准后,才向他们发送 E-mail 问卷或直接到与问卷连接的站点。在站点中,通常使用密码账号来确认已经被认定的样本,因为样本组是已知的,因此可以对问卷的完成情况进行监视或督促未完成问卷以提高回答率。

2. 在线调查步骤

(1) 确定目标市场。主要看网民中是否存在着被调查群体,规模有多大。

(2) 设计调查问卷。在提问题之前说明调查的目的、意义等,主要目的是为了引起被调查者的重视和兴趣,争取他们的积极支持与合作。在确定调查目标市场的基础上,充分考虑被调查者的特征及心理特点,达到调查者的目的。注意问卷不宜过长;问句应简洁易懂,定义清楚;尽量采取选择答案方式;敏感的问题应婉转迂回地提出,不要让被调查者产生反感。由于互联网交互机制的特点,网上调查可以采用一种传统调查无法实施的方式,即调查问卷分层设计。这种方式适合过滤性的调查活动,因为有些特定问题只限于一部分调查者,所以可以借助层次的过滤寻找适合的回答者。

与传统调查不同,调查表应设计得尽量简单、易答。一般在线调查不适用于那种较复杂的项目。网民中很多人的耐心不够,所以,调查问卷应设计成让接受调查的人在 10—15 分钟内答完为宜。除了特殊的问题需要被调查录入文字来回答外,尽可能让被调查者通过点击鼠标来选择。

(3) 网上调查的常用手段。虽然网上调查很便宜,但如果只是把调查问卷照搬到网上,恐怕是收不到好的调查效果的。一般有以下四种方法。

① 通过电子邮件发送调查表。这是进行网上市场调查最常见的调查方式。企业无需有自己的网站,只要有被调查者的电子邮件地址就可以了。这种方式简便快捷,费用很低,容易使被调查者注意,不过被调查者可能由于不能充分了解调查者的背景,容易产生不信任而不愿填写调查表,而且,这种调查有一种强加于人的感觉,处理不当,很容易招致反感。它主要适用于企业对老客户进行调查。

② 利用自己的网站。网站本身就是宣传媒体,如果企业网站已经拥有固定的访问者,完全可以利用自己的网站开展网上调研。

③ 借用别人的网站。如果企业自己的网站还没有建好,或访问量不大,可以利用别人的网站进行调研。这与传统中在报纸上登调查表相似。同样,为了取得较好的调查结果,应选用针对性较强的网络媒体,特别是借助访问率很高的ICP 或者是与调查课题相配合的专业性信息站点。

④ 适当使用物质刺激。在网上,时间就是金钱,占用被调查者的时间就意味着占用他们的金钱,所以,为了鼓励大家积极参与调查,除调查内容应有趣、易答外,还应适当使用物质奖励,以提高被调查者参与的兴趣。

(4) 调查结果的分析。这一步骤是市场调查能否发挥作用的关键,可以说与传统调查的结果分析类似,也要尽量排除不合格的问卷,这就需要对大量回收的问卷进行综合分析和论证,包括有些被调查者没有完成全部问卷,造成这种情况的原因是厌烦、断线还是失去了耐心,都要进行具体的分析。

三、在线调查方法

按照调查者组织调查样本的行为,在线调查可以分为主动调查法和被动调查法。按在线调查采用的技术可分为电子邮件法、站点法、随机 IP 法和视讯会议法等。

电子邮件调查法是通过给被调查者发送电子邮件的形式将调查问卷发给一些特定的网上用户,由用户填写后以电子邮件的形式将调查结果返回的方法。调研问卷就是一份简单的 E-mail 并按照已知的 E-mail 地址发出。被访者回答完毕后,将问卷回复给调研机构,有专门的程序进行问卷准备、排列制作 E-mail 地址和搜集数据。

E-mail 问卷制作方便,分发迅速。由于出现在被访者的私人信箱中,因此能够得到注意。但是,它只限于传输文本,图形虽然也能在 E-mail 中进行链接但与问卷文本是分开的。

站点法是将调查问卷的 HTML 文件附加在一个或几个网络站点的 Web 上,由浏览这些站点的网上用户在此 Web 上回答调查问题的方法。站点法属于被动调查法,这是目前出现的网上调查的基本方法,也将成为近期网上调查的主要方法。

随机 IP 法是以产生一批随机 IP 地址作为抽样样本的调查方法。随机 IP 法属于主动调查法,其理论基础是随机抽样。利用该方法可以进行纯随机抽样,也可以依据一定的标志排队进行分层抽样和分段抽样。

视讯会议法是基于 Web 的计算机辅助访问(computer assisted web interviewing,简称 CAWI)。这是将分散在不同地域的被调查者通过互联网视讯会议功能虚拟地组织起来,在主持人的引导下讨论调查问题的调查方法。这种调查方法属于主动调查法,其原理与传统调查法中的专家调查法相似,不同之处是参与调查的专家不必实际地聚集在一起,而是分散在任何可以连通国际互联网的地方,如家中、办公室等,因此,网上视讯调查会议的组织比传统的专家调查法简单得多。视讯会议法适合于对关键问题的定性调查研究。

有专门为网络调研设计的问卷链接及传输软件。这种软件设计成无须使用程序的方式,包括整体问卷设计、网络服务器、数据库和数据传输程序。一种典型的用法是:问卷由简易的可视问卷编辑器产生,自动传送到互联网服务器上,通过网站,使用者可以随时在屏幕上对回答数据进行整体统计或图表统计。

平均每次访谈,网络调研系统均比交互式电脑辅助电话访谈系统费用低,但对于小规模的样本调研(低于 500 名),其费用都比 E-mail 调研高。低费用是由于使用了网络专业工具软件,而且,网络费用和硬件费用由中心服务系统提供。

第五节 纵 贯 调 查

社会调查研究可以从各种角度、按不同标准划分为不同的类型。各种类型具有各自的特点,它们在调查方式、方法、步骤、程序、适用范围等方面都有所不同。

例如,根据调研任务的性质,可划分为理论性调查研究和应用性调查研究;根据调查研究对象的范围,可分为普查(或全体调查、全面调查)、抽样调查、典型调查和个案调查;根据调查的时间性,可分为横剖式调查研究和纵贯式调查研究(简称横剖研究与纵贯研究或横剖调查与纵贯调查);根据调查的区域性,可分为农村调查与城市调查、地区性调查与全国性调查;根据调研题目的范围,可分为综合性调查与专题性调查等。

一、静态与动态分析

所谓横剖研究就是在某一时点对调查对象进行横断面的研究。人口调查就是最典型的横剖研究之案例。当然,横剖研究定义中所说的"时点"是与"时期"相对而言的某一具体时间。例如,民意测验的"时点"可能是某一天或某几天,而离婚问题所研究的"时点"可能是某一年。所谓"横断面"是指由调查对象的各种类型在某一时点上所构成的全貌,比如不同年龄、不同职业、不同地区、不同民族的人在某一调查时点上对物价政策的意见和态度。横剖研究可采取问卷调查、也可以采用其他调查方法(如观察、访问)。

横剖研究的优点是调查的面较大,调查资料的格式较统一,标准化程度较高,而且资料都是在同一时间搜集的。横剖研究也有其局限:由于调查时间较短、调查内容较少,因此搜集的资料缺乏深度和广度,并以静态分析为主。当然,横剖研究并不等于只对现象作静态分析,它也做动态分析,但是,社会研究中注重进行动态分析的主要借助于纵贯研究的方法。

二、纵贯调查及类型

纵贯调查,也称纵贯研究,它是在较长时期的不同时点搜集资料,并对社会现象作纵向研究。例如,费孝通教授从20世纪30年代到90年代对江苏吴江开弦弓村进行了9次实地调查,他不仅深入探讨了中国农村的发展途径,而且也为研究中国农村的历史变迁过程提供了丰富的资料。研究的主要目的是了解某一社会现象的历史发展过程,分析社会现象产生的社会历史背景和社会条件,探寻现象之间的前后联系,由此来发现社会发展的一般规律或者对事物发展、变化的全过程作出详细说明。又如,社会史研究、社会变迁研究、政治制度史研究、生活史研究、家庭生命周期研究、厂史研究等都属于纵贯研究。

纵贯研究主要有以下四种类型。

1. 趋势研究

趋势研究一般是对较大规模的调查对象总体随时间推移而发生的变化的研究。不同时点的民意测验和人口普查实际上就是一种趋势研究。例如,上海市科协自1993年开始,配合上海市科技节,每隔两年进行一次"市民科技素养调查"。本书作者接受委托在1993年、1995年、1997年、1999年、2002年、2005年和2008年连续7次配合实地采访及资料分析工作,从中可以明显地看到上海市民科技素养逐年提高的情况。这就是一种趋势研究。

2. 同期群研究

同期群研究是对在某一时期具有同一特征的人群随时间的推移而发生的变化的研究。"老三届"现象越来越引起人们的关注。我们可以调查在特定的文革时期那些"老三届"们伴随着中国社会政治的进程,其人生的轨迹的丰富多彩的走向。特别是"知青子女"这一特殊的中国现象,也值得我们进行纵向考察研究。应当注意同期群研究不是对同一类人,而是对同一代或同一年龄组的某一群人的纵向研究。此外,它注意的是这一人群的特征,而不是其中某些人的特征。所以,在不同时点可以抽取不同的样本,也就是说,具体的被调查者可以变化,只要他们都属于这一人群。

3. 追踪研究

追踪研究是对同一批人随时间推移而发生的变化的研究。追踪研究与同期群研究比较相似,区别在于前者的每次调查都是了解同一批人,而后者的样本可以每次不同。举例来说,国外对吸毒者的一项追踪研究是抽取了 50 名吸毒者作为样本,然后每月访问他们一次,了解他们吸毒或戒毒情况。本书作者主持的《浦东新区社会发展调查》,也是一项追踪研究,我们将在案例中进行介绍。

4. 回溯研究

在这一调查中要求被调查者回想他们过去的态度或行为是怎样的,而现在又起了哪些变化。例如,复旦大学社会学系 97 级部分学生曾在本书作者指导下于 1998 年 7—8 月间进行了沪、滇两地禁毒专题调查。这次调查得到了上海市公安局刑侦总队和沪、滇两地戒毒康复中心的大力支持。调查显示,18 岁至 35 岁是接触吸食毒品的高危年龄段。在上海,瘾君子月均吸毒支出超出 5 500 元,远远高于其平均收入,大多数的人染上毒品的根本原因,绝非社会对他们不公平,而是个人意志薄弱、缺乏起码的社会、家庭责任感,并受到"好奇心"驱使和不良同龄群体的怂恿。在调查中,我们采用了问卷调查和个别访谈两种方式,在与吸毒者的个别访谈中,就采取了回溯研究的方式,让被调查者回想他们童年时代的家庭生活,第一次吸毒的年龄及其原因,这几年曾吸食过的毒品数量和种类,第一次进戒毒所的年月,进过几次戒毒所以及戒毒的过程等。回溯研究是侧重于了解调查对象的具体变化过程,并概括出一些共同的、普遍的本质。它比追踪研究要省事、省力。但是,回溯研究的资料准确性较差,有时被调查者记忆不清,无法准确地说出过去的事情或出现记忆错误。

由纵贯研究的几种类型可以看出,纵贯研究相当于在不同时点上的横剖研究,但在每一时点上,抽取样本的方式可有所不同。趋势研究每次都是从同一个总体中抽取样本,它试图了解这一总体的历史变化。同期群研究每次都是从一个固定的人群中抽取样本,它要了解这一类人的变化。追踪研究是每次都对同一批对象作调查,它要了解具体对象(如个人、村庄、企业等)的历史变化。在这三种研究中,只有追踪研究可以给出具体变化过程的全貌,而趋势研究和同期群研究则是概括性地反映整体的变化。

纵贯研究的优点在于,它能够了解事物的变化过程,能够对社会现象作动态分析,并通过这种分析发现现象之间的联系。由于能掌握现象之间或现象变化的时间顺序,因而也能确定出各种因素的因果联系。但它的缺点是,比较费时、费力,需要较多的经费。此外,由于历时较长,调查内容较丰富,因而调查范围一般较小。

三、纵贯调查案例

本书作者从 1993 年起,连续 15 年对浦东新区社会变迁进行追踪调查。
我们在 1993 年设计的研究方案中提出:

浦东的开发开放是一项跨世纪的宏伟工程,为了实施"面向世界、面向 21 世纪、面向现代化"和"振兴上海、开发浦东、服务全国"的战略任务,把浦东建设成为具有世界一流水平的外向型、多功能、现代化的新区,在开发起步阶段就需对浦东社会发展的状况及轨迹,对新区民众的观念及意向进行调查研究。

为了通过透视微观家庭来纵览宏观社会,通过个体的价值、意向和行为的变迁来衡量社会变迁的程度,同时通过了解民意来促进政府工作决策的民主化、科学化的进程,复旦大学社会学系与新区社会发展局长期合作采用户卷抽样调查和个案深度调查相结合的方式,对新区的社会发展、社情民意进行一项长期的纵观研究。1993 年为首次调查,5 年后再进行一次,在相隔的 5 年中,每年做一抽样与专题相结合调查,整个研究计划进行 10—20 年。

1993 年首次调查后,时隔 5 年,我们在 1997 年底 1998 年初对这 1 000 人/户进行了一次追踪调查,使用同样的样本、主要指标相同的问卷,由于原访户搬迁、死亡、拒访等原因,第二次调查追踪到了 754 户。

通过对两次调查数据的对比研究发现,在浦东居民心目中,调查 5 年来浦东新区生活业已发生以下八大方面喜人变化:

① 以居住条件改善及家用电器拥有量增加为代表的物质生活水平提高;

② 以受访者对空气、水质、噪声控制等满意度普遍提高为代表的浦东新区走可持续发展之路,经济与环境质量共同进步;

③ 以交通、邮电、水电为代表的公用事业设施全面改善;

④ 以居民对购物条件、娱乐设施满意度提高为代表的浦东商业服务业较快发展;

⑤ 以治安状况、法制建设明显进步为代表的公众安全感普遍改善;

⑥ 以人的现代性程度为衡量指标的新区居民素质不断提高,以社会归属感为代表的新区社会凝聚力显著增强;

⑦ 在关于政府是否廉洁,办事效率如何,政府透明程度等问题的调查中,受访者的评价均比 1993 年更为积极;

⑧ 举措得当的政府和健康发展的社会经济,为浦东赢得广泛的国际声望。新区居民的自豪感、凝聚力显著增强。

我们进一步通过追踪调查的大量资料对"浦东居民现代性"进行了实证分析。运用统计学中的对时间序列资料的"同组分析"方法,我们得到如下交互分类表:

个人现代性总体变动交互分析表

现代性程度	低(93)	中(93)	高(93)	合　计
	样本数(%)	样本数(%)	样本数(%)	样本数(%)
低(97)	88 (15.9)	41 (7.4)	33 (5.9)	162 (29.2)
中(97)	40 (7.2)	65 (11.7)	88 (15.9)	193 (34.8)
高(97)	37 (6.7)	66 (11.9)	97 (17.5)	200 (36.0)
合　计	165 (29.7)	172 (31.0)	218 (39.3)	555 (100.0)

Gamma＝0.383 43

从上表中可以看出,追踪样本的现代性表面上只有42位发生了变化原来有165位的现代性属性属于低等,追踪访问时变成了162位,变化幅度为3位;中等现代性的人由172位变成了193位,变化幅度为21位;高等现代性的人由原来的218位变成了200位,变化幅度为18位。这些合计起来净变化为42位。可是,一旦比较内部个人层次的变化,则发现实际上一共有305位个人的现代性程度发生了变化:原来143位的现代性属于较低层次,再次访问时已经上了一个台阶;相反,有162位原来属于较高层次的人则下降到了较低层次。追踪样本的总变化是净变化的7倍多。由此可以看出,内部转变分析更为深刻地揭示了样本的实际变动情况。

在2002—2003年,我们进行了第10年的追踪调查。2002年底,第10年浦东社会变迁追踪调查正式启动实施。浦东开发式一项跨世纪的宏大工程。21世纪的来临将带来浦东新的飞跃,在新的征程中,在科学发展观的引领下,浦东将以崭新的面貌可持续地向前发展。2003年香港、伦敦、亚特兰大,以"中国现代化与传统文化"为主题的研讨会在国内外学术界引起了极大的关注。2003年,本书主编赴美、英、港,出席了相关的国际学术会议,推进了浦东社会变迁研究的交流与深化。2004年7月,第36届世界社会学大会将在中国北京召开,会议主题"全球化背景下的社会变迁"引发了学术界对全球化研究的兴趣和共鸣。正是在这一背景下,我们在2002—2003年的第10年浦东社会变迁追踪调查中,关注了"全球化与社会变迁"方面的研究。从问卷的设计到报告的撰写,都围绕着"全球化与社会变迁"这一主题。

在2002—2003年的第10年追踪调查中,经过研究人员和调查人员的努力,我们追踪调查了1993年及1997年接受过调查的原被访者483人。

浦东新区社会变迁十年追踪调查见证了浦东的迅猛发展、浦东市民素质的全面提高。通过对浦东居民的问卷调查和个别访谈,课题组搜集了数以万计的宝贵数据和访谈纪要。透过实证资料,我们可以清晰地看到,浦东新区的自然环境、工作状况、市民生活、文化设施、社会状况发生了极大的变化,人的素质、价值观念得到了可喜的提高,在科学发展观所指引下,浦东正走在可持续发展的道路上。

2008 年,我们进行了第 15 年第 4 次的追踪调查。

经过对历经 15 年 4 次追踪调查资料的对比,我们在民生问题的研究分析中得到如下几个方面的初步结论。

1. 市民生活改善与社会变迁进程休戚相关

浦东新区的每一次大的社会变迁都带来了新区市民的动迁和生活改善。1993 年所访问的十个街道乡镇中到了 1997 年陆家嘴地区、金桥地区等被访户大量搬迁;其中由于陆家嘴金融区的开发,原被访的 140 多户全都搬迁到金杨小区等新建的居民社区;2002 年再次调查时,洋泾、张江等地区的市民也大量搬迁;而此次(2008)再次追踪,由于世博会的原因,周家渡街道许多居村委搬迁了,连农村地区的高南乡由于市政绿地等需要也暂时动迁,待建成新居再搬回原处。可见,在经济高速发展的地区,土地开发、经济开发的节奏快速,市民的社会流动加速。

2. 经济社会协调发展,生活质量明显提升

在浦东的开放开发进程中,一开始就注重规划先行和经济与社会的协调发展是一个十分鲜明的特点。

我们在几次调查中都问及“您认为浦东新区目前的经济与社会发展是否协调?”时,8 成以上的浦东市民认为“很协调”。由于在经济开发中,注重社会事业的发展,人们的生活质量得到很快提高。

我们的研究设计了 14 个“城市居民生活综合评价”的指标来反映“生活质量”变化的情况。15 年 4 次追踪调查的资料显示,改革开放 30 年中,浦东市民的生活质量得到了较为明显的提升。

市民生活总体评价表 (%)

	基 本 满 意			
	1993 年	1997 年	2002 年	2008 年
(1) 住房	38.2	44.2	43.2	85.5
(2) 工作	35.8	26.3	34.1	47.3
(3) 婚姻	64.6	68.8	65.7	70.8
(4) 家庭生活	70.2	68.1	68.1	73.2
(5) 政府	47.8	44.4	46.6	55.5
(6) 健康	61.7	58.9	56.5	59.0
(7) 自然环境	62.1	41.7	46.5	44.7
(8) 社会风气	15.9	30.2	40.3	39.9
(9) 个人经济状况	26.7	25	29.9	42.3
(10) 个人基本权益	77.5	36.5	40.7	46.3

	基　本　满　意			
	1993 年	1997 年	2002 年	2008 年
(11) 社会地位	33.9	29.4	29.6	43.5
(12) 文化生活	25.6	26.5	30.4	47.5
(13) 朋友、友谊	49	50.9	58.8	70.5
(14) 时间分配状况	37.9	41.2	43.2	53.5

3. 人的开发是社会开发和解决民生需求的终极目标

英克尔斯在 20 世纪 60 年代曾对印度等 6 个发展中国家进行过"人的现代化"调查。在我们的"浦东社会变迁"调查中,一开始就引用了英克尔斯的测量短表,用 14 个问题对浦东新区市民的现代化程度进行测量:

人的现代化在浦东的变化

浦东居民总体现代化程度

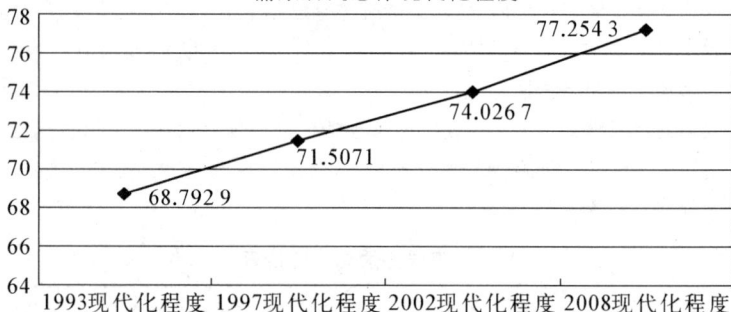

如同英克尔斯的调查结论所言:"国家的现代化,首先是国民的现代化。"浦东新区的开发开放过程也证实了这一点,唯有人的现代化才能更有效地推进社会现代化,而社会的现代化也促进了人的现代化。解决民生需求的终极目标仍在于人的全面发展。

第六节　调查质量控制

一、调查中的非抽样误差

调查研究的目的,是取得能够准确反映客观现象实际状况的调查研究资料。

所谓调查的质量,就是调查结果与实际情况相符合的程度,也就是调查的准确性。

准确性、及时性、全面性是对调查研究资料的基本要求。其中,准确性是第一位的,它决定了调研资料的有效性和价值的高低,失真的信息资料,即使是再及时、再全面,对决策者来讲也是没有任何意义的,甚至会导致决策的重大失误。

但在很多情况下,调查结果并不能绝对准确地体现事实,两者间常存在着一定的差距,表现为性质上的差距和数量上的差距。我们主要是对数量上的差距进行研究,通常将调查研究所得的数量与被调查总体实际数量之间的差别称为调查误差。

调查研究质量的高低及误差大小成反比,即误差越小,调查研究质量越高,误差越大,调查研究质量越低。

1. 非抽样误差

我们已经了解,在抽样实施中,影响样本代表性的误差可分为两类:第一类是随机误差,其中包括抽样误差,它是由样本范围与总体范围的不同而产生的误差;第二类则为非抽样误差(nonsampling error),它是在调查中由非抽样计划和容量导致的误差(见图7-4)。

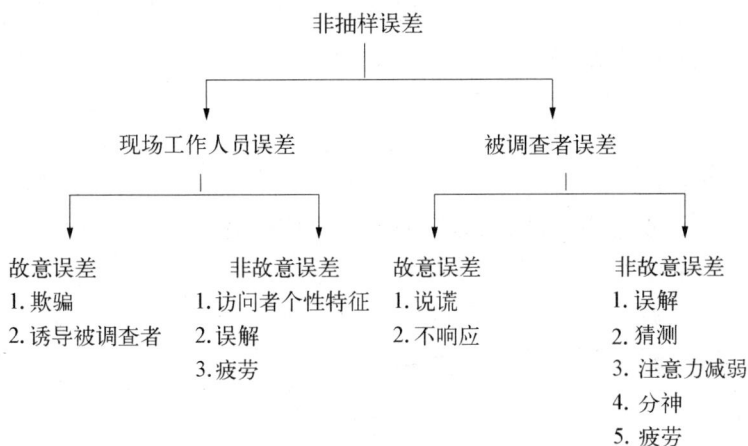

图7-4 各种误差的分类

非抽样误差包括各类不响应误差、数据搜集误差、数据处理误差、数据分析误差、解释误差。事实上,它也包括那些在问题的定义、文字表述中出现的误差以及所有与抽样误差不同的误差。一般而言,在数据搜集阶段最有可能出现大的非抽样误差。

如上所述,许多非抽样误差发生在数据搜集过程中。我们将这些误差分成两大类,并在每一大类内进一步细分。一种典型的误差是由现场工作人员进行问卷调查时所产生的误差,即现场工作人员误差(fieldworker error)。必须注意的是无论是自己动手进行数据搜集的人,还是专业的数据搜集者,都有可能产生现场工作人员误差。另一种典型的误差是由被调查者造成的被调查者误差(respondent error)。当然,此类误差的产生与采用何种数据搜集方式无关。在每一大类下面,我们又作如下区分:故意误差(intentional errors)和非故意误差(unintentional errors),前者是有意造成的,后者则是在无意中产生的。

(1) 现场工作人员故意误差。现场数据搜集者故意违反调研人员制定的数据搜集要求。

① 访问者欺骗:访问者故意谎报被调查者的情况;

② 诱导被调查者:访问者在遣词、评阅或形体语言方面影响被调查者。

(2) 现场工作人员非故意误差。当访问者明明犯了错误却认为自己操作正确时产生的误差。

① 个性特征:因访问者的个性特征引起,如口音、性别及举止行为;② 访问者误解:自认为也了解实际上操作不正确的情况;③ 疲劳误差:发生在访问者身心疲劳之时。

(3) 被调查者故意误差。有些被调查者在调查中故意谎报他们的情况。

① 说谎:当被调查者不愿说出真相;② 不响应:预期的被调查者不参与调查或不回答调查问卷中的某些特定问题。

(4) 被调查者非故意误差。被调查者提供了无效的答案而他(她)本人却认为提供的是事实的情况。

① 误解:没有理解问题或没有按照要求回答问题。

② 猜测:没有确切把握的情况下回答了问题。

③ 注意力减弱:被调查者对调查的兴趣降低。

④ 疲劳:被调查者对参加调查变得厌烦。

哪些人向调研人员关上房门

我们正面临一个艰难的时代。公众越来越不情愿参与调查。调查公司使用多种激励、奖励,甚至引诱的方式,但"不合作者"的数量似乎一直在增加。我认为问题不是出在调研行业,而是因为人们需要保护他们的隐私。长期以来,人们已认识到如果不想与陌生人谈话,只需关上房门即可。电话访问也出现了类似的情况,应答机充当了个人隐私的守护神。搜集调研数据的工作正面临挑战,而且这种情况将会长期存在。

哪些人拒绝参与调查?我们怎样找出这些"拒绝者"?答案可在地理人口学中找

到。地理人口学是对消费者的地理学特征与人口学特征的综合。地理人口群由居住在同一地区而具有不同人口特征的人组成。地理人口学曾经有项研究表明,最合作的群体是生活在美国南部小镇或是乡村地区的农场蓝领工人。他们的地理人口学名称和合作率如下:烟草之路(92%),股份收获者(88%),诺尔马·雷维莱(83%),以及后方乡村人(82%)。居第二位的合作群体是农业商人(81%),主要分布于大平原和山区各州的牧场、农场、林场和矿区。

最不响应的人群包括:城市黄金海岸(62%),金融及智业(60%),蓝血地产(59%),灰色群体(58%)和玩世不恭者(56%)。城市黄金海岸密集地包括了居住在高层公寓的单身家庭;金融及智业人员趋向于居住在小镇豪宅;蓝血地产是万贯家私的继承者和高级管理人员;灰色群体包括将近200万富裕的退休者;玩世不恭者是白领工人、学生、离异者、艺术者的混合群体。

当调研人员寻找普遍规律时,可以发现一个重要的相关关系:随着中等收入家庭财富的减少,响应率相应提高;当退休人员和相对富裕的家庭比重增大时,这一响应率将会降低。[1]

2. 怎样控制数据搜集误差

产生误差的可能性是处处存在的,但我们可以采取很多的预防措施来将各种误差的影响降至最低点,当然不可能完全"消灭"(消除)误差(见表7-3)。

表7-3　怎样控制数据搜集误差

	误差类型	控制方法
现场工作人员故意误差	欺骗	监督
	诱导被调查者	证实
现场工作人员非故意误差	访问者个性特征	选择和训练访问者
	误解	实习和角色训练
	疲劳	休息或改变调查
被调查者故意误差	谎言	确保匿名和保密
		激励
		证实检查
	不响应	"第三者"技巧
		确保匿名和保密
		激励

---

[1]　Susan Krafft "Who slams the door on Research?" *American Demographics*, Vol. 13, no. 9 (1991),14.

	误 差 类 型	控 制 方 法
被调查者非故意误差	误解	"第三者"技巧
	猜测	周密设计的问卷
	注意力减弱	直接性的问题
	干扰	周密设计的问卷
	疲劳	回答选项,如"不确定"
		程度极端词的调整
		提示语

　　监督和证实,不言自明,是指由管理人员对现场数据搜集人员(访问者)的工作进行监督或进行核实。

　　监督者在降低访问者的非故意误差方面也是有作用的。在处理现场工作人员非故意误差问题方面有三种方法:选择和培训、实习、角色训练。通过仔细选择访问者来避免访问者因个人性格特征而产生非故意误差,在选择之后,还有必要对其进行训练,从而避免因其举止、仪容等引起的误差。实习是指监督者为向访问者介绍调查和问卷操作要求时而举行的定向会议(orientation sessions)。角色训练是一种针对调查问卷的彩排,其中由监督者或其他访问人员充当被调查者的角色。成功的角色训练使访问者得以熟悉进行调查时需特别注意的方面。为了控制访问者的疲劳,某些调研者要求访问者在可能的情况下经常小憩和/或改变调查等。

　　为了控制被调查者故意误差,将被调查者的误差降至最低的方法可用确保匿名和保密激励证实,"第三者"技巧等方法。匿名(anonymity)是指向被调查者保证他们的名字不会与他们的回答联系在一块。保密(confidentiality)是指向被调查者保证他们的回答将不予公开。

　　一种减少说谎的方法是提供激励(incentives),向被调查者许诺在其参与调查的情况下将给予现金支付、提供礼物或是其他有价值的东西。另一种减少说谎行为的办法是证实检查(validation checks),即对被调查者所提供的信息进行确认。例如,在一个关于制秃发药品的家庭调查中,访问者可以要求看一看被调查者的药品以求得到证实。另外一种不太显著的证实方法就是让一个受过训练的对虚假回答比较警觉的访问者来检查某些被调查者的回答,以发现某些错误,如看起来年老却说自己年轻,穿得寒酸却说自己富有等等。一个受过良好训练的访问者将在答卷的空白处标明那些令人怀疑的答案①。

从问卷设计这一角度看,调研者也有办法来降低被调查者的故意误差。有机会的话,可以在问题中使用第三者技巧(third-person technique),即不直接问被调查者,而是将问题制作成针对一个与被调查相似的第三者。如对一个中年人可以这样提问:"您是否认为一个像你一样的人会使用米诺德特(minoxidit)来治疗秃发?"在这种情况下,大多数被调查者将从自己的角度来回答问题,但因为问题的主体是一个匿名的第三者,问题本身就不会被视为私人问题。换句话说,通过谈一个虚构的第三者,被调查者将不会拒绝泄露个人信息或隐私。第三者技术既可用来减少说谎,也可用来降低不响应。

对被调查者非故意误差的控制有多种形式,考虑到有可能被误解,周密设计的问卷说明和范例是一种常用的避免被调查者混淆的方法。

程度极端词的调整(reversals of scale endpoints),即调研者不是将所有消极意义的形容词放在一方,积极意义的形容词放在另一方,而是将一些词语的位置作些变换。这种变换提醒被调查者他们必须就每一种极端情况单独作出回答。

最后,对于长的问卷还得经常使用一些提示语(prompters),如"我们快完成了"或"现在是最难回答的问题",或是策略性地安排其他一些措辞来鼓励被调查者继续接受调查②。

3. 降低不响应误差

不响应(nonresponse)是指预期的被调查者拒绝参与调查或是拒绝回答调查问卷中的某些问题在任何一个调查中至少有三种潜在的不响应问题:拒绝(refusals)参加调查,调查中断(break-offs),拒绝回答某些具体问题也称为项目遗漏(item omission)。表7-4简略描述了每种类型的不响应问题。

表7-4　不响应的三种表现

1. 预期的被调查者拒绝参加调查
2. 被调查者可能在访谈中间中断或停止回答问题
3. 被调查者可能拒绝回答某一具体问题但仍回答后面的问题

(1) 拒绝参加调查

拒绝访问会因所处地区和人文差别的不同而不同。拒访的理由有很多且各

---

① Kevin M. Waters, see Designing Screening Questionnaires to Minimage Dishonest Answers, *Applied Marketing Research*, Vol. 31, No. 1(Spring/Summer 1991), pp. 51-53.

② 阿尔文·C·伯恩斯等著,梅清豪等译:《营销调研》,中国人民大学出版社2001年版,第356—358页。

不相同。人们或很忙,或对参加调查不感兴趣,或对访谈者的口音或举止不满而使他们拒绝。拒绝参与调查的部分原因是被调查者不想花时间或他们认为这是对隐私的侵犯。

解决拒访的一个方法是使用物质激励作为一种感谢形式。在美国一个对15 个不同邮寄调查的评估中,那些赠送小礼品如一支 1.5 美元的圆珠笔的调查可以提高 14%的响应率。另一个导致拒绝的因素是调查问卷的长度。研究表明,回答问卷的时间每增加 1 分钟,响应率下降 0.85%。信件调查的响应率也受到信件封面感召形式的影响,一项研究表明,教育机构发起的调查的社会感召力较强,会有效地增加响应率。另一方面,当发起者是商业组织时,强调自我的感召形式更为有效。强调自我的感召就是告知被调查者,他的参与对完成这项调研任务很重要①。

(2) 调查中断

中断是指访谈进行到某一点,被调查者决定不再回答任何更多的问题。中断的理由会有很多。访谈的时间超过了被调查者最初的估计,某一问题的内容令人不愉快或过多涉及私人问题,解释叫人摸不着头脑,突然的干扰,被调查者中断访问以便接另一个电话。在自己完成问卷的调查中发现,被调查者往往只是简单地没有将问卷填完。

雇用那些受过良好训练的访问者来执行调查任务是很重要的。MKTG 的高级副总裁霍华德·格肖威茨,有一次谈到如何提高被调查者的响应率时说:"我认为应该使访问者从真空中走出来并加入这一过程。现在那些取得成功的公司已经注意到访问者是他们成功的关键。"②越来越多的调查公司将注意力集中在培训技术和现场审计方面。

(3) 拒绝回答某一(些)问题

有时会发生被调查者拒绝回答某些问题的情况,即使没有发生拒绝参与或中断访谈的情况,调研者有时也会发现有些问题的响应率低于其他问题的响应率。事实上,如果调研者能够事先预料到某些问题,如被调查过去一年的收入可能被拒答,那么在问卷的设计中加上"可拒绝回答"是明智的。当然,在自填问卷的调查中,在没有设计这一选项可以提供准确答案的情况下,增添这样的设计是不明智的,因为这样会使有些被调查者利用这一选项来达到推诿的目的。"项目

---

① Pradeep K. Tyagi, "The Effects of Appeals, Anonymity, and Feedback on Mail Survey Response Patterns from Salespeople", *Journal of the Academy of Marketing Science*, Vol. 17, No. 3 (Summer 1989),235－241.

② *Marketing News*, "The Rescardens' Response Four Industry Leaders Tell How to Improve Cooperation"(August 16,1993), A12.

遗漏"是一个用衡量拒答某一问题样本的百分率的术语。

4. 调整结果以减少不响应误差

应该经常地测量不响应误差,如果我们认为不响应程度已构成问题的话,我们应该作些调整。当然,如果我们确定没有发现什么大的误差,我们也就用不着进行调整。但是,如果不响应误差存在,至少有两种方法可以用来抵消其影响,即加权平均和超额抽样。

(1) 加权平均

加权平均(weighted averages)就是将权重(权重能精确地代表总群体中的各个子群体)运用子群体的平均数来计算一个值,以调整各个子群的不响应误差的差异。加权平均的计算公式为:

$$x = (x_a \times 权重) + (x_b \times 权重) + \cdots + (x_m + 权重_m)$$

式中,x_a,x_b 等是各个子群体的平均数,权重 a,权重 b 等反映了各个子群在总人群中的相对比例。通过这种方式,加权平均用来调整抽样的结果使其反映真实的人口学特征。

例如,如果我们认为某种日光沐浴露的目标市场确实是 50% 的已婚者和 50% 的独身者,我们可以用 50∶50 的加权平均来调整这一结果。调查中可能问到这样一个问题,"平均来看,你将为一瓶近 100 毫升的天然非日光沐浴露支付多少?"我们发现已婚的被调查者的回答是 14 元,而独身者的回答是 21 元。如果我们按邮件调查比例 25∶75 计算的话,将得到近 19 元的价格。但是用 50∶50 的真实比率,平均价格是 17.5 元。不响应误差扭曲了平均价格,但是我们用真实的人口学特征对其进行调整以消除产生这种误差的因素。

(2) 超额抽样

处理不响应误差的第二种策略成本更高,但是在某些情况下也可运用。在第二种策略中,调研者利用超额抽样(oversampling)的方法,也就是取一个比要分析的人群更大的样本。要注意的是,这里所指的是一种最终的抽样比目标样大很多的情况,而不是抽取大量的可能的被调查者以达到目标样本大小的水平。于是,调研者可以抽取一个与真实的人文学特征相匹配的被调查者的子样本。如果对某一问题有比较高的拒绝率,超额抽样能够产生足够数量的确能回答这一问题的被调查者。

例如,以日光沐浴露为例,我们可能发放 10 000 份调查问卷,回收了 2 000 份,但结果仍然是一个 75% 的独身者和 25% 的已婚者的并不正确的分布。现在,我们利用计算机从被调查者群的数据集中选择 50∶50 的已婚者与独身者(也就是说,从两组中各取 500 名)。我们不必再进行加权平均,因为分析所用的样本已采用正确的比例。然而从本质上看,我们将丢掉 1 000 份已婚者的答卷来使得我们的样本中的已婚者和独身者的比例与人群中两者的比例一致。事实上,如果我们大量地超额抽样,我们就有机会从被调查者中选取一个子群体,使得该子群体与我们确认的人文学特征如性别、年龄、教育程度、收入水平相一致。但是,考虑的因素越多,最终样本量将越少,更多的回收的问卷将被排除在我们的分析之外。显然,尽可能地降低各种不响应误差的方针是运用合适的调查方法,采取激励措施,以及任何其他的调研者可以采取的诱导措施,这样就不必再进行调整。

二、调查质量控制的含义

1. 调查质量控制的含义

控制的一般含义是指人们为了达到一定的目的,主动地对其活动进行检查和纠正。所谓市场调查质量控制,就是检查和核实所从事的调查活动在质量上是否符合调查要求,指出调查中的缺点和错误,对调查过程中可能产生的各种误差及时给予预防和纠正。

人们对调研质量控制的认识和实践经历了一个发展的过程。以往主要是完全依靠质量检查的方式,即对已取得的调查资料进行事后检查,发现有填报不全、计算错误和逻辑不合理等问题,设法加以补救或改正,这种方法对于减少误差可以收到一定的效果,但基本上是事后的、被动的,有很大的局限性。现代调查质量控制借鉴生产领域的全面质量管理思想,结合调查工作的特点,将质量控制建立在完善的控制体系基础上。我国在 1982 年和 1990 年的人口普查中,在 1985 年的工业普查中都实行和推广了这种做法,数据质量很高,使调查质量在事前、事中、事后都得到了有效控制。

2. 现场质量控制的类型

(1) 现场访问控制

对现场工作人员的质量控制,主要是核查他们是否正确地执行了规定的程序,以便及时发现并解决问题。监督人员应该对字迹不可辨认的、答非所问的、未完成的问卷进行辨认,追究访员责任,争取找到补救措施。现场监督人员还应该及时记录访员完成工作所投入的成本、有助于确定工作是否按时间表进行。

(2) 抽样控制

抽样控制是现场质量控制的另一类型,目的是为了确保访员严格执行抽样计划。访员会试图避开那些他们认为较困难或者不必要的住户或其他抽样单位。访员也倾向于找一个简单的替代对象而不愿意按照要求回访。抽样控制要求监督员对访员的访问情况如实记录汇总,使访员的访问符合抽样的要求。

(3) 欺骗控制

欺骗是指篡改部分答案或者伪造问卷的行为。访员可能会篡改答案的一部分内容,使之易被接受或者看上去更加合理。更明显的欺骗形式是访员根本没有访问,而是伪造答案。通过严格的招聘、调查队伍的组织和培训、对现场工作的及时核实,可以有效地减少欺骗问题。

(4) 中心控制

中心办公室可以通过监督员提供的质量监督和成本控制信息,汇总一个系列现场进展报告,通过信息汇总、宏观监测发现并统一解决潜在的问题。

3. 现场质量控制的原则与流程

(1) 现场质量控制的原则

① 真实性原则。调查的真实性是其有效性的前提。现场质量控制应该遵循真实性的原则,确保在真实的时间、真实的地点对真实的人进行了真实的访问,并真实地填写了访问记录。一份真实的访问记录必然要包括时间、地点、受访人等真实信息,现场质量控制应该防止出现这样或者那样的不真实,保证市场调查的真实性。

② 完整性原则。访问的完整性是确保问卷信息可以被分析使用的重要条件。真实的问卷如果都是不置可否的回答或者是到处遗漏,则也只是不完整的调查。现场质量控制中,监督人员应该以特定的要求为标准,在实际访问中出现不完整情形的时候予以复核,筛选出因为粗心或者懒惰而造成的不完整情况,及时地进行补救措施。

③ 准确性原则。准确性是现场质量控制的重要原则,当调查具有真实性和完整性以后,准确性成为更高层次的要求。现场质量控制的重要目的就是为了保证市场调查的准确性。准确性原则要求在人员培训和访问过程中给予更严格地监督。

(2) 市场调查质量控制的程序

对调查过程进行有效的质量控制,通常要经过以下三个基本环节。

① 确定控制点和控制标准。由于各项调查在目的、规模、复杂程度及经费等各方面均有不同,对调查质量也会提出不同的要求。在调查实施过程中,各级管理人员不可能注意到所发生的每一个事情,因此,需要确定调查质量控制点和控制标准,这样才能使质量控制做到有的放矢。

所谓调查质量控制点是指影响调查完成的要害问题及其所在环节,如调查全过程中的设计阶段、搜集资料阶段和资料处理阶段等。因每个调查机构情况不同,在调查历史、人员素质、调查工具的现代化程度等方面均可能有差别,因此,每个调查机构所确定的控制点也不会完全一样,质量控制人员在确定自己的控制点时,必须从自身的实际情况出发来加以考虑。通常需要考虑的问题有:影响调查质量的主要问题有哪些,它们存在于哪些部门和环节,最容易出误差的环节是什么,经常出现误差的原因是什么等等。

② 对调查质量进行检查。确定控制点和控制标准,是为了在误差发生之前就能采取适当措施加以避免。但是,这并不意味着误差就不存在了,在控制过程中,应随时进行检查。在检查阶段,就要把执行的结果与控制标准进行对比,检查控制标准的执行情况,哪些做了,哪些还没有做;哪些做对了,哪些做错了。总结成功的经验,找出失败的教训并分析其原因。

③ 对误差进行纠正。在对调查质量检查的基础上,一旦发现存在偏差,就要迅速作出反应,适时采取纠正措施,以保证调查的总体质量要求。

上述三个过程相互区别,彼此又紧密配合,体现了全面质量控制的先进思想方法和科学的工作步骤①。

(3) 现场质量控制的其他问题

① 调查组织间的监督协调。在一些规模较大的调查活动中,当遇到大样本量的项目访问监督是,往往可能涉及不止一家研究公司,这就遇到不同质量控制机构进行协作的问题。在不同机构的协作中,同样需要现场质量控制人员的素质、从事现场质量控制的经验等。不同机构的协作监督协调,同样需要遵循现场质量控制的原则和程序。而且,通常采用先组织内整合,再进行组织间协作的方式,这也使得组织间的监督协作更为简洁有效。

② 访问员的安全性问题管理。在调查的过程中,常常会遇到人身安全、财产安全和社会安全的问题。考虑到人身安全问题,现场质量控制人员应该在培训时提醒访员注意交通安全,指导如何应对紧急事件,并规定安全的访问时间。对于财产安全问题,现场质量控制人员应该事先提醒访员携带适量的现金,在访问途中注意自己的财物和访问资料的安全等。在社会安全方面,现场质量控制人员应该学习了解相关法律法规,避免市场调查活动危害到社会和国家安全。考虑到访问的总体安全性,质量控制过程中应该谨慎选择调研管理人员和访问人员。

③ 现场记录管理。调查的访问都是以提交现场访问记录或经过整理的访问记录作为结束的。市场调查的记录必须以统一的、规范的记录标准进行。及时公布、收取反馈、修改记录标准,推广有效准确的记录方法也是现场质量控制需要面对的问题。

---

① 参见于海江编著:《如何做市场调研》,大连理工大学出版社 2000 年版,第 216—221 页。

三、调查员的挑选与培训

1. 调查员的挑选

调查员是调查实施的具体执行者,因此调查员的自身素质是调查实施能够成功的最重要的保证。调查员一般都是从申请者中经过认真的挑选后确定的。

究竟具备哪些条件的访问员才算合格,难以一概而论。不过,尚有一些标准可以参考。

(1) 性别:男性访问员活动能力较强,因而他们去访问领导人较合适。访问女性时,以女性访问员为宜,因为有些话,她们不愿意同男性表白,所以,性别之选择,视研究性质而定。

(2) 年龄:访问青年人以年轻访问员为佳,但总的说,以年龄较大的访员较为方便。我们社会强调人际关系,年纪较大者,通常对于现有社会规范及礼貌比较熟悉,容易取得受访人的信任和好感。

(3) 学识:如一般访问,教育程度似乎并不重要,但是研究问题较复杂的,则需要访问员有较高的学识,要有比较好的语言与写作能力,熟悉社会学、心理学、统计学等,在校大学生就有这方面的优势。当然,学识的重要性不完全在于访问技巧的运用,也表现于对受访人的反映程度。

(4) 品行:为人诚实。这是最主要的。要求访问员诚实,一方面是忠于访问工作,另一方面是忠于访问的事实。访问员对每一种资料都应做到非常精确,不能有一点毛病,同时要勤奋负责、吃苦耐劳。

(5) 性格:以活泼大方、善于交际、平易近人为好,当然不一定像个推销员。但是,性格太内向,也不十分理想。大抵以表现愉快的气氛与受访人讨论研究为好,不能太固执,争论也应适可而止。过多的争论会影响被访人的情绪。此外,还有不少要求,如说话的表达能力,遵守保密规则等,也不能把标准提得太高,因为人不是十全十美的。

2. 调查访问员的培训

访问员选定以后,还要对他们进行培训,一般的培训主要包括以下几个方面:① 安排几天正式课程,讲授调查研究方法和技术,介绍有关的知识如人类学、社会学中有关的内容,介绍本研究的目的意义、研究方法、研究的对象范围、研究步骤等。② 讨论研究大纲(或问卷)。研究讨论、熟悉本研究大纲及调查问卷,要求他们对问卷中可能产生的疑义展开讨论。③ 组织模拟访问或见习访问。一种方式是访问员互访,以熟悉内容和技巧,另一种是到一个社区实际操作一遍,访问若干人。④ 撰写心得报告。训练结束时,访问员参加考试,以考察访问员对访问要求的掌握情况。

(1) 培训内容

对于常规的培训,必须让调查员掌握两方面的内容:"怎样做"和"为什么要这样做"。

首先,要掌握八个怎样做:

① 怎样确定访问的地点(包括抽样的基本方法);② 怎样确定访问对象(包括抽样和配额的方法);③ 怎样进行接触(包括仪表和谈话方式等);④ 怎样问候(包括开场白等);⑤ 怎样确认合格的被访者(包括筛选方法);⑥ 怎样询问和追问;⑦ 怎样记录;⑧ 怎样结束访问。

其次,必须让调查员知道为什么要这样做,为什么遵循所规定的访问指南和访问程序是十分重要的。大多数调查员的培训课程在讲授"怎样做"方面都比解释"为什么要这样做"方面给人印象深刻得多、有效得多。然而,对新调查员灌输这两个方面的内容是同样重要的,因为完成上述的八项工作通常可以有许多方式,而通常培训中指导规定调查员完成每项工作的方式,一般都会比调查员自己能够找到的其他方式困难得多。对新调查员来说,为什么要按所规定的去做,理由一般并不明显。因此,在培训中十分重要的是,向新调查员讲清楚必须这样做的理由以及不这样做会造成的后果。

对新调查员除了进行常规的培训和指导外,还要针对即将实施的调查问卷的使用方法作出补充的指导。如果实施工作是委托其他的数据搜集机构来完成的,那么对该机构的调查员也应该进行相同的常规培训和特别培训。

如果研究机构没有对调查员进行过关于职业道德方面的教育,那么在常规的技术培训中,还应增加这方面的内容。主要包括:调查员在实施过程中的重要作用;调查员所应具备的诚实、客观、认真、负责的品德;调查员所应遵循的为受访者保密、为客户保密的职责等等。

(2) 培训方式

培训一般由实施主管负责。如果实施是委托某个数据搜集机构进行的,而且是第一次使用该机构,那么实施主管最好要亲自到该机构去指导和培训。但是,有时这种做法并不可行,例如路途遥远,同时雇用几个数据搜集机构,或数据搜集工作简单明了。在这种情况下,必须提供详细的书面的指导;同时通过电话对话或电话会议进行培训。

培训对象是受委托机构的督导,或最好是对督导和调查员都进行培训。一般的做法是: ① 介绍调查项目概况及研究目的;② 讲解实施的要求、实施指南和注意事项;③ 分发给培训对象进行访问所需的一份材料,包括问卷、书面指导、必要的卡片等;④ 将问卷从头至尾"走"一遍,注意每一个问答题、指导语、跳答、记录要求等；⑤ 以某个督导或调查员为对象,由培训者示范进行一次模拟的访问；⑥ 讨论可能出现的问题,给出解决的方法；⑦ 对督导和调查员进行提问,以确保他们已经完全理解了访问工作的所有方面；⑧ 让每一个调查员都相互练习做 1—2 个访问,使他们熟悉所有的细节；⑨ 分发现场实施所必需的材料和物品。

如果调查员培训要由所委托的数据搜集机构的督导来单独执行,那么应该指示他们一定要严格地按照上述的程序来做。数据搜集机构常常会试图缩减培训的程序,因为这样可以降低费用且容易实行[1]。

---

① 柯惠新等编:《市场调查与分析》,中国统计出版社 2000 年版。

第八章

社会调查(二)

实地研究是社会调查研究中常用的方法之一,在社会学、政治学、心理学、教育学、文化人类学等学科领域中都有广泛的应用,也出现了数量众多的经典案例。

第一节　实地研究概述

一、实地研究的概念

实地研究(field study)也可称为"实地调查",它是社会调查中的另一种主要方式。这种调查方式往往不带有理论假设而直接深入到社会生活、调查现场中,采用观察、访问、座谈等方法去搜集基本信息或原始资料,以便对调查对象作深入的解剖分析。实地研究不仅指搜集资料的活动,而且也指由经验材料上升到理性认识的活动。

实地研究法既包括搜集资料的途径和方法,又包括分析资料的手段和技术。实地研究法搜集的资料通常是定性资料,采取的搜集资料的方法主要是参与观察、无结构式访问,分析资料的方法使用的是定性分析的方法。在社会学中,又有定量研究和定性研究的区分,分别体现了实证主义和人文主义的方法论传统。实地研究属于定性研究的知识探求方法,这种方法注重对少数个案的深入理解,有时也被指责主观想象色彩较浓。

早期的实地研究多用于文化人类学领域,称为田野工作或实地参与观察法,是文化人类学最具特色的研究法。它与"民族志研究"或"民族志"(ethnographic)一起构成人类学家搜集资料的有效方式。文化人类学家提出的具有一定程度可能性的理论都来自将观察与假设结合在一起的归纳过程,而这种归纳过程,只能由人类学家在田野来完成。研究者必须做好准备,到所研究的人群或民族中生活几年,与这些人建立尽可能密切的关系[①]。英国人类学家马林诺夫斯基就曾于 1914 年至 1921 年在西太平洋的新几内亚和突布兰群岛,运用参与观察法调查该岛的土著文化。他前后调查了 3 次,长达 6 年之久。他的名著《西太平洋的航海者》一书就详细描写了他如何参与到土著社会的情况。

二、实地研究的特点

实地研究作为一种以定性为特征的研究方法,与统计调查等以实证主义方法论为基础的研究方法不同。它具有以下三个特点:

1. 只调查少数个案或典型个案。实地研究所考察的对象较为具体和有限,强调对个案的深入观察,搜集详尽的资料。这不同于强调广泛代表性的统计调查。

2. 主要依靠无结构式的非标准化的观察记录和访问记录。实地研究假设特定人群共享着一种知识,对事物有一种认识,研究者的目的就是要加入这个人群,并分享他们的知识。研究者要关注这些人群是怎么认识的,而不去解答这种知识的真实性问题。因此,研究者进入现场时,通常不带有理论假设,更不是去证实或证伪某种理论假设,而是从经验材料中归纳出理论观点,即实地研究获得结论的途径是归纳推理,而非演绎推理。

3. 实地研究强调互为主体性(Intersubjectivity)或主观互动的关系。研究者不是作为一个纯局外的主体,而是要设法成为要研究的人群中的一员,融入其中,尽量地去共享他们的知识,直到与他们达成共识。研究者也不干涉他们的日常生活,而是让他们尽可能以"原汁原味"的状态活动。

研究者通过实地研究所获得的资料以定性资料为主,主要进行深度描述分析,以达到对具体对象的理解和认识。这虽然以具体分析为主,但实地研究的目的还包括从具体分析中抽象出一般模式。

实地研究适用于:(1) 解剖一两个有代表性的或独特性的社会单位;(2) 了解社会现象发展变化的具体过程;(3) 了解人们行为、态度的具体表现以及行为

---

① 〔英〕拉德克利夫著,夏建中译:《社会人类学方法》,华夏出版社 2002 年版,第 31—321 页。

动机；(4)研究独特的事物或人物,如企业破产、暴发户、皮包公司等问题。实地研究主要包括如参与调查、个案研究、蹲点调查。

实地研究由于需要依靠研究者本人对现象本质和行为意义的"深层描述",最适用于对少数有代表性的、独特的个案或社会事件进行详细、深入的考察,特别是那些只有在现场——自然情境中才能更好解释的群体事件、社会过程和态度、行为。

洛夫兰夫妇(John & Lynn Lofland)在《社会情境分析:定性观察和分析导论》一书中,讨论了以下几种适合实地研究的社会生活因素,并称它们为思考的议题(thinking topics)①。

1. 实践:主要指各式各样的行为。

2. 情节:包括各种事件,诸如离婚、犯罪和疾病。

3. 邂逅:包括两人以上的会面以及在直接状态下与他人的互动。

4. 角色:实地调查同样适合于分析人所处的地位,以及在此地位上所表现出的行为,如职业、家庭角色、种族群体等。

5. 关系:有许多社会生活可以通过适合的角色丛的行为来考察,例如母子关系和朋友关系等。

6. 群体:在关系之外也可以用于研究小群体,如朋党、运动团队、工作群体。

7. 组织:在小群体之外,也可用于研究正式组织,例如企业和学校。

8. 聚落:研究如国家这样的大型社会是很困难的,实地调查者常对小型的社会,如村落、贫民窟、邻近地区等进行研究。

9. 社会世界:一些范围和人口都模糊不明的社会实体也可以成为社会科学研究的适当对象,诸如"华尔街"、城中村等。

三、实地研究的逻辑

美国学者 W. Lawrence Neuman 在"实地研究法的逻辑"章节中曾分析道:"实地研究法"比较像是一些活动的集合伞,在这把伞底下的任何技术都可以用来获得想要的知识,以及关于此资讯思考的过程。所谓的"实地研究者"(field researcher)则是"方法论的实用主义者",是一位充满资源、有能力、有创造力、在实地里有办法独立思考的个人。

实地研究的基础是自然主义,这也是用来研究其他现象(如:海洋、动物、植

①　转引自〔美〕艾尔·巴比:《社会研究方法》(上),华夏出版社 2000 年版,第 360 页。

物等)的。"自然主义"(naturalism)包含了在自然情境中观察一般事物,而非在设计的、在发明的或研究者创造出的情境。研究发生在实地里,是在安全的办公室、实验室或教室以外的场域。Reissue(1992)曾说,研究者在自然情境中对事件的直接观察,是社会学作为一种科学最重要的状态,如果社会学背离了自然主义,就会威胁到这种状态。

实地研究者解释社会意义并且在自然的社会场域中撷取多重观点。他们进到成员的意义系统内部,然后再回到外在或研究者的观点。正如 Van Maanen 指出,"实地工作代表摄入以及分离。既是忠诚也是背叛,既是开放也是秘密,甚至是爱恨交织"。研究者转换观点,从多重观点同时看待事情:"研究者在所研究的团体文化中建立并维持了成员关系;他们也被另一个文化社会化。"

让我们来看实务的实地研究者如何进行。

实地研究者做些什么?

实地研究者从事以下事项:

1. 观察在自然情境中所发生的一般事件和日常活动,除了不寻常的情境外。

2. 直接参与被研究对象的生活,并在实地里经历每天的过程。

3. 在维持分析观点或保持局外人的处境时,仍可获得圈内人的观点。

4. 当情境需要时,保持弹性的态度并运用各种技术和社会技巧。

5. 用完整的田野笔记搜集资料,并以图表、地图或照片提供详细的描述。

6. 在社会脉络下,全盘(以完整的单位,而非片片断断)且独立来看待事件。

7. 从实地里发展出对成员的同理心,而非只是记录下"冰冷的"客观事实。

8. 注意文化中外显的(被承认的、有意识的、说出来的)和内在的(比较不被察觉的、隐含的、不明说)面向。

9. 观察持续的社会过程,但不以局外的观点打断或强加其上。

10. 调适高度的个人压力、不确定性、道德的两难以及模糊地带。

自然主义和直接涉入表示,和量化研究比起来,实地研究是比较有弹性或比较没有结构的。这让研究者要针对实地有组织、有准备。这也表示计划步骤无法完全事先决定,只能提供一个约略的指导(见下表)。

实地研究的步骤

1. 自我准备,阅读文献,去除观点。

2. 选择实地并接近之。

3. 进入实地,和成员建立社会关系。

4. 选择一个社会角色,学习风俗习惯,和成员相处。

5. 观看,亲听,并搜集质化资料。

6. 开始分析资料,并概化、评估工作假设。

7. 着重在情境中的特殊面向,并运用理论取样。

8. 和报道人进行实地访谈。

9. 慢慢脱离并离开该场域。

10. 完成分析并撰写研究报告。

注:每个步骤所花的时间并没有一定比例。Junker 认为一旦进入实地,研究者应该预期时间分配上约花 1/6 观察,1/3 记录资料,1/3 分析资料,1/6 报告结果。

　　实地研究者很少有固定的步骤。事实上,有弹性正是实地研究主要的优点,这可以让研究者跟着领导人变换方向。好的实地研究者能认出并抓住机会,"跟着听到的起舞",并很快地跟着社会情境的流动而调整。Douglas 认为实地研究的技术和记者的调查或侦查工作有着很多共同点。

　　实地研究者并不从一组应用或检验假设的方法开始,而是选择一种符合其价值观的技术来提供资料。在一开始,研究者预期对资料只有一点控制和焦点,当进入情境之后,采集与调查并控制所要的资料。

第二节　实地研究实施过程

　　实地研究法的程序可以简单地分为五个步骤:(1)选择研究场域;(2)进入现场策略;(3)建立友善关系;(4)做好田野笔记;(5)撤离研究现场。但是,每个步骤的实现都需要特定的技术和技巧。

一、选择研究场域

　　所谓场域是事件或活动发生的脉络,在社会学定义下是一种界线会移动的领域。社会团体可能会跨越数个物理上的场域而互动,当然也包括实地研究者会说到某地或某"实地场域"去进行研究。选择研究场域包括了确定课题、记录选择过程和确定实地三个方面。

　　良好的开端是成功的一半。研究课题的确定受到研究者自身和客观条件两个主要方面的限制。一方面,从研究者的角度讲,研究者的研究能力、学术兴趣、学术素养和前瞻性对研究课题的确定有着决定性的影响。另一方面,由于实地研究需要研究者投入大量的时间和费用,能否争取到科研经费业已成为确定研究课题的重要客观限制。

选择实地是很重要的决定,研究者要记录下选择实地过程的笔记。在选择实地时有三个相关因素:资料的丰富性、不熟悉程度和适合度。有些实地可以提供比较丰富的资料。场域呈现了社会关系、各种活动的网络,而与时俱增的各种活动则提供了更丰富有趣的资料。实地研究的初学者应该选择一个不熟悉的场域。因为新的场域中比较容易看到文化事件和社会关系。Bodgan 和 Taylor 指出,"我们会建议研究者选择的场域是:其中的主题陌生,是他们并无特别专业知识或长才的"。在选择可能的实地作个案时,必须考虑这些实际的议题,像是研究者的时间和技巧、在场域中严重的人际冲突、研究者个人特质和感觉以及如何接近该场域。

在进行完上面两个步骤之后,就要选择"实地"了。实地选择要符合两个原则:一是相关性,二是方便性。所谓相关性,是指要尽量选择与研究课题密切相关的现场。所谓方便性,是指在符合相关性的前提下,现场要易于进入和观察。在实际操作过程中,实地的选择往往与研究者的社会资源息息相关。

二、进入现场策略

进入观察现场是参与观察的第一步。如果是到有关单位或社区作调查,首先要向该单位或社区的政府出示证明文件,说明调查的目的和意义,征得他们的同意。到了观察现场后,要设法消除当地群众的戒备心理,要使他们相信,研究者不是来给他们添麻烦、找岔子的。也可通过当地政府或社会组织的领导以及群众中有威望的人物作些必要的解释和说明,得到被观察者的支持和帮助。

有些课题(如边缘群体研究)可能需要研究者以成员的方式完全参与其中,不能表明研究者的身份。进入现场时,需要得到"局内人(insider)"的认可,通常采取以某种程序或仪式进入、"局内人"推荐、"关键人物"帮助等方式。类似的社会研究多见于国外。如美国教会历史学家阿尔弗雷德(Randy Alfred)进行的魔鬼教徒研究:

> "我以外来者的身份接触这个群体(魔鬼教派),并很快地表明了加入的兴趣。我伪装投身魔鬼教派却没有被怀疑而获得接纳,并依据我在仪式上的地位,被指派行政

责任和'作法'角色,我在这个整体中取得了快速的进展。"①

一些课题适用更正式的接触且表明研究者的身份。进入现场的方式就需要通过正式的组织途径,或与其领导,或者通过研究对象所生活的社区的"熟人"这样非正式的渠道进行接洽,征得研究对象的同意,以研究者的身份进行直接而正式的观察和访谈。

曹锦清教授的《黄河边的中国》采用观察访问法为主的调查方法进行研究。书中写道:"对于乡村社会调查来说,第一大问题是如何'入场',第二个大问题是如何保存'现场'。对于调查者来说,中国逐级划分的行政区划差不多是各级'诸侯封臣'的'封地',在大小'封疆'上,到处树立着块无形的'闲人莫入'的告示。官吏的防范与村民的疑虑足以使陌生的调查者裹足难前。"

如何顺利地进入调查现场,作者曾考虑过两种进入调查现场的方法:

一是获得一份通行全国的记者证,凭记者身份进入调查现场。但几经努力,无法取得记者证;二是与中央或省的有关党政部门取得联系,争取他们的理解与支持,而后自上而下地进入调查现场。

但是,这两种方法的实施效果甚差,凡官方色彩过浓的调查,往往搜集不到客观真实的调查资料。

曹锦清用新的办法进入河南乡村的调查现场,这个新办法就是我们中国人最为熟悉并习惯了的老办法:沿着私人的亲情朋友关系网络进入调查现场,利用这一颇具中国特色的社会调查方法②。

三、建立友善关系

这是整个实地研究最困难,也是最关键的一步。因为,当一个外来人闯入被研究者的生活而大家对他又不了解时,他的出现必然会改变整个研究现场的气氛和环境,引起研究对象的不正常反应,从而影响研究结果的真实性。要解决这个问题,研究者首先要尊重并顺应当地风俗习惯、道德规范和生活方式,要充分尊重被研究者在饮食起居、服饰打扮、禁忌喜好、礼仪应酬、言谈举止方面的习惯。研究者应熟悉被研究者的语言习惯。同时,要尽可能地参加他们的各种活动,特别是非正式的组织活动,与之共同生活,从

---

① 参见〔美〕艾尔·巴比:《社会研究方法》(上),华夏出版社 2000 年版,第 380 页。
② 曹锦清:《黄河边的中国》,上海文艺出版社 2000 年版。

而更好地了解他们的喜好、厌恶、行为规范等等。如果能在条件允许的情况下，帮助被研究者解决一些困难，那么既可增进友谊，又可能搜集到在一般情况下难以得到的资料。

因此，尽快取得被研究者的信任，尽快与他们建立友善的关系，是进入实地研究者面临的首要任务。"这在实地研究中可能是最为困难而又最费时间的了。的确，这可能是会引起损伤的一步，但要获得有效的资料，则是必不可少的一步。"①在一定意义上，研究者能否取得研究对象的信任，他能否与研究对象建立起友善的关系，决定着他的实地研究的前途和命运。只要你和他们之间达不到某种程度的熟悉和信任，相互之间没有建立起友善的关系，你的观察和访谈就难以顺利开展。一位叫韦克思的研究者是这样描述自己在对美国籍日本人的实地研究中未能顺利取得友善关系时的烦恼心情的："一个礼拜一个礼拜地过去了，在我的'友善关系'中或我的报告中没有任何值得注意的改善。""我在一种绝望状态下吃东西——直到吃得我的脸和身上流满了汗为止。在三个月中，我体重增加了三十磅。"②最后，她变得如此绝望，以致在令人窒息的闷热中走了很长的路，并哭了。

当然，研究者对此也不应过分着急。因为这种信任的取得、关系的建立，需要一个过程，需要有一定的时间，也需要一定的机会。韦克思不屈不挠的坚持和努力，终于等到了这种契机：一位日本人类学家的到来给她帮了大忙，使她能够发展友善关系。中国学者折晓叶曾十分生动具体地谈到了在她进行实地研究的过程中，一次偶然的事件成为当地人接受她的契机的情景：

"有意思的是，一次偶然的事件，却使我找到了缩短这种距离的一个有效方式。第二次进村不久，村书记和助手邀请我参加一年一度的"春茗会"，这是村里一年之中最隆重的公共活动之一，由村组织和村公司联合主办，邀请村里所有有身份的人，是象征性的，但村人却十分看重，认为谁抽到谁就是'有大运气的人'，这是当地的一种新风俗。我一直用心观察着这个群情激动、热闹非凡的场面。叫我意想不到的是，在最后一轮抽奖中，我的奖号竟中了一等奖中的一个。当我被全桌人哄闹着推到领奖台上的一瞬，我才感觉到这是一次有意义的'亮相'。我被抽号人称做'北京来的朋友'介绍给全场。自那之后的一段时间里，不时会遇到已认识或不认识的村里人与你打招呼，也会不经意地提到'我见到你中奖，你今年有好运气之后'，总会随便谈上几句。没有想到一张奖券竟成了最好的'介绍信'，一次特别场合的公开露面，竟让村里人在不经意中用他们乐于接受的方式接纳了我。后来我便将参加村里的公共活动作为访谈必备的经历，通过参加婚礼、生日庆典、吃早茶、

①② 〔美〕K·贝利：《现代社会研究方法》，上海人民出版社1986年版，第347、347—348页。

妇女外出游玩、祭祖、选举等重要活动,不同程度地、多多少少地开始进入了村里不同人的生活圈子。"①

四、做好田野笔记

有了比较明确的观察内容和观察计划后,就可以进入实际观察阶段了。在实际观察时,值得研究的问题是如何做好观察记录。这里涉及两个方面的问题:一是观察者应在什么时候及什么场合下作记录;二是记录应该如何积累保存。观察记录,自然是能在当时当地记录最为理想,这样可以避免记忆的错误。但是,在不少场合,不宜当场或公开作观察记录。例如,一连串的事件急剧发生或许多活动同时进行,要一面观察一面作记录就不易做到,而且会妨碍观察的进行。有时,为了避免引起被观察者的猜疑和反感,导致言行的反常,也不宜当场公开作记录。所以,观察者要慎重地选择记录的时间。要解决这一问题,比较好的办法是在现场用简短的文字和一些特殊符号迅速记录下观察得到的结果,然后在事件过后再立即把观察到的东西详细整理出来。人类学家在进行田野工作时,经常采用的记录方式有两种:一种是记日记,每天晚上把白天所观察到的事件,以先后次序记录下来;另一种是单独事件的记录,这可以是当场速记,也可以是事后的追记,或是将两者结合起来。长期的观察必然会积累大量的记录材料,因此就必须对这些材料采取分类索引的办法,否则查阅就会发生困难。分类索引可依需要而定,可以按事件、任务或行为分类,也可采用符号系统分类。

对记录田野笔记的建议②

1. 在每一段实地之后尽快记录笔记,在还未将观察记录下来之前不要和其他人说话。

2. 每一段田野笔记都从新的一页开始记录,上面标明日期、时间。

3. 只有很短时间可记录时,记录下一些关键字词、最先或最后发生的事。

4. 留白处多留一些,以便随时可以增加东西上去。如果事后记起任何事情,再回去加入笔记中。

5. 把笔记有计划地分类,并把不同层次的笔记分开来,这样未来易于回头检视。

---

① 折晓叶:《村庄的再造:一个超级村庄的社会变迁》,中国社会科学出版社 1997 年版,第 24—25 页。

② 〔美〕W. L. Neuman 著,王佳煌等译:《当代社会研究法——质化与量化途径》,(台湾)学富文化事业有限公司 2005 年 2 月(修正版),第 623 页。

6. 以事件发生的顺序加以记录,并记下发生的时间长短(如:等待 15 分钟、骑车 1 小时)。

7. 笔记尽量具体、完整、清楚。

8. 清楚分段、运用引号。能精确记忆的句子用双引号,而解释意义的用单引号。

9. 把当时看来不重要的对话或例行公事记录下来,以后可能会很重要。

10. "笔随意走",想到什么很快记录下来,不要担心写错字或想法天马行空。假设没有人会看到你的笔记,但记得要用假名。

11. 不要完全以录音带取代田野笔记。

12. 将实地的图片或地图放进来,并指出在观察期间你和其他人的动作。

13. 在笔记中加入研究者自己说的话和行为,并将感觉和自己的想法另外写下来。

14. 避免评价性的摘要字眼。与其说"水槽看起来好恶心",不如说"水槽都生锈了,看起来很久没清洗了。里面的晚盘、残渣看起来好像堆好几天了"。

15. 过一段时间就重新阅读一次田野笔记,并将重新得到的想法记录下来。

16. 一定要有备份,放在其他安全的地方并上锁,以避免火灾发生。

五、撤离研究现场

调查研究的目的不仅仅是发现问题、分析问题,更重要的是解决问题。因此,如同其他调查研究一样,在观察过程中,也要处理好调查研究和解决问题的关系。特别是观察结束后,要撤离观察现场时,一般应与该单位的领导交换意见,介绍自己的调查发现,并与他们一起商量解决问题的办法。同时尽快写出调查研究报告,必要时再征求观察所在单位及政府部门的修改意见。

第三节 参 与 观 察

一、观察法及类型

观察是社会研究最基本的方法之一。观者,看也;察者,思考、比较、鉴别也。社会研究中的观察法就是根据研究课题,观察者利用眼睛、耳朵等感觉器官和其他科学手段及仪器,有目的地对研究对象进行考察,以取得研究所需资料的一种方法。英国社会学家 C. A. Mosen 说："观察可称为科学研究的第一等方法。"

1. 科学观察和日常观察

就观察法来说,我们要区别两种情况。首先,将科学观察与日常的观察区分开来,观察是人们日常生活中最普遍的行为,如早晨起来先了解天气情况,到公园里观察花草树木,一般是无意识无系统的观察。作为科学观察则要具有如下各种特征:(1) 首先具有研究的目的或假设;(2) 有系统、有组织地进行;(3) 借用科学工具;(4) 避免主观和偏见;(5) 可重复查证等。其次,需要区分的情况是,科学观察本身可分为两种:一种是实验观察,另一种是自然观察。实验观察是对观察的环境与条件作严密的控制,然后观察其结果,而自然现象则是研究对象在自然状态下进行观察。我们这节所谈的是自然观察研究、实验研究及另有专门章节说明。

2. 观察法的类型

研究人员为了取得合适的资料,可以根据不同的情况,采取不同的观察方法。作为搜集资料的方法,观察方法可以根据不同的标准划分不同的类型。其中主要的分类是:(1) 根据观察者的角色,可分为参与观察与非参与观察;(2) 根据是否有详细的观察计划和严格的观察程序,可分为结构式观察与无结构式观察;(3) 根据观察者是否直接接触到被观察者,可分为直接观察与间接观察。

(1) 参与观察与非参与观察

这种分类是根据研究人员作为一名观察者的具体身份,根据观察者是否参加到被研究的社会群体或单位之中,是否参与被观察者的活动而划分的。

所谓参与观察是指观察者为了达到深入了解情况的目的,直接加入到某一社会群体之中,以内部成员的角色参与他们的各种活动,在共同生活中进行观察,搜集与分析有关的资料。这种观察方法在社会学、人类学的调查研究中应用最多。

非参与观察是指观察者以旁观者的身份,置身于调查群体之外进行的观察。在非参与观察中,观察者向记者一样进行现场采访和观察,他们不参与被观察者的任何活动。作为一名旁观者,他们只是在某些场合才有机会同被观察者交往,后者将他们视为外人;但在一定程度上允许他们参观某些活动,如业余活动、日常工作等。这种观察方式虽然比较客观,但是却不能了解到被观察者的内心世界,不能深入到实际生活的各个方面。一些短期社会调查和"走马观花"式的视察或检查工作也属于这一类型。它的作用是对具体生活现象作一般性的观察,已取得某些感性认识,了解现场工作情况,并由此发现问题,得出某些概括性的结论或假设。但是由于外人或上级机关的人员在场会对观察对象造成某些影响,因此获得的信息也有可能是虚假的或歪曲的。另外,有些缺乏专业训练的观察者往往从一些表面现象中主观地推出错误的结论。为避免这种主观性,目前国外多采用有结构的非参与观察,即按照预先规定好的观察项目进行观测,观察者只是记录或描述观察对象的语言、姿势和行为而不加以解释。例如,心理学家到工厂车间对工人的操作动作、姿态和互动行为进行记录和统计,或在实验室里观察被试者的行为。这种观察方式有助于克服主观因素的影响,但是仍不能避免观察者的在场对被观察者的影响。

非参与观察的优点是,获得的资料比较客观、真实,能增加感性认识,它一般用于探索性研究,即通过实地考察来发现问题,提出问题。它的缺点是,观察时间较短,观察范围有限,因而只能获得某些表面现象或公开行为的信息。

(2) 结构式观察和无结构式观察

结构式观察是事先制定好观察计划并严格按照规定的内容和程序实施的观察。这种观察方法的最大优点是观察过程标准化,它对观察的对象、范围、内容、程序都有严格的规定,一般不得随意改动,因而能够得到比较系统的观察材料,供解释和研究使用。当然,要制定一个既实用又科学的观察计划很不容易,这本身就需要做许多探索性的调查研究。

无结构式观察是指对观察的内容、程序事先不作严格规定,依现场的实际情况随机决定的观察。人们平时所作的观察,大多属于无结构式观察。无结构式观察的优点是比较灵活,调查者在观察过程中可以在事先拟定的初步提纲的基础上充分发挥调查者的主观性、创造性,认为什么重要就观察什么。缺点是得到的观察资料不系统、不规范,受观察者个人因素影响较大,可信度较差。

(3) 直接观察与间接观察

这种分类是根据观察者是否直接接触到被观察者来划分的,即观察者直接"看"到被观察者的活动,还是通过观察一些事物来间接反映被观察者的行为。

以上所述的各种观察均属于直接观察,因为不管是"参与"还是"非参与"、是"结构式"还是"非结构式",都是直接对"人"进行观察,而不是对"物"进行观察。

所谓间接观察是指观察者对自然物品、社会环境、行为痕迹等事物进行观察,以便间接反映调查对象的状况和特征。例如,通过对各个城市的市容卫生的观察,就能从侧面了解人们的精神风貌;通过对城市建筑、农村住房、公路上的车辆等方面的观察也可反映人们生活水平的变化。此外,间接观察中比较有特色的两种类型是"损蚀物观察"与"累积物观察"。

在"损蚀物观察"中,有的研究者举例说,我们可以通过观察展品周围地面花瓷砖的磨损和裂缝来估价博物馆中不同图画作品受人喜爱的程度。同样,我们也可以根据图书馆中书籍的封面、内页的磨损情况,如书中记号的多少或通过检查其流通记录来判断各类书籍的普及程度,由此可反映读者的兴趣、爱好或社会时尚。

"损蚀物观察"是一种对磨损程度的观察,"累积物观察"则与此相反,它是观察某些堆积物或积聚物。例如,考古学家通过区分废墟堆积层来研究历史现象,社会学家也把某类城市垃圾堆中的酒瓶进行分类整理来度量"禁酒"城的酒类消费量。在地铁墙壁上、公共厕所、宿舍以及其他地方的墙上,随便涂写的内容是另一种可度量的"累积物"。有些研究人员通过对厕所文字或教室课桌上涂写物的观察记录来分析人们的某种倾向。同样,从食堂的剩饭桶、垃圾筒、公园里的野餐包装纸等物品都可分析出某些行为倾向。

物质表征也是我们对物质环境进行观察的一种重要方式。一些政治研究人员认为,"政治信息可表露的方面很多,如汽车保险杠上的广告、印在人们短袖衫上或徽章上的口号,以及在草坪上的、商店橱窗上的标语等,都有大量的这种表征。在竞选期间这种表征会更加注目……通过服饰、家具,一般的生活方式所反映出来的阶级地位更加微妙。一些社会学家曾通过在采访中给起居室陈设打分的办法来度量社会阶级。起居室内有窗帘、硬木地板、多边桌、报纸和杂志则加分,如起居室摆放床、闹钟或煤气炉等物则减分。根据草坪、房屋的外观(维修状况和大小),也可估计出一个社区的社会地位状况"[1]。

以上例子说明,对物品和环境的观察,特别是对"损蚀物"、"累积物"和物质表征等事物的观察可以搜集到有关人类行为的资料。因此,间接观察也是社会调查搜集资料的一种重要手段。它的缺点是,由"物"的迹象来推论人的行为或思想倾向是不太可靠的,而且也很难进行客观检验。间接观察可作为调查方法的补充或辅助手段。

当然还有其他类型的观察,如自我观察。自我观察就是个人按照一定的观察提纲自行记载自己的行为及正在成为现实行动的关系。进行自我观察,观察者既是主体,又是观察对象。在实际调查研究中,采用何种类型的观察方法可以据研究目的和现场条件来决定。对现代社会研究来讲,参与观察和结构式观察有其本身的特色和重要作用,下面我们专门介绍这两种方法。

二、参与观察及实施

1. 参与观察的概念

如上所述,参与观察是调查者为了达到深入了解情况的目的,在一定时间内进入被调查者的群体或单位之中,不断地观察和记录这个群体内部的行为的一

---

① 〔美〕B·H·齐斯克:《政治学研究方法举隅》,中国社会科学出版社 1985 年版,第 286 页。

种观察方式。这种方式事先不需要对观察的具体项目、观察进程和步骤作严格规定,也不采用标准化的表格进行记录。它常用于有深度的专题调查,或用来研究社区和群体活动。

要真正做好参与观察,获得研究所需要的资料,首先,要熟悉观察对象,与被观察者打成一片,真切地体验他们的情感,分享他们的痛苦与欢乐。这样才能使观察对象向观察者倾诉心里话,反映出真实情况。其次,研究者在群体中只能充当该群体的普通一员。一方面要接近所研究的群体,详细地观察他们的工作、娱乐、家庭生活常规等,即使是粗俗的争执、吵架、家务琐事、粗言粗语也不能放过;另一方面,对群体中发生的事情应不露声色,不表现出明显的倾向和兴趣,发言应持中立的态度,不加评论,尽量做到多听、多看、少发表意见。也就是说,观察者应有效地掌握参与的深度以及客观的立场。

根据参与的不同程度,参与观察也可分为完全参与和不完全参与。它们的区别在于:"完全参与"是观察者长期生活在被观察的群体中,甚至"隐瞒"或改变自己的身份,成为群体中的一员,完全进入角色并被当成"自己人"。"不完全参与"是指观察者不改变身份进入群体中,观察者的身份虽然显露,但他至少被群体中的人视为可接纳或可容忍的"客人"。当然,"友好的客人"与"自己人"毕竟有所不同。不完全参与虽然可以参加群体和社区的某些形式的活动或仪式,但其细节或较隐秘的材料则往往难以获得。尽管如此,它与问卷、走访、座谈等方式相比,可获得更深入、更详细的信息。它有助于深入、全面地了解实际发生的社会事件、社会活动及其意义,认识人们的社会关系和生活环境,因此它在实地研究中被广泛采用,"蹲点调查"也可视为一种非完全参与观察。

2. 参与观察的实施

参与观察的方法在社会学、人类学的学科中运用甚广。英国人类学家大师马林诺夫斯基(B. Malinowski)就曾于 1914 年至 1921 年在太平洋的突布兰群岛,运用参与观察法,调查该岛的土著文化。他前后调查了 3 次,长达 6 年之久,到后来几乎完全成为土著社会的一员。他的著作《西太平洋的航海者》一书就详细地描写了他如何参与到土著社会中的情况。另一个广为人知的例子是威廉姆·福特·怀特的《街角社会》,怀特在波士顿的工人区对失业的"街头孩子"所作的小群体社会互动的研究,就是运用参与观察的方法。在我国的社会调查研究中也有许多参与观察的生动事例。数年前,我国一位青年作家,为了深入了解中国乞丐群落的真实情况,换上破衣服,脸上抹点油,到街上去要饭,借机混入乞丐队伍,和一帮乞丐一起生活了 4 个月,掌握了大量有关乞丐生活的原始素材。在此基础上,他写出了力作《乞丐流浪记》。这位青年作家所用的调查方法,就是典型的参与观察法。

实施参与观察,一般地说,可分为五个阶段。

(1) 进入观察现场

进入观察现场是参与观察的第一步。

(2) 与被观察者建立友好密切的关系

这是整个观察活动最困难也是最关键的一步。

(3) 确定观察内容,制定观察计划

观察内容应根据调查的目的来确定,一般包括四个方面:

① 情景条件。被观察者活动的舞台及其背景,包括自然条件和社会环境两个方面。情景条件对人的行为、思想有很大的制约作用。"存在决定意识"要了解人的行为,首先要观察他们的活动情景条件。

② 人物活动。人是社会行为的主体,参与观察主要是观察人的活动,包括被观察者的工作、学习、娱乐、生活、言谈举止、行为习惯、喜怒哀乐、悲欢离合等。

③ 人际关系。人是社会的动物,人际、群际的关系是社会关系的重要反映,也应是参与观察的重要内容。研究者应该观察各类人之间的关系如何,有没有形成非正式群体,群体中谁是核心、谁最活跃、谁较孤立等。

④ 目的动机。要了解人的活动目的及动机虽然比较困难,但只要深入观察还是可以有所收获的。我们可以通过观察了解被观察者的某种行为是否有明确的目的,在表面的目的后面有什么深层动机,各观察对象的目的和动机是否一致等。

(4) 进行实地观察,做好观察记录

(5) 撤离观察现场,写出调查报告

我们再举怀特参与观察的研究案例。

　　威廉姆·福特·怀特著《街角社会——一个意大利人贫民区的社会结构》的附录一中谈了他运用参与观察方法研究街角社会的体会。

　　我又一次努力,找到了地方福利委员会。我对许多社会工作者谈过我的计划,希望同人们相识,研究这个地区,他们兴致勃勃地聆听着。在某种意义上说,我的研究开始于1937年2月4日晚上,当时,那位社会工作者安排我会见多克,她把我们带进她的办公室,然后离开,好让我们交谈。

　　我问他社会工作者是否已经告诉他我要干什么事。

　　"不,她只告诉我你要见我,而且我也愿意见你。"

　　然后我做了很长的解释,我说我在大学学习期间就对这拥挤的市区感兴趣,但是觉得他们非常遥远。我希望在这样的地区研究这个问题。作为一个局外人,我感到束手无策,只有通过认识这里的人,并获得有关他们的第一手资料,才能达到我所需要的那种理解。

多克听我把话讲完，表情毫无变化，因此我无法预测他的反应。我说完之后，他问："你要看上层人的生活，还是下层人的生活？"

"能看的我都要看。我需要尽可能地获得这个地区的完整图画。"

"好啦，你要看的话哪个晚上都行，我带你去转，我能带你到下流场所——赌、窑——我能带你到街角去，切记，你是我的朋友，这点很重要。我了解这些地方，如果我告诉他们你是我的朋友，没有人会找你麻烦。你告诉我你需要看什么，我们会给你安排的。"

这个提议再好不过了，我顿时高兴得不知所措，不知如何作出反应。

……

就在我与多克开始迈出第一步的同时，我在科纳威里找到一个住处。由于期待着搬进这个地区，我已经开始借助于灵格风学习意大利语。虽然我在餐馆或家里进行过几次有效的接触，但马蒂尼一家对我之所以重要并非为此。进行这种实地工作总是紧张的，当你作为一个陌生人，不断琢磨人们是否接待你时，这种紧张达到极点。虽然你很欣赏你的工作，但只要你正在观察和访问，你就需要扮演角色，完全轻松是不可能的。在一天工作结束之后能够回到家里放松一下，享受天伦之乐，那种感觉有多么美妙啊！如果我没有这么一个进出随意的家，我是不可能继续集中精力研究科纳威里的。

……

我还记得与多克的第一次出游。一天晚上，我们在诺顿大街福利委员会相遇，动身去与那里相隔两条街的一个赌场。一进门，我就脱掉帽子，并开始环顾四周，找一个挂帽子的地方，结果一无所获。多克向竞选公职的契契、契契的朋友和顾客们介绍说："我的朋友比尔。"我同多克在厨房那儿停留了一会儿，那里，几个男人正围坐在一起谈话，随后在别的房子看掷子。

人们谈论着赌博、赛马、性和其他事情。多数情况下我只是听，并尽力表示友好和感兴趣，我们要了酒和加茴香籽的甜咖啡，由几个人付钱，如同多克所预言的，没有人询问我的情况，但是后来他告诉我，当我去盥洗室时，他们用意大利语情绪激动地交谈起来，而且他不得不向他们保证我不是联邦调查局的调查员，他说他直截了当地告诉他们，我是他们的朋友，于是他们也就不再追问了。

……

我与科纳威里的男人相识的同时，也认识少数几个姑娘。我带一个姑娘到教堂跳过舞。次日清晨，小伙子在街角就问我："你的情人怎么样？"这使我感到唐突，我认识到，如果你不打算与她结婚，你是不应该到姑娘房间去的。幸运的是，这位姑娘和她的家庭知道我不懂本地的风俗习惯，因而也就不当事。可这是一次警告，从此以后，即使我觉得某些科纳威里姑娘非常迷人，除非在群体里，我决不同她们一块儿出去，而且我也不再造访。

1937年春，我上了一门参与观察的强化课。我已在学习如何处事，向不同的群体学习，尤其是向诺顿人学习。

......

早在科纳威里期间，我就知道得到被研究群体或组织中关键人物的支持是至关重要的。我发现根本不必自我解释，向多克这样的领袖对我个人及研究所作解释，提供的信息远比我自己提供的多。我总是设法造成这种印象，即我愿意并且渴望尽可能解释详细，满足他们的愿望。只是对群体领袖我才特别努力，提供真实的全部信息。

我与多克的关系很快就改变了。开始，他只是一个关键的情报提供者，同时也是我的担保人。一起相处的时间久了，我就不再把他看做一个被动的情报提供者。我与他相当坦率地讨论我所想做的和使我为难的问题等等。我们的许多时间都花在对概念和观察的这种讨论上，因此确切地说，多克成了我研究的合作者。

......

我同多克的工作关系比其他任何人都密切，但是我一直在寻找所有被研究群体的领袖。我不仅需要他们的担保，且更需要他们的积极合作。由于这些领袖在社区中占有多种地位，因而他们比手下人对发生的事情观察得更好，同时由于他们的观察技能一般比手下人高，因此我发现我有许多东西是必须向他们这些热心的合作者学习的。

在访问方法方面，我一直被教导说不要同人们争辩，也不要对他们作出道德判断，这符合我的脾气。我乐于接受人们的意见，同时也喜欢我的意见能被他们所接受。

我学会了参与关于棒球和性的街角讨论，这不需要专门的训练，因为这些题目好像人人都感兴趣。

虽然我避免对敏感的题目发表意见，但是我发现对某些事情的争论只是社会模式的一部分，而且不参加这种争论就很难参与其事。我常发现自己卷入了关于某主盟队队员和经理谁优谁劣的激烈而友好的争论。只要一个女孩或一群女孩从大街上走过，街角仔们总会铭记在心，随后将交换评价。这些评价大多是根据身材作出的，比如，我喜欢争辩说，玛丽的身材比安娜棒，或者相反。当然，如果街角任何一个男的碰巧爱上了玛丽或安娜，那就千万别说漏了嘴，我同样也回避这个题目。

......

当我已经在街角站稳脚跟时，用不着花多少力气，资料就能到手。时不时地，我关心某个特殊问题，需要从某些人那里得到更多的信息，我就找机会与当事人谈话，进行较为正式的访谈。

起初，我全力以赴去适应科纳威里，但是不久，我不得不考虑在这个地区的生活中我打算陷进去多深。一天晚上，我正同诺顿人走在大街上，碰到了这个问题。为了迎合小群体的谈话，我放纵地说了些不三不四的下流话，大家听了都停止了脚步，用一种惊奇的眼光看着我。多克摇着头说："比尔，你不该那样讲话，那听起来不像你。"

我试图解释说我只不过在使用街角的惯用话罢了。可是，多克坚持说我跟以前不同了，他们要求我采用以前那种方式。

这种教训远不止在猥亵和渎神语言的使用范围。我认识到人们并不期望我变得跟他们一样。实际上,他们有兴趣也乐于发现我与他们不同,只要我对他们友好相待就行了。因此,我放弃了完全卷入的努力。不过,我的行为仍然受到街角生活的影响。在约翰·霍华德第一次从哈佛下来参加我的科纳威里研究时,他立刻注意到我在科纳威里的生活方式,与我在哈佛大不相同。

......

在汇集早期研究的资料时,我不得不确定如何组织这篇书面笔记。最初,我简单地把所有的记录按编年次序放进一个文件夹内,显然我继续研究不同的群体和问题时,这就难以解决问题。

我不得不细分这些记录,似乎有两种可能性。我可以用多个文件夹把记录按题目,如政治、敲诈、教堂、家庭等等组织起来,或者我可以按群体来组织记录,记录是以群体为基础的,它意味着要分设诺顿人、意大利人社区俱乐部等等的文件夹。还没等这个问题真正想通,理由是等我有了较好的基础重新分类。

随着文件夹里的材料越来越多,我逐渐认识到按社会群体组织记录,正与我的研究进展相一致。

随着时间的流逝,一个文件夹中的记录材料也超出了我的记忆所能允许迅速归档的范围。于是我设计了一个初步的索引体系:一页纸包括三个栏目,为每次访问或观察报告写明被访问或被观察的人或日期,以及访问或观察记录的简短总结。[①]

三、参与观察评价

观察法有许多使得我们深入研究的学术和应用问题。总之,参与观察是一种技巧,也是一门艺术。实际上,每一个优秀的实际工作者都有他自己的一套特别的经验。依据这种经验,他们就能对社会生活作出深入、细致的观察,由此达到对人们行为的洞察和主观理解。但也无须讳言,不同的参与观察者对同样的社会现象可能会得出不同的结论;观察者与所观察的群体、个人完全打成一片时,也很容易丧失客观立场,使观察结果带上某种偏见。因此,对于参与观察,人们有不少批评,最主要的批评之一,就是认为参与的程度越高,主观的成分越大,因而资料就越不准确。

同时,对参与者在各种场合应参与到什么程度,充当哪种角色,人们也有不同的看法。例如,某个观察者是否应在流氓团伙中参与违法活动或在一个宗教

---

① 详见〔美〕威廉姆·福特·怀特:《街角社会——一个意大利人贫民区的社会结构》,商务印书馆1993年版,第329—355页。

社团中伪装成一个虔诚的信徒,或者混入某一政治组织?又如,为了研究吸毒,观察者是否也应跟着吸毒?对上述问题大部分社会研究人员认为,在完全参与或者进行隐蔽观察时,观察者必须诚实、懂行、讲道德,他必须是从科学研究的角度出发来客观地观察具有社会意义的现象,而无权从个人兴趣出发来观察人们专门要避人耳目的那些现象和事件。因此,观察者不仅要遵守职业道德,而且还要保障被观察者的利益和权利。

第四节　实　地　访　谈

一、实地访谈及类型

所谓实地访谈时根据大致的研究计划在访员和受访者之间的互动,而不是一组特定的、必须使用一定的字眼和顺序来询问的问题。实地访谈就是在本质上由访员确立对话的方向,再针对受访者提出的若干特殊议题加以追问。理想的情况是由受访者负责大部分的谈话。

克维尔(Steinar Kvale,1996)用两种隐喻说明了这种访谈:访员既是矿工,也是游人。第一种说明了当研究对象身怀特殊信息时,访员的工作就是挖掘它。相反的,在第二种情况时,访员该在外在景观之间游移,然后和邂逅的人们交谈。游人可以发现一个国家的许多面向,例如不知名的地区,或拿着地图在各个区域漫游……游人式的访员可以和当地居民友好相处,并提出问题引导研究对象,说出自己生活世界中的故事。

实地访谈有很多其他说法:非结构式、深度、民族志、开放式、非正式以及很长的访谈。一般而言,这种访谈有很多人参与其中、是在实地发生的、是非正式且非指导式的(即受访者可以将访谈导向很多方面)。

实地访谈包含了相互的经验分享。研究者可能会分享自己的背景以建立信任感,并鼓励报导人开放心胸,但不会强迫回答或引导问题。研究者鼓励并指导这个互相发现的过程。

在实地访谈中,成员用他们平常说话、思考和组织现实的方式来表达自己,研究者以自然的形式保留成员的笑话和叙述的故事,而不会用标准的形式重述一遍。焦点是在成员的观点和经验。为了要贴近成员的经验,研究者用具体的实例或情境来问问题——比方说,"你能不能告诉我导致你六月辞职的原因是什么?"而不是"你为什么要辞职?"

实地研究在一段时间内发生许多次。研究者从建立关系开始,先避开评论或高度敏感的主题。他/她在亲密关系建立之前避免深入探究内在感觉,在关系建立之后,研究者才会期待有所了解。在几次聚会后,他/她才可能深入比较敏感的议题,之后的访谈,研究者可能会回到先前的话题,用一种不带批评的语气,要求澄清以前的答案——举例来说,"上一次你告诉我,自从他们减薪之后,你开始从店里带东西回家,是这样吗?"

实地调查是一种"演说事件",比起刺激/反应这种在调查研究访问中常见的模式要更接近朋友间的对话。你很熟悉朋友间的对话,有非正式的规则和以下元素:(1) 打招呼("嗨,很高兴看到你");(2) 并没有很明显的主题或目的(我们不会说:"让我们来讨论上礼拜做的事");(3) 不会一直重复(我们不会说:"你能不能再澄清有关……");(4) 问问题("你有看昨天那场比赛吗?");(5) 表现兴趣("真的? 我真希望当时我在那里!");(6) 表示忽略("不,我错过了,发生了什么事?");(7) 轮流,以平衡相互的对话(不会是都由某人问问题,由另一个人回答问题);(8) 简化("我错过了 Derby 那场,但是我会去 Indy 那儿"),而不是说("我错过了 Kentucky Derby 竞赛,但是我会去参加 500 公里汽车赛");(9) 当没有人赞同时,会出现短暂的沉默;(10) 结束(我们不会说"让我们结束对话吧",而是在离开前会有些口头上的表示——"我得回去工作了,明天见")。

实地访谈也有别于朋友间的对话,它有明确的目的——了解报道人和该场域。研究者会提出解释或要求,这和朋友间的对话不同。举例而言,他/她可能会说"我想问你有关……"或是"你能不能看一遍这个,确定我写得对不对?"实地访谈是不那么平衡的,大部分的问题是研究者在问,他/她会选择哪些有兴趣哪些略过。同时,也包含重述,或是请成员详述口头上不太清楚的简化[1]。

根据方式的差别,实地访谈通常可分为下列四种方法。

(1) 重点集中法。把受访人安排到一种特殊情境中,如看一场电影、听一段广播,然后受访人自由说明这段电影或广播对他产生的意义或反应,让他对情境作出解释。研究者从这些反应中就得到情报,再加以解释。有时,研究者也提出一些事先准备好的问题,让受访者回答,但这些问题通常结构不严谨或完全无结构的,受访人可以答复。这种访问法有点像精神医学家所常用的"自由联想法",医生起个头,让病人自由说下去,再从他的谈话中找病根。不过,那是由病人自己去找情境;重点集中法却是由研究者给予被访者一个情境。这是有所差别的。

(2) 客观陈述法。让被访人对自己或他的社会先作一番观察,或先下一番

---

① Darwin, F(1887). *Life and Letters of C. Daruin*, John Murray. London.

自我批判功夫,再客观地说出来。也就是让受访人站在第三者的立场上来评价自己或有关事物。这种方法的好处是可使受访人有机会陈述他的想法和做法,我们不但可获得资料,还可获得对资料的某些解释。缺点在于,容易流于主观,以偏概全。所以,使用这种方法必须对受访人及其背景、价值、态度等有一较为深刻的了解。否则,对资料的真伪程度便难以下断言。

(3) 深度访问法。希望通过访谈发现一些重要的因素。这些因素不是表面和普通的访问可以获得的。因而,在深度访问前往往对一系列问题要提出讨论。比如在美国,你到一个社区去了解居民的宗教行为,就可以设计许多问题:哪部分人热衷于上教堂做礼拜,男的或女的,老年的或中年的,文化程度如何? 信教成员中的职业状况:是工人、商人还是教师、干部等? 一年中有几次大的宗教活动,热闹的程度如何? 宗教行为是可以调节人际关系,还是增加了紧张与冲突? 个人的、群体的、社区的宗教行为有什么差别? 等等。还可以连续提出研究问题问下去。每个问题几乎都要进一步探索它深层的含义,以便获得更多的资料与理解。这也即平时所说"打破砂锅问到底"的方法。

(4) 团体访问法。顾名思义,团体访问就是把许多受访人集中在一起,同时访问。这种方法,在心理治疗上常用,对人类学家和社会学家也很有用。社会学家在验证或调查某些集体行为时,特别喜欢用这种方法来察看行为的倾向。由于团体访问是许多人坐在一起,面对面讨论自己的问题,在访问过程中,很容易引起争论,甚至冲突,这种争论或冲突,正表现了不同个人对事件的不同看法。当然,这种访问也可能产生一种团体压力,使个人顺从多数人的意见,而不敢表示异见。

总之,实地访谈,需要有较高的访问技巧,一般是研究者本人亲自访问。这种访问法所搜集到的资料不易比较,不能做定量分析,因此在大规模的调查研究中较少采用。

二、访谈问题及脉络

1. 访谈问题

实地研究者在实地访谈中会问三种问题:描述性的、结构性的以及对照的问题。这些会一起问,但是每种类型会在研究过程中不同阶段而有不同的出现频率(详见图8-1)。在初期,研究者基本上问一些描述性的问题,他/她慢慢增加一些结构式的问题,直到中期开始进行分析之后,就开始大量地问问题。对照式的问题在实地研究中期开始出现,到整个访谈结束前会越来越多。

访谈者问"描述性问题"(descriptive question)以探索该实地并对成员有所了解。描述性问题可以是关于时间空间的——举例来说,"浴室在哪里?"、"货运

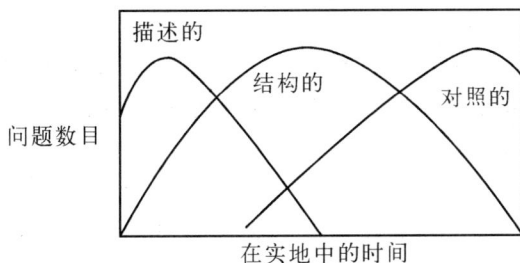

图8-1　实地研究访谈的问题类型

车什么时候会到?"、"礼拜一晚上发生什么事情?";也可以是关于事物:"你什么时候用了菜刀?"、"你在从事紧急排水工作时会带什么工具?",这些例子或经验的问题都是描述性问题——比方说,"你可不可以举个例子说明你所谓的大日子是什么?"、"你过去的工作经验怎样?"。描述性问题可以问假设的情境:"如果一个学生在考试时打开书本,你会怎么处理?"

研究者花了一些时间在实地、并开始分析资料之后,就会运用"结构式问题"(structural questions),特别是用范畴分析。这在研究者将特殊的实地事件、情境、对话组织进入概念的类别时就会开始进行。举例而言,研究者对于高速公路休息站餐厅的观察发现,餐厅员工会非正式地将在休息站用餐的顾客加以分类,在初步分析中,他/她创造了各种不同顾客的类别,并记得以结构式的问题来确认这些类别。

一种安置结构式问题的方法是,去问成员某种类别是否涵盖了那些研究者已经确认以外的元素——比方说,"除了常客、老油条、蜻蜓点水者以及赖着不走者以外,还有其他种类的顾客吗?"除此之外,研究者也会问些确认性的问题:"老油条是你所服务的顾客中的一种吗?"、"你会不会称某种很……的顾客为老油条?"、"蜻蜓点水者这种顾客会点全餐吗?"

"对照性问题"(contrast question)是建立在以结构式问题来确认的基础上。问题的焦点在于区别不同类别元素的相似性、相异性:"你似乎有一些不同型的顾客,我听到你称呼一些人是'常客',一些是'蜻蜓点水者',这两者之间有哪里一样?、'赖着不走者和老油条之间的差别是不是老油条不给小费?"或是"有两种顾客只是进来上洗手间的——全家人和一个男的。两种你都称之为蜻蜓点水者吗?"

实地研究中的被访者或称之为报道人或主要行动者是那些实地研究者与之发展出关系以及那些在实地里谈话、提供信息的人。哪些人是好的报道人? 理想的报道人有四种特质:

(1) 报道人完全熟悉该文化,并处在某种可以全盘见证重要事件的位置,才会是好的报道人。他/她身处于该文化,不需思考就能参与其中之例行公事。个人在此文化中有许多年的亲密经验,而不是一个新手。

(2) 目前正参与实地之中的报道人。旧的成员或许能够反映实地,提供有用的洞察,但他们离开直接的参与愈久,他们就愈需要重新建构其搜集的资讯。

(3) 可以花时间和研究者在一起的人。访谈可能要花好几个小时,有些成员就是没办法接受密集的访问。

(4) 非分析式的人可能是比较好的报道人。非分析式的报道人熟悉并运用自然的民俗理论或实际的常识。这和分析式的成员是相反的,他们会事先分析场域、运用来自媒体或教育的分类。即使是经过社会科学研究教育者可以学到非分析的态度,但只有他们把所受到的教育摆到一边,而采用成员的观点才成。

实地研究者可能对报道人做了数卷录音带的访问。对照那些提供有用观点的报道人的录音带,不论是新手或老手、事件核心人物或边缘人物、最近改变状态(例如升迁)和维持现状的人、挫折或有希望的人、快乐或怀疑的人、负责的领导人或追随者。实地研究者在他/她访问了许多报道人之后,预期会出现各种混合的信息。

2. 访谈脉络

实地研究者也承认,在办公室的对话可能不会在闹哄哄的餐厅出现。通常,访问是在成员的家里进行,这样他们会感觉比较舒服,但这并非总是最好的。如果成员会分心或没有隐私,研究者会移师到另一个场域(如餐厅或大学研究室)进行。

访谈的意义是由其完形(Gestalt)或研究者及成员在特殊脉络下的互动所形成。举例而言,研究者记录下非语言的沟通形式(如:耸肩、姿势等)是会增添意义的。

调查者应该要记录下那些不会在访谈录音带本身出现但很重要的事实,另外录音、摄影或写下笔记。在场域中详细的笔记、参与者、时间、持续的社会或仪式事件等,应该要以研究者对互动的观点来加以补充(Briggs,1986)①。

三、焦点访谈法

所谓焦点访谈法,又称小组座谈会(focus groups discussions,简称 FGD),就是采用小型座谈会的形式,挑选一组具有代表性的被访者,在一个装有单面镜或录音录像设备的房间内(在隔壁的房间里可以观察座谈会的进程),在主持人的组织下,就某个专题进行讨论,从而获得对有关问题的深入了解。小组座谈会通常被视为一种最重要的定性研究方法,在国外得到广泛应用,我国近年来许多调查机构也越来越多地采用了这种研究方法。

---

① Darwin, F(1887). *Life and Letters of C. Daruin*, John Murray. London.

1. 关于座谈会定义、目的、特点与类型

(1) 特点

小组座谈会的调查目的在于了解被访问者对某些现象和问题的看法,从而获取对有关问题的深入了解。其最鲜明的特点是:① 对特定问题的研究具有相当的深度;② 信息更真实、生动和详尽,尤其是人们主观性的信息(如偏好、要求、满意、评价、习惯等);③ 发现和界定未知或模糊的问题和现象。小组座谈会的关键远远不止一问一答的简单交流方式,它是借用了社会心理学中的"群体动力"的概念,即在小组中来自各种生活和各种职业的人们,当被鼓励主动表现自己而不是被动回答问题时,他们会对某一主题表达出更全面和更深入的看法,尽管被访问者自己没有感觉。在座谈会中,避免直截了当的问题,取而代之的是间接提问来引发激烈的讨论,而讨论所带来的信息是通过直接面谈所不能达到的,就像我们通常所说的"问题越辩越明"。

小组座谈会通常用于解决一些了解被访者行为、需求和态度的问题,所获得的结果是定性的。同时,它也是在定量调查之前必要的步骤之一,小组座谈会的一些结果可以作为定量调查问卷设计的基础。

小组座谈会所访问的不是一个个的被调查者,而是同时访问若干被调查者,即通过与若干个被调查者的集体座谈来了解研究信息。因此,小组座谈过程是主持人与多个被调查者相互影响、相互作用的过程,要想取得预期效果,不仅要求主持人要做好座谈会的各种准备工作,熟练掌握主持技巧,还要求有驾驭会议的能力。

(2) 类型

座谈会按照会议的形式划分,可分为头脑风暴法和反向头脑风暴法两种类型。

头脑风暴法亦称直接头脑风暴法,它是指按照一定规则召开的鼓励创造性思维的一种回忆形式。其主要规则是:调查者应简要地说明会议主题;请与会者充分自由地发表意见,但不得重复和反驳别人的意见;调查者不直接发表看法,不表明自己的倾向,以激发与会者进行创造性思维的积极性;鼓励和支持与会者在综合别人意见的基础上,提出自己的新想法,并对要求修改和补充自己想法的人,提供优先发言权。

反向头脑风暴法亦称质疑头脑风暴法,它是指对已经形成的设想、意见、方案进行可行性研究的一种会议形式。这种会议形式与头脑风暴法的区别是,与会者对调查者提出的设想、意见或方案只能提出质疑或评论,一直进行到没有问题可以质疑为止,最后形成一个具有可行性的结论。

以上两种会议形式,目的都是让与会者在无拘无束的气氛中各抒己见,在充分发扬民主的基础上形成共同的结论。

除上述分类外,还可以按照调查的目的、内容等标准进行分类。例如,按照调查的目的,可分为以了解情况为主和以研究为主的研究会;按照调查的内容,可分为综合性和专题性的座谈会,等等。

2. 座谈会的实施步骤

小组座谈会的流程如下表所示。

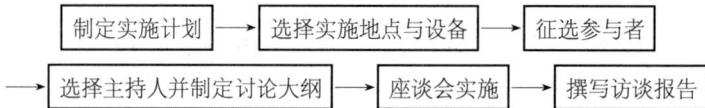

```
┌──────────┐    ┌────────────────┐    ┌──────────┐
│制定实施计划│──→│选择实施地点与设备│──→│ 征选参与者 │
└──────────┘    └────────────────┘    └──────────┘

   ┌──────────────────────┐    ┌──────────┐    ┌──────────┐
──→│选择主持人并制定讨论大纲│──→│ 座谈会实施 │──→│撰写访谈报告│
   └──────────────────────┘    └──────────┘    └──────────┘
```

制定实施计划、选择实施地点与设备、征选参与者、选择主持人并制定讨论大纲属于会前准备工作,座谈会实施属于会议过程,撰写访谈报告属于会后各项工作。下面我们从会前准备工作、会议过程和会后各项工作,这三个方面谈谈各个环节中需要注意的要点。

(1) 会前准备工作

① 确定会议主题。设计详细的座谈提纲。会议的主题应简明、集中,且应是到会者共同关心和了解的问题,这样才能使座谈始终围绕主题进行讨论。

② 确定会议主持人。主持人对于座谈会的成功与否起关键作用,要求具备丰富的研究经验;掌握与所讨论的内容有关的知识;并能左右座谈会的进程和方向。

③ 选择参加人员。对参加者应作预先筛选,要考虑他们的相似性和对比性。同时,参会人数也要适中,一般在 8—10 人。如果参会者过少,难以取得应有的互动效果,参会者过多,发言机会就会减少,意见容易分散。

参与者是通过不同的方法被邀请的。常见的方法有商业街上的随机选取、随机电话邀请以及依据数据库进行邀请等。实际上,被邀请者通常是有条件限制的,测试者需要根据具体情况事先设计好一些条件,对被测试者进行筛选,只有满足条件的合格的被测试者才能参加座谈会。

④ 选好座谈会的场所和时间。会议场所和时间应对大多数与会者来说是方便和适当的。会场的环境十分重要,应安静,场地布置要营造一种轻松、非正式的气氛,以鼓励大家自由、充分地发表意见。通常,小组座谈会的时间会在两个小时左右。前 10 分钟由主持人介绍这个程序,在剩下的 100 分钟左右主持人会占去 25％时间,被测试者占 75％时间,一个被测试者实际只有发言的时间是 10 分钟左右。

⑤ 确定座谈会的次数。这主要取决于问题的性质、细分市场的数量、座谈会产生新想法的数量、时间与经费等。准备好座谈会所需的演示和记录用具。

⑥ 在需要同声翻译的情况下,应让翻译熟悉了解讨论的必要练习。

⑦ 制定讨论大纲。讨论大纲是一份关于小组座谈会所要涉及的话题概要,它是主持人(或者组织者)根据调研客体和所需的商务信息设计的。通常,大纲分为三个部分。第一部分是建立友好关系,解释小组规则,并提出讨论的客体;第二部分是主持人重要讨论的内容;第三部分是总结重要的结论。

(2) 会议过程中所必须注意的三个要点

① 要善于把握座谈会的主题;

② 做好与会者之间的协调工作;

③ 做好座谈会记录。座谈会一般由专人负责记录,同时还常常通过录音、录像等方式进行记录。

(3) 会后各项工作中所必须注意的四个要点

① 及时整理、分析座谈会记录。检查记录是否准确、完整,有没有差错和遗漏。

② 回顾和研究座谈会情况。通过反复听录音、看录像,回想会议进程是否正常,会上反映情况是否真实可靠,观点是否具有代表性,对讨论结果作出评价,发现疑点和存在的问题。

③ 做必要的补充调查。对会上反映的一些关键事实和重要数据要进一步查证核实,对于应当出席而没有出席座谈会的人,或在会上没有能充分发言的人,如有可能也最好进行补充讯问并记录。

④ 分析和解释结果。讨论结果可以形成供以后进一步检验的假设,在报告书中不要简单重复与会者所说的话,而要着重研究其含义和作用。

3. 座谈会场所布置

显然,进行座谈的场所设施是否完善和是否适合讨论会十分重要。因此,讨论往往安排在一个较大的房间中,并以圆桌形式就座。公司的会议室、主持人的家中、某一参与者的家中、客户的办公室、酒店或会议室,均可作为讨论的场所。除了按圆形就会,使每一个人都可看到其他人以外,该场所必须很安静,能保证讨论的进行。理想的焦点(小组)访谈设施(focus group facility),可放在调查公司内的专门用于进行焦点讨论的房间。这种房间内应有一张大圆桌、舒适的椅子、放松的气氛、一面单面镜,以便于客户观看讨论的进行情况,应提供摄像机、录音机的位置。图8-2中显示了一个典型的进行

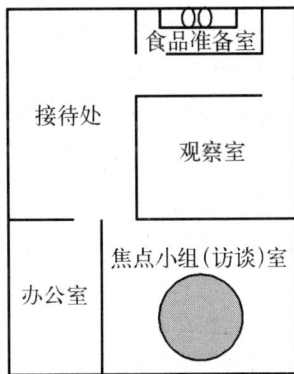

图8-2 焦点访谈的房间布置

257

焦点(小组)访谈的房间的布置情况。由于焦点(小组)访谈所获得的信息较多和较散,如只凭记忆往往会出错,而单凭主持人的记录又会延缓讨论的进行速度,因而,绝大多数的讨论都伴有录像及录音。

4. 选择主持人

拥有一个出色的主持人是小组座谈会成功的关键因素。一个主持人需要具备三个方面的才能:一是必须具备组织能力,能够恰如其分地掌控小组座谈会的进程;二是必须具备商务知识,熟悉和掌握测试内容;三是具有必要的工作技巧,如沟通技巧、倾听技巧、观察技巧、引导技巧等。

组织焦点小组访谈的主持人的个性特征和技巧有以下 10 个方面。

① 对人、人的行为、情感、生活方式、激情和观点真正感兴趣。

② 接受并重视人与人之间的区别,尤其是同自己的生活截然不同的人,应该无条件积极对待。

③ 良好的倾听技巧:既要能听到说出来的,又要能分辨没有说出来的潜台词。

④ 良好的观察技巧:能观察到正在发生的和没发生的细节,善于理解肢体语言。

⑤ 具有广泛的兴趣:能使自己完全融入所讨论的话题,能很快学会必需的知识和语言。

⑥ 良好的口头和书面交流技巧:善于清楚地表达自己,并能在不同的类型和规模的团体中很自信地表达自己。

⑦ 客观性:能够抛开个人的思想和感情,能听取他人的观点和思想。

⑧ 具有关于调查方法、心理学、管理学等方面的扎实的基础知识,了解基本的原理、基础和应用。

⑨ 灵活性:善于面对不确定性,能够迅速做出决策,并且思维敏捷。

⑩ 善于观察细节,具有较好的组织能力。

因此,主持人在创造良好的会议气氛、开展民主、平等的讨论后,要善于组织不同观点之间展开平等的争论,尽量消除个人因素对座谈会的影响,让大家畅所欲言,敢于发表不同意见。

要把握会议的主题。座谈讨论一经开始,随时调节会议的气氛,使发言和争论紧紧围绕会议主题。遇到有的被访者把话题扯远时,或者因势利导,或者委婉地加以提醒,以便把与会者的兴奋点引向会议的主题,切不可简单生硬,挫伤大家发言的积极性。

同时,要以谦逊、客观的态度主持会议,应认真听取到会者的发言,决不可轻易对他人的发言表示肯定或否定,充当裁判员或评论员的角色。要客观地对待与会者之间的争论,一般不应表示自己的意见和倾向;注意说话简短,不要把座谈会变成报告会、说教会。实践证明,主持人保持谦逊、客观的态度,最容易激发与会者发言的积极性。

当然,要做好会议记录。座谈会最好由主持人边提问边记录,也可指派专人做会议记录。经验证明主持人边问边记录对与会者的发言影响最大。这是因为,主持人在听取发言时,做不做记录,快记还是慢记,详记还是略记,是边听边记还是边问边记,对发言人的影响是不一样的。因此,做记录是指导和控制会议的一种有效手段,它有时能起到语言信息所不能起到的重要作用。

座谈会过程中,如何消除从众心理是一篇大文章。从众心理属于社会心理学范畴,它是指个体在群体中常常不自觉地受到群体的影响,而在知觉、判断、信仰以及行动上,表现出与群体中多数人相一致的心理现象。这种心理现象在集体座谈中最易产生。有实践经验的人都知道,在座谈会上,经常会遇到这样的情况,最初发言的几个同志如果对某一问题发表了一致的看法,往往影响其他人的态度。有的人本来对所讨论的问题没有认真思考,听了前面众口一词的发言,便随声附和;有的人原来态度模棱两可,看到大多数同志都倾向于一种观点,也跟着作出了相同的判断;还有的人本来内心不同意前面的发言,但看到大多数人都持肯定态度,因害怕自己被孤立,只好违心表示同意,或者不表态。这些心理现象都属于从众心理。从众心理是座谈会上存在的普遍现象,它直接影响调查资料的正确性和可靠性。因此,要提高座谈会质量,就必须从以下三个方面想方设法减少以至消除从众心理。

首先,要讲清座谈目的与到会人员的关系。开好座谈会,关键是调动全体与会者的发言积极性。这种积极性与到会人员是否理解座谈的目的有直接关系。因此,会议开始,调查者就要让与会人员充分了解本次调查的目的和意义。此外,在座谈会上,还要着重强调不扣帽子、不打棍子、不抓辫子、不装袋子的"四不"原则,提倡大家怎么想就怎么讲,不要顾忌别人对自己的发言怎么评价。问题本来就是复杂的,与会人员可从不同角度和侧面发表自己的看法。讲清楚这些问题,就可使大家认识到有不同意见是正常的,实事求是地反映问题是自己的责任,从而消除从众心理。

其次,要精心安排发言的顺序。社会心理学研究表明,第一个发言人的地位是影响他人从众心理产生的重要因素。前面发言的人地位越高,其他人的从众心理就越易产生。因此,要减少或消除从众心理,就应该精心安排发言的顺序。实际调查中,安排什么人先发言并无固定模式,但一般情况下都应该让年轻人打头炮,把平时不爱说话、缺乏主见的人往前排,最后安排年长者和权威人士。

再次,要广开言路,鼓励标新立异。社会心理学有关从众心理的研究表明,群体内部的意见越一致,对个人的心理压力越大,从众现象越严重,但只要群体中出现了不同意见,哪怕只是一个人敢于发表异议,后续发言中的从众现象就会大大减少。根据这一原理,调查者应采取各种方法,广开言路。在群体意见趋向一致时,要启发与会者从不同的角度大胆思考和探索问题,尤其应鼓励个人大胆发表不同或者相反的意见,使与会者意识到自己所谈的看法的合理性。这样,才能减少或消除从众心理。

5. 设计座谈提纲

设计好座谈提纲,既能围绕座谈主题,又能达到调查目的,还能调节座谈气氛,这是一项十分重要而又需要技巧的工作。

6. 讨论会的优劣势分析及发展趋势

(1) 优势

① 参与者之间互动可以激发新的思考和想法;② 可以现场观察被测试者的期望;③ 直接、快捷有效地获取所需信息。

(2) 劣势

① 获取的信息可能会存在偏激和不全面;② 调查的结果仅属于定性的范围,但准确的信息应来自定量研究;③ 对场地要求较高,不适合的场地可能不会达到理想的效果。

(3) 座谈会的发展趋势

自从 10 年前小组座谈会被应用在市场研究领域以后,大多数的市场调查公司、广告代理商和消费品生产厂商都广泛使用这种方法。据统计,每年各种商业用户花在小组座谈会的开支超过了 4 亿美元,世界著名的 Leo Burnett 公司每年组织 350 多个座谈会,博士伦公司(Bausch & Lomb)的隐形眼镜产品大多是通过小组座谈会的调查方式确定的,高露洁棕榄公司(Colgate-Palmolive)的产品开发也得益于小组座谈会。

在美国人 Carl McDaniel Jr 和 Roger Gafes 合著的 *Contemporary Marketing Research* 一书中,作者描述了小组座谈会今后的趋势:

> 在过去的 10 年中,一直有许多热衷者加入支持焦点小组访谈法的队伍,同时也有很多人退出这支队伍。大家看到的是,在使用焦点小组访谈法方面还是有不断增长的势头。
>
> 第一种趋势是电话焦点小组访谈法。这是新近出现的一种形式,通过使用电话会议设施,受试者就不用到焦点小组测试室去了。主持人待在控制台前,当一名受访者说明时一个标有他的姓名的灯就亮了,这样主持人就知道是谁在讲话了。可视的辅助材料提前寄给受访者,当主持人指示他们打开时才能打开。这种技术有很多缺

点。它失去了面对面的互动作用,也不可能观察面部表情、眼睛的运动,对其他参与者的眼神和手势及身体语言也无法观察。可视的材料可能没有及时寄达,或被提前打开了,这样就反映不出本能的反应。总之,完善电话焦点小组访谈法的路途还很漫长。

第二种趋势是双向焦点小组访谈法。这种方法是让目标小组观察另一个相关小组进行焦点小组访谈调查。例如,我们让内科医生观察一组关节炎病人谈论他们的医生和药物。紧接着,让病人观察刚才观察他们的医生小组。病人组对医生所产生的影响是令人惊异的。他们在观察室的单面镜后涨红了脸,而且目瞪口呆。当我们观察他们在自己的小组中交谈时,很明显他们已不再认为病人会愿意同时吃多达10—15种药。他们也不再认为自己真正了解病人的感受或病人所感到的绝望。在观察医生组时,我们明白我们发现了一个技术的突破,我们看到了病人组对医生组的影响。

第三种趋势是电视会议焦点小组访谈法。让员工们只需到当地的焦点小组测试室,或是就在会议室中通过电视监控器来观察各地的小组。

还有一个趋势是在一些特定的情况下使用名义编组会议取代焦点小组访谈法。名义编组会议是焦点小组访谈法的变异形式,对于编制调查问卷和测定调查范围特别有用。名义编组会议是根据目标被访者认为的重点问题进行研究,而不是让受访者讲述调查者所认为的重点。

第五节　典型调查

一、典型调查及其特点

1. 什么是典型调查

毛泽东同志在《〈农村调查〉的序言和跋》中指出:"有计划地抓住几个城市、几个乡村,用马克思主义的基本观点,即阶级分析的方法,作几次周密的调查,乃是了解情况的最基本的方法。只有这样,才能使我们具有对中国社会问题的最基础的知识。"[1]毛泽东同志的这段论述,精辟地阐明了典型调查的理论、方法和重要意义。

所以,典型调查就是根据调查的目的,有计划地选择有代表性的典型单位,

---

① 毛泽东:《毛泽东农村调查文集》,人民出版社 1982 年版,第 15 页。

用科学的方法所作的系统周密的调查研究。

典型调查是一种认识世界的科学方法。这种方法之所以是科学的,是因为它是以事物的个性和共性对立统一的原理为依据的。辩证唯物主义告诉我们,就人类认识运动的秩序来说,总是由认识个别的特殊的事物,逐步地扩大认识一般的事物。典型调查就是这种由个别到一般的认识过程。

2. 典型调查的三个特点

(1) 调查对象是有意识地选择的。在选点之前根据调查的目的和要求,对所调查的对象进行一些分析研究,然后选择具有代表性的典型作为调查点。虽然是有意识地选点,但绝不是随心所欲,任意取舍,而是以客观事物为依据的。

(2) 典型调查具有调查单位少,调查时间短,调查内容系统周密,了解情况深,反映情况快,节省人力、物力等特点。

(3) 典型调查主要靠调查者亲自深入下去进行调查,对调查点进行直接剖析,取得第一手资料,以探求事物的本质及其发展规律。

曾经有种说法:"典型调查虽然对个案研究比较深,但典型调查不能推论。也就是说,调查一个典型所得的结论,只能是一个典型的结论,而不能作为普遍结论。一只麻雀在飞,就断定天下所有的麻雀都在飞那很危险;以个案结论推论总体难免要犯错误。"[1]这个观点我们可以进一步探讨。

列宁说:"一般只能在个别中存在,只能通过个别而存在。任何个别(不论怎样)都是一般。任何一般都是个别的(一部分或一方面)。"[2]我们在研究社会现象时,怎么能不注意研究社会中的典型现象呢?

在我们社会生活中,理论探讨中经常会出现两种倾向,一会儿把甲捧上天把乙踩在地,而在另一种条件下则把乙捧上天把甲踩在地。现在对于传统调查法是有两种不同的看法。一些人认为"政府的农村调查、土地问题调查,都是以个案和典型调查为主的……如不掌握统计分析这一科学工具,就不容易适应社会的需要";另一些人认为"政府的社会调查强调传统,强调历史经验"。

我们应当很好掌握和总结我们自己的传统调查的宝贵经验财富。我们并不拒绝吸收国外先进的调查技术和经验,而是要注意中国的传统和本土化。

3. 怎样选择典型

能不能反映事物的本质及其规律性,一个最重要的前提条件就是要正确地

---

① 高树桥:《论统计分析方法在社会学研究中的地位作用》,《社会科学战线》1981年第4期。
② 列宁:《列宁全集》第38卷,人民出版社1992年版,第409页。

选择具有代表性的典型。

所谓典型,阮元《经籍纂诂》释典:"典,常也。"《说文》释型:"型,铸器之法也。"训诂学家段玉裁注:"以木为之曰模,以竹曰范,以土曰型。"这可引申为典型。在希腊文里,典型的原文指铸造用的模子,用同一个模子铸出来的东西都具有一种普遍性。在调查研究方法理论中,典型有两种含义:一是指普遍性或代表性;二是指特殊性。

典型的主要含义——普遍性。

从静态的角度讲,它是指被选典型在某个或某几个研究特性上具有同类现象的共性。毛泽东所说的"调查的典型可分为三种:一、先进的,二、中间的,三、落后的"①就是这种定义。例如,毛泽东调查的"寻乌"是城镇商业的典型;费孝通调查的"江村"是人多地少、工农相辅的典型;"绿村"是没有手工业,农民的生产和收入主要靠耕地的典型;费孝通的学生张之毅调查的"玉村"则是受商业影响较深的典型②。

从动态方面讲,典型指某一类现象或事物发展的共同趋势。马克思、恩格斯选择研究的英国是资本主义经济发展的典型,法国是资本主义政治发展的典型。费孝通小城镇调查选择的小城镇就是农村发展的典型。

典型的另一种含义——特殊性,也就是指事物或事物特征的个性、极端性。例如,1942 年 9 月 26 日至 11 月 19 日,张闻天等人调查的杨家沟就是全国罕见的一个地主经济条件集中的村庄,这个村子的阶级结构在中国农村中是一个极端。中国社会科学院历史研究所调查的曲阜孔府也是这种典型。

选择典型,要注意以下三个问题。

(1) 选择典型一定要用正确的立场、观点和方法对所研究的社会现象进行分析研究。要反对那种不进行比较,不做全面分析,盲目抽取个别事物当"典型",或者是带着框框去挑选"典型"的错误做法。

(2) 要根据调查目的选择典型。调查目的不同,选择的典型也不同。一般来说,我们在选点和确定调查题目时,要宜小不宜大,宜具体不宜抽象,要根据财力、人力、物力各方面因素来考虑。

(3) 选择典型要考虑被调查对象本身的特点。如被调查事物的各种特征参差不齐,不容易找到具有代表性的典型,可以采取"划类选典"的办法,首先把被调查事物,按我们所研究的问题的有关标识,划分成几个典型组,然后再去每个类型组中,选择有代表性的单位分别进行调查。

---

① 毛泽东:《毛泽东农村调查文集》,人民出版社 1982 年版,第 27 页。
② 参阅费孝通:《社会调查自白》,知识出版社 1985 年版,第 30 页。

二、典型调查基本方法

1. 搞调查研究一定要满腔热情,甘当小学生

1955 年,毛泽东同志曾对回乡搞调查的警卫战士说:"我们拟个章程,对人要谦虚,对父母,对乡村老百姓要尊重,要尊重区乡干部,别摆架子,谦虚就可调查出东西。"他亲笔写的"出差守则"的第(二)条:态度——不要摆架子。七个字言简意赅,概括了我党和毛泽东同志自己长期以来进行社会调查的一些重要经验。

毛泽东同志在 1961 年针对当时一些同志的错误态度,严肃地指出:"搞调查研究,一定要以普通劳动者的身份,平等待人,要采取同志式的讨论式的商量的态度,决不可以先入为主,自以为是,不要用事先定好的什么'调子'或'框框'去限制被调查的或者束缚自己,特别不要怕听不同意见,如果原来的判断和决定,经过调查,实际检验证明是不对的,就不要怕推翻。"

2. 开调查会是简单易行又忠实可靠的方法

毛泽东同志说过:"开调查会,是最简单易行又最忠实可靠的方法,我用这个方法得到了很大的益处,这是比较什么大学还要高明的学校。"①

要开好调查会,一定要注意以下五条。

(1) 要拟定调查纲目。开会前一定要先拟好纲目。要有大纲,也要有细目。开调查会时,按纲目发问,这样可以抓住调查的中心,避免走题。

(2) 邀请适当的人参加调查会。邀请哪些人参加调查会,要根据调查的内容来确定。但是,一定要找那些对你所要调查的问题有深切了解的人来参加。

(3) 开调查会需多少人合适,这主要看调查的问题和调查人的指挥能力而定。如调查的问题比较复杂,而调查人的指挥能力很强,可以多找些人参加。否则,就少找些人,但至少不能少于三人。

(4) 开调查会要作讨论式的座谈。只有这样,才能把问题的来龙去脉、前因后果调查清楚,才能得出比较正确的结论,找出解决问题的途径和方法。

(5) 调查者要亲自做记录,要深入了解问题的根由,以便于会后自己整理材料,写调查报告。

实践证明,通过开调查会所得到的材料是比较真实可靠的,因为参加调查会的人大多是亲自参加社会实践,取得直接经验的人。而且,因为这种会的材料都是经过到会的人的充分讨论而取得,集中了群众的智慧和经验,所以一般是接近

---

① 毛泽东:《毛泽东农村调查文集》,人民出版社 1982 年版,第 16 页。

于正确的东西。

3. 蹲点调查

蹲点调查是毛泽东在实践中总结和倡导的一种调查方式和工作方法,是典型调查的方法之一,它在我国的行政管理工作中得到了广泛的应用。蹲点调查是下到一个有代表性的社会单位(如企业、农村、机关、学校)中,进行长期的、系统的调查研究,对现行的政策、计划、措施的效果进行检查,从中发现实际工作中存在的问题,总结经验教训,探索新的政策、措施的可行性,借以指导全局工作。

蹲点调查虽然也是一种领导方法,但它不同于一般的视察和检查工作。它不是仅仅听取下级汇报和群众意见,而是需要较长时期地深入现场,查明问题的原委和症结,把现存的问题摸深、摸透,找出解决问题的办法,并把典型经验推广到全局。

蹲点调查的主要方法是观察、走访、座谈、咨询、搜集和分析统计资料与文献资料等。例如,要了解农村实行承包制后,中国农村发生了哪些变化,出现了哪些问题,农村工作具有哪些新特点,现行的政策、计划和措施需要作出哪些改进等等,主管部门的领导干部和调研人员可采取蹲点调查的方法,长期"扎"在一个村或一个乡,协助基层领导进行广泛深入的调查研究工作。比如到农业户、专业户、个体户家中走访,到乡办或村办企业中了解情况,与县、乡、村各级干部进行座谈,搜集有关农业和工副业生产的统计资料,查阅基层单位近几年整理的汇报总结材料以及各种文件和会议记录等。应当指出的是,蹲点调查不是被动地了解情况,而是要主动地发现问题、解决问题,它的特点在于把调查研究与实际工作结合起来,从而有意识地在实践过程中检验现行的方针、政策,并且通过实地调查得出新的理性认识。

蹲点调查虽然是不带假设地进入现场,但在调查之前,应当明确调查的重点和中心工作,应当结合当前工作中遇到的一些具有普遍性的问题。然后根据这些问题和调查的主要任务来制订调查方案,有计划、有步骤地开展调查工作。不过,蹲点调查的方案和计划比较灵活,可以在调查过程中随时修改。例如,如果在调查中发现了基层单位的一些"老大难"问题,那么就应以这些问题为重点展开调查研究工作,帮助基层单位解决实际问题。由这一点也可以看出,蹲点调查适用于上级主管部门的调研人员和领导干部深入到基层了解情况,发现和解决实际问题,并以"点"的经验来指导"面"上的工作。

4. 典型调查与个别访问和直接观察

个别访问就是深入群众,个别了解情况。这种方法比较灵活机动。调查人员亲自参加实践,进行直接观察,也是了解情况的一种方法。通过直接观察,有助于搜集具体的生动的材料,取得直接的经验。

新中国成立以后,毛泽东同志简明而又通俗地提出过"走马看花"和"下马看花"两种调查方法。

所谓"走马看花",就是到下面去,到工厂去、农村去走一走,看一看;"下马看花",则是深入到基层单位,住上几个月,和工人、农民交朋友,在那里作典型调查,分析一朵"花",解剖一个"麻雀"。

这两种方法相比较,前者只是一种辅助的方法,到下面去看一看、望一望,当然很好,但不深刻,一般说来只能了解一些表面现象;后者则是了解情况的最重要、最基本的方法,抓住典型,进行周密系统的调查研究。

5. 典型调查材料的分析研究与报告

(1) 调查与研究相结合

典型调查的特点,就是调查与分析研究是紧密地结合在一起的。典型调查的过程,就是调查和分析相结合的过程。

(2) 要充分注意事物的数量方面,注意决定事物质量的数量界限。

典型调查搜集的材料,既有大量的统计数字,又有许多生动情况。要把统计数字和生动情况有机地结合起来。在运用统计数字时,有时用绝对数、相对数来说明问题,有时用主要的百分比来说明问题。毛主席在《长冈乡调查》、《才溪乡调查》、《兴国调查》中,就十分注意运用主要的百分比说明问题,因为主要的百分比,可以给人以明确而具体的概念,由此得出必要的结论。

(3) 写好典型调查报告

调查报告的写法没有固定的格式,一般包括以下三个方面的内容:① 典型单位的基本情况,特别是与调查问题有关的情况;② 调查内容,这是调查报告的重点,既要有观点,也要有说明的材料;③ 做出结论,提出建议。

为了写好调查报告,要注意开门见山。抓住重点,做到详略得当,观点和材料的统一。

总之,典型调查有很多优点和长处,它的应用也非常广泛,我们要注意积累和继续发扬这方面的丰富经验。

三、典型调查方法评价

1941 年,《中共中央关于调查研究的决定》曾经提到,典型调查是决定政策的基础。有的文件还把典型调查看作是"了解情况的最重要、最基本的手段"[①]。我们可以看出,典型调查在我国社会调查研究工作中的地位与作用。

[①] 毛泽东:《毛泽东农村调查文集》,人民出版社 1982 年版,第 16 页。

典型调查有以下一些优点。第一,调查内容全面、深入、细致。毛泽东把典型调查比作"解剖学"①。费孝通认为"典型调查克服了深入性差的缺陷"②。第二,典型调查可以通过与被调查者建立互相信任关系,了解到真实材料,毛泽东的调查、费孝通的调查,都证明了这一点。第三,由于它具有灵活性特点,典型调查可发现预想不到的材料和新问题。第四,典型调查是定性研究的理想方法。

典型调查也有不足。第一,不适于大范围调查。费孝通说:"由于它缺乏范围上的广度,结论往往具有很强的条件性。"第二,结论推广受到限制,换句话说,缺乏推论的准确性保证,一般而言,典型与被推论的对象,相互之间的同质性越大,准确性就越大。像毛泽东所说的,性质完全相同的只需研究一个典型就足以说明问题了。但应该指出,社会现象中,这种情形是很少的。若典型与被推论对象之间有差异,那么,差异有多大,推论的准确性有多大,这些都是典型调查无法回答的。第三,大多缺乏量的分析。第四,调查者主观影响大。

随着社会变迁的加快,社会异质性的增大,统计技术的发展,典型调查运用的范围自然受到一些限制。但由于定性研究是它的优点,所以,它仍将继续存在与发展,并与定量分析的方法携手前进。

第六节　个 案 调 查

一、什么是个案调查

个案调查,也叫个案研究。这个名词是从英语 Case Study 翻译过来的。国外最新出版的一本《现代社会学词典》对个案研究的定义是:"一种通过对一个单独个案进行详细分析来研究社会现象的方法。个案可以是一个人、一个群体、一个事件、一个过程、一个社会或社会生活的任一其他单位。这种方法依赖于所研究的个案得出的假设具有同事物的代表性,所以通过详尽的分析能够得出普遍性的东西使用于同类的其他个案。"台湾地区的《云五社会科学大辞典》说:"个案研究法是社会科学的一种分析方法,其特征是将社会单位视作一整体,并分析其生活过程的细节。社会学上的个案研究通常以一团体或一社区为单位。个案研

---

① 参阅毛泽东:《毛泽东选集》第 5 卷,人民出版社 1953 年版,第 308 页。
② 费孝通:《社会调查自白》,知识出版社 1985 年版,第 11 页。

究有双重目的,一为对个案做一广泛且深入的考察,一为发展一般性理论,以概括说明社会结构与过程。"

二、个案调查的步骤

个案调查一般包括四个步骤。

1. 立案

确定调查个案。立案有两种形式:一种是按照单位或部门的职能,应前来请求帮助的个案要求立案;另一种是研究者根据理论研究或实际工作的需要,主动立案。前一种情况的立案一般用于个案工作中,后一种用于个案工作和理论研究两个方面。立案一般包括登记、编号、制卡、分发等手续。

2. 第一次访问

访问的任务是要了解案主(被访者)的个案本身的材料及背景材料。例如,了解一个家庭,不仅要调查这个家庭的人数多少、性别构成、家庭收入、受教育状况、家庭的过去和现在,而且要调查这个家庭的周围环境。访问的基本任务除了调查这些基本情况外,还应该为今后继续访问打下良好的基础,这包括访问员与案主的关系等。个案调查特别强调调查者与被调查者之间的平等和信任。

3. 搜集有关资料

如果是为了做好个案工作,资料的搜集应围绕案主关系的问题进行;如果是为了一般意义上的理论研究,资料的搜集则应围绕着调查者确定的主题进行。

4. 诊断

这不仅包括资料或证据的核实、修订、补充、整理分类和分析,而且包括通过分析研究后,针对存在的问题,指出解决的建议或方案。

如果个案调查直接与个案工作联系在一起,这个过程就会继续延续下去,直到解决实际问题为止。由于个案调查涉及案主历史和现实,主体(案主本身)和案体(周围环境或背景)各个方面,因此,在调查中要采用文献法、访问法、观察法等。

个案调查中,写个案史是一个重要内容。写个案史有如下四点要求:

(1) 既要写案主方面的情况,同时要写个案调查的过程,如访问过程、访问记录、访问背景等。既要写案主的过去,也要写案主的现在。

(2) 要按时间先后顺序,注明年、月、日。

(3) 要适时进行个案调查的整理、分类,及时发现问题,以便修改。

(4) 文字要简练,条理要清楚。

个案调查的资料主要来源于三个方面:一是文献类的资料,即搜集关于个案的文字记载。这包括通信、传记、笔记、日记、演讲稿、书籍、论文、家谱、档案等。这些资料有些从个案本身获得(比较难得到的一部分),有些从有关单位获得。文献资料对了解个案历史及其发展是很有帮助的,在整理分析时要注意以讹传讹。二是口问、眼观、耳闻。即通过访问、观察、座谈、填表等方法获得有关个案的第一手资料。这部分资料中有部分是关于历史的,但主要是关于现实的,即关于个案的行为、态度、意见、规范、环境等等。三是录音、照片等。在调查个案时,一般先搜集第二手资料,然后再搜集第一手资料。搜集第一手资料时,一般先访问、观察个案,然后调查个案周围的人和团体。

个案调查往往涉及一些不宜公开的事件或个人私事。因此,调查经常出现拒访和虚报等问题。解决这些问题的一般方法如下。

(1) 通过正式的组织渠道,取得某些档案资料和保密资料,以组织的名义与个案接触,以取得直接的第一手资料。

(2) 调查个案的知情人或"内线"。例如,调查某犯罪青年,可调查与他们有密切关系的伙伴、家庭、学校、邻里等。

(3) 直接与案主接触。与案主接触有两种方法:一是强迫案主说明有关情况,二是争得案主的信任。采取哪种或哪几种方法要看个案调查属于什么性质的。

三、个案调查方法评价

个案调查是从总体中选取一个或几个调查对象进行深入研究。它的主要作用不是由个体推论总体,而是要深入、细致地描述一个具体单位(如个人、群体、企业、城镇)的全貌和具体的社会过程。与典型调查不同,个案调查不要求调查对象具有代表性或典型性,它不试图以少量单位来概括或反映总体的状况。

19 世纪和 20 世纪初期,个案调查曾是社会调查研究的主要方式。例如,研究人员从工人、农民、贫民、乞丐、少数民族、原始部落以及街道、企业等单位中选取一个或几个调查对象作为个案,详细、深入地了解每一调查对象的社会活动、生活方式、行为模式、价值观念、文化、规范等。在对个案的研究中,还发展了社会调查的具体方法和手段,如参与观察、深度访谈、重点访问、生活史研究、个人文献分析、社区研究等等。20 世纪中期以后,个案调查的比重逐渐下降。

个案调查与抽样调查的更替反映出社会认识的某种规律性。个案调查是通过深入"解剖"麻雀来描述各个"点"的情况(典型调查的作用也在于此)。抽样调查则是要了解"面"上的情况,它试图详尽地分析各个"点"之间的相互联系,以便从总体上把握社会现象的规律性。抽样调查的兴起说明,人们对社会的认识已从"点"发展到"面"。但是,目前在对一些新现象或新事物的研究中仍是先从个案调查开始,然后再扩展到对现象的普遍联系的认识。在一项调查研究中,是把这两种调查方式结合起来,同时了解"点"和"面"的情况。

由于个案调查与典型调查具有设计面小,调查内容全面、细致、深入、着重定性研究等相似之处,因而有许多人把它们看作是一种调查。费孝通说:"国外所称的'个案研究'大体相似于典型调查。""我们现在更习惯于把个案研究亦称为典型调查,因为典型调查已经变成了中国化的个案研究的代名词。"①《辞海》中也这样写道:"个案研究亦称'典型调查'。"的确,由于国家不同,基本相同的方法可能用不同的术语来称呼。然而,细究起来,个案调查与典型调查还是有区别的。首先,典型调查更强调被选对象在调查的一类事物中具有代表性、典型性,而个案调查不强调这一点。其次,典型调查强调推论,个案研究不要求推及其他。再次,个案研究一般研究个人史、家庭史和犯罪团伙等,达到周密详尽,而典型调查的对象则宽得多,可以是各条战线的先进、中坚或后进典型。然后,有些个案调查是无选择的,也就是说,有些个案调查是因为案主主动立案而进行。而典型调查则都是有选择的,是根据一定的目的和要求,有意识地选择典型的。

个案调查在个案工作中的应用十分广泛,它不仅应用于医院、精神病院、救济与福利机构、公、检、法、劳改、劳教、工读学校、计划生育、企业和工厂管理、政府处理来信来访等部门工作中,而且还用于婚姻、恋爱、家庭、民族、宗教、犯罪等研究中。所以,在西方国家把个案调查与个案工作往往当作一回事。其实,两者是既有联系又有区别的。从性质看,个案调查是社会调查的一种方法;个案工作是一种解决实际问题的工作方法。从步骤看,个案工作全过程的前部分,即了解情况、分析问题、作出社会诊断等与个案调查是一致的。诊断确定后,个案调查就算结束,但个案工作还需继续进行。从目的看,前者在搜集大量的个案材料后,进行分析、推理,抽象出一般原理或规律;后者则着重根据社会诊断,解决社会实际问题,即进行社会治疗。从对象看,个案工作的对象一般是个人;个案调查的对象除了个人外,还可能是一个家庭、一个组织或一个特殊工作②。

---

① 费孝通:《社会调查自白》,知识出版社 1985 年版,第 11 页。
② 参见苏驼主编:《社会调查原理与方法》,湖北科技出版社 1989 年版,第 151—155 页。

第九章

实验研究

第一节　社会实验的功能

一、实验在社会研究中的作用

实验研究是社会研究方法之一。社会研究中的实验方法就是研究者在实验过程中改变或控制一个或几个变量,观察其他变量是否随之发生变化,以确定社会变量之间的相互关系。通俗地讲就是我们有意识地改变变量 A,然后看变量 B 是否随着变化;如果变量 B 随着变量 A 的变化而变化,就说明变量 A 对变量 B 有影响。

列宁曾写道:"唯物主义明确地把这个尚未解决的问题提出来,从而促进了这一问题的解决,推动人们去作进一步的实验研究。"[①]社会实验是社会研究的一种高级形式,它根据科学研究的目的,利用科学仪器和设备人为地控制和变革被研究对象,以便在最有利的条件下进行实验。所以,实验是认识社会的必要手段,是科学方法中发展较为精密应用广泛而成效显著的一种研究方法。美国社会学家英克尔斯曾在 20 世纪 60 年代对印度等 6 个发展中国家进行过"人的现代化"调查,该项研究就是社会实验的一个典型案例。英克尔斯写道:"我们的主要兴趣之一,在于发现工厂工作作为一种现代化的影响因素,对于那些生活经历

---

① 列宁:《列宁选集》第 2 卷,人民出版社 1977 年版,第 41 页。

以前主要限于农业以及与传统乡村有关的事物的人产生的效果。我们所考虑的一个计划是要寻找设在农村地区的新建工厂,这些工厂从附近的村庄招募工人。这样的工厂会提供一种自然的实验,它非常适合于我们的科学目的。我们可以住进这些村庄,研究那些还没有进入工业的人们。几年以后我们再回过头来重新考察他们。如果第一次测验和第二次测验之间,那些在工厂工作的人们变得更加现代,那么我们就可以断言,正是工厂的经历使他们如此。当然,如果我们发现那些仍然继续从事更传统的工作的人们在两次测验之间没有变得更加现代,那么我们就可以更坚信这一结论的正确性。"[1]

因而,社会研究不但要了解社会的变化"是什么"(What),进而探究"为什么"(Why),并从而发现原理原则,并建立某种理论。自然观察和调查访问有时往往只能解释"是什么"的问题,而不能回答"为什么"。为此,要采用实验方法,以进一步了解社会存在和变化的各种机制及其关系,因为通过实验,在研究了各个系数和因果关系之后,就能查明该现象的决定结果和各个系数的作用。

二、实验方法的认识论特点

实验方法作为认识方法,具有它本身的一些特点。

(1) 实验可以使被研究对象以纯粹的状态出现。自然界和社会的事物现象都是错综复杂、普遍联系的,这就给认识带来了困难。在实验中,人们就可以利用各种手段,把事物现象从复杂的关系中分离出来,排除各种偶然的、次要的因素干扰,人为地控制一些现象发生,另一些现象不发生,一些条件发生变化,另一些条件保持不变。这样就能使现象的发展过程以纯粹的状态出现,从而认识到一些在自然状态下难以观察到的特征,便于研究它们相互间的因果联系。

(2) 实验可以改变或强化被观察的条件。在实验中,人们可以利用各种实验手段,强化某种条件,以便认识在自然状态下不能或不易遇到的新现象、新事实。如在社会实验中,如能对某一事物变化的前因后果有所了解,对于同类事物,不仅可以根据原因去预测结果,而且也可安排原因去产生预期的结果。

此处"安排原因"一语,改用实验法的用语来说,就是"控制",也即改变或强化有关条件,由此发现并确定其变化的因果关系。

---

① 〔美〕阿列克斯·英克尔斯,戴维·H·史密斯著,顾昕译:《从传统人到现代人——六个发展中国家中的个人变化》,中国人民大学出版社2008年版,第47页。

（3）实验可以使被观察对象重复出现。在自然条件下发生的现象，由于受时间或其他各种因素的影响，往往无法反复地观察。在科学实验中，人们可以通过一定手段，使被观察对象及其结果重复出现。

第二节　实验构成及程序

一、实验构成的三要素

实验法在应用上有广狭两种含义。从狭义上说，是指在实验室内的实验；从广义上讲，则包括了实验室之外在实际生活情境下进行的研究。从实验的类型讲，实验当然是多种多样的，有定性实验、定量实验、直接实验、模型实验等，但它们的构成都是相同的，即都由三个要素组成。

（1）实验者——组织设计和操作科学实验的人。这是实验的主体。

（2）实验对象——在实验过程中被变革的对象，即实验者所要认识的对象，它是实验组织的客体。选择实验对象应依据两条原则：第一是"概化"的原则，所选的对象一定要能够代表所要研究的群体；第二是"相似"的原则，即研究的实验组和控制组应尽可能做到相同或相似。那么怎样来分组呢？一般采用随机法，就是使被研究的每一个人都有相同的机会分配到实验组和控制组，每个人任意分配到各组。这主要有两种方法。

① 配对法(matching method)，乃是企图使自变项之外其他变项发生相等影响的一种方法。实验中常被使用。例如，使实验与控制两组受试者在各方面的条件尽量相等，于是就按每一条件选择配对，期望搭配成两组条件相等的人参加实验。此法在理论上虽有可取处，但实际上很难使用。因为，如超过一个条件（或因素）以上时，实验者常感顾此失彼，甚至无法搭配。如实验者同时考虑年龄、性别、出生次序、智力等多个条件，企图使所有条件均配合相等而编为两组，殊非易事。即有可能，势必排除很多受试者，不能参加此实验。

② 随机法(randomization)，是采用数学上概率的原理，将参与实验的受试者以随机分派(random assignment)的方式，编归实验组与控制组或各个不同的实验组。从理论上讲，随机法是控制影响变项的最佳方法。在实际使用时，随机分派法可分两个步骤使用。假如要将全班50个小学五年级儿童分为两组（一为实验组，另一为控制组）参加某项实验。实验者第一步可采用随机的方法（或编

为号码抽取决定,或使用乱数表决定),先将 50 人随机分派为两组,每组 25 人。分组之后,再以随机分派方式(如丢一硬币决定)决定哪一组为实验组,哪一组为控制组。如此,实验者对受试者的分派,完全靠机会来决定,是客观的,不带任何个人主观的偏见。如此分配的两组,纵然在事实上未必各方面完全相等,但理论上它们相等的机会比较多。

在实验研究中,为了验证因变量的变化确实是由自变量引起的,我们通常把实验对象分为两组,其中一组给予实验刺激,另外一组则不给予实验刺激。前者称为实验组,后者称为控制组。但是,在实施中我们要注意到"霍桑效应"的问题。

"霍桑实验"是 20 世纪 20 年代末到 30 年代早期美国学者所做的一系列关于员工满意度的研究。这项实验想验证的是工作条件的改善可以改善员工的满意度并提高产量。结果起初令研究人员非常满意,他们发现,通过改善车间照明条件,生产量得以提高,照明条件进一步改善,生产量又随之提高。为了进一步证明实验的科学性,研究人员把灯光转暗,但是出乎意料的是生产量还是跟着提高。显而易见的是,与其说配线机房工人因为工作条件的改善而工作得更好,不如说是研究者对他们的注意引起了他们的反应。这一现象被称为"霍桑效应"。

这个例子让我们体会到了实验本身对实验结果的影响。在社会科学的研究中,因为被实验者知道自己参与了实验,这种"认知"改变了他们惯常的行为方式,从而导致即使在没有"刺激"介入的情况下,因变量仍然发生了变化。我们要注意克服这类弊端。

(3) 实验手段——联系实验者和实验对象的中介。前测与后测,即必备手段之一。按照一般的实验逻辑,要确定两个变量之间的因素关系,我们应首先对研究对象的因变量进行测量,然后导入自变量,之后再对因变量进行测量。因变量在前后两次测量中的区别被归因于自变量的影响,由此对因果关系做出阐释。

为了避免上述"霍桑效应"等弊端,人们有时设计双盲实验的介入方式。所谓双盲实验(double-blind experiments),指的是在一项实验中,实验刺激对于实验对象和参与实验的观察人员来说都是未知的,即究竟是实验组还是控制组被给予了实验刺激,参与实验的双方都不知道,实验刺激是由实验人员和实验对象以外的第三者任意分派和给定的。这样就可避免由于实验者对研究的期望而产生的实验偏差("主试效应"又被称"皮格马利翁效应"①)和由于被实验对象对其被试身份的认知及态度产生的实验偏差("被试效应",又称"霍桑效应")。

---

① 传说塞浦路斯国王皮格马利翁在雕塑一座少女像时十分钟情于她,竟然使得雕像获得生命变成真实的少女与他结为伴侣。

二、实验研究的一般程序

作为科学实验,其一般的程序如下:(1)在准备阶段,要确定研究问题,研究实验目的,明确研究假设和研究对象,并做好实验设计和选定研究工具;(2)在实施阶段,主要是进行实验观察,实验者一方面按预定计划安排和控制环境,另一方面对预期的结果观察变量、观察测量所给的记录,而后对实验结果分析解释;(3)结果处理阶段。实验结束后,通常是采用统计的方法整理分析资料,最后以文字的方式撰写报告。

(一)准备阶段

准备阶段一般需要完成三个方面的工作。(1)确定研究问题和研究目的。这需要查阅有关的理论文献,确定研究课题的价值及其可行性。(2)提出研究假设。假设的因果关系是实验设计的依据,也是实验证明或检验的目标,所以提出研究的假设或者问题是实验研究的主要步骤。这需要选择和分析各个有关的变量,将变量分类并建立变量间的因果模型。(3)实验设计。这包括选择实验场所,配备各种实验设备,准备测量用的工具,制定实验的日程表,安排控制方式和观察方法。

(二)实施阶段

实验阶段是实验的操作阶段,即进行实验测量的阶段。操作阶段包括选取实验对象和进行实验两个组成部分。选择受试者是实验研究中的抽样过程,对于实验结果有重要的影响作用,一般采用随机、指派等方法进行实验分组。有的受试者是在实验实施前就确定好的,有的是在实验的过程当中进行选择分配的。实验实施是根据实验设计的方案进行实验,控制实验环境,引入自变量,然后仔细观察,做好测量记录。实验所要求的观察记录应当是定量化的数据,因为自变量对因变量的影响只能通过定量化的指标才能加以评定。测量工具一般有问卷、量表和仪器等工具,测量工具的选择首先要保证它们的准确性和可靠性。

(三)资料整理总结阶段

资料整理阶段是对前面两个阶段的总结,也是对实验结果的陈述,同时也是实验目的的体现。它一般分为两个部分的内容:(1)整理汇总实验材料。对观测记录进行统计、分析,得出实验结果,以此检验假设,提出理论解释和推论。(2)撰写研究报告。根据实验的结果和前期的文献资料撰写研究报告。研究报告是实验的最终成果。

第三节　实验设计的基本模式

实验设计可以分为两大类：简单实验设计和多组实验设计。简单实验设计也称为经典实验设计，是最基本的同时也是最标准的实验设计，它考察的是一个自变量和一个因变量之间的因果关系，只分为一个实验组和一个控制组，或仅有一个实验组。多组实验设计则有三个以上的组，它可以考察多个自变量与因变量的关系。

一、简单实验设计

1. 标准实验模式

实验法基本逻辑：研究时，将研究的对象分为两组，一组为实验组，另一组为控制组。实验前的实验组数值为 $b1$，控制组为 $b3$，实验后的实验组数值为 $b2$，控制组为 $b4$，如下图所示：

	实验前(事前)		实验后(事后)
实验组	$b1$	a	$b2$
控制组	$b3$		$b4$

a 变量之效果：$(b2-b1)-(b4-b3)$

实验时，在实验组改变变量 a，而控制组不变(即不受 a 的影响)。试验后，$b2-b1$ 等于实验组的变化，$b4-b3$ 等于控制组的变化。那么，

变量 a 的效果 $=(b2-b1)-(b4-b3)$

如果数值是 0，即无效果；如果不是 0，即有效果。

2. 两组无前测实验设计

如果 a 在发生作用时，没有事前量度 $b1$ 和 $b3$，那么实验效果 $=b4-b2$，如下图所示：

	事前		事后
实验组		a	$b2$
控制组			$b4$

由于事前的情况不知道,那就很难判定这种效果是由 a 的变化引起的,还是别的什么原因引起的。所以这种实验不算理想。

3. 单组前测后测设计

如果 a 在发生作用时,没有控制组,那么实验效果 $= b2 - b1$。如下图所示:

	事前		事后
实验组	$b1$	a	$b2$

由于这种实验没有控制组做比较,实验效果也很难判定是否 a 在起作用,可能是实验过程中有其他事件发生作用,所以这种实验也不太理想。

例如,选五个高中学校做实验组,另五个高中学校做控制组,假定两组情况基本相同,其结果如下图所示:

	1990 年升学率	1993 年升学率
实验组(五所高中)	10%	改变师资 40%
控制组(五所高中)	12%	11%
实验结果＝30%－(－1%)＝31%		

当然这种方法是理想的,效果最可靠。

二、多组实验设计

1. 所罗门四组设计

所罗门四组设计的核心思想是测量干扰因素和交互作用效应的影响,该设计涉及四组受试者,从一群人中随机分派,如下图所示:

所罗门四组设计

组　　别	前　测	实验处理	后　测
1. 实验组 1	$b1$	$a1$	$b2$
2. 实验组 2		$a2$	$b3$
3. 控制组 1	$b4$		$b5$
4. 控制组 2			$b6$

这种实验设计实际上是以最简单的形式把前面几种设计组合起来所得到的一种新的实验设计。该设计也是只有一种实验处理，随机选择被试和分组。一共4个组，两个实验组，两个控制组；两个实验组中，一个组有前测与后测，一个组只有后测；两个控制组中，也是一个组有前测与后测，另一个组只有后测。在上面的基本模式中第1、2组是实验组；第3、4组为控制组；第1、3组有前测与后测，第2、4组只有后测。

这种设计的优点在于：可以区分出外部因素和测量干扰的影响，克服了实验组、控制组仅施后测设计和实验组、控制组前后测设计两组设计的缺点；实验者可对四个组的实验数据进行多种比较；实验者还可以运用2×2方差分析来处理四个组的实验数据。

它的缺点是：设置四个组，必然会增加受试者人数，增加了实验的困难；所得结果需要经过复杂的统计检验，往往使简单的问题复杂化；它只能判断其他外部因素对因变量的影响，但无法确定哪些变量与因变量还存在因果关系。

2. 因子设计

因子设计是为了考察两个以上的自变量对因变量的影响以及自变量之间的交互作用对因变量的影响。如果a(小组讨论)与c(电视宣传)各有一实验组，并且增加一组实验，即同时进行讨论和电视宣传，那么哪一种实验效果好呢？实验过程如下图所示：

	事　前	(条件)	事　后
实验组 1	$b1$	a	$b2$
实验组 2	$b3$	a	$b4$
实验组 3	$b5$	$(a+c)$	$b6$
控制组	$b7$		$b8$
实验结果 1	$(b2-b1)-(b8-b7)$		
实验结果 2	$(b4-b3)-(b8-b7)$		
实验结果 3	$(b6-b5)-(b8-b7)$		

要判明以上三种实验的效果之优势，可与此三种实验组之变化与控制组之变化进行比较。

总之，实验研究的步骤如下：

(1) 以配对法或随机法成立两个对称组：实验组与控制组；

(2) 两组皆在实验前，量度b之数值($b1$, $b3$)；

(3) 使实验组受a影响；

(4) 两组皆在实验后,量度 b 之数值($b2$, $b4$);

(5) 比较两组之变化,即计算 a 变量之效果 $(b2-b1)-(b4-b3)$,如果不等于 0,表示 a 对 b 有影响。

第四节　实验研究评价

由于实验研究具有"纯化"和"强化"的特点,所以,它的最大优点是通过实验确立现象间的因果关系。

但是,社会实验也有缺点和特殊困难。

1. 实验的情景难以控制,即难以排除被研究变量以外其他外在因素的影响,使得社会实验难以达到自然科学实验的精确度

例如,研究两个家庭的父母的教育方式对孩子智力发展的影响,可以选择两个教育方式不同而小孩最初的智力接近的家庭来进行实验研究。但是,难以控制其他因素的影响、比如家庭其他成员的影响、小孩伙伴的影响等等。由于不能控制这些外在因素的影响,因而就不能知道小孩智力发展的不同到底受到父母教育方式的多大影响。

2. 实验对象难以控制

社会实验的对象是人,人是有意识的主体,在被研究前,他已有自己的经验、认识和思想,这些主观的东西在社会实验中必然造成影响。同时,这些主观意识是实验中难以控制的。

3. 实验对象受到限制

因为以人为实验对象,就涉及伦理道德的问题。例如,研究者不能通过教唆一个小孩犯罪的方式来研究教唆与青少年犯罪的关系,一般也不能进行使实验对象触犯法律或冒生命危险的实验。

4. 难以确定实验变量,即自变量和因变量

社会的每一个群体都可以说是一个社会关系的复杂网络,各种关系盘根错节,交织在一起。在这个复杂的网络中选出自变量和因变量,比自然科学实验中变量选择还要困难得多。一种现象受到哪些现象影响,在这种现象中又有哪些是主要的或影响大的。一种现象又影响到哪些现象,哪些现象是比较大的。这些都需要反反复复地探索研究才能解决。

5. 实验,尤其是实验室实验,其结果往往与现实不相符

因为人是生活在复杂的群体之中的,他的言论和行为都必然受到群体的影响和制约。而实验往往要使被实验对象"纯化",即在一定程度上从复杂的群体生活中分离出来。这样,人们的言论和行为也就发生了变化,与本来应有的实际状况相脱离。

6. 实验人员对实验对象产生影响

霍桑实验即为一例。

总之,在社会研究中,我们可以用社会实验的方式来进行研究,搜集资料,但也要注意社会研究的对象人及其由人所组成的社会区别于自然界的不同特征。

第十章

统计分析

第一节 统计分析概述

一、统计分析的作用

统计分析就是运用统计学方法对调查得到的数据资料进行定量分析,以揭示事物内在的数量关系、规律和发展趋势的一种资料分析方法。

任何事物总有质和量两个方面,社会现象也不例外。以往的调查研究往往只注重定性分析,而忽视定量分析。近年来,由于定量分析方法表现出无可否认的优越性,促使社会科学加速朝着定量化的方向发展,统计分析方法已成为人们认识社会现象的一种重要分析手段。今天,使用定性、定量相结合的方法已成为社会调查中大势所趋的潮流,人们更加注意搜集和分析社会现象数量方面的资料,利用各种数学模型揭示数据后面隐藏的关系、规律和发展趋势。统计分析的作用主要表现在以下三个方面。

1. 统计分析的方法可以为我们的研究提供一种清晰、精确的形式化语言,对资料进行简化和描述

例如,对人们在一胎化政策实行前的行为进行研究,可以发现生育行为受文化程度的影响。从总体上看,文化程度高的妇女其子女数量少于文化程度低的妇女。用定性分析方法只能得出这样一个概略的认识。如果采用定量方法进行分析就可以把这种关系提炼成一个数学方程式: $Y = 4.38 - 0.16X$。 Y 代表任何一个妇女生育子女的数量,X代表文化程度。从这个方程式可以看出,每提高一组文化程度,就可以少生 0.16 个孩子。定量分析不仅可以使问题分析变得清晰、简洁,而且使问题的分析准确、深刻。

2. 统计分析是进行科学预测、探索未来的重要方法

人们对社会现象进行调查,首先要了解社会现象是什么状态,接着要回答为什么会出现这种状态,找出其中的规律,然后再根据过去和现在的实际资料,运用科学知识,探索今后的发展趋势,并作出估计和判断,这就是预测的思路。人们把根据事实,运用经验和判断能力,以逻辑思维方法进行的预测称之为定性预测;把根据数据、统计资料,运用统计分析方法进行的预测称为定量预测。统计分析方法不仅是对客观现象数量关系描述的工具,还是进行科学抽象的思维方法。它使人们能够发现靠直觉不能悟察到的规律,进行准确的科学预测,这样的例子在经济学和人口学中已经不胜枚举了。

3. 对变量关系进行深入分析,通过样本推论总体

近年来社会调查中比较广泛地采用了抽样调查和问卷调查方法,这些方法搜集来的资料绝大多数是数据资料。对这些资料的描述和分析需要采用与事实性的文字资料不同的技术,这就是统计分析技术。统计分析为深入描述和分析变量间关系,进而达到理论解释提供了十分有力的手段。在社会研究中,大量的社会调查是抽样调查,如何由样本资料推论到总体,成为抽样调查必须解决的一个问题。统计分析就提供了参数估计、假设检验等手段将样本推论到总体的方法,从而提高了社会研究的效率。因此,新的社会调查方法和技术都迫切要求运用统计分析的方法。

二、统计分析的特点

1. 统计分析要以定性分析为基础

在定性分析的基础上进行统计分析是保证正确使用统计分析的必要条件。这是因为:(1)统计分析是根据数据资料进行的,而社会调查中的数据不是抽象的数字而是反映了事物属性的统计指标。定性分析要为定量分析规定方向,划分范畴。(2)统计分析是依据一定公式计算的,公式的选择依赖于一定的理论知识、专业知识和必要的经验。事实上,在定量分析开始之前已经通过定性分析,从理论和经验上判明了事物之间的联系,决定了要采用的公式。

2. 统计分析方法必须和其他分析方法结合运用

统计分析方法还必须和其他分析方法结合运用才能更好地发挥作用。其原因是:(1)数量关系只是客观事物存在的诸种关系中的一种,而不是全部。统计分析方法不是万能的,它有自身独特的长处,也有无法克服的局限性,它不能代替其他分析方法。(2)统计分析方法能够帮助发现社会现象中不易察觉的规律,但对规律的解释要借助于有关学科的理论。

3. 统计分析有一套专门的方法和技术

统计分析有一套独特的方法和技术。统计学是对社会现象作定量研究和分析的科学武器;计算机技术是进行统计研究的技术工具;统计分析的数字成果是运用数字模型来描述、解释、预测社会现象。模型就是把实际问题提炼为数学问题,用适当的数字方程式表达出来。统计分析所使用的公式不是很复杂,但计算量很大,只有借助于计算机技术才能完成,所以进行统计分析要求掌握计算机技术[①]。

三、计算机技术的运用

1. 计算机在社会研究中的作用

在社会调查研究中,定性分析与定量分析相结合的必要性和重要性越来越受到了人们的重视。电子计算机的产生及其在社会科学研究中的应用为定量分析开辟了广阔的前景。

电子计算机技术在社会科学研究和社会调查研究中得到日益广泛的运用这一事实说明,计算机在社会调查研究中已经或者正逐渐占据十分重要的地位,它已经或者正在成为社会调查研究的不可缺少的精确而有效的工具。

(1) 对统计分析的作用

电子计算机对统计分析的作用主要体现在三个方面:第一,它能使复杂的定量分析得以实现。在手工操作的条件下,只能进行一些最简单的数据处理;较复杂的数据处理,如回归分析、聚类分析、因子分析等等,手工方式就无能为力。而现代的社会调查,定量分析越来越趋复杂化,规模也越来越大,这只有在运用电子计算机技术的条件下才能实现。第二,它能极大地提高统计分析的效率。电子计算机处理数据的效率是手工方式所无法比拟的。据我们对使用电子计算机和人工计算这两种方法对数量相同的用一种问卷所做的数据处理的效率的比较,即使是最简单的资料的频数分布的计算,使用电脑也要比手工操作至少快10倍以上。越是复杂,规模越大的数据处理,则计算机处理的效率越是明显。第三,它能极大地提高统计分析的精确度。由于计算机处理数据都有经过精心设计的严格的程序,所以使用计算机处理数据能达到极高的精度。只要在使用

---

① 参见袁方主编:《社会调查原理与方法》,高等教育出版社 1997 年版,第 317—319 页。

过程中严格按照规定的程序执行,一般都能得到准确无误的统计结果。这在人工方式的条件下是难以做到的。

当然,电子计算机在社会调查中的上述作用也是相对的。它作为数据处理的工具是十分有效的,但它并不能对事物本身的性质作出判断。它并不能代替定性分析和人的思维加工。在调查研究过程中,只有将定性分析和思维加工与计算机的运用有机地结合起来,才能真正提高调查研究的效率和质量。

(2) 对调查研究过程的影响

电子计算机在调查研究中的运用会对社会研究的过程产生很大的影响。这种影响不仅体现在运用电子计算机进行统计分析方面,而且体现在社会研究的整个过程中。电子计算机在社会研究中的运用对社会研究过程的各个环节提出了一些新要求。

第一,必须制定完整的指标和指标体系。电子计算机作为一种数据处理的工具,它不可能处理那些抽象的概念。所以,在社会调查的设计阶段必须将那些反映事物和现象的抽象概念转化为可进行测量的经验性指标和指标体系。因此,在使用计算机的条件下,调查指标的设计就成为必不可少的关键工作。

第二,一般应采用问卷调查法。在具体搜集材料的过程中,一般应使用问卷或类似问卷的调查表,而且问卷与调查表的设计应采取闭合式问题和先编码的形式。使用问卷和设计编码的形式可以将调查资料标准化与数字化,从而适宜于计算机处理。

第三,与以问卷搜集资料的形式相适应,调查方式主要是抽样调查。因为只有抽样调查,才能取得足够数量的数据资料,才能使对数据资料的处理具有统计学上的意义,从而才能使计算机的运用成为必要并且显示出它的优越性。

计算机的使用对社会研究过程的影响是多方面的。除了上面这些影响,在资料的整理过程中,使用计算机可以将数据资料直接输入计算机,从而可以省却繁琐的手工汇总工作;在使用计算机对数据资料进行统计分析的过程中,一些统计软件不仅能将统计结果快速地运算出来,而且能以统计表与统计图的形式显示出来,这就有利于调查资料的分析和调查成果的形成。也正因为计算机的使用,社会研究从设计到资料的搜集和整理整个过程,其规范性的要求也就更为严格。

(3) 计算机运用的一般步骤

电子计算机在社会研究过程中的实际运用,主要体现在资料的统计分析方面。

在正式使用计算机对资料进行统计分析前,必须学会统计软件或软件包的使用方法。

用计算机进行数据处理有四个步骤。

第一步,是在计算机进入了统计程序的资料输入准备状态以后,将调查中所搜集到的原始资料输入计算机。输入的内容只能是各种资料的数字代码。如,在某份问卷的性别一栏中选择了"① 男,② 女",于是就在计算机中输入代号"1"或"2"即可。输入的形式,必须将各份问卷的同一个资料的数字代码置于同一个纵行内,上下必须对齐。根据上述要求,将所有的资料都输入计算机,存入计算机的存储器内,等待调用。

第二步,将所输入的原始资料格式化。将各种原始资料的代号存储在数据文件中准确位置输入计算机,目的是便于计算机在执行统计指令时能够在特定的位置找到特定的资料的代号从而使数据的处理得以准确无误地进行。原始资料的格式化一般由两部分内容组成:一是变量名称,一般用简略的文字符号表示;二是该变量在数据文件中的位置,一般用数字表示。

第三步,解释变量。在对原始资料进行格式化的过程中,变量只是用简略的文字符号表示,为防止错误地理解或者看不懂简略的文字符号所代表的变量的意思,需对这些文字符号所代表的变量加以明确的说明,即将对所有主要变量的解释输入计算机。

第四步,在正确无误地完成了以上各步以后,就可以让计算机执行各种统计指令了。在执行其他统计指令之前,一般先要获得资料的频数分布,在此基础上再让计算机执行相关分析、回归分析等指令,从而获得大量精确的统计分析资料①。

2. SPSS/Win 软件的运用

(1) SPSS 简介

SPSS(Statistical Package for the Social Science——社会科学统计软件包)、SAS(Statistical Analysis System)和 BMDP(Biomedical Computer Programs)号称世界上最著名的三大统计分析软件。SPSS 虽然名为"社会科学统计软件包",但适用于社会科学、自然科学的各个领域。该软件可以应用于经济学、管理学、生物学、心理学、医疗卫生、体育、农业、林业、商业、金融等各个领域,尤其是在市场调查应用中。可以说,SPSS 是数据处理和分析的利器。

自从 1966 年 SPSS 公司创建以来,SPSS 软件至今已发展到 SPSS 18.0 for Windows(以下简称 SPSS/Win),目前的 SPSS/Win 是一个集数据整理、分析功能于一身的组合式软件包,它使用 Windows 的窗口方式展示各种管理和分析数

---

① 参见吴增基等主编:《现代社会调查方法》,上海人民出版社 1997 年版,第 245—247 页。

据方法的功能,使用对话框展示出各种功能选择项。由于它清晰、直观、易学易用,用户不需要精通统计分析的各种方法,就可以得到较满意的分析结果。因此,SPSS用户已遍布全球,在国内也逐渐流行起来。

(2) SPSS运作原理①

虽然SPSS有多种不同的版本,操作方法亦不尽相同,但是在处理量化数据方面,均有着类似的程序与原则,包括数据定义、数据转换与数据分析三个主要的部分。兹说明如后:

① 数据定义

数据定义(data definition)的目的,在使计算机能够正确辨认量化的数据,并对数据赋予正确的意义。主要的工作包含变量名称的指定(变量标签)、变量数值标签、变量的格式类型、遗漏值的设定。在视窗版SPSS中,数据的定义是以窗口对话框的方式来界定数据,使用者亦可利用语法文件来撰写SPSS数据定义语法,在一个档案中便可以界定所有的变量。

SPSS数据窗口中,数据定义的部分是以单独的工作表的形式呈现,性质与EXCEL数据库管理系统相似,将变量的各种属性的设定与修改,以类似"储存格"的方式来处理,增加了许多弹性与软件间的可兼容性。另一个优点是SPSS的数据定义与其他常用软件包的兼容性大幅增加,例如Excel工作表与Word文档当中的文字,可以直接复制、粘贴SPSS数据窗口当中变量的卷标与数值卷标,操作上更加简便。

在执行上,数据定义必须与编码表配合,将变量的名称与数据的意义加以适当的标注,并设定数据遗漏时的处理方式,方能使后续的数据处理与分析正确有效地进行。

此外,SPSS软件数据窗口所提供的各项编辑功能,可以将SPSS的数据库进行调整与编修,例如可将数据进行排序、切割、重组、合并,使得研究者辛苦获得的研究数据可以恰当地得以保存。不过在进行这些整理动作时,需注意各步骤是否正确操作,否则很可能产生错误,造成数据的损毁。

② 数据转换

数据的格式与内容界定完成之后,这些数据虽然已经可以被计算机所辨识,但是尚未达到可以使用的状态,在进入数据的分析工作之前,仍有一些校正与转换的工作必须完成,例如反向题的反向计分、出生年月变量转变成年龄之新变量、总分的加总等,这都是第二阶段即数据转换(data transformation)必须完成的工作。此外,废卷处理、数据备便、遗漏值的补漏检查等工作,也是在此一阶段

---

① 邱皓政:《量化研究与统计分析》,重庆大学出版社2009年版,第43—44页。

进行。

③ 数据分析

SPSS 数据处理的最后阶段,是依操作者的指令,进行各种统计分析或统计图表的制作,即数据分析(data analysis)。首先,操作者必须具备良好的统计基本知识,熟知研究的目的与研究数据的内容,才能在数十种统计指令当中选择适合的统计方法来分析数据。其次,操作者也必须能够阅读分析之后的报表数据,从不同的指数与指标当中,寻求关键且正确的数据来作为研究报告撰写的根据。

数据分析完成之际,通常需进行适当的文字处理作业,将输出报表进行编辑、打印,并撰写结果,数据分析的工作才算顺利完成。SPSS 软件的视窗版自己附带了一个文本编辑器,专门用来编修统计图表,SPSS 的使用者必须熟悉 SPSS 的文本编辑器,才可以在数据分析完成后,实时进行表格图表的编修,否则一旦图形、表格被转贴到其他软件之后(例如 Word 或 PowerPoint),就无法加以调整,使用者必须多方尝试,累计经验来进行文本编辑工作。

SPSS 软件自推出以来,由于语言编写方式较为简易,使用者较多,视窗版推出之后,更获得使用者与学习者的欢迎。SPSS 软件英文版第 18 版已经于近年推出。越新版本的 SPSS,功能越强大,同时与其他软件的兼容性也更高(例如 EXCEL)。尤其是英文版的系统设定当中可以指定使用的语言形式,中文使用者可以直接选择繁体中文模式(Traditional Chinese)即可直接将结果报表以中文化方式输出。

第二节　统计资料整理

一、资料的审核与编码

1. 审核

资料审核的方法主要有两种,即逻辑审核与计算审核。

逻辑审核,即核查资料的内容是否合乎逻辑和常识,项目之间有无互相矛盾之处,与其他有关资料进行对照是否有明显出入等等。

计算审核,是针对数字资料进行的审查。要检查计算有无错误,度量单位有没有用错,前后数字之间有无相互矛盾之处等等。

在资料的审核中,如发现问题,可以分别不同情况予以处理:(1) 对于在调查中已发现并经过认真核实后确认的错误,可由调查者代为更正;(2) 对于资料中的可疑之处或明确有错误与出入的地方,应设法进行补充调查;(3) 在无法进行或无需进行补充调查的情况下,应坚决剔除那些有明显错误的或没有把握的资料,以保证资料的真实性和准确性。

这里应当强调的是,为了保证审核后的资料能得到及时的补充或纠正,一般不应在所有的调查工作都结束、调查队伍离开调查现场后,再去搞资料的整理工作,而是应当在搜集资料的过程中及时进行资料的审核工作。

2. 编码

如果整理后的资料要用电子计算机进行数据处理,则还需对资料进行编码,即将问卷或调查表中的信息转化成计算机能识别的数字符号。也即给每一个问题的每种可能答案分配一个代号,通常是一个数字。调查者要根据它将调查资料变换成计算机能识别的数字符号,输入计算机进行处理,然后再根据它将计算机处理的结果转换成能阅读的资料。

编码可以在设计问卷时进行,也可以在数据搜集结束后进行。大多数正规的准备用计算机进行处理的问卷调查,在问卷设计时就已经事先确定了答案的称之为首编码或先编码(pre-coding)。对这种问卷的编码,只要将被调查者在问卷中所选择的项目的代号或所填的数字填入相应的编码表栏目内即可。

《浦东新区社会发展》户卷调查表

首先,请问您个人的有关情况　　　　　　　　　　　　卡 1 (1—10)

1. 您的性别:(1) 男　(2) 女　　　　　　　　　　　11 _____

2. 出生年月:19 _____ 年 _____ 月　　　　　　　12—15 _____

3. 现在年龄:_____ 周岁　　　　　　　　　　　　16—18 _____

4. 文化程度:(1) 文盲或识字很少　(2) 小学　　　　　19 _____
　　　　　　 (3) 初中　(4) 高中　(5) 中专、技职校
　　　　　　 (6) 大专　(7) 大学　(8) 研究生

5. 您的职业:(01) 专业技术人员　(02) 党政企事业负责人　20—21 _____
　　　　　　 (03) 军事武警人员　(04) 一般办事人员
　　　　　　 (05) 商业服务人员　(06) 生产运输人员
　　　　　　 (07) 个体经营人员　(08) 农林牧渔人员
　　　　　　 (09) 待业下岗人员　(10) 离退休人员
　　　　　　 (11) 在校学生　(12) 其他(请注明:_____)

6. 您的工作单位地点:(1) 浦东　(2) 浦西　(3) 其他　22 _____

7. 您的出生地：_____ 省（市）　　　　　　　　　23—24

8. 您或您的祖辈搬迁到浦东来居住已经_____ 年　　　25—27

……

对于问卷表或调查表中的封闭式问答题中的"其他"项、开放式问题,则应在对所有回答进行分类的基础上,给每一类回答定一个代号,制成编码表,然后再将每一份问卷的开放式问题的回答所对应的代号填入编码表内,这叫后编码(Post-coding)。

前编码和后编码所用的编码本最后将合并为一个编码本。一般来说,编码本不但是编码人员的工作指南,也提供了数据集中变量的必要信息。编码本一般包含变量的以下几方面的信息:

(1) 所有列的位置(列数);

(2) 变量的顺序编号;

(3) 变量名称及变量说明(变量及变量标志);

(4) 问答题编号;

(5) 编码说明(变量值及变量值标志)。

二、资料的录入与汇总

1. 数据录入

经过前述的编码处理,调查所收回的问卷中的一个个具体答案都已成功地系统地转换成了由0—9这10个阿拉伯数字构成的数码,接下来的任务就是将这些数码输入计算机内,以便进行统计分析了。

数据录入的方式主要有两种:一种是直接从问卷上将编好码的数据输入计算机;另一种是先将问卷上编好码的数据转录到专门的登录表上,然后再从登录表上将数据输入计算机。登录表的横栏为问题及变量名,且都有给定的栏码,纵栏为不同的个案记录数据,表10-1就是登录表的一部分。

表 10-1　数据登录(部分)

	城区	个案号	A1	A2	A3	A4	A5	A61	A62	…
	1	2—5	6	7—8	9	10	11	12	13	…
个案1	2	0387	2	39	3	2	2	1	1	
个案2	4	0441	2	41	2	3	4	1	0	

续　表

	城区	个案号	A1	A2	A3	A4	A5	A61	A62	…
	1	2—5	6	7—8	9	10	11	12	13	…
个案 3	3	1024	1	50	2	5	2	2	1	
个案 4	6	0036	1	28	3	7	1	0	0	
个案 5	1	0189	2	30	4	1	1	0	0	
个案 6	3	0816	2	44	1	6	2	2	1	
…	…	…	…	…	…	…	…	…	…	

直接从问卷输入数据的长处是避免了再次转录中可能出现的差错;但它的不足是录入时要不断地翻动问卷(一页一页地录入),录入的速度相对要慢一些。特别是当一份问卷问题较多、内容较长时,直接输入往往比较麻烦,效率较低。将问卷上的数据先转录到登录表上,再输入计算机的做法,虽可以使得计算机录入人员比较方便,因而相对来说也比较快,但它却要冒增加差错的风险。因为将问卷上的数据抄录到登录表中,等于增加了二次转录过程。而每一次转录都存在出错的可能性,两次转录出错的机会往往大于一次转录。

有时候也可使用光学扫描仪(optical scanner)输入资料。这种仪器可以判读记在特别的编码纸上的铅笔记号,并相应的把这些信号所表达的信息转换成资料文档。

2. 资料的汇总

资料的汇总,是指根据调查研究的目的,将资料中的各种分散的数据汇聚起来,以集中的形式反映调查单位的总体状况以及调查总体的内部数量结构的一项工作。资料的汇总是资料整理工作中的必不可少的重要环节,也是分析资料前的一项基础性工作。

根据调查研究的目的不同资料汇总的方式与方法也有所区别,可以分为总体汇总和分组汇总两大类。总体汇总是为了了解总体情况和总体发展趋势的,分组汇总则是为了了解总体内部的结构和差异的。资料的总体汇总可以在对资料未进行分组的情况下进行,而资料的分组汇总则必须在对资料进行分类与分组后才能进行。

资料的汇总技术主要有两种:手工汇总及计算机汇总。这里主要介绍这两种技术的方法或步骤。

(1) 手工汇总

手工汇总主要包括:点线法、过录法、折叠法和卡片法这四种方法。

① 点线法。它也被称为划记法,它是以点或线等记号代表个案次数进行划

记汇总的方法。常用的记号有"正",类似于选举中常用的唱票方法。

② 过录法。就是把原始调查资料过录到预先设计好的过录表或汇总表上,然后加总的一种方法。运用过录法汇总资料能看出总体各单位的情况,便于比较;能防止遗漏,不易出错;而且过录后的原始资料便于保存。但这种方法的工作量比较大。

③ 卡片法。就是将每个个案的资料分别登录到特制的资料卡片上,然后进行汇总的方法。用卡片法汇总的主要目的是将原始资料简化。

④ 折叠法。就是将若干调查表沿所要汇总的某一项目折叠起来直接进行汇总的方法。这种方法省去了过录资料的中间环节,但汇总资料的份数不能太多,而且一旦汇总中出现错误,就要从头返工。

(2) 计算机汇总

计算机汇总大致分四个步骤:编码、登录、录入和程序编制。

编码是将问卷中的信息数字化,转换成统计软件和统计程序能够识别的数字,也即将资料的文字形式转换成数字(或符号)形式。这项工作是一种信息代换的过程。调查者要根据它将问卷调查资料转换成能够统计、计算的数字,输入计算机。登录是将编好码的问卷资料过录到资料卡片上去,以便于将它们输入到计算机的磁带、软盘或硬盘上去。录入是将登录在资料卡片上的数据录入到计算机的存储设备(磁带、软盘、硬盘)上,其工作性质同登录相同。所不同的是登录的操作是在资料卡片上进行,录入是在计算机的终端机上进行。然后就是汇总,要用计算机汇总资料就必须给计算机输入一种指令,指挥计算机进行工作,这种指令就是程序。现在这项工作已由软件工作者为我们做好,我们只需会使用软件包就行了。资料整理的程序比较简单,又是统计的基础,有很多软件包可以用,最常用的是 SPSS 软件包(社会科学统计软件包),它已解决了中文统计表格输出问题,用起来很方便。

操作者通过按键将登录卡上的数据敲入计算机,同时屏幕显示数据,这一阶段注意力一定要高度集中,严防跳行、漏读、按错数键所产生的错误。利用 SPSS 软件包,录入后可以查错、纠错。查错的程序有两种。第一种是检查输入信息的有效性,即对数码进行幅度检查。幅度检查的方法主要是检查资料的子项是否都在规定的幅度范围内。例如,关于性别的调查项目答案只有两个:男、女,如果男=1,女=2,那么这个项目的答案幅度是 1—2,不可能有 3、4 等数码。幅度检查就是要把那些超越幅度的错误找出来。第二种是检索输入信息相互之间的一致性,即对数码进行逻辑检查。逻辑检查主要是检查同一份问卷中,不同问题的答案是否相互矛盾,例如问卷的第 4 题是询问年龄,年龄的编码是这样的:1—13 岁=1;14—25 岁=2;26—40 岁=3;⋯⋯第 6 题是询问婚姻状况:已婚=

1,未婚＝2。假如第 4 题的答案是 1,那么第 6 题的答案应是 2;如果第 6 题的答案是 1 的话,那么,不是第 4 题就是第 6 题的答案错了,逻辑检查可以找出答案的逻辑矛盾。

第三节　单变量统计分析

一、集中趋势测量

集中趋势就是一组数据的代表值,它能说明一组数据的一部分全貌,即它们的典型情况。它用一个典型值代表变量所拥有的所有数据。这样一个典型值就称为集中趋势统计量,按处理方法不同可分为几类,主要包括众值、中位值、均值等等。

1. 众值(众数),用 M_o 表示

其意义为,在众多数值中,出现次数最多的一个数值,也称定类层次。

例如: 2, 3, 5, 5, 5, 6, 6, 7, 9。

出现次数最多的是 5,其 $M_o＝5$。

2. 中位值(中位数),用 M_d 表示

其意义为,按大小顺序排列,处在一群数据中央位置的数值,也称定序层次。

例如: 有 9 个人,他们的月工资分别如下:

47, 42, 50, 51, 92, 112, 71, 83, 108。

这样一群数据,首先必须要:

(1) 作排列处理,从小到大排列。

42, 47, 50, 51, 71, 83, 92, 108, 112。

(2) 求中央位置。

$$M_d \text{ 的位置} = \frac{N+1}{2} = \frac{9+1}{2} = 5。$$

(3) 求中位值。$M_d = 71$。

所以,对于定序变量而言,用中位值来表示集中趋势的统计量。

3. 均值(平均数)

其也称均数或定距层次,是在定距和定比变量的测量层次中运用。

算术均数:一群数值的总和除以个案数目所得的结果,称为算术均数。用

字母 X 表示。

公式为：$\overline{X} = \dfrac{\sum X_i}{N}$

> 例如：调查 10 个核心家庭,每个家庭的子女数为 1, 1, 1, 2, 2, 2, 2, 2, 3, 3。
> 可用众值表示 $M_o = 2$,中位值表示 $M_d = 2$,但不是最好的方法。
> 已知：$n = 10$, $\sum X_i = X_1 + X_2 + \cdots + X_n = 1 + 1 + \cdots + 3 = 19$
> $\overline{X} = 19/10 = 1.9$

这表示在这 10 个家庭中,每个家庭拥有子女数是 1.9 人。

4. 各值优劣之比较

众值、中位值、算术均值哪一个最具有代表性呢,我们要对这三种数值的优劣作比较。

众值应用范围在定类变量,要求大略平均,一般用众数。但是,损失资料太多,而且可能出现双峰图(也称双众数),即常常会遭到数据集合中有几个数据同时符合众数定义的情形,这时众值也就失去了作为代表值的意义,对各种统计产生麻烦,因而不太用。当然,有些特殊情况下,也能用众值。

中位值对定序变量而言,求时方便,宜理解(求中央位置)。但是,组中位值计算一定要排列次序,所以运用时就受限制。而且最大的缺陷是对一些极端数字不敏感。如 -474, 2, 18, 35, 2 000,那么 -474, 2 000 对中位值均无影响。同时,在两端的数目不明确的开放端中,仍可以求中数,但不能求平均数。

算术均数,或均值,用于定距(定比),资料利用率比较高,常被认为是最佳集中趋势度量值。但是,由于每个数据都加入计算,平均数极易受极端数影响。如,某个由 5 人组成的座谈会,其平均年龄为 25 岁。其中,4 人是学生,1 人是教授。学生全部是 16 岁,教授年龄为 61 岁,显然教授的年龄对整个平均年龄发生了显著的影响。只有取中位值或众值才具有代表性。

二、离散程度测量

集中趋势(众值、中位值、均值)表示着一组数据的典型情况,但在实际上,各个数据之间仍然存在着差异,它不足以说明和概括这组数据的全貌。

例如：有 3 个分布,各含有 5 个数值,其内容如下：

甲分布：80, 80, 80, 80, 80。 $\overline{X} = 80$

乙分布：40，40，80，120，120。　　　　　$\overline{X} = 80$

丙分布：2，18，25，96，259。　　　　　　$\overline{X} = 80$

3个分布的集中趋势都相同，都等于80。但是，每个分布各项目对中央趋势的离散有所不同。甲分布中，五个数值都相等，并无离势；乙分配中，各个数值，稍呈分离；丙分布中，则各数值的分散很大，对集中趋势偏散程度最大。

那么，什么是离散程度呢？

反映数据对于集中趋势的偏离程度的统计量就叫做离散程度统计量。

换言之，离散程度表示一组数值的差异情况或离散程度，测量的是分配的离中趋势。集中趋势的代表性如何，要由离散程度来表明。凡离散程度越大，集中趋势的代表性越小(如丙)；离散程度越小，则集中趋势的代表性越大(如乙)。假如一组数据彼此相同，离散程度为0，集中趋势即等于数值本身(如甲)。

因此，这种离散程度就是与集中趋势有关的衡量分散程度的度量值。

离散程度是指现象的某一数量标志的各项数值距离它的代表值的差异程度。它是反映总体标志数值分布特征的又一个重要特征。集中趋势统计量将总体各单位标志数值的差异抽象化了，从而反映出社会现象在一定条件下的一般水平。但是，同质总体中各单位标志数值之间的差异还是客观存在的，而且这种差异在有些问题的研究中非常重要。因此，统计分析在运用集中趋势法分析某一问题时，还必须进一步对被抽象化的各单位标志值的差异程度进行测定。这样，集中趋势和离散程度统计量分别反映同一总体在数量上的共性(集中范围和程度)与差异性(波动范围和差异程度)，两者结合运用，有助于人们更全面地认识总体的分布特征。

1. 定位层次：并众比率，可用 V_R 表示

异众比率是总体中非众数次数与总体全部次数之比。它虽也是一个相对指标，但与标准差系数不同，它不是由以绝对数形式表现的离散程度指标与其对应的平均指标众数所作的对比，事实上也没有与众数相配套的绝对数形式表现的标志变异指标。异众比率的计算公式为：

$$V_R = \frac{N - f_{mo}}{N}$$

式中：V_R——异众比率；

　　　　f_{mo}——众数次数。

例：在某强制戒毒所抽取强制戒毒患者36人，其中男性27人，女性9人，试求异众比率。

$$\because N = 36,\ f_{mo} = 27$$

$$\therefore V_R = \frac{N - f_{mo}}{N} = \frac{36 - 27}{36} = 0.25$$

异众比率的意义在于指出众数所不能代表的那一部分调查单位数在总体中的比重。异众比率愈小，说明众数的次数愈接近总体次数，标志变异的程度愈小，众数的代表性愈大；异众比率愈大，说明众数的次数愈小，标志变异的程度愈大，众数的代表性愈小。

异众比率计算简单，只涉及众数次数和总体全体单位数，因而，它能用于其他离散程度统计指标均无法测定的定类尺度的测量。

2. 定序层次：四分位差，可用 Q 表示

四分位差的公式：$Q = Q_3 - Q_1$。

其意义是，舍弃资料的最大与最小的 $1/4$，仅就中央部分的资料测其极差。

为什么要舍弃前后四分之一，留下中间的 50% 呢？为了避免受极端极值的影响。极端数往往出现在资料的两端，因而舍弃两端，来看 50% 的资料之差异。

上节已讲中位值的求法。

(1) 排列。

(2) 求中央位置；　　M_d 位置 $= \dfrac{n+1}{2}$。

(3) 求位值。

求四分位的点上的数值与求中位值的步骤一样的。

$$Q_1\ 位置 = \frac{1(n+1)}{4}$$

$$Q_2\ 位置 = \frac{2(n+1)}{4} = \frac{n+1}{2} = M_d\ 位置$$

$$Q_3\ 位置 = \frac{3(n+1)}{4}$$

再从位置求出位值。

例如：某电视台举行中学生智力竞赛，如有两个中学参加，甲中学有 8 人参加，乙中学有 9 人参加，共需回答 10 个问题。

甲中学答对：4，4，5，6，8，9，9，10。（$n=8$）

乙中学答对：4，5，5，7，7，8，9，9，10。（$n=9$）

我们先求集中趋势。

甲中学：M_d 的位置在 4.5 个处，$M_d = (6+8)/2 = 7$

乙中学：M_d 的位置在 5 个处，$M_d = 7$

从集中趋势看，$M_d = 7$，两个中学相比，分不出高低。但是，事实上分布是有所不同的。我们就要看其分布情况，如用全距，都分 $10-4=6$，仍是一样，因而用四分位差来处理。

(1) 首先要求出其位置

甲中学：

$$Q_1 \ 位置 = \frac{8+1}{4} = 2.25$$

$$Q_2 \ 位置 = \frac{2(8+1)}{4} = 4.5$$

$$Q_3 \ 位置 = \frac{3(8+1)}{4} = 6.75$$

乙中学：

$$Q_1 \ 位置 = 2.5$$

$$Q_2 \ 位置 = 4.5$$

$$Q_3 \ 位置 = 7.5$$

(2) 求出其位值

Q_1 的位置在 2.25 位置上，对甲中学而言在 4、5 之间的 0.25 处。

甲中学：$Q_1 = 4 + 0.25(5-4) = 4.25$

$\qquad Q_2 = 7$

$\qquad Q_3 = 9 + 0.75(9-9) = 9$

乙中学：$Q_1 = 5 + 0.5(5-5) = 5$

$\qquad Q_3 = 9$

我们得到这样的计算结果，求四分位差。

甲中学：$Q = Q_3 - Q_1 = 9 - 4.25 = 4.75$

乙中学：$Q = 9 - 5 = 4$

对于甲：$M_d = 7 \quad Q = 4.75$

对于乙：$M_d = 7$　$Q = 4$

这样的结果,它的含义是：离散数值越大,表明这一组数值对于集中趋势的分散越大,即越不集中;离散数值越小,则表明集中趋势分散越小。4 对 7 相比 4.75 对 7 而言,相对比较集中。乙中学 $Q=4$,说明乙中学的智力相对集中一点,智力水平比较平均;而甲中学 $Q=4.75$,相对而言,比乙中学的智力水平要分散一点。

甲：
$$\frac{Q}{2} = \frac{4.75}{2} = 2.375$$
$$Q_1 = 7 - 2.375 = 4.625$$
$$Q_3 = 7 + 2.375 = 9.375$$

乙：
$$\frac{Q}{2} = \frac{4}{2} = 2$$
$$Q_1 = 7 - 2 = 5$$
$$Q_3 = 7 + 2 = 9$$

这说明甲中学 8 个人中有一半的人落在 4.625—9.375 区间内,而乙中学 9 个人中有 50% 的人落在 5—9 的区间内。也即说,乙中学的平均智力相对比较集中。

四分位差虽然克服了全距的缺点,不受极端值的影响,但它仅以两数之差为基准,损失资料太多,所以也是一个比较粗略的离散程度统计量,因而用途有限。一般当用中位数表示数据分布的集中趋势时,就用四位差表示离散程度。

3. 定距层次: 标准差用 σ 表示

对于定距、定比变量,我们可用标准差的测量法。

什么叫标准差? 一群数值与其平均数之差的平方和除以全部个案数目所得的平方根,就是标准差。

$$\sigma = \sqrt{\frac{\sum (X - \overline{X})^2}{N}}$$

标准差通常用一个小写希腊字母 σ 来表示。

例如: 有 10 个家庭每个月比前两年增加开支的情况是:
85, 63, 50, 46, 37, 34, 28, 25, 22, 20。

① 先计算 10 个家庭平均每月增加支出多少?

用集中趋势表示 $X = \sum X/n = 41$ 元。

② 对这 10 个家庭讲,对这个平均值(41 元)的偏差程度如何? 往往用标准差表示。

$$\sigma = \sqrt{\frac{(85-41)^2 + (63-41)^2 + \cdots + (20-41)^2}{10}}$$

$$= \sqrt{\frac{3\,818}{10}} \approx 19.5$$

这表示,这 10 个人家,每个月增长消费支出的标准差是 19.5。

假如有另 10 户人家,其标准差是 7.8,在这种情况下,$19.5 > 7.8$。这说明前 10 户人家支出的分布比较分散,有的用得多了很多,节省的人家十分节俭。而后 10 户人家则支出比较平均。

因此,标准差越大,表示分布越分散;而标准差越小,表示分布越集中。

第四节　双变量统计分析

一、相关的意义及类型

1. 什么是相关

简单地讲,所谓相关,就是指二列变量之间的相互关系。

社会现象是普遍联系和相互依存的。从数量上研究社会现象之间的依存关系,反映出各种条件或原因对现象变化的作用,对社会研究具有重要的意义。

例如:我们考察人的生理特征,个子的高低与体重的关系,要找出一个关系式来表示他们之间的相互关系。又如,农业生产上施肥量与农产量存在什么关系,降雨量的多少对农作物的产量有什么影响。在社会学中,我们研究父亲工资高低对子女的社会地位有什么影响。在教育心理学中,一个学生在中学时代的成绩与他大学里的成绩有什么关系,在大学里的成绩对他以后创造性研究又有什么关系。又如课程的设置与教育质量存在什么内在联系。以至有多种因素,例如一个人的知识高低与聪明、用功、父母教育、年龄、书籍多少是种什么关系(如下图所示)。

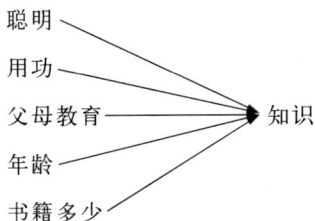

其中,哪个因素有影响,哪个因素不存在影响。把每一对抽出来,也就是变成两个变量的关系。

总之,我们要找出量与量的关系,即 X, Y 之间的关系。

但是,单讲相关是两列变量之间的相互关系,还不能刻画相关的本质含义。变量之间的关系,现象之间的关系,存在着两种不同类型。

(1) 函数关系,也即确定性关系。当一种现象(一个数值)的数量确定之后,另一种现象(另一个数值)也随之完全确定。如,圆的面积和它的半径之间的关系,又如自由落体运动中高度与动力加速度之间的关系等。这种变量关系我们称之为函数关系,研究这类关系是用数学分析的方法。

(2) 相关关系。这种现象的变量关系并不是完全确定的。一个现象的数量确定了,而另一现象的变量还可能在一定范围内存在变化,并不随之完全确定。例如,施肥和农作物产量的关系,农作物产量除了施肥多少的因素以外,还受土壤、种子、气候、耕作深度等好多其他因素的影响。又如儿子的身高,除了其父母身高的因素以外,还受营养、活动、环境等好多因素的影响。青少年犯罪除了家庭影响以外,还受社会交友、个人经历、生理心理等好多因素的作用。也即是说,在社会生活中,现象之间的依存关系,除了我们关心的因素之外,同时还会受着其他许多因素的影响,其中错综复杂的关系有些属于人们尚未认识的,有些虽已被认识但还无法控制的,再加上在计量上的误差,就造成了这些现象之间的变量关系的不确定性。但是不确定的变量关系还是有规律可循的,经过人们的大量观察,会发现许多现象变量之间确实存在着某种规律性。在这种情况下,我们在社会研究中,就应多观察些单位,消除无关因素的影响,以便研究现象因素之间的关系。我们就称这类现象因素之间的关系为相关关系,而研究这类相关关系的理论和方法,就是相关分析。

具体说,统计相关分析就是要:① 确定现象的变量之间是否存在相关关系,并且找出合适的数学表达式;② 测定现象之间相关的密切程度;③ 研究相关关系中哪些是主要因素,哪些是次要因素,这些因素之间的关系又如何。

以上就是我们所讲的相关之含义。

2. 相关与回归

有时候这种通过一批观察数据来找出变量间的相互关系的方法,又叫"回归问题"。相关和回归的关系是怎样的呢?

这里有历史上的原因。"回归"这个名词原是由法兰西斯·高尔登(F. Galton)所始创的。1885 年时,高尔登从事人类身高的研究(即研究父母的平均身高与子女身高的关系)。他发现子女的身高有低于其高个子父母的趋势,而矮个子父母的子女却往往有高于其父母的趋势。从整个人口看来,高个子的人"回归"于人口的平均身高,而矮个子的人则作相反的"回归"。不是高的更高,矮的更矮,而是向当中平均值的趋势发展。高尔登所创用的"回归"这个名词以后就为许多生物学家和统计学家所沿用。

从辩证法来看,回归具有否定的意味,子女比其父母较高是对矮个子的否定,而子女较其高个子父母为矮也是一种否定。

当然,后来"回归"这一词一般用来表明一种现象(一种变量)和另一种现象(变量)之间的关系,已经不是高尔登所创用时的原来意义了。

相关这个名词就是从"回归"推导出来的概念,表示事物间的内在联系和相互依存的关系。其义已包含了"回归"的含义。

在分析现象与现象之间的关系时,我们经常要分析其因果关系。那么,相关关系是否就是因果关系呢? 我们的结论是:相关关系≠因果关系。

在一般的函数关系中,尤其是一些简单的自然现象分析中,我们可以指出其因果,而且因果关系是可以倒置的,即变量之间通常是互为因果,自变量和因变量可以相互调换,存在着互为反函数的关系。

在相关关系中,虽然在教学形式上也可以将自变量和因变量互相调换,但在实际工作中这种调换往往会失去实际意义。相关关系不一定是因果关系,例如天气冷了,气温降低导致人们多穿衣服,气温降低是自变量,多穿衣服是因变量,但绝不能把因果互换,讲因为多穿了衣服而导致天气变冷。可见相关关系≠因果关系。这是一方面的意义。

我们还可以从另一个意义上讲,相关关系≠因果关系。如植物的生长与大学生入学分数线的确定,我们可以求出他们之间的相关系数,进行回归分析,但其中并无因果关系。因而,相关分析必须根据所研究对象确实存在着的客观联系关系,决不能凭主观臆造某种联系(如国外有人研究太阳黑子与地球上的战争之间的相关系数)。同时,也要注意不要把无关的因素引进来。当然相关关系也可能是因果关系,这需要进一步分析。

以上所讲的实际上也是我们在进行相关分析时应注意的几个问题。

下面介绍相关的种类。

3. 相关的种类

现象的相关关系可以按不同的标志加以区分。

(1) 按相关的程度分完全相关、不完全相关和不相关。两个现象其中一个现象的数量变化由另一个现象的数量变化所确定,则称这两种现象间的关系为完全相关,例如圆的面积 A 决定于它的半径 R,即 $A = \pi R$。在这种情况下,相关关系即成为函数关系,也可以说函数关系是相关关系的一个特例。两个现象彼此互不影响,其数量变化各自独立,称为不相关现象,如棉花纤维的强度与工人出勤率一般认为是不相关的。两个现象之间的关系,介乎完全相关和不相关之间称为不完全相关,一般的相关现象都是指这种不完全相关,这是统计相关分析的主要研究对象。

(2) 按相关的性质分正相关和负相关。两个相关现象,当一个现象的数量由小变大,另一个现象的数量也相应由小变大,这种相关称为正相关。例如,工人的工资随着产量的增加而增加。当一个现象的数量由小变大,而另一个现象的数量相反的由大变小,这种相关称为负相关。例如,商品流转的规模越大,而流通费用水平则越低。

(3) 按相关的形式分线性相关和非线性相关。对于两个相关现象进行实际调查,获得反映这个变量相关关系的一系列数据。一种现象的一个数值和另一现象的相应数值,在平面直角坐标系中确定一个点,如果这些点的分布情况大致散布在一直线的附近两旁,则这两种现象构成线性相关的形式。如果现象相关点的分布,并不表现为直线的关系,而近似于某种曲线方程的关系,则这种相关关系称为非线性相关。例如,小麦的播种量和亩产量之间的相关关系就是一种非线性相关。

(4) 按影响因素的多少分单相关和复相关。两个现象的相关,即一个因变量对于自变量的相关关系,称为单相关,又称简相关。当所研究的现象是几个变量的相关,即一个因变量对于两个或两个以上自变量的相关关系,称为复相关,又称多元相关。在实际工作中,如果存在多个自变量,可以抓住其中最主要的因素,研究其相关关系和复相关化成为单相关的问题。

二、交互分类法

所谓交互分类法,就是同时依据两个变量的值,将所研究的个案分类。交互分类表就是将两个变量各标志次数分配进行交互分类的统计表。例如,我们研究教育水平与最大志愿的关系。

表 10-2　教育水平与志愿

志　　愿	教　育　水　平		
	高	中	低
快乐家庭	5	30	5
理想工作	0	30	20
增长见闻	5	0	5
总　　数	10	60	30

　　从表 10-2 中,可以清楚地知道在每种教育条件下志愿的次数分布情况。因此,这样的表又称为条件次数表。在表的最下端是每种教育水平的总次数,称为边缘次数,它们的分布情况就称为边缘分布。表中的其他次数,称为条件次数,表示在自变量的每个值(条件)的情况下依变量的各个值的个案数目(次数)。例如,教育水平低的有 30 人(这是边缘次数),其中以快乐家庭、理想工作和增长见闻为最大志愿的分别有 5 人、20 人和 5 人(这些是条件次数),由此可见,这些青年中大多数是以理想工作为最大志愿。同理,可知其他教育水平的志愿分布情况。

　　条件次数表有大小之分。计算的方法,通常是将依变量值的数目乘上自变量值的数目。如果我们将依变量放于表的旁边,将自变量放于表的上端,则表的大小就是横行数目(rows,简写 r)乘上纵列数目(columns,简写 c),即表的大小=$r \times c$。这个先后次序的用意,是表示前者(依变量)是受后者(自变量)影响的。上表有 3 个横行和 3 个纵列,所以表的大小= 3×3。如果教育水平由三级变为两级,但志愿的分类不变,则表的大小=3×2。如果教育水平仍是分三级,但志愿的分类变为 2 种,则表的大小=2×3。要注意的是,3×2 表不同于 2×3 表,因为不同位置的数值代表不同的变量。

　　条件次数表的缺点是难于比较不同条件下的次数分布,这是因为作为基数的边缘次数各有不同。例如上表,中等教育水平的青年中有 30 人的志愿是理想工作,低等教育水平的则有 20 人,前者多于后者,是否表示前者较多以理想工作为最大志愿呢? 由于表的下端显示前者的基数(即边缘次数)是 60 人,而后者是 30 人,也是前者多于后者,我们不易下结论。因此,为求相互比较从而知道两个变量间的关系,就必须将各个基数标准化。换言之,要在相同的基础上作比较。最常用的标准化方法,是将所有基数都变成 100,各个条件次数就随而变为百分率。这样制成的表,就称为条件百分表。例如下表 10-3,就是根据上表而制成的条件百分表。

表 10-3 青年人的教育水平对其志愿的影响 （%）

志　愿	教　育　水　平		
	高	中	低
快乐家庭	50.0	50.0	16.7
理想工作	0.0	50.0	66.7
增长见闻	50.0	0.0	16.7
总　　数	(10)	(60)	(30)

将此表 10-3 的各列条件百分率相互比较,就可以知道教育水平对志愿的影响。例如,将各列条件百分率对比,可见低等教育水平的青年比其他教育水平的青年更以工作为重。又高等教育与中等教育水平的青年都重视家庭情况,但前者比后者更重视见闻,而后者则比前者更重视工作情况。总括来说,如果青年人的教育水平不同,他们的最大志愿也会有区别。教育是决定青年人志愿的因素之一。

在制定条件百分表时,最好能依据下列的准则:

(1) 每个表的顶端要有表号和标题。加上表号,可以方便讨论和减少混乱。简明的标题,能使读者容易领会表内数值的意义。

(2) 绘表时所用的线条,要尽可能简洁。舍去不必要的线条,可以节省绘制的功夫,也会令人看起来舒服。上表所用的线条就是力求简洁,是当今的社会学刊物中常用的一种方式。

(3) 在表的上层(即自变量的每个值之下)写上%符号,表示下列的数值都是百分率。如果表内每个数值都附有%符号,就太繁复了。

(4) 表下端括弧内的数值,表示在计算百分率时所根据的个案总数。写出这些数值,固然可以使我们知道各列百分率的基础,同时也使我们可以随时将百分率数值变回原来的次数值。如上表左上角的数值 50.0% 是根据 10 名个案计算出来的,原来的条件次数便是 5(=10×50%)。因此,在研究报告中,如果有条件百分表,便不需要有条件次数表。

(5) 表内百分率数值的小数位要保留多少,视研究的需要而定,但最好是有一致性。例如,上表既然用上 16.7 与 66.7,就要用 50.0 与 0.0,而不是 50 或 0。要注意的是,这些小数点后的 0 是一个有意义的数值,表示全部百分率的计算都是以保留一位小数作准则。

三、消减误差比例

相关测量法,就是以一个统计值表示变量与变量之间的关系。这个值,通常称为相关系数。

相关测量法有许多种,大多数是以 0 表示两个变量间没有关系,以 1 表示全相关,因此介于 0 与 1 之间的系数值越大就表示相关程度越高。如果是定距或定序变量,更可以测定相关的方向,通常是以"＋"符号表示正相关,以"－"符号表示负相关。

相关测量法既然有许多种,我们怎样选择呢? 首先,要注意变量的测量层次:定类、定序和定距。属于不同测量层次的变量,就要用不同的相关测量法。其次,就是看统计值的意义。我们最好选用统计值有意义的相关测量法。在统计学中有一组相关测量法,其统计值具有消减误差比例(proportionate reduction in error)的意义,称为 PRE 测量法。

什么是消减误差比例呢? 社会研究的主要目标是预测或解释社会现象的变化。比如有一种社会现象 Y,我们就要预测或理解其变化的情况。预测或解释时,难免会有误差(即错误)。假定另一种社会现象 X 是与 Y 有关系的,如果我们根据 X 的值来预测 Y 的值(例如据每个青年人的教育水平来估计其最大志愿),理应可以减少若干误差。而且,X 与 Y 的关系越强,所能减少的预测误差就会越多。换言之,所消减的误差有多少,可以反映 X 与 Y 的相关强弱程度。

现在假定不知道 X 的值,我们在预测 Y 值时所产生的全部误差是 $E1$。如果知道 X 的值,我们可以根据 X 的每个值来预测 Y 值;假定误差的总数是 $E2$,则以 X 值来预测 Y 值时所减少的误差就是:$E1-E2$。这个数值($E1-E2$)与原来的全部误差($E1$)相比,就是消减误差比例。

例:$X \rightarrow Y$ 用 X 去预测 Y 现象。

$\boxed{\text{不知 } X,\text{预测 } Y}$ ⇒全部误差,可用○ Y 表示。

$\boxed{\text{知 } X,\text{预测 } Y}$,假如 X、Y 有关系,则可消减(减少误差)X。

可用下面的公式表示:

$PRE = (E1-E2)/E1$。PRE 的数值越大,就表示以 X 值预测 Y 值时能够减少的误差所占的比例越大;也就是说,X 与 Y 的关系越强。

从上面的公式中,可见 PRE 数值应在 0 与 1 之间。如果 $E2 = 0$,即以 X 预测 Y 不会产生任何误差,则 PRE $= 1$,反映 X 与 Y 是全相关。如果 $E2=E1$,即

以 X 预测 Y 所产生的误差相等于不以 X 来预测 Y 所产生的误差,则 PRE＝0,反映 X 与 Y 是无相关。又比如 PRE 数值是 0.80,就表示以 X 预测 Y 可以减少 80％的误差,反映两者的相关程度颇高。但是,如果 PRE 数值是 0.08,就表示只能消减 8％的误差,即 X 对 Y 的影响甚小,我们需要寻求其他的变量来预测或解释 Y。

从上面的讨论中,可见 PRE 测量法的统计值所具有的意义合乎社会研究的需求,故常用于社会研究中。社会研究要求预测或解释社会现象的变化,但会有误差。社会研究所以要研究现象与现象之间的关系,目的就是要减少预测或解释时的误差,减少得越多,就显示我们的预测或解释能力越强。而 PRE 数值的意义,就是表示用一个现象(如变量 X)来解释另一个现象(如变量 Y)时能够减除百分之几的误差。

然而,PRE 测量法有很多种,我们在分析两个变量之间的关系时应该如何抉择呢? 首要的准则,是两个变量的测量层次。次要的准则,是两变量之间的对称或不对称关系。我们必须尽可能遵守测量层次这项准则;至于关系是否对称这项准则,当然最好是遵守,但不用过分重视①。

社会学研究所经常关心的是三项测量层次: 定类、定序和定距。研究两个变量的关系时,可能产生下面的六种情况:

① 两个定类变量;

② 两个定序变量;

③ 两个定距变量;

④ 一个定类变量和一个定距变量;

⑤ 一个定类变量和一个定序变量;

⑥ 一个定序变量和一个定距变量。

四、相关测量法

1. λ 测量法

λ 用在寻求社会变量的定类和定类变量层次之间或定类与定序变量之间的相互关系测量上。

公式

$$\lambda = \frac{\sum fim - Fym}{n - Fym}$$

---

① 参见李沛良著:《社会研究的统计分析》,湖北人民出版社 1987 年版,第 65—72 页。

fim：表示 y 在 x 的每一类里次数分布的众值次数；

Fym：表示 y 的众值次数；

n：所有的个案数。

例如，我们要测量性别与对电影种类的爱好是否相关。调查资料得下表10－4：

表 10－4　性别与电影爱好

爱好种类	性　　别		总　　计
	男	女	
侦　　探	35	8	43
言　　情	15	42	57
总　　计	50	50	100

$$\lambda = \frac{(35+42)-57}{100-57} = \frac{20}{43} = 0.46$$

0.46 这个数值表明男女性别与电影爱好是相关的，也即是连同发生的。

这个例子中 PRE(消减误差比例)的意义如何呢？

(1) 如果不知 x(性别)的资料，只用 y(电影爱好)的资料，即只知道 100 人中有 34 人喜欢侦探片，57 人喜爱言情片，而不知其男女性别分布情况。那么，我们用众值 57 来预测每一个个案，其错误率就是 $E1 = 43$。

(2) 已知 x 的分布，来预测每个个案，即在男性中，我们以众值 35 来代表 50 人全体，其错误为 15；在女性中，我们以众值 42 来代表 50 人全体，其错误为 8。所以，$E2 = 15 + 8 = 23$。那么，$PRE = \dfrac{E1 - E2}{E1} = \dfrac{42 - 43}{43} = 0.46$。

结论：消减误差比例为 0.46，也即以性别来预测电影爱好能减少 46% 的误差。

2. Gamma 测量法

对于定序—定序的变量，往往用 Gamma 测量法。

先介绍一下 Gamma 测量法中特定的符号含义。

下图图示显示 ABCDE 五人在 X 与 Y 两变量上的名次。然而两者是否相关呢？即是否在 X 上名次高，在 Y 上也名次高呢？对于这两个定序变量，往往用 Gamma 系数(G)来表示 其相关程度。从而每个个案以比较高低。这里常用以下几个概念：

	x	y
A	3	2
B	2	1
C	3	0
D	1	1
E	1	1

同序对：一对对象在两个变量的排列次序上是一致的,称之同序对。如上表中 AB 是同序对,A 在 X、Y 这两个变量上的名次都高于 B(3 大于 2,2 大于 1)即在排列次序上是相同的。

异序对：一对对象在两个变量的排列次序上不一致时,称之为异序对。如在上表中,BC 是异序对。B 在 X 变量上小于(低于)C,(2<3)而在 y 变量上大于(高于)C(1>0)。在次序排列上是不一致的。

X 同分对：一对对象在 x 的变量方向上是一致的,在 y 的变量中不同。上表中 AC 是同分对。

Y 同分对：一对对象在 y 的变量方向上是一样的,即相同的。上例中 BD 是同分对。

XY 同时分对：一对对象在 x 和 y 的变量方向上都要一致的,上表中 DB 是 x、y 同分对。

这样两两组对,再判别同序对,异序对,显然十分繁杂。如来了 100 个个案,每对 2 个,则

$$C_{100}^2 = \frac{100 \times 99}{2} = 4\,950(对)$$

这样的对子,写几本练习本都写不下。

为此我们需探求其中是否有些规律性的东西。

一般的情况下,我们可以将原始资料通过以上分类,列成条件次数表,然后以如下的规则求同序和异序对：

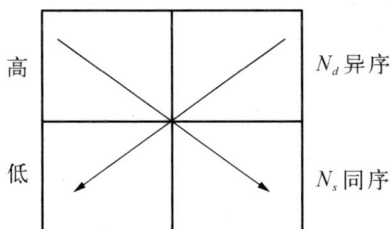

$N_s = \sum f$(右下角之次数总和)
$N_d = \sum f$(左下角之次数总和)

如：(2×2表)

$$N = f_1(f_4) = (40)(60) = 2\,400$$
$$N = f_3(f_2) = (20)(30) = 600$$
$$G = \frac{2\,400 - 600}{2\,400 + 600} = 0.60$$

(3×2表)

$$N = f_1(f_5 + f_6) + f_2(f_6)$$

$$N = f_4(f_2 + f_3) + f_5(f_3)$$

(3×3表)

$$N_s = f_1(f_5 + f_6 + f_8 + f_9) + f_4(f_8 + f_9)$$
$$+ f_2(f_6 + f_9) + f_5(f_9)$$

$$N_d = f_2(f_2 + f_3 + f_5 + f_6) + f_4(f_2 + f_3)$$
$$+ f_8(f_6 + f_3) + f_5(f_3)$$

下面举个例子来巩固一下 Gamma 测量法。

如有一个调查是关于父母的文化水平与幼儿认知水平的关系(如下表)。

儿童的认知发展水平	父母平均文化水平		
	高	中	低
高	13	6	6
中	11	20	17
低	2	3	14

父母的平均文化水平与儿童的认知发展水平这是两个定序变量。

这两者是否有关系,要看其相关的程度如何。我们可以用 Gamma 测量法。

先分别计算 N_s, N_d

$$N_s = 13 \times (20+17+3+14) + 6 \times (17+14) + 11 \times (3+14) + 20 \times 14$$
$$= 13 \times 54 + 6 \times 31 + 11 \times 17 + 20 \times 14$$
$$= 702 + 186 + 187 + 280 = 1\,355$$

$$N_d = 6 \times (11+2+20+3) + 6 \times (11+2) + 17 \times (2+3) + 20 \times 2 = 419$$

$$G = \frac{N_s - N_d}{N_s + N_d} = \frac{1\,355 - 419}{1\,355 + 419} = \frac{936}{1\,774} = 0.53$$

这说明父母的平均文化水平与儿童的认知发展水平两者是相关的,是连同发生的,相关程度是 0.53,即以父母的文化水平来预测儿童的认知水平可减少 53% 的误差。但是,父母的文化水平是否为儿童的认知发展的原因还未能说明,还要作进一步的分析。

3. r 测量法

(1) 相关系数

相关系数用 r 表示,是两列变量间相关程度的数字表现形式。

求 r 的条件是:变量是定距—定距,定比—定比,定比—定距。$\sum(X, Y)$ 是线性的,非方向性的。

当我们选择容量为 n 的随机样本,并对样本的每一个个体作两方面观察以后,我们就得到 n 对观测资料。

例如,现代学校一般保持着每一个学生的身体、心理、教育各方面特征的记录。这些记录可能是年龄、身高、体重、各科成绩、智力、兴趣或其他性格等。如果我们把标志着每一学生的任何两个特征的数量一对一对地抽出来,便得到几对观测资料。如我们取每人的身高和体重,也可取语文成绩和数学成绩成对进行考察。同样,我们对于小麦块的样本,可以测度每一地块的产量及其降雨毫米数。或者,对于老鼠的样本,可以测度每只老鼠自上次喂食以来的时间及其通过另一端放有食物的迷宫的时间。

所有这些情况均有某些共同点——随机样本的每一个个体均有两种可以测度的有意义的属性。我们用 X 表示第一种属性的测度值,用 Y 表示第二种属性的测度值。那么,第一个个体的观测资料是 $(X1, Y1)$,第二个的观测资料是 $(X2, Y2)$ 等,从而随机样本由 n 对观测资料 $(X1, Y1)$,$(X2, Y2)$……(Xn, Yn) 组成。

(2) 相关系数的计算

我们知道表现相关程度的数字,称为相关系数(Correlation Coefficient)。而这个数字应有个计算公式,以便应用。20 世纪初,英国的统计学家皮尔逊(Karl Pearson)创立了计算相关系数的公式,因而称之为 Pearson 系数。

即:

$$\frac{\sum(X-\overline{X})(Y-\overline{Y})}{\sqrt{[\sum(X-X)^2][\sum(Y-Y)^2]}}$$

这是定义公式。在计算时较为繁杂。在实用上,为求简便,我们有一个计算公式:

即:

$$\frac{N\sum XY-\sum X\sum Y}{\sqrt{[N\sum X^2-(\sum X)^2][N\sum Y^2-(\sum Y)^2]}}$$

当未归类的原数目量不太大时,可直接用原数目求相关系数,这是此公式的好处。在标准台式计算器上,一次连续运算中获得如下 5 个总数往往是可能的,即—— $\sum X$, $\sum Y$, $\sum X^2$, $\sum Y^2$, $\sum XY$。故而也便于借助电子计算机来运算。

例如,假定从某城市 40—50 岁全工作日就业总体中抽选一随机样本,并记载每人的受教育年限(X)和以 10 元为单位的日收入(Y)。而且假定 12 个人的随机样本有下列资料。

我们以下表数据用计算公式来计算样本相关系数。

	X	Y	X^2	Y^2	XY
	10	6	100	36	60
	7	4	49	16	28
	12	7	144	49	84
	12	8	144	64	96
	9	10	81	100	90
	16	7	256	49	112
	12	10	144	100	120
	18	15	324	225	270
	8	5	64	25	40
	12	6	144	36	72
	14	11	196	121	154
	16	13	256	169	208
$\sum$	146	102	1 902	990	1 334

我们把需要获得这些总数的计算都展现在表中。现在我们得到 $\sum X = 146$，$\sum Y = 102$，$\sum X^2 = 1\,902$，$\sum Y^2 = 990$，$\sum XY = 1\,334$。代入公式：

$$r = \frac{12 \times 1\,334 - 146 \times 102}{\sqrt{[12 \times 1\,902 - (146)^2][12 \times 990 - (102)^2]}}$$

$$= \frac{16\,008 - 14\,892}{\sqrt{(22\,824 - 21\,316)(11\,880 - 10\,404)}}$$

$$= \frac{1\,116}{\sqrt{2\,225\,808}}$$

$$= \frac{1\,116}{1\,492}$$

$$\approx 0.748$$

以上列表求出 5 个总数。我们使用 CASIO $fx-120$ 或 CASIO $fx-140$ 计算器,可分别将 X 及 Y 的原始数据输入,直接在机器的表度盘上显示出 $\sum X^2$, $\sum X$, n, X, σ_n, σ_{n-1} 等数值,取其中 $\sum X^2$, $\sum X$, $\sum Y$, $\sum Y^2$,然后再求出 $\sum XY$ 即可。

以上计算也可用假定平均数进行计算。

从上例运算可知,即使原数目很小,运算起来也是数目越算越大,十分麻烦。如果我们用在原数中每个数都减去一个假定平均数的办法,可以使数目化小,方便计算。这个假定平均数不必是真实平均数,只需估计一下即可。其计算公式为:

即: $$r = \frac{N\sum X'Y' - \sum X' \sum Y'}{\sqrt{[N\sum X'^2 - (\sum X')^2][N\sum Y'^2 - (\sum Y')^2]}}$$

我们仍以上表数据为例子。假设 X 的均值为 12,则得到 $X'_1 = 10 - 12 = -2$, $X'_3 = 12 - 12 = 0 \cdots\cdots$ 假设 Y 的均值为 10,则得到 $Y'_1 = 6 - 10 = -4$, $Y'_3 = 7 - 10 = -3 \cdots\cdots$ 如下表所示。

教育年限(X)和以 10 元为单位的日收入(Y)。而且假定 12 个人的随机样本有下列资料:

X	Y	X'	Y'	X'^2	Y'^2	$X'Y'$
10	6	−2	−4	4	16	8
7	4	−5	−6	25	36	30

X	Y	X'	Y'	X'^2	Y'^2	$X'Y'$
12	7	0	−3	0	9	0
12	8	0	−2	0	4	0
9	10	−3	0	9	0	0
16	7	4	−3	16	9	−12
12	10	0	0	0	0	0
18	15	6	5	36	25	30
8	5	−4	−5	16	25	20
12	6	0	−4	0	16	0
14	11	2	1	4	1	2
16	13	4	3	16	9	12
$\sum$		2	−18	126	150	90

代入公式:

$$r = \frac{19 \times 19 - 2 \times (-18)}{[12 \times 126 - (2)^2][12 \times 150 - (-18)^2]}$$

$$= \frac{1\,116}{\sqrt{2\,225\,808}}$$

$$= \frac{1\,116}{1\,492} \approx 0.748$$

(3) 相关系数的解释

① 事物的质与量的辩证关系对于相关计算的意义。在计算两个变量的相关系数之前,首先要考虑两个变量的质的联系,考察质变和量变的关系。换句话说,相关系数的计算,不单纯是量的问题,更重要的是质的问题。只有两个客观事物有质的联系才能对于它们的质所反映的量(或量的表现)进行相关系数的计算。应该认识到,事物的量是该事物一定质的量,离开一定质量,只是抽象的量,不代表任何事物。对于没有质的联系的事物进行相关系数的计算,将导致荒谬的论断。

② 要充分注意样本 N 的大小。相关系数多大才算高相关,多大只是低相关或无相关。有人认为算出 $r = 0.70$, $r = 0.97$ 就是高相关了,而算出 $r = 0.31$, $r = 0.28$ 就是低相关。这些结论是轻率的。我们还必须注意到 N 的大小。相关系数的计算需要 N 的个数不能小于 30,若小于 30,可能出现 r 失去意义的事。

从公式 $r = \sum XY/N\sigma x \times \sigma Y$ 可知, r 与 N 有不可忽略的关系。如计算结果, $r = 0.31$, 其材料来源中 $N = 105$, 则此相关系数不可忽略,但如果 $N = 3$, 则计算的相关系数没有意义。

鉴于以上情况,只看相关系数的大小,而不视 N 的多少,说 $r = 0.7$ 以上是高相关, 0.30 以下是低相关是片面的。

4. 简单直线回归

(1) "回归"的概念

相关系数是测度 X 和 Y 两个变量之间相关程度的,但它不能告诉我们这种关系是什么(即这两个变量关系的形式如何)。为了从另一个变量的值预测一个变量的值,常常要求确定两变量的关系求出表示 Y 和 X 之间关系的方程。

回归的计算就是以一个变量为自变量,另一个变量为因变量,而测度其两个变量有关系的形式的过程。

可见,一个因变量随着一个自变量而变化,两个变量之间的关系可以用方程式表示出来,这样可以从自变量的值推算或估计与之相对应的因变量的值,这种推算式的求得称之为回归。直线回归是最简单的一种。

回归与相关的区别是:相关表示两变量间的相互关系,是双方向的,而回归只表示两变量随 X 而变化,关系是单方向的;相关是表示联系的程度,而回归则表达了联系的形式。

当然,回归和相关又是有关联的。当我们说 X 与 Y 的相关为 0,就是说两者毫无关系。这时,知道了 X(或 Y)变量,就无法预测 Y(或 X)变量。相关越大,就越可以从其中一个变量较正确地预测另外一个变量。

(2) 计算式

根据数学推导(最小二乘法)所得的公式如下:

$$y' = bx + a$$

其中:

$$b = \frac{N \sum XY - \sum X \sum Y}{N \sum X^2 - (\sum X)^2}$$

$$a = \frac{\sum Y - b \sum X}{N}$$

$y' =$ 预测的 y 值

$x = x$ 的数值

$b =$ 斜率,即回归系数

$a =$ 常数 $=$ 截距 ($x = 0$, $y' = a$)

b 的特点

① $b = 0$，x 对 y 就没有影响。b 越大，x 对 y 的影响就越大。

② $b = +$，表示 x 增大，y 也增大，正向影响。

③ $b = -$，表示 x 增大，y 却减少，负向影响。

这里我们利用 10 个学生的高中和大学成绩为例来进行回归计算。

假定有下列资料：

10 个学生的高中和大学成绩

学　生	高中 x	大学 y	X_y	X^2
A	4. 0	3. 8	15. 20	16. 00
B	3. 7	2. 7	9. 99	13. 69
C	2. 2	2. 3	5. 06	4. 84
D	3. 8	3. 2	12. 16	14. 44
E	3. 8	3. 5	12. 30	14. 44
F	2. 8	2. 4	6. 72	7. 84
G	3. 0	2. 6	7. 80	9. 00
H	3. 4	3. 0	10. 20	11. 56
I	3. 3	2. 7	8. 91	10. 89
J	3. 0	2. 8	8. 40	9. 00
$\sum$	33. 0	29. 0	97. 74	111. 70

把高中成绩作为自变量，把大学成绩作为因变量。

把以上各式代入，先求出 b：

$$b = \frac{10(97.74) - (33.0)(29.0)}{10(111.70) - (33.0)}$$

$$= \frac{20.4}{28.0}$$

$$= 0.728\ 6$$

再求出 a：

$$a = \frac{29.0 - (0.728\ 6)(33.0)}{10}$$

$$= \frac{4.956\ 2}{10}$$

$$\approx 0.495\ 6$$

得出 a 和 b 的值,就可以写出直线回归方程

$$y' = 0.495\,6 + 0.728\,6x$$

利用这个回归线方程,我们可以预测:

其他学生的大学成绩的期望值也都可以按这个 $y' = 0.495\,6 + 0.728\,6x$ 一一计算出来,有的与实际成绩十分接近。

如:学生 D 的成绩(预测大学时)

$$y'_{3.8} = 0.495\,6 + 0.728\,6(3.8) = 3.264$$

而 D 的实际大学成绩为 3.2,就十分接近。

(3) 关于根据回归线进行外测的问题

我们可以根据回归方程进行预测,但一般只限于回归方程式计算范围之内,例如前例回归方程计算范围是从高中成绩 2.2 到 4.0,在这样的范围内可以测 $y_{3.0}$,$y_{2.5}$,$y_{3.5}$ 等,但不能超出 2.2—4.0 范围之外。在这个 2.2—4.0 范围内测算可以叫作内推,在范围之外的预测叫作外测。

由于客观事物的变化受各种条件的影响,事物的发展并不是单位数量的变化,因此,根据数量而预测事物的发展变化也只能在一定的限度之内进行。这就是说,只能做内推,而外测往往是值得考虑的。这也是哲学上度的问题。度是质与量的统一,质是有一定量的质,而量则是一定质的量。在作内推时,是在一定度之内的推测;在作外测时,则不一定在原来的度的范围内推测,很可能超出原来度的范围。

5. E^2 测量法

相关比率可用于:自变量为定类或定序而依变量为定距的两变量之相关测量。

即 $x \rightarrow y$;

定类→定距;

定序→定距。

同时对于定距—定距变量是非直线关系,曲线关系的也可用这种方法。因而 E^2 测量法其用途是比较大的。

要注意的一点是,E^2 的统计值,无正负之分,只告诉我们两者之相关。当然也具有消减误差比例的意义。

通过数学推算,可得到其运算公式:

$$E^2 = \frac{\sum n_i \,\overline{y_i^2} - N\overline{y_y^2}}{\sum y^2 - Ny^2}$$

n_i——分组个案数;

y_i——分组的 y 均值;

N——全部个案数;

$\bar{y}$——全部 y 的均值;

$\sum y^2$——所有 y 值平方之和。

例如,有一个调查结果:

我们研究 18 个学生的家庭背景(定类变量)对学生成绩水平(定距变量)的影响,可用相关比率。

	家 庭 背 景		
	农	工	商
平均成绩 (y)	60	45	75
	48	67	72
	72	72	78
	80	71	80
	70	69	80
		65	68
			38
n_i	5	6	7
$\sum y_i$	330	389	491

$N = 18$ $\bar{y} = 67.2$ $\sum y^2 = 83\ 874$

$$E^2 = \frac{5 \times (66.0)^2 + 6 \times (64.8)^2 + 7 \times (70.1)^2 - 18 \times (67.2)^2}{83\ 874 - 18 \times (67.2)^2}$$

$$= 0.034$$

$E^2 = 0.034$,说明影响不大。

小结:

两变量层次	相关统计法	统计值范围	意 义
定类/定类 定类/定序	λ τy	$0 \rightarrow +1$	PRE
定序/定序	G	$-1 \rightarrow +1$	PRE

两变量层次	相关统计法	统计值范围	意　义
定距/定距 (线性)	R $y' = a + bx$	$-1 \rightarrow +1$	r^2、PRE 以 x 预测 y 值
定类/定距 定序/定距 定距/定距 (曲线/非线性)	E^2	$0 \rightarrow +1$	PRE

第五节　多变量统计分析

社会现象之间的关系是纷繁复杂的,两个变量之间的关系可能受第三个变量的影响;一个变量能同时与多个变量相关,受多个变量的影响;多个变量之间可能相互关联,因此社会学研究除了首先进行单变量和双变量的统计分析以外,经常进行两个变量以上的多变量分析(multivariate analysis)。

多变量分析主要分为三个部分:第一是详析分析,第二是多因分析,第三是多项相互分析。本节将选择一些基本内容作个简单介绍。

一、详析分析

1. 变量间的关系

统计调查的变量分析最早是由法国社会学家涂尔干运用到社会研究中来的。以后,经斯多弗、拉扎斯菲尔德、罗森伯格等人的发展与完善,形成了一套较系统的统计调查的资料分析模式——详细模式等等。

变量间的关系是多种多样的,有两个变量间的关系和多个变量间的关系。在很多情况下,多个变量间的关系可以用数个两变量间的关系进行描述。因此,两变量间关系的研究是社会研究中最重要的内容之一。就两个变量而言,它们之间可能是有关系的,也可能是没有关系的。

两个从统计上看似无关或弱相关的变量,实际上可能的确无关;但是,也可能是有关联的,使两个变量真实关系不能表现出来通常是由于第三个变量的影响,它抑制、取消或削弱了这一真实关系。这种使变量间真实关系隐而不彰或减弱的变量叫做抑制变量。两变量之间这种统计上无关而实际上相关的情况称为虚假无关。而两个从统计上看具有相关关系的变量,它们之间的真实关系有下列三种可能的情况:(1)实际上无关;(2)实际上相关;(3)实际上具有因果关系。

统计相关的不同类型如下。

(1)统计相关而实际上无关

这种关系成为对称关系或虚假相关,即从统计上看有关系的两个变量实质上相互独立、互不影响,并无有意义的联系。对称关系用符号表示就是:X—Y。

两变量对称关系的发生有时纯属巧合,例如某地区乌鸦的数目与小孩的出生数之间表现出某种关系,即乌鸦多的村子小孩出生数目也较高,乌鸦少的村子小孩出生数目也较少。乌鸦数目与小孩出生数目间的这种关系显然纯属巧合,两者间并无内在的联系。有时,两变量对称关系的产生是因为这两个变量是同一原因的结果。例如,我们发现家庭不稳定性与社会偏见同时增加,统计上也是相关的,但实质上两者都是社会流动增加的结果,彼此间并无影响。

(2)统计相关、实际也相关

两变量的这种关系称为相互关系。所谓相互关系是指统计上相关的两变量实质上也是有关系的,这种关系是一种交互影响的关系。在这种关系中,两个变量相互作用、相互加强。例如,投资与利润的关系:利润多的公司会增加其投资,而新的投资又增加了利润,这又造成再投资。这种关系用符号表示就是$X\leftrightarrow Y$。

(3)实际的因果关系

因果关系是变量分析中所探讨的最重要的课题。社会研究中所说的因果关系是指在两个变量中,一个变量的变化伴有另一变量的变化,即一个变量影响另一变量,但反过来不成立。抽烟与肺癌的关系就是一个因果关系,抽烟可以导致肺癌,但反过来肺癌不会导致抽烟。

在因果关系中,能够影响其他变量发生变化的变量称为自变量;依赖于其他变量,但其本身不能影响其他变量的称为因变量,这也是通常我们希望解释说明的变量。因果关系用符号表示就是:$X\rightarrow Y$。

判断因果关系中哪个比例为自变量,哪个为因变量的一般原则有两个:

① 时间的先后。

② 变量的不变性与可变性。在社会研究中常将一些具有固定性、持久性的变量作为自变量,如性别、年龄、民族等。还有一些重要的变量,它们只具有相对持久性,如社会地位、居住地及社会阶级等就属于这种类型的变量。这

类变量比行为、态度等变量更为固定持久,因而往往被当作自变量。因此,在决定两个变量中哪个为自变量、哪个为因变量时,不变性只是一个相对的概念。

2. 详析模式

(1) 两变量的交互分类

两个变量在统计上相关与否与实际上是否存在内在的关系并不一定完全一致,对变量之间的关系和联系程度进行精确的因果分析,以判别关系的真伪、回答这种关系为什么会产生以及说明这种关系存在的条件。

(2) 引入检验因素

检验两个变量间关系的最重要、最系统的办法是引入第三个变量。然后检查引入第三个变量后自变量与因变量原有关系的变化情况,由此澄清与深化对原有关系的认识,并揭示两变量的真实关系。这种引入第三变量对两变量关系进行检验,以解释或确定变量间关系的过程叫作分析的详析化,被引入的变量叫作检验因素或控制变量。

详析模式可以分为三种类型:因果分析、阐明分析和条件分析。因果分析的目标,是检定被看作自变量的 x 与被看作因变量的 y 之间是否确实存在着因果关系。它通常是引进若干前置变量(第三变量),以判明 x 与 y 之间的因果关系是否为虚假的,即两者的关系是否为前置变量影响的结果。香港中文大学李沛良教授曾列举了一个很有意义的因果分析的例子[①]。

假定我们研究住户的拥挤程度对夫妻间冲突的影响,调查得到下列资料,见表 10-5。

表 10-5 住户拥挤对夫妻冲突的影响(%)

夫妻冲突	住户拥挤程度	
	高	低
高	63.8	41.6
低	36.2	58.4
(n)	(599)	(401)

$G = +0.423$ $Z = 5.233, P < 0.05$ (一端检定)

---

① 参见李沛良:《社会研究中的统计分析》,武汉:湖北人民出版社 1987 版,第 196—198 页。

我们不能简单地依据表 10-5 的结果就下结论说"住户的拥挤程度是导致夫妻冲突的原因",因为或许还有其他的因素与这两个变量都相关且这两个变量同时受到其他变量的影响。比如,家庭的经济水平就可能是引起这两者的第三因素。因为家庭经济条件差,不仅会导致住房拥挤,还会导致家庭成员间的矛盾增多。为了判明住户拥挤程度与夫妻冲突之间关系的真假,就需要引进和控制家庭经济水平这一变量。我们将家庭经济水平分为高、中、低三组,在每一组中再来看原理两个变量之间的关系,假定此时得到表 10-6 的结果。

表 10-6　控制家庭经济水平后住户拥挤程度对夫妻冲突的影响(%)

夫妻冲突	经济水平高		经济水平中		经济水平低	
	拥挤程度		拥挤程度		拥挤程度	
	高	低	高	低	高	低
高	61.4	62.2	81.0	80.7	10.6	9.6
低	38.6	37.8	19.0	19.3	89.4	90.4
(n)	(220)	(90)	(294)	(85)	(197)	(114)

$$G = -0.018 \qquad G = +0.008 \qquad G = +0.052$$
$$Z = 0.099(不显著) \quad Z = 0.040(不显著) \quad Z = 0.171(不显著)$$

从表 10-6 的结果可知,在每个经济水平组内,住户的拥挤程度与夫妻冲突间的关系都非常微弱,且都没有达到 0.05 的显著度,可以说都没有关系。因此,我们可以下结论说:住户的拥挤程度与夫妻间冲突的因果关系是虚假的,这两个变量的相关实际上是由家庭经济水平的不同而导致的。

阐明分析的目标则是探讨因果关系的作用方式或作用途径。即当变量 x 与变量 y 相关时,通过引进并控制第三变量,以判明自变量 x 是否"通过"第三变量而对因变量 y 产生影响的。

条件分析所关注的则是原关系在不同条件下是否会有所不同。如果我们控制了第三变量,发现原理两个变量之间的关系在各种不同的条件下(即第三变量的各种不同取值中)依然存在,且大体相同,则表示变量 x 与变量 y 之间的关系具有某种普遍性。反之,如果控制第三变量后,发现在不同的条件下,两者之间的关系不同,那么,则表示变量 x 与变量 y 之间的关系具有一定的条件性。

二、净相关和复相关

我们在前面介绍了对两个定距变量的线性相关和回归分析,这里则讨论对两个以上变量的多元相关与多元回归分析。

1. 偏相关

净相关或称偏相关,是指对第三变量加以控制之后,或者说,消除了其他变量的影响后两个变量之间的线性相关。净相关的计算以线性相关系数为基础,其公式为:

$$r_{xy \cdot 1} = \frac{r_{xy} - (r_{x1})(r_{y1})}{\sqrt{[1 - (r_{x1})^2][1 - (r_{y1})^2]}}$$

净相关系数的含义是,用第三个变量分别消解对 x 和 y 的影响之后,测量两个变量间的"净关系"。根据控制变量的个数,可将净相关分为一阶净相关、二阶净相关、三阶净相关等等。而两变量的线性相关实际是净相关的一个特例,由此可称为零阶净相关。净相关分析所要求的变量也为定距变量,净相关系数的取值在 -1 到 $+1$ 之间。

净相关与详析模式的分表法有相似的分析思路,都是利用统计控制消除其他变量的影响,以揭示两变量统计关系的真伪。只是详析模式适用于分析定类变量,而偏相关适用于分析定距变量。其具体分析程序是:

第一步,先计算 x 与 y 的线性相关系数 r_{xy}。

第二步,引入检验变量1,并计算 x 与 y 的偏相关系数 $r_{xy \cdot 1}$。

第三步,对 $r_{xy \cdot 1}$ 和 r_{xy} 进行比较,若 $r_{xy \cdot 1} = r_{xy}$,说明 x 与 y 的关系不受控制变量的影响;若 $r_{xy \cdot 1} = 0$,说明 x 与 y 的关系完全由控制变量引起;若 $r_{xy \cdot 1} \neq 0$,且 $r_{xy \cdot 1} < r_{xy}$,说明 x 与 y 间的关系是部分由控制变量引起的。

2. 复相关

与净相关不同,复相关不是关注对控制变量因素作用的分析,而是用一个统计值来测量多个变量对一个变量的共同作用。这一统计值叫做复相关系数,用符号 $r_{x \cdot xxx}$ 表示,其下标的点前面的是被作用变量的名称,点后面的是作用变量的个数与名称。复相关系数的值在 0 到 1 之间,其平方值称为决定系数,具有消减误差比例的含义。

复相关(multiple correlation)是以一个统计值简化多个自变量(X_1,$X_2 \cdots\cdots X_a$)与一个依变量(Y)的关系的统计方法,可表示为:

$$\left.\begin{cases} X_1 \\ X_2 \\ \cdots \\ X_a \end{cases}\right\} \!\!\longrightarrow Y$$

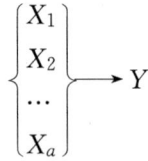

　　复相关是以积距相关 r 为基础,统计值 r 的值域是 $(0,1)$,只表示相关的强弱,不表示相关的方向,因为各自变量对依变量的影响的方向可能是不同的,不可能求得共同的影响方向。相关的平方值 r^2 称为决定系数(coefficient of determination),具有消减误差比例的意义。$1-r^2$ 是剩余误差,通常称为疏离系数(coefficient of alienation)。

　　为了形象地表达复相关系数的基本逻辑,我们用下面的三环图表示两个自变量 X_1 和 X_2 与 Y 的相关:

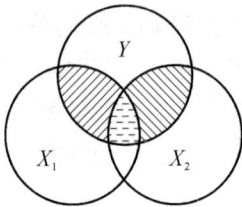

在左图中三个圆分别代表 Y、X_1 和 X_2,整个圆代表当不知 X_1 和 X_2 时,仅用 Y 本身的平均值预测每个个案的 Y 值时全部的误差。当我们用 X_1 来预测 Y 时,所消减的误差比例是 r_{y1}^2,即斜线阴影部分。当我们再引进 X_2 来预测 Y 时,由于 X_2 消减的误差中有一部分,即一个圆相交的斜线阴影部分已被 X_1 所消减。因此,要控制 X_1 的影响才求得引进 X_2 后能增加多少被消减的误差,用部分净相关可求得此结果,此结果以 $r_{y(2,1)}^2$ 代表。在图中便是麻点阴影部分。因此 X_1 和 X_2 共同消减的误差是:

$$r_{y.12}^2 = r_{y1}^2 + r_{y(2.1)}^2$$

$r_{y.12}^2$:复相关系数的平方值,即 X_1 与 X_2 共同消减的误差;

r_{y1}^2:X_1 与 Y 的相关系数的平方值;

$r_{y(2,1)}^2$:控制 X_1 后 X_2 和 Y 的部分净相关系的平方值。

　　如果想避免计算部分净相关系数,可将上面的公式变换为:

$$r_{y.12}^2 = r_{y1}^2 + r_{y(2.1)}^2(1-r_{y1}^2)$$

$$r_{y.12}^2 = \frac{r_{y1}^2 + r_{y2}^2 + 2(r_{y1})(r_{y2})(r_{12})}{1-r_{12}^2}$$

$r_{y.12}^2$:复相关系数的平方值;

r_{y1}:X_1 与 Y 的相关系数;

r_{y2}:X_2 与 Y 的相关系数;

r_{12}:X_1 与 X_2 的相关系数。

如果要分析三个自变量对 Y 的共同影响：

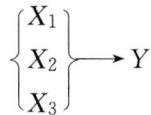

$$\left\{\begin{array}{l} X_1 \\ X_2 \\ X_3 \end{array}\right\} \rightarrow Y$$

公式是：

$$r_{y.123}^2 = r_{y(2.1)}^2 + r_{y(3.12)}^2 = r_{y.12}^2 + r_{y(3.12)}^2 - (1 - r_{y.12}^2)$$

如果要分析四个变量对 Y 的共同影响：

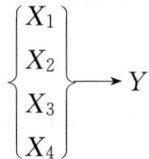

$$\left\{\begin{array}{l} X_1 \\ X_2 \\ X_3 \\ X_4 \end{array}\right\} \rightarrow Y$$

公式是：

$$r_{y.1234}^2 = r_{y1}^2 + r_{y(2.1)}^2 + r_{y(4.123)}^2 = r_{y.123}^2 + r_{y4.123}^2 (1 - r_{y.123}^2)$$

用于计算复相关的数据资料原则上必须满足两个前提条件：第一是各自变量与依变量的关系在分布上呈直线；第二是严格而言，复相关以下将要介绍的多元回归、因径分析和因素分析的每个项目或变量都应该是定距或以上测量层次，但是社会学研究中定距变量毕竟是少数，大量的变量都是定类或定序的。对于定序变量，如果希望采取复相关，多元回归等较为深入的统计方法。可以将之变为虚构变量。但是，这样做颇为麻烦。因此，一些社会学研究者宁愿将定序变量当作定距变量来分析(李沛良，1987)。尤其是当变量是由多个定序的项目相加而成时，等级增多了，比单个项目的定序较为接近定距变量。将定序变量当作定距变量分析在一定程度上有损与统计的精确性，但是为了能使用较为细致、深入的统计方法。这样做有时还是可取的。

三、多元回归分析

复相关测量两个以上的自变量与一个依变量的总相关。但是不能以各个案的两个以上的自变量估计或预测一个依变的数值，同时也无法比较哪个自变量对依变量的影响力较强。在介绍了如何运用简单直线回归分析以一个自变量预测一个依变的数值。以简单直线回归为基础发展的多因直线回归分析(multiple linear regression analysis)则可以解决上述复相关不能解决的两个问

题,多因直线回归分析可表示为;

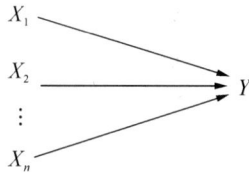

我们曾介绍简单直线回归方程:

$$Y' = bX + a$$

简单直线回归方程经标准化后成为直线回归方程:

$$\hat{Y}' = b\hat{X}$$

相应的,分析多个自变量对一个依变量的影响的多因直线回归方程多是:

$$\hat{Y}' = b_1 X_1 + b_2 X_2 + \cdots + b_2 X_2 + a_n$$

a_n 表示 n 个自变量的回归方程式的截距,b 是净回归系数,反映控制其他变量后,某个 X 变量对 Y 的影响力,与简单直线回归一样,多元直线回归方程式也是根据最小平方准则建立的。可以根据若干个自变量 X 值估计或预测依变量 Y 值。但是由于各自变量的单位不同。各 b 值的值域不固定,无法根据其大小比较各个自变量 X 对 Y 的影响力。如果要作比较,必须标准化将每个个案自变量和依变量的数值都转为标准值。用标准值建立标准多元直线回归方程式(standarized mutiple linear regression equation):

$$\hat{Y}' = \beta_1 \hat{X}_1 + \beta_2 \hat{X}_2 + \cdots + \beta_n \hat{X}n$$

经过标准化,各 X 值和 Y 值的平均值都等于零,因此标准多元直线回归方程中的截距 α 等于零,方程中的 β 是标准净回归系数。其值域是 $[-1, 1]$,可反映 X 对 Y 的影响力和方向,比较各 β 便可知道 X 对 Y 的相对影响力。

那么如何计算多元直线回归方程呢?

首先介绍两个自变量的分析,其模型是:

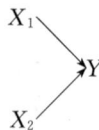

多元直线回归方程的公式是:

$$Y' = b_1 X_1 + b_2 X_2 + a_2$$

标准多元直线回归方程的公式是：

$$\hat{Y}' = \beta_1 \hat{X}_1 + \beta_2 \hat{X}_2$$

β 的计算是从下列公式推导出来的：

$$r_{yi} = \sum \beta_n T_{ni}$$

i 是指自变量 X, n 是自变量的数目, 当只有两个自变量 X_1, X_2 时：

$$r_{y1} = \beta_2 r_{11} + \beta_2 r_{21}$$
$$r_{y2} = \beta_1 r_{12} + \beta_2 r_{22}$$

r_{11} 是 X_1 自身的相关, r_{22} 是 X_2 自身的相关, 因此肯定等于 1。同时由于相关系数 r 是对称相关, 所以 X_2 与 X_1 的相关与 X_1 与 X_2 的相关是相同的。因此：

$$r_{y1} = \beta_1 + \beta_2 r_{12} \tag{1}$$
$$r_{y2} = \beta_1 r_{12} + \beta_2 \tag{2}$$
$$\beta_1 = r_{y1} - \beta_2 r_{12} \tag{3}$$
$$\beta_2 = r_{y2} - \beta_1 r_{12} \tag{4}$$

(3)式代入(2)式：

$$r_{y2} = (r_{y1} - \beta_2 r_{12}) r_{12} + \beta_2$$
$$= r_{y1} r_{12} - \beta_2 r_{12}^2 + \beta_2 \tag{5}$$
$$r_{y2} - r_{y1_{r_{12}}} = \beta_2 (1 - r_{12}^2)$$
$$\beta_2 = \frac{r_{y2} - r_{y1} r_{12}}{1 - r_{12}^2} \tag{6}$$

将(6)式代入(3)式：

$$\beta_1 = r_{y1} - \left(\frac{r_{y2} - r_{y1} r_{y12}}{1 - r_{12}^2} \right) r_{12}$$
$$= r_{y1} - \left(\frac{r_{y2} r_{12} - r_{y1} r_{12}^2}{1 - r_{12}^2} \right)$$
$$= \frac{(r_{y1} - r_{y1} r_{12}^2) - (r_{y2} r_{12} - r_{y1} r_{12}^2)}{1 - r_{12}^2}$$
$$= \frac{r_{y1} - r_{y2} \times (r_{12})}{1 - r_{12}^2}$$

因此

$$\beta_1 = \frac{r_{y1} - r_{y2} \times (r_{12})}{(1 - r_{12}^2)}$$

$$\beta_2 = \frac{r_{y2} - (r_{y1}) \times (r_{12})}{1 - r_{12}^2}$$

r_{y1}：X_1 与 Y 的相关系数；

r_{y2}：X_2 与 Y 的相关系数；

r_{12}：X_1 与 X_2 的相关系数。

我们曾介绍过 b 和 β 是可以互相转换的。根据 β_1 和 β_2 可求 b_1 和 b_2：

$$b_1 = \beta_1 \left(\frac{S_y}{S_1} \right)$$

$$b_2 = \beta_2 \left(\frac{S_y}{S_2} \right)$$

S_y：Y 的标准差；

S_1：X_1 的标准差；

S_2：X_2 的标准差。

根据 b_1 和 b_2 和各变量的平均值可求 a_2：

$$a_2 = \overline{Y} - b_1 \, \overline{X} - b_2 \, \overline{X}_2$$

如果研究 3 个自变量 X 对依变量 Y 的影响。其模型是：

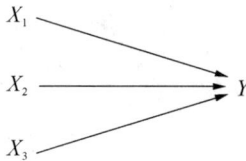

多元回归直线方程的公式是：

$$Y' = b_1 X_1 + b_2 X_2 + b_3 X_3 + a_3$$

标准多元回归直线方程的公式是：

$$\hat{Y} = \beta_1 \, \hat{X}_1 + \beta_2 \, \hat{X}_2 - \beta_3 \, \hat{X}_3$$

当只有两个自变量 X_1、X_2 时，求 β_1、β_2 的公式推导已经介绍过，当在 3 个自变量 X_1、X_2、X_3 时，β_1、β_2、β_3 推导的道理是相同的。

因为：$r_{y1} = \sum \beta_n r_{ni}$

所以，当有 3 个自变量 X_1、X_2、X_3 时；

$$r_{y1} = \beta_1 r_{11} + \beta_2 r_{21} + \beta_3 r_{31}$$
$$r_{y2} = \beta_1 r_{12} + \beta_2 r_{22} + \beta_3 r_{32}$$
$$r_{y3} = \beta_1 r_{13} + \beta_2 r_{23} + \beta_3 r_{33}$$

由于自身的相关低于 1,并且截距相关是对称的, $r_{12} = r_{21}$,因此上述方程组可简化为:

$$r_{y1} = \beta_1 + \beta_2 r_{21} + \beta_3 r_{31}$$
$$r_{y2} = \beta_1 r_{12} + \beta_2 + \beta_3 r_{32}$$
$$r_{y3} = \beta_1 r_{13} + \beta_2 r_{23} + \beta_3$$

其实根据上面的这组公式,只要求得由 4 个变量组合的相关,不必像前面介绍的两自变量的 β 计算时作 β 的公式整理推导,直接将各相关系数代入上面的方程组,便可解出 β_1、β_2 和 β_3,根据 β 和 b 的关系,又可求得 b_1、b_2 和 b_3 的值:

$$b_1 = \beta_1 \left(\frac{S_y}{S_1} \right)$$

$$b_2 = \beta_2 \left(\frac{S_y}{S_2} \right)$$

$$b_3 = \beta_3 \left(\frac{S_y}{S_3} \right)$$

求得 b_1、b_2 和 b_3,便可计算截距:

$$a_3 = \overline{Y} - b_1 \overline{X}_1 - b_2 \overline{X}_2 - b_3 \overline{X}_3$$

多元直线回归必须注意下列三个问题:

第一,直线关系。多元直线回归要各自变量与依变量的关系是直线的,如果发现资料中自变量与依变量的关系显曲线状态,解决的办法有两个:一是将变量转换为对数,倒数或方根等;二是采用多项式回归分析(polynominal regression analysis)。

第二,统计累赘。如果要比较 3 个以上的自变量对依变量的相对影响力,即比较 β_1、β_2 和 β_3 的大小时,必须注意统计累赘(statistical redundancy)的问题,β 代表控制其他变量后其相应的自变量对依变量的相对影响力。例如 $\beta_1 = \beta_{Y(1.23)}$ 代表控制了 X_1 和 X_3 后 X_2 对 Y 的影响力。如果其中的两个自变量,如 X_1 和 X_2 之间的关系特别强在互相控制后会使各自的影响 β_1 和 β_2 显得微弱,而其他变量,X_3 的影响 β_3 便会显得比 β_1 和 β_2 强。但是,可能实际上 X_1 和 X_2 对 Y 的影响力比 X_3 大,这便是统计累赘的问题。为了避免统计累赘的问题,在选择自变量时不要引进互相之间相关强的变量。同时也不要随便引进不很重要的自变量。

第三,统计互动。统计互动(statistical interaction)是指两个或两个以上的自变量共处时可能会产生一种不同于它们各自的效果之和的互动效果[①]。

第六节　推论统计简介

一、推论统计一般概念

推论统计是一门通过样本的统计值来估计总体的参数值的学问。在社会研究中,我们很少做普查,更多的是做抽样调查,所描述分析的资料也多为样本资料。对样本资料的分析是叙述统计,如前所述,集中趋势、离散程度、相关分析、回归分析等。然而,抽样调查的目的是要由样本特征对总体作出结论,这就是推论统计。

推论统计分为两大类:(1) 参数估计(parameter estimation);(2) 假设检验(hypo thesis testing)。所谓参数的估计,就是根据一个随机样本的统计值来估计总体之参数值是多少。例如,由样本算出的每月收入平均值 680 元,则在总体中平均是多少呢? 可见参数之估计这类统计推论方法,是先看样本情况,才问总体的情况。至于假设之检验,在逻辑上与参数之估计有点不同;它是首先假设总体的情况是怎样的,然后以一个随机样本的统计值来检验这个假设是否正确。换言之,要先构思总体的情况,才进行抽样和分析样本的资料。例如,我们先假设总体的情况,才进行抽样和分析样本的资料。例如,我们先假设总体的均值是750 元,然后根据样本的均值来发问:原先的想法(即假设)对吗? 由此可见,参数估计与假设检验,虽然都是用来作推论统计,但在逻辑上略有不同;前者是先看样本情况才问及总体的情况,后者则先构思总体的情况,然后才进行抽样和分析样本的资料。

二、参数估计

1. 点值估计与间距估计
以样本的统计值来估计总体的参数值有两大类做法:一类是点值估计;另

---

① 邱海雄编著:《社会统计学》,中山大学出版社 1993 年版,第 217—233 页。

一类是间距估计。两者皆要求样本是以随机方法抽取的。

点值估计,就是以一个最适当的样本统计值来代表总体的参数值。例如,我们要知道某地的青年人有多少是赞成一胎化的政策,可以从该地区抽取一个青年人的样本,假定发现样本中有 60％是赞成,我们便说:整个地区约有 60％的青年赞成一胎化的政策。又如,要知道该地区的青年人的平均收入,我们就以样本的均值作为估计值。一般来说,如果样本越大和抽样的方法越严谨,这种估计方法越可信。无论如何,抽样误差是难免的,点值估计法的可信程度是多少很难知道。社会研究,通常是采用间距估计法。

所谓间距估计,就是以两个数值之间的间距来估计参数值。至于间距的大小,就要取决于我们在估计时所要求的可信程度是多少。在样本大小相同的情况下,如果要求的可信度越大,则间距就会越大。这个间距,通常称为“可信间距”。例如,从样本中算出有 60％的青年赞成一胎化,在估计总体中的百分率时,如果所要求的可信程度是 95％,则可信间距就是介于 55％与 65％这两个数值之间。换言之,我们的估计是:总体中赞成一胎化的比率是介于 55％与 65％之间;这个估计的可信程度是 95％。假定所要求的可信度改为 99％,则可信间距便要扩大如介于 53％与 67％之间。间距的大小与可信度的高低成正比,这是不难理解的:在估计时所用的间距如果很小,错误的机会当然较大,可信度自然较低。

2. 均值的间距估计

如果所要求的可信度是 95％,可用下面的公式来计算可信间距:

$$\overline{X} \pm 1.96(SE)$$

即
$$\overline{X} \pm 1.96\left(\frac{S}{\sqrt{N}}\right)$$

或
$$\overline{X} - 1.96\left(\frac{S}{\sqrt{N}}\right) \leqslant M \leqslant \overline{X} + 1.96\left(\frac{S}{\sqrt{N}}\right)$$

如果所要求的可信度是 99％,则公式如下:

$$\overline{X} \pm 2.58(SE)$$

即
$$\overline{X} \pm 2.58\left(\frac{S}{\sqrt{N}}\right)$$

其中,X 是样本的均值,SE 是标准误差,S 是样本的标准差,N 是随机样本的大小。举例来说,我们要估计某地区青年人的平均工资(M),所抽取的一个样本是:$N=225$ 人,$X=430$ 元,$S=105$。如果要求的可信度是 95％,则:

$$430 \pm 1.96\left(\frac{105}{\sqrt{225}}\right)$$

$$430 \pm 13.72$$

即 $(430-13.72) \leqslant M \leqslant (430+13.72)$

$$416.28 \leqslant M \leqslant 443.72$$

因此,我们的估计是:全区青年人的平均工资是介于 416.28 元和 443.72 元之间;这个估计的可信度是 95%,即只有 5% 的错误可能性。

在上例中,倘若所要求的可信度提高为 99%,则:

$$430 \pm 2.58\left(\frac{105}{\sqrt{225}}\right)$$

可信间距的大小与样本的大小是成反比的。样本越大,其代表性一般是越大,因此在估计时就可用较小的间距。换言之,在固定可信度以后,只要将样本加大,就可以得到较小的间距,使我们的估计更加精密。

3. 百分率(或比例)的间距估计

如果要求 95% 的可信度,则计算可信间距的公式是:

$$P \pm 1.96 \, (SE)$$

即 $P \pm 1.96 \sqrt{\dfrac{P(1-P)}{N}}$ 如果要求 99% 的可信度,公式是:

$$P \pm 2.58 \, (SE)$$

即 $P \pm 2.58 \sqrt{\dfrac{P(1-P)}{N}}$

其中,p 是样本中的比例(即百分率),SE 是抽样分布的标准误差,N 是随机样本的大小。

举例来说,我们要估计某城镇有多少家庭是夫妻不和的。从一个随机样本 $(N=100)$ 中知道有 20% 的家庭不和,即 $p=20\%=0.20$。如果要求的可信度是 95%,则:

$$0.20 \pm 1.96 \sqrt{\frac{0.20(1-0.20)}{100}}$$

即 0.20 ± 0.08

也即 $0.12 \leqslant P \leqslant 0.28$

由此可见,在该城镇的全部家庭中有 12% 至 28% 的家庭是夫妻不和的,而这个估计的可信度是 95%。

如果要求的可信度是 99%,则:

$$0.20 \pm 2.58 \sqrt{\frac{0.20(1-0.20)}{100}}$$

即 0.20±0.10

也即 $0.10 \leqslant P \leqslant 0.30$

可见有 99% 的机会是:该城镇的夫妻不和家庭所占的比例介于 10% 与 30% 之间。相对之下,也可见到 99% 的可信间距是大于 95% 的可信间距。

三、假设检验

假设检验是推论统计中常用的一种方法。它是对未知总体先作出某种假设,选取适当样本,根据样本观察的数据来检验原假设是否正确,以决定是接受还是拒绝原假设。

1. 假设检验的基本概念与一般步骤

(1) 研究假设与虚无假设。研究假设是经过探索性研究,根据抽样调查资料而作出的假设,用 H_1 表示;虚无假设是与研究假设相对立的假设,它是根据对某一总体特征的初步了解而作出的假设,用 H_0 表示。例如,经初步研究认为,某地老人的月均生活水平已超过若干年前的平均数 300 元,这就是研究假设。虚无假设则与此相反,认为老人现在的生活水平没有超过或等于以前的 300 元。设立虚无假设是检验研究假设能否成立的必不可少的手段。上例中,如抽样调查的结果是,老人的月均生活水平已越过 300 元,那么还不能肯定研究假设正确。因为从总体中抽取样本,不可避免地存在误差,样本结果有可能是由抽样误差造成的。因此,要对研究假设作出肯定必须设法否定抽样误差。抽样误差是建立在总体内月均生活水平低于或等于 300 元基础之上的,即建立在虚无假设的基础之上,如果能够否定虚无假设,也就可以否定抽样误差,从而表明研究假设可能成立。

(2) 否定域与显著水平。否定域是指在抽样分布中分属两端的能够否定虚无假设 H_0 的小区域。否定域的大小,是由显著水平决定的。显著水平则是指否定域的概率,是研究者根据抽样资料对统计假设作出不正确结论的冒险性程度。显著水平用符号 α 表示,它可以视研究的需要而被规定在任意的水平上。当显著水平控制在一定限度以内,如取 $\alpha=0.05$、0.01 等,便可确定否定域。

(3) 一端检验和二端检验。在检验虚无假设 H_0 时,如果否定域在抽样分布的一端,称为一端检验;如果否定域在两端则称为两端检验,即 $\alpha = \alpha_1 + \alpha_2$。决定选用一端还是二端检验,取决于研究假设 H_1 的方向。如 H_1 未指明方向(如赞成人数 $\neq$ 反对人数),用二端检验;如已知 H_1 的方向(如赞成人数 $>$ 反对人数,或赞成人数 $<$ 反对人数),则用一端检验。

(4) 甲种错误和乙种错误

所谓甲种错误是指在推断统计中把一个本来是正确的虚无假设给否定了。所谓乙种错误是把一个本来是错误的虚无假设给接受了。发生甲种错误的概率就是显著水平 α。显著水平既然是否定 H_0 概率,当然也是甲种错误的概率。如果 $\alpha = 0.01$,则甲种错误的概率也是 0.01。乙种错误常用 β 表示,它与 α 成反比。它表明,甲种错误越小,乙种错误越大,甲种错误越大,乙种错误越小,两种错误是一对矛盾。只要以样本为依据进行统计推断,就存在发生两种错误的风险。要使甲、乙两种错误得到某种程度的协调,两类错误的概率同时减小,可行的办法是增加样本容量。因此,社会研究中一般都采用大样本的统计,并通常选用 0.05、0.01、0.001 作为假设检验的显著水平。

(5) 假设检验的一般步骤

假设检验的一般步骤如下:

① 建立研究假设 H_1 和虚无假设 H_0;

② 规定显著水平 α,查表得到否定域的临界值;

③ 由样本资料计算出检验统计量的具体数值(统计值);

④ 将实际计算的检验用的统计值与临界值比较,决定虚无假设的取舍。

2. 平均数的检验

对总体单值平均数的检验和下文所要介绍的两平均数之差的检验,在大样本情况下,用 Z 检验法,在小样本中则用 t 检验法。一般而言,当 $n \geqslant 30$ 时,为大样本。当 $n < 30$ 时,为小样本。Z 检验法常用的显著水平及其否定域如下:

显著水平 α	临 界 值	
	一端	二端
0.05	1.65	1.96
0.01	2.33	2.58

(1) 大样本方法(Z 检验法)

大样本平均数检验的公式是:

$$Z = \frac{X - \mu_0}{SE \overline{x}} = \frac{X - \mu_0}{\dfrac{S}{\sqrt{n}}}$$

式中,μ_0 为虚无假设的总体平均数。

[例] 设某地随机抽取 100 户农户进行调查,测得人均承包收入 $X = 738$ 元,标准差 $S = 56$ 元,这是否说明该地农户人均承包收入在 700 元以上,试以 0.05 的显著水平加以检验。

解:建立研究假设和虚无假设。初步探索到研究假设 $H1: \mu_0 > 700$;则虚无假设 H_0 与之对立:$\mu_0 \leqslant 700$。

此题指明了 H_1 的方向,所以采用一端检验,查 Z 表得到在 0.05 的显著水平上的否定域为 $Z \geqslant 1.65$(一端),而用样本资料计算出的 Z 值为:

$$Z = \frac{X - \mu_0}{\dfrac{S}{\sqrt{n}}} = \frac{738 - 700}{\dfrac{56}{\sqrt{100}}} = \frac{38}{5.6} = 6.79$$

由于 $Z = 6.97 > | Z_{0.05} | = 1.65$

所以否定 H_0,接受 H_1,即该地农户人均承包收入高于 700 元。

(2) 小样本方法(t 检验法)

小样本平均数检验的公式为:

$$t = \frac{\overline{X} - \mu_0}{SE \overline{x}} = \frac{\overline{X} - \mu_0}{\dfrac{S}{\sqrt{N-1}}}$$

[例] 设某校研究一种新的教学方法的效果。教改前,学生英语平均成绩为 70 分。教改后,抽取 12 名学生,经测定样本平均数为 82 分,标准差为 12 分。若以 0.05 的显著水平加以检验,$\mu = 70$ 分与 $X = 82$ 分之间是否存在显著差异而说明教学改革有无效果。

解:$H_1: \mu_0 \neq 70$

$H_0: \mu_0 = 70$

此题未指明 H_1 的方向,所以采用二端检验。又由于本题是小样本检验,故查 t 分布数值表,当 $\mathrm{d}f = 12 - 1 = 11$ 时,得到 $\alpha = 0.05(\alpha/2 = 0.025)$ 显著水平上的否定域的临界值 $t_{0.05} \geqslant 2.201$,而由样本资料计算的 t 值为:

$$t = \frac{\overline{X} - \mu_0}{\dfrac{S}{\sqrt{N-1}}} = \frac{82 - 70}{\dfrac{12}{\sqrt{12-1}}} = \frac{12}{3.6} = 3.33$$

由于 $t = 3.33 > |t_{0.05}| = 2.201$

所以否定 H_0。结论是该校英语教学实行教学改革有显著效果。

3. 比例的检验

以 Z 值为例介绍比例的检验，Z 值的计算公式为：

$$Z = \frac{p - P_0}{SEp} = \frac{p - P_0}{\sqrt{\dfrac{P(1-P)}{n}}}$$

[例] 某地区进行晚婚情况调查，若随机抽取初婚女子 105 人，测得其中 42 人为达到晚婚年龄后初婚女子。试以 0.05 的显著水平检验与 4 年前该地晚婚率 32% 相比，是否发生显著变化？

解：$H_1：P_0 \neq 32\%$

$H_0：P_0 = 32\%$

$|Z_{0.05}| \geqslant 1.96$（两端）

$$P = \frac{42}{105} = 0.4$$

$$Z = \frac{p - P_0}{\sqrt{\dfrac{P(1-P)}{n}}} = \frac{0.4 - 0.32}{\sqrt{\dfrac{0.32(1-0.32)}{105}}} = \frac{0.08}{0.045\,5} = 1.76$$

由于 $Z = 1.76 < |Z_{0.05}| = 1.96$

所以不能否定 H_0。这说明该地晚婚率与 4 年前相比未发生显著变化。

第十一章

定性分析

第一节　定性分析概述

一、定性分析的概念和功能

定性分析是对事物质的分析。任何事物和过程都是质和量两个方面的统一体。定性分析的重要性基于事物的质是事物存在的更重要的方面。

定性分析可以说与人类思维诞生的历史一样久远。在人类思维漫长的发展过程中,曾经无数次地使用定性分析的方法。当泰利士确定水是万物之源,赫拉克利特把一切归结于火,德谟克里特描绘宇宙图景的原子结构的时候,他们都是在进行定性分析。但是,在马克思主义以前,定性分析仅仅是作为一种自在的思想方法,无意识地出现在科学研究和科学思维的活动中。马克思主义的创设人有意识地在一切观点、原理和理论层次上彻底贯彻定性方法,从而把定性分析的地位提到前所未有的高度,由一种自在的思维方法上升为一种自为的科学研究方法。这在社会科学的发展历史中是一次重大的进步。科学观念和科学方法的发展进一步使定性分析方法完善化,也使我们能够比较清楚地确定定性分析的基本内容、主要特征以及一些不足之处。

定性分析的基本内容可以概括为如下六个方面。

(1) 识别属性

任何事物都是具有一定属性的事物,属性包括事物自身的性质以及相互之间的关系。对事物属性的识别是定性分析最早的内容,因而也是发展历史最长的一种定性分析方法。定性分析识别属性的结果,最后通过形成明确的概念或定义表现出来。

(2) 要素分析

定性分析的第二个重要内容是对构成事物诸要素的分析。从普遍联系的观点看,任何事物都处于普遍联系之中的某一中介层次,一方面,它是由许多较低层次的物质实体建构组成,另一方面,它与周围其他事物一起又构成更高层次上某一物质形态。概念这种思维形态的重要功能之一就是反映事物的特有属性。因此,也可以说,识别属性这种特性分析方法主要是通过形成概念和定义实现的。要素分析就是确定系统的基本构件是什么、有几种的定性分析。

(3) 结构整合

结构是一事物内部各组成要素之间相对确定的关系。结构主义的贡献之一,就是将定性分析的视点从关注实体扩大到关注实体之间的相互关系,从而大大完善了定性分析的方法。

同时,定性分析的基本内容还包括:(4) 功能分析;(5) 归类,其内涵不仅是识别,而且需要比较;(6) 追溯原因,也即判定万物的因果关系等①。

20 世纪 90 年代,本书作者在参与在中国社会学会会长的袁方教授主编《社会调查原理与方法》教材时,就对统计分析(定量分析)、定性分析和理论分析这三个重要概念的联系和区别作了分析界定。在本书第十二章中将做详细论述。我们认为理论分析不同于统计分析或定量分析,理论分析包含定性分析,但其任务不仅是定性分析。所谓定性分析,是要确定现象的性质、划分事物的类别,运用抽象概念对同类万物作出概括。在对调查资料,特别是定性资料进行研究时是一种重要的、必不可少的分析方法。定性研究也是一种类似于定量研究那样的,有特定的哲学基础,"扎根"于具体资料的、特定的操作方法和技术的研究方式,而不是像有些人长期以来所认为的那样,只是一种"非定量"意义上的泛泛而论或纯粹的"哲学思辨、个人见解、政策宣传和解释"。

如前所说,定性研究者在进行定性分析时往往致力于发展那种与具体资料和背景相关的概括和理论解释,会努力建立一种"扎根"于具体资料、抽象层次较低的理论,而不像定量研究中去进行因果假设的检验。在实际研究中,由于定性资料本身的特点,对经验现象进行概括也会遇到较大的困难,因而许多定性研究者几乎完全只进行描述,而不进行理论分析。

定性分析的主要目标是将大量的、特定的细节组织成一幅清楚的图画,一组

---

① 陈波等:《社会科学方法论》,中国人民大学出版社 1989 年版,第 211—215 页。

相互连接的概念,各类相互区分的类别,却很少如定量分析那样去试图证明其中普遍的法则,提出某种尝试性的理论解释。

定性分析与定量分析两者有其相同之处也有其相异之处。

二、定性分析与定量分析之异同[①]

1. 相似性

首先,两种资料的分析形式都包含推论。研究者从社会生活的实证细节加以推论。这里所谓"推论"(infer)表示证据为基础,通过判断、而后导致结论。这与进行原始资料的摘要有些不同,这是一种找出原因并将资料的复杂性简化的分析方法。其次,这两种分析形式都包含了实证的方法或过程。研究者有系统地记录或搜集资料,接近和考察被研究者的所作所为,并描述资料加以解释,其方法标准化和可见的程度都会呈现其研究设计。再次,所有资料分析的中心是比较,包括定性和定量资料,所寻找类型——相似性和相异性,形同与不同的方面。最后,在质化和量化资料分析中,研究者都努力避免错误、有问题的结论及误导的推论。研究者也都留意可能的谬误。他们将各种解释、讨论和描述加以分类,并评估各种不同研究的价值,从中找出比较真实、有效或有价值者。

2. 相异性

定性分析也有四个方面和定量分析不同。

第一,标准化程度不同。研究者从一些特殊的、标准化的资料分析技术中加以选择。定量分析已经发展得很完备,其基础是应用数学。相反,定性分析就比较不标准化,通常是归纳的。

第二,分析所开始的时间不同。定量研究者会等到所有资料都搜集完成并转换成数字后才开始进行资料分析,并将数字排出顺序以求其类型或关系。定性研究者在研究计划中比较早开始进行分析,当还在搜集资料阶段即开始寻找类型或关系。早期的资料分析工作会引导接下来资料搜集的工作,因此,定性分析不是独立的一个阶段,而是遍布在研究过程中的每个阶段。

第三,与社会理论的关系不同。定量研究者操作那些代表实证的数据,以检验变项建构间抽象的假设。相反的,定性研究者借由将实证证据和抽象概念混合在一起而创造出新的概念。定性分析举出实证而不以检验假设的方式来显示

---

① 〔美〕W. L. Newman 著,王佳煌等译:《当代社会研究法——质化与量化途径》,(台湾)学富文化事业有限公司 2005 年 2 月(修正版),第 708—710 页。

理论、概化或诠释是可信的。

第四,在抽象化的程序上,或者说是和社会生活细节的距离上的不同。在所有定性分析中,研究者将原始资料放进那些他们为了要确认类型或概念的类别中。定量分析,则通过统计,研究者运用变量间统计关系的符号语言来探讨因果关系。他们假设社会生活是可以用数字来测量的。当根据统计法则来操作这些数字时,数字就揭露了社会生活的特质。

定性分析比起统计分析则不那么抽象,似乎更接近原始资料。定性分析并不依靠大型的、建构完整的数学和统计的正式知识,其资料是以文字的形式呈现,相对统计分析而言是不精确、模糊的,但有较多的意义,如同有的学者所说,"文字并不是基本知识;在社会结构中它们甚至是高于数学的。文字是高度开放性的表达模式,比较有办法连接各种论述和表达的主题,也比较能够打动聪明的读者"(Collins,1984)。

三、计算机辅助的定性分析

随着世界从工业时代走向信息时代,社会科学研究的手段也在日益更新。电子声像技术正在改变我们的研究方式,计算机技术已进入实际应用,互联网使我们可以与世界上任何一个地方的人们进行既快捷又便宜的联络。高科技方面取得的成果为研究带来了很多新的、更加迅捷的处理原始资料的方法,从前的"剪刀加糨糊"的方法进一步被计算机软件所替代。电子邮件逐步在代替印刷品,研究成果的传播正在不断地加速。很多新的、在传统社会无法想象的研究课题(如计算空间的自我和身份等)开始出现了。研究报告开始使用声像形式,用立体的方式呈现研究的结果,克服了语言的平面性和概念化。

科技方面的变化正在迅速地改变定性研究者群体,写作的人代替了面对面交谈的人。这些没有面孔的人置身于一个复制的现实之中,所有传统的概念和观念都得到了不同程度的挑战。在科技高度发达的信息时代,"私人的"事情已经越来越"公众化"了;"神圣的"东西已经越来越"世俗化"了;"理性"与"非理性"之间的区别已经很难辨别;而传统意义上的"读者"与"作者"已经转换了位置。"读者"已经变成了"作者",成为社会现实的"拼凑者"。在高新科技的帮助下,他们可以随时随地参与到写作之中,按照自己的意愿将不同的信息碎块拼合起来,组成对他们自己来说有意义的社会现实①。

定性资料研究的应用软件应运而生。定量研究者运用电脑来绘制图表、分

① 陈向明著:《质的研究方法与社会科学研究》,教育科学出版社2000年版,第464页。

析并呈现数字资料已经超过 30 年。相反的,定性研究者迈向电脑化及图表仅仅
5 到 10 年。研究者将文字输入文字处理程序则可以很快搜寻某些字句作为编
码的资料,并将这些编码连接到分析备忘录中。文字处理也帮助研究者修正、并
将编码及片段移到田野笔记中。

现在有了那些特别为质化资料分析所设计的软件。许多是很新的,而且是
时时在变。比如有的用于文本复原,有以文本为基础的管理程序 Asksam 和
Follio Views,有编码—复原程序 Kwalitan 和 Ethnograph,以编码为基础的理论
建构程序 Nud. lst,概念网络建构程序 MetaDesign 和 SemNet,以及用于图示定
性资料的各种软件等等①。

现在,研究人员运用计算机软件程序来协助分析定性经验资料相对普遍了。
李和费尔丁(Lee & Fielding,1998)将这种程序称作"计算机辅助定性数据分析
软件",简称为 CAQDAS。维茨曼(Eben Weitzman)提出了一种易懂好用的
CAQDAS 方法,这种方法很快就可以用来支持定性资料分析。以计算机为基础
的一些工具,这些工具可以帮助研究者记录、存储、索引、交互索引、编码、排序以
及交互分析文本资料。维茨曼把最常用的程序分为五个软件系列:文本管理
器、编码程序、检索程序、编码理论建立组和概念网络建立组。这些程序具有多
重文本处理功能,例如,帮助研究者找到和修改建立在句子和词语上的关键材
料,建立概念模型,进行分类排序、关键词编码和文本部分的连接,剥离拒答和有
失偏颇的个案以及建立索引。多媒体软件程序刚刚出现,它可以让研究者像研
究文本数据一样研究音频文件和视频文件。光盘存储器也可作为存储实地记录
和其他民族志视频材料的地方,进而可以进行超文本分析。

李和费尔丁辩称:"CAQDAS(计算机辅助定性数据分析软件)程序的开发
者已经日益包括了邻近检索的功能和自动编码功能,前者可能有助于叙事分析,
而后者可适用于某些类型的符号分析。CAQDAS 程序中新功能的出现反映了
这个领域的使用者和开发者之间一般是紧密的关系,反映了开发者想体现使用
者所希望的功能的一般愿望,即便是使用者并不总和开发者的认识论偏好相一
致。既然软件包日益支持那些对定性分析而言是全新的步骤、程序和功能,或者
使那些没有计算机就不可行的步骤成为可能,那么,就越来越没有理由认为软件
仅仅是编码——提取的辅助,或者认为编码——提取是定性研究的必要条
件。"②(Lee & Fielding,1998)

---

① 〔美〕W. L. Newman 著,王佳煌等译:《当代社会研究法——质化与量化途径》,(台湾)学富
文化事业有限公司 2005 年 2 月(修正版),第 742—746 页。
② 〔美〕邓津、林肯主编,风笑天等译:《定性研究:经验资料搜集和分析的方法》,重庆大学出版
社 2007 年版,第 677、861 页。

第二节　定性资料的整理

　　资料搜集上来以后,研究者需要对资料进行整理和分析。"整理和分析资料"指的是根据研究的目的对所获得的原始资料进行系统化、条理化,然后用逐步集中和浓缩的方式将资料反映出来,其最终目的是对资料进行意义解释。在质的研究中资料的整理和分析没有一套固定的、适用于所有情境的规则和程序。意义阐释既是一项研究活动,又是一门艺术,不可能有机械地、按照一套固定的程序来进行。在做每一项具体的整体和分析时,针对自己的研究目的以及资料的特性选择合适的方法。

一、分析前的初步整理①

　　英国经验主义科学家培根认为,对原始资料的处理有三种方法,可以与蜘蛛、蚂蚁和蜜蜂的工作状况进行类比(陈波等,1989)。蜘蛛只从自己的肚子里吐丝布网,脱离外面的实际情况,不管是否有无证据,自己一个劲地埋头制造理论。蚂蚁只是搜集资料和证据,将其堆积起来,不进行分析,也不建立理论。蜜蜂既从花园里采集资料,又对这些资料进行消化和加工,酿出蜂蜜。因此,科学研究应该采取蜜蜂的方法,从大量的事实证据中抽象出关于事物本质的知识来。定性研究者(像蜜蜂一样)虽然不一定要"抽象"出关于事物"本质"的知识,但是对资料的整理和分析确实是研究者的一种加工,是通过一定的分析手段将资料"打散"、"重组"、"浓缩"的一个过程。

1. 整理和分析同步进行

　　在概念上,整理资料和分析资料这两个活动似乎可以分开进行,我们可以分别对它们进行辨析。但是,在实际操作时,它们是一个同步进行的活动,整理必须(也必然)建立在一定的分析基础之上。

　　整理资料这一工作看起来十分机械、单调,但实际上其本身便是一个十分重要的分析过程。通过对资料进行一步步具体的梳理,研究者往往能够获得不这样做便无法得到的启示和顿悟。

　　同时,整理和分析要求及时。对资料进行整理和分析不仅可以对已经搜集

---

　　①　陈向明著:《质的研究方法与社会科学研究》,教育科学出版社 2000 年版,第 269—273 页。

到的资料获得一个比较系统的把握,而且可以为下一步的资料搜集提供方向和聚焦的依据。

在实地搜集资料的同时对资料进行整理和分析可以起到如下作用:(1)强迫研究者逐步缩小研究的范围,尽早就研究的方向和类型作出决定;(2)帮助研究者提出一些可以统揽所有资料内容的观点,发展出一些可供进一步分析的问题;(3)使研究从原始资料向理论建构的方向过渡;(4)帮助研究者在整理资料的基础上了解自己还需要哪些方面的信息,以便下一步有计划地搜集资料。

在强调及时整理和分析资料的同时,我们也应该看到,实际上研究者在搜集资料(包括同步的分析)之后是需要一段时间来专门进行分析的。这个时间可以是几个星期,也可以是几个月,而且应该是一个整段、持续、不受到其他事情干扰的时间。

由于时间的关系,实地记录通常做得比较仓促,书写可能不太清楚,细节也记录得不够全面,因此需要及时地进行整理。如果研究是由一个课题组共同承担,记录必须在成员中分享的话,则更应该对实地笔记进行及时的整理,补上遗漏的信息和必要的内容细节。整理实地笔记时不宜同时进行文字上的编辑,因为实地笔记的最大价值在于"原始"(crude),越是能保持其"原汁原味",今后使用起来越能凸显当时的"真实"情形。

2. 检查资料与建立档案

虽然我们说资料整理和资料分析是密不可分的一个过程,但是有一些比较具体可见的整理工作具有一定的相对独立性,可以在分析之前完成,如检查原始资料是否完整、准确,对多种资料来源进行相关检验等。

定性研究中的资料整理要求比较严格,通常需要将资料的内容一字不漏地记录下来。比如,访谈中的录音记录必须逐字逐句地整理出来,而且包括他们的非语言行为(如叹气、哭、笑、沉默等);观察笔记事后必须进行处理,对遗漏的细节进行补漏,对简化的内容进行扩展;实物资料如果有不全或错误记录的地方,应该及时补充或纠正。定性研究认为"所有的事情都是资料"。

在具体整理资料之前,我们可以先给每一份资料编号,然后在这个基础上建立一个编号系统。编号系统通常包括如下五个方面的信息:(1)资料的类型(如访谈、观察、实物);(2)资料提供者的姓名、性别、职业等;(3)搜集资料的时间、地点和情境;(4)研究者的姓名、性别和职业等;(5)资料的排列序号(如某某人的第一次访谈)等。

原始资料经过初步的整理和编号以后,建立档案,将所有这些资料复印一份。原件应该保持原封不动,如果计算机进行文字处理,也可以存一个备份。在整理资料时,应该时刻保存一份按时序记录的原始资料。

二、定性资料的编码①

定性资料在定性研究中有着与定量研究不同的意义和角色。研究者要将原始资料组织成概念的类别并创造新的主题或概念,然后用来分析资料。定性编码可说是资料分析的一个完整的部分。它是由研究问题所引导,并牵引出新的问题。与定量研究中编码知识一项简单的"秘书性质"的工作不同,它使研究者从原始资料的细节中摆脱出来,而在更高层次上思考,并使研究者走向理论和概括。

编码是两个同时发生的动作:机械式的将资料减少以及将资料放入分析类别的项目中。资料编码是将成堆的原始资料缩减为有意义的几叠资料。易于管理外,编码也让研究者能够很快找到相关的部分。

斯特劳斯对三种定性资料编码下了定义:这三种编码类型是开放式编码、轴心式编码、选择式编码。

1. 开放式编码

开放式编码是在刚开始搜集资料的第一阶段形成的。先设置一些主题,将最初的代码或标签分配到资料中去,以便将大量混杂的零星的资料浓缩转变成不同的类别。他/她慢慢阅读这些田野笔记、历史资料或其他资料,找寻重要议题、关键事件或主题,再加以记录。研究者在笔记卡的留白处或电脑记录中,用不同颜色标示出初步的概念。研究者不受任何约束地来创造新的议题,并在接下来的分析中更改此初始码。

开放式编码让资料内部的主题浮现出来。这些主题是处在比较低的层次上,并来自研究者最初的研究问题、文献中的概念、在社会场域中人们使用的词组以及在资料融合之后刺激出来的新想法。

尽管有些研究者(如 Miles and Huberman, 1994)建议研究者会有一张所有概念的清单,而后开始进行编码,但大部分编码主题都是产生于阅读资料笔记时。当然,在开放式编码结束后,有一些这样的主题概念的清单还是有其一定的作用:(1) 能帮助研究者一下子就看出主题间的结合;(2) 刺激研究者在未来的开放式编码时发现新的主题;(3) 研究者用这样清单建立研究中所有主题的共通性,未来他/她在分析时可以重新组织、分类、合并、放弃或延伸。

2. 主轴式编码

这是资料的"第二层过滤"。在开放式编码时研究者着重在实际的资料,并

---

① W. L. Neuman, *Social Research Methods*, Third Edition, Allyn and Bacon, 1997. pp. 421 - 424.

赋予每个主题编码的标签,此时并不试图找出主题间的连接或浓缩出主题所呈现的概念。相反的,在主轴式编码时,研究者从一些有组织的最初编码或初级概念开始。在这主轴式编码中,研究者更为注重的是主题,而不是资料。在此阶段可能会产生其他编码或新的概念,研究者就将之记录下了,但其基本任务是检视最初的编码。他/她朝向概念或主题的组织以及确认分析的主要概念这个主轴来移动。

主轴式编码着重在于发现和建立类别之间的各种联系包括因果关系、时间关系、语义关系等等。在主轴式编码中研究者会思考原因和结果、条件和互动、策略和过程,并寻找将它们聚合在一起的类别或概念。

主轴式编码不仅刺激关于概念或主题间关系的思考,同时也提出新的问题。它可以让一些主题或审视比较深入,此外,也可以增加证据和概念之间的关联性。将编码以及证据合并在一起时,他/她会发现许多地方都有核心主题的证据,并建立紧密的网支持这些定性资料。

3. 选择性编码

选择性编码包括对资料的浏览和编码后,有选择地查找那些说明主题的个案,并对资料进行比较和对照。这是在概念发展完成并开始组织几个核心概念或概念间的全面分析之后开始进行。举例来说,某一研究者研究在小酒馆的劳工阶级的生活,决定将性别关系变成一个主要议题。在选择性编码时,研究者看过田野笔记,找寻男人和女人在谈论约会、订婚、婚礼、离婚、婚外情或夫妻关系时的差异,然后比较男性和女性在婚姻中每个主题每一部分态度上的差异。

在选择性编码过程中,主要的主题或概念始终指引着研究者的研究,并不断对早期编码中所识别的主题进行再组织,并探讨与分析多个不同的重要主题,举例来说,在上述小酒馆的研究中,研究者审视对婚姻的意见以了解性别关系和不同生命周期这两个主题,因为婚姻可以从这样两种不同的角度里考察。

三、撰写分析备忘录

分析备忘录是一种特殊类型的笔记。这是在编码过程中研究者把自己的有关想法和概念的讨论及时记录在册的备忘。每个编码主题或概念形成每个备忘录的基础,而备忘录包含对概念或主题的讨论。初步的理论笔记形成了分析备忘录的开端。

分析备忘录(见图11-1)建立了具体资料或原始证据以及比较抽象的、理论思考之间的连接,包括研究者对资料和编码思考的反映。研究者加在备忘录中并用以检视每一种编码的资料。备忘录形成在研究报告中分析资料的基础。事实上,从高质量的分析备忘录经修改而成的部分可以成为最终报告的一部分。

撰写分析备忘录所牵涉的材料很简单:笔和纸、一些笔记本、一些档案夹以及笔记的影印备份。有些研究者也用电脑来撰写。有许多撰写分析备忘录的方法,每个研究者会发展出自己的风格或方法。有些人依其他研究者的经验提出一些建议;某些研究者把备忘录印好几份,然后剪下来并分别放入分析备忘录的档案中。如果档案够大而分析备忘录可以分门别类时(如:用不同颜色的纸标出来),这么做很有用。其他研究者则在分析备忘录的档案中列出某个主题是在哪边出现的,如此就很容易在分析备忘录和资料间游移。因为资料笔记包含了特别标示出来的主题,就很容易发现资料中特殊的部分。一种折中的策略则是持续记录资料中主要主题的出现,但也包含笔记中一些关键的章节作为简单的参考资料。

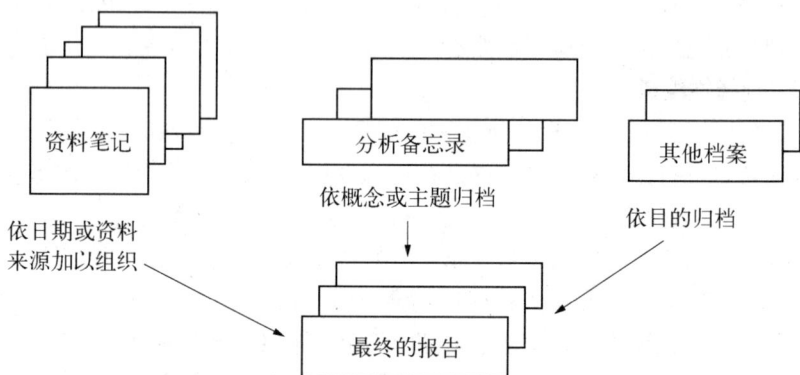

图 11－1　分析备忘录及其他档案

当研究者再次检查并修正分析备忘录时,他可以讨论并回顾文献找寻新的想法。分析备忘录可帮助概念化潜在的假设,这在有需要时可以加入或舍弃,也可以发展出新的主题或编码系统。

案例 11.1

撰写分析备忘录的建议

1. 在你开始搜集资料以后,马上进行备忘录的撰写,并持续到最后的研究报告完成前才停止。

2. 在备忘录上写下日期,这样你才能看到进度以及思考的发展过程。因为你必须每隔一阵子就修正备忘录并纳入研究的发展过程中,因此这样在重新阅读比较长的、复杂的备忘录时会很有帮助。

3. 中断编码或资料的记录以撰写备忘录。不要让创造性的火花或新的洞察飘走了——马上就写下来。

4. 定期阅读这些备忘录并针对类似的编码进行比较,看看是否可以合并,或是之间的差异可以澄清。

5. 把每个概念或主题的备忘录分开归档。相同主题的备忘录放在同一个档案或笔记本中,加上概念名称的标签则可以清楚储存。在分析过程中将备忘录分门别类是很重要的。

6. 将分析备忘录和资料笔记分开,因为他们的目的不同。资料是证据,分析备忘录则具备概念的、建构理论的意图。他们并不是资料的报告,而是对资料如何结合在一起的评论或一般的主题、概念如何聚集在一起的实例。

7. 在分析备忘录中指出其他概念。在撰写备忘录时,想想其相似性、相异性,或和其他概念的因果关系。在分析备忘录中写下来,以引发后续的整合和分析。

8. 如果两个概念同时产生,将之写在不同的备忘录中。试着将每个不同的主题与概念放在不同的备忘录和档案中。

9. 如果备忘录已经没有什么要加入的新资料,在此概念或主题上已经饱和,则要在备忘录中指出来。

10. 将编码或备忘的标签制作出清单,如此只要看清单就知道所有的备忘录。当你定期将备忘录重新分类时,记得重新组织此清单以符合其分类。

资料来源:改写自 Miles 和 Huberman(1994),Lofland 与 Lofland(1995)以及 Strauss(1987),亦参考 Lester 及 Hadden(1998)。

第三节　定性资料分析方法

在 W. L. Neuman 所著的《当代社会研究法——质化与量化途径》一书中就列举了连续接近法、举例说明法、分析比较法、理想类型法、事件结构分析、网络分析法、时间分步法、流程图和时间序列、多重分类程序等多种方法。

定性资料分析与定量资料分析的重要差别之一,是其具体分析方法的多样性。我们这里对四种较为常用的分析方法作以介绍。这四种方法是连续接近法、举例说明法、事件结构分析法以及流程图式法[①]。

一、连续接近法

连续接近法指的是通过不断地反复和循环的步骤,使研究者从开始时一个比较

---

① 参见 W. L. Neuman, *Social Research Methods*, Third Edition, Allyn and Bacon, 1997, pp. 427-429;〔美〕K·贝利:《现代社会研究方法》,上海人民出版社 1986 年版,第 356 页。

含糊的观念以及杂乱、具体的资料细节,到达一个具有概括性的综合分析的结果。

　　具体地说,研究者从所研究的问题和一种概念与假设的框架出发,通过阅读和探查资料,寻找各种证据,并分析概念与资料中所发现的证据之间的适合性,以及概念对资料中的特性的揭示程度。研究者也通过对经验证据进行抽象来创造新的概念,或者修正原来的概念以使它们更好地与证据相适应。然后,研究者又从资料中搜集另外的证据,来对第一阶段中所出现的尚未解决的问题进行探讨。研究者不断地重复这一过程。而在每一阶段,证据与理论之间也不断地进行着相互塑造。这种过程就被称做"连续接近",因为经过多次的反复和循环,修改后的概念和模型几乎"接近"了所有的证据,并且这种经过连续地、一遍又一遍地修改的概念和模型也更加准确(见图 11-2)。

　　每一阶段的证据往往是暂时的和不完全的,而概念是抽象的,它们植根于具体的证据中并且反映着事物的背景。在从经验证据到抽象概念的过程中,可能会受到某些条件和偶然事件的影响,研究者必须不断修改概念及其与证据的连接,以使概念更好地反映证据。

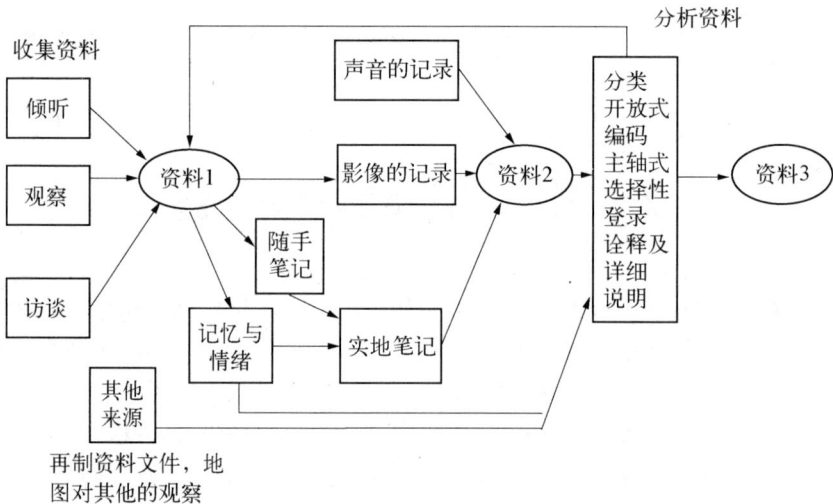

图 11-2　实地研究的资料(资料 1=原始资料、研究者的经验;资料 2=记录的资料、经验的记录;资料 3=最终报告中所选择的、处理的资料)

资料来源: 改编自 Ellen(1984a)。

二、举例说明法

　　另一种分析的方法则运用实证证据来举例或支撑理论。"举例说明法"是研究者将理论应用在具体的历史情境或社会情境中,或是以前述理论为基础来组织资料。先前存在的理论提供了所谓"空盒子",研究者则看所搜集到的证据集中起来去填满这只空盒子。当然用来填满这个盒子中的证据也可能是一反驳理论,这个理论可以是一般模型、类推或一系列步骤的形式。

在具体操作上可以分为两种不同的方式:一种方式主要表明理论模型是如何说明了或解释了某种特定的个案或特定的现象。研究者所列举的主要是一个个案或一种现象的证据。另一种方式则是对一种理论模型的"平行说明",即研究者平行列举多个不同的个案,比如多个不同的单位或多个不同的时间周期等,来说明这种理论模型可以应用与多个不同的个案,可以解释或说明多个个案中的情况。或者反过来,研究者采用来自多个平行的个案的材料来共同说明某种理论。平行示范的范例之一是来自 Paige(1975)对农民阶级冲突的研究。Paige首先发展出造成阶级冲突的条件之复杂模型,然后从秘鲁、安哥拉、越南等国提供证据来举例。这些举例在许多个案中都显示其模型的可应用性。

三、事件结构法

许多定性研究者按时序把资料以叙事的形式组织起来。事件结构分析法(event-structure analysis, ESA)就是一种能帮助研究者组织事件的发生顺序,促使我们看到因果关系的资料分析的新方法。这种方法和电脑程序(称之为ETHNO)首先用在实地研究资料的分析中,但也可以运用在历史资料上。在ESA 中,研究者首先将资料以事件加以组织,然后再将事件纳入时间序列中。

ESA 和叙事方法的不同在于研究者并不只是重复故事,而且还把事件间的关系揭示出来。他/她将那些一定发生在前的事件和可能发生的区隔开来。电脑程式帮助研究者回答事件间逻辑关系的问题。比方说,某情境有事件 A、B、C、X 和 Y。有人问研究者:X 造成 Y 之前一定要有 A 吗(也就是说:A 是 X 对Y 之因果关系的先决条件吗?),或者 X 能在没有 A 的状况下影响 Y 吗? 如果这是必要的,A 必须在 X 再度影响 Y 之前发生。这个过程促使研究者去解释两个事件间的因果关系是特有的,是单一关系或是会重复发生。

当然,事件结构分析法亦有其限制。它无法提供理论或因果逻辑。它只能借助电脑程序创造出图像让我们比较容易看出关系。当研究者决定可能的逻辑关系时,ESA 确认一连串的事件并指出哪些可能有所不同。但是,ESA 并没有造成社会结构来组织事件的顺序:研究者要加入其他传统的分析。

Griffin(1993)对私刑的分析是 ESA 的例证。以许多口述历史、书籍和新闻报道为基础,他重新建构出在 1930 年 4 月密西西比州 Bolivar 对 David Harris

处以私刑的事件顺序。在回答了许多关于事件序列可能连接的是非题并加以分析后,Griffin 的结论认为主要因素是当地执法者应该可以阻止该事件发生,但却怠忽职守。ESA 浓缩图示摘要如图 11 - 3 所示。

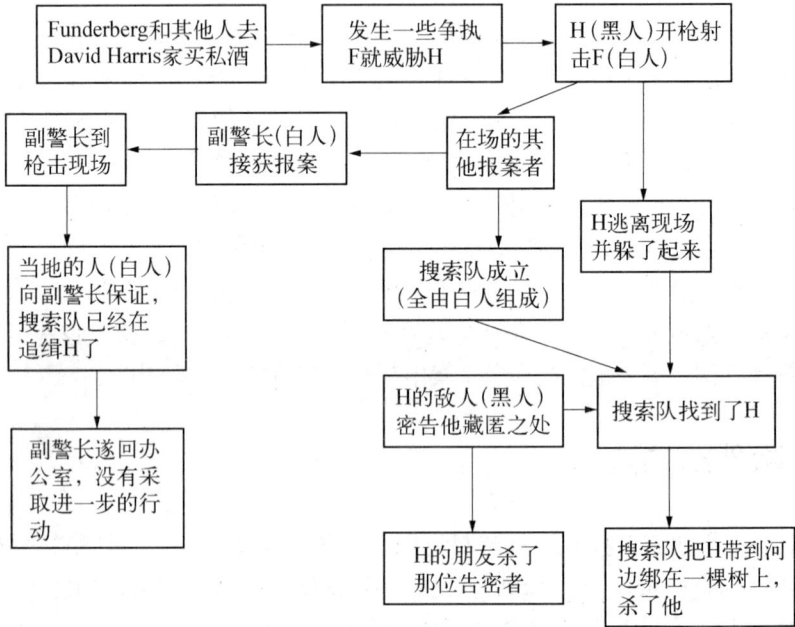

图 11 - 3　David Harris 私刑事件之事件结构分析范例

资料来源: 改编自 Griffin(1993)。

四、流程图式法

　　除了研究花在各种活动的时间以外,研究者还分析活动或决策的顺序与过程。历史研究者的传统焦点都在于记录事件的顺序,但是比较研究和实地研究者则亦考察其过程(流程)。除了事件发生的时间,研究者也运用决策树或流程图标示出决策的顺序,以了解事件或决策彼此间的关系。举例而言,一个烤蛋糕这么简单的活动都可以标示出来(见图 11 - 4)。标示出步骤、决策或事件的想法,寻求其彼此间的关系可以应用到许多情境中。譬如 Brown 和 Canter(1985)针对买房子发展出详细的流程图,他们将之分为 50 个步骤,标示出时间和许多角色(例如: 找到买房、财主、调查员、买方的律师、广告公司/房地产经纪人、卖方、卖方律师等)。

　　无论我们采取什么样的分析方法,都应记住一点: 定性研究的分析过程是

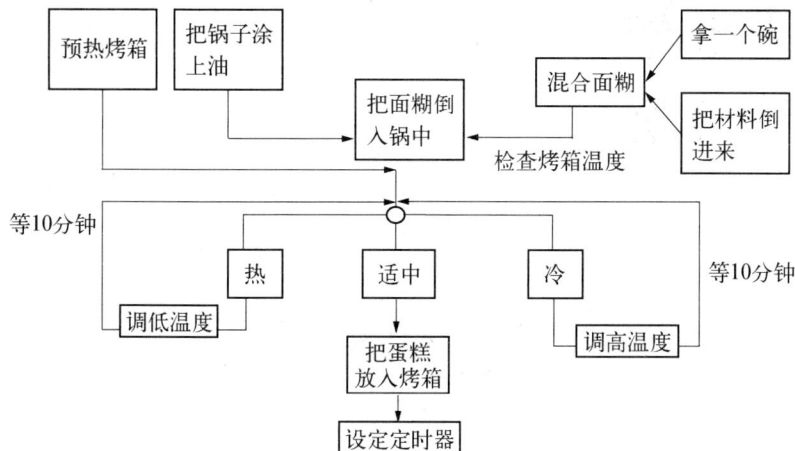

图 11-4　制作蛋糕的部分流程图

一个开放式结构,如果初步建立的分析框架、类别,甚至所研究的问题不符合搜集到的原始材料,研究者可以随时进行修改。为研究结果做结论时应该注意材料之间的异同,避免为了使结论看上去完整精确而牺牲材料的丰富复杂性。定性研究在理论建树方面强调"扎根理论",即在原始材料的基础上发展理论。如果前人建立的有关理论可以用来深化对研究结果的理解,则可以借助于既存理论;如果这些理论和本研究的结论不符,研究者则应该尊重自己的发现,真实地再现被研究者看问题的方式和观点。建立理论时,研究者也可以借助个人的经验和直觉,不过,因此而下的结论必须建立在原始材料的基础之上,不能凭空杜撰①。

---

① 参见陈向明:《社会科学中的定性研究方法》,载《中国社会科学》1996 年第 6 期。

第十二章

理论分析

理论分析是调查研究的重要环节,也是研究阶段的主要工作,它的任务是在对调查资料整理、汇总和统计分析的基础上进行思维加工,从感性认识上升到理性认识。

第一节　理论分析概述

一、理论分析的意义与作用

1. 理论分析的概念

理论分析是指在对调查资料进行整理、分类和统计分析的基础上,借助抽象思维对资料进行加工制作,揭示事物的本质和内在联系,由此上升到理性认识的过程。

社会调查研究是从感性认识入手来研究社会现象的。但是,社会调查不能停留在对现象的经验描述上,它还必须透过事物的表象和外在联系来揭示事物的本质和内在联系。要做到这一点,就必须借助于抽象思维,即借助概念、逻辑推理、抽象和综合等思维方式,对经验材料进行"去粗取精、去伪存真、由此及彼、由表及里"的加工制作,由此上升到理性认识。

理论分析不同于统计分析和定性分析,它包含定性分析,并结合统计分析。

统计分析是对现象的数量方面进行分析,以发现和描述事物的规模、发展程度以及事物之间的相互关联性。统计分析也包含了定性分析,如在调查之前根据现象的不同性质提出各种变量,并按照理论概念的类别进行分类统计和变量分析。但是,统计分析本身并不能说明事物为什么会具有不同状况,为什么会存在相互联系。也就是说,它无法对现象的质和量的差异作出理论解释。但是,理论分析与定量分析也不是相互对立的而是相互联系的,在理论分析中不仅要对现象的性质和本质联系进行定性分析,而且还应当尽可能地对现象的数量特征和各因素间的相互联系进行精确的定量分析,这样才能深刻、准确地认识社会现象。

理论分析必然包括定性分析,但是理论分析不等于定性分析。所谓定性分析,是要确定现象的性质,划分事物的类别,运用抽象概念对同类事物作出概括。例如,确定某种物质是酸性还是碱性、是有机物还是无机物,或确定某种行为是受封建意识的影响还是受资本主义思想的影响等等,都是定性分析。理论分析的任务不仅是定性分类,而且还要提示出事物的本质和内在规律性。

因此,任何理论分析都具有这样四个基本特征:一是对客观事物的本质和内在联系认识;二是借助于概念而不是感觉、知觉和印象来作出判断;三是形成系统化的认识,任何理论都是一组相关的命题;四是具有一定的普遍意义,可以演绎推理的。

调查资料的理论分析也是对调查资料进行系统化的理论认识的分析。但是,它具有某些特殊性。

第一,调查资料的理论分析,其分析对象是调查资料。一般来说,理论分析的材料有两种:一种是感性材料,即直接和间接经验的材料,如观察和调查而得的材料;另一种是理性材料,即已经上升为理论认识的材料。调查资料的大多数是感性资料,并且一般地说明关于被调查者的直接经验的材料。对于这种感性材料进行理论分析,实质上就是在头脑中进行"去粗取精、去伪存真、由此及彼、由表及里"的加工制作过程,由感性认识上升成为理性认识,并使之系统化、理论化。因此,调查资料的理论分析既不同于调查的准备阶段所提出的研究假设,那样要借助于个人经验、他人的研究和广泛的理论材料展开分析,更不同于理性材料的分析,而是在理性认识的基础上提出新的理性认识来。

第二,理论分析的直接目的是证明研究假设或是得到理性认识。社会调查都是为了解决现实问题而进行的,因此,在调查之初或其过程中要提出一定的研究假设。它表现了调查者(或分析者)对所研究的问题的认识。调查资料的理论分析就是为了证明这一研究假设是否成立。证明研究假设的特点,不仅在于逻辑证明,而且更重要的在于事实证明,即用调查所得到的资料去证明理论。

第三,理论分析强调纵式检验。用调查资料证明研究假设,这是一种纵式检验。在这一检验之中,把实践和理论联系起来的中间环节是变量及其测量。变量及其测量一方面充当概念及理论的具体和承担者；另一方面与可观察的现实世界联系起来。坚持理论联系实际和实践是检验真理的唯一标准的原则，体现在调查资料的理论分析中就是强调这一纵式检验，强调依据具有较高的确定性和可靠性的变量及其测量进行分析。

2. 理论分析的作用

具体地说，理论分析具有以下三个方面的作用。

(1) 对统计分析的结果作出理论性说明和解释

在统计调查中，资料分析的第一步是对大量数据进行统计分析，描述现象的各种状态、分析变量之间的相关程度等等；第二步就是对统计结果进行理论分析。例如，由本书作者主持的《2000 年调查》资料显示，76.9％的上海市民不约而同地使用了"数字化"这一字眼描绘即将到来的新世纪生活图景。

上海人对于"数字化"生活的理解更多地体现在以下五个方面。一是获取信息的途径。75.1％的人认为 21 世纪人们获得信息的主要来源将是电脑，报纸、电视、广播、杂志等传统媒体将退居其后。二是在家办公将成为现实。一半以上的人希望能"部分时间在家工作，部分时间去办公室"；24.7％的人选择"在家办公"。三是人们寄希望于网络社区的出现，给购物、工作、娱乐等日常生活带来方便。四是体现在对未来就业的意愿上。四成左右的人希望从事高科技信息产业，三成以上的受访市民希望从事服务性的行业。五是"数字化生存时代"的教育也可以通过网络进行。这将使学习不受时间和地点的限制，学生可自主地选择教学内容和进度。由此我们可以作出理论性的解释，21 世纪将是"数字化"的信息时代。

(2) 对研究假设进行检验和论证

一些调查研究是依据某些明确的研究假设来搜集资料、了解客观事实的。因此，在研究阶段需要结合统计分析的结论对研究假设进行检验和论证。例如，对职工的政治参与意识进行调查研究，依据某些理论假说（即"经济发展水平越高，人们的政治参与意识越强"），提出了几个研究假设："近年来职工参与企业管理的意识比过去大大增强"，"职工对国家大事更为关心"等等。假如调查资料的统计结果与研究假设不一致，就要分析为什么会不一致：这是因为所调查的企业和职工不具有代表性，并由于理论假说无法说明在某些时期、某些地区或某些职工中普遍存在的实际现象。即使统计结果与研究假设是一致的，也仍然要结合具体资料进行具体的理论分析和讨论，以便从各个角度、各个方面来论证和发展理论。

(3) 由具体的、个别的经验现象上升到抽象的、普遍的理性认识

许多社会调查都不是对大量样本进行统计调查，而是对某个单位或某个事

件进行实地研究。这类调查搜集的资料一般是个案材料或典型事例,它们无法作统计分析,因此只能通过定性分析和抽象思维上升到理性认识。对个案材料的理论分析:一是要从具体现象中发现问题、抓住主要矛盾,即透过表象揭示出事物的本质特征;二是要对调查资料进行抽象概括,由具体、个别的事例建立一般的类型。

例如,毛泽东在《寻乌调查》中列举了许多具体案例来说明地主、富农的经济、政治状况,并对这些事例做出了理论性的分析,得出具有概括性的研究结论。其中,对小地主的概括是:小地主中的一部分来源于大中地主的家产分拆,他们接受资本主义文化比较迅速、普遍,其中属于破落的小地主阶层的许多人很有革命热情;另一部分是"新发"的小地主,他们多靠经商、放高利贷致富,因而比较贪婪、凶恶,这种半地主性的富农,是农村中最恶劣的敌人阶级,在贫农眼中是没有什么理由不把他打倒的。在做了这些分析和说明之后,具体的经验材料就脱离了感性的、具体事例的形态,而上升为抽象的、具有普遍意义的类型(如"破落的小地主"、"新发小地主"),这些抽象概念就概括出每一类型的本质特征。由上述例子可以看出,实地调查是要从个案材料和典型事例中发现问题、抓住主要矛盾,并从具体现象中抽象出理论概念和一般类型,这样就能够提纲挈领地把客观事实中的各种联系发掘出来。

理论分析的最终结果是得出概括性的研究结论。结论是调查研究之后,即在对调查资料进行全面、深入、详细的分析之后提出的,它概括性总结出一项调查研究的结果。如果说,分析是把所研究的现象分解为各个部分,那么结论就是把对各个部分的理性认识综合起来,形成对现象的完整、准确的认识,并以简明扼要的方式陈述出来。在此基础上就能提出新的理论观点,以推动理论的发展,或者是提出政策性建议,提供解决实际问题的方案。

理论分析所使用的方法既包括抽象思维的一般方法(如分析与综合、归纳与演绎、抽象与概括、形式逻辑、唯物辩证法),也包括各大学科的分析方法;后者是一般思维方法在学科研究中的具体应用。本章主要介绍几种在社会研究中常用的分析方法:比较法、因果分析、结构—功能分析等。当然,在具体的研究中还要使用一些特定的理论分析方法,如历史分析、矛盾分析、系统分析等。

二、理论分析的思考方式

进行理论分析首先要学会怎样去分析,解决好思考方式问题。记叙文的写作,通常要求写清时间、地点、人物和事件,这四大要素构成了记叙文写作的一般思考方式。新闻体裁有所谓五个"W"的要求,即什么(What)、谁(Who)、什么地点(Where)、什么时间(When)和为什么(Why),这也构成了新闻体裁的一般思考方式。调查资料理论分析的一般思考方式是什么呢?根据经验,主要体现在以下四个方面,这就是概念的定义是什么、问题和事实是什么、说明为什么、研究结论是什么。

1. 概念的定义是什么

这是如何做分析的第一步。我们知道,所谓理论分析就是系统化的理性认识的分析。理论认识的基本思维形式就是概念、判断和推理,所以进行理论分析必须首先明确概念。明确概念就是交代概念的定义,把概念的内涵和外延限定好,使别人知道你所分析的是什么,讲的是什么意思。

概念的定义是概念的实质内容。但是,不同的分析者由于对某一概念的认识不同,给概念所下的定义也不尽一致,这种情况是很正常的。我们希望概念的定义应该正确地反映概念的实质内容,达到理性的认识。怎样才使概念既明确又合于真理性的认识呢?这需要掌握三点:(1)传统的或经典的定义是什么。就是你所要定义的概念有没有经典的定义,如果有,就应该了解并深入理解它。(2)现行说法或多数人的意见是什么。就是了解现在大多数人是怎样定义这个概念的,倾向性的意见是什么,差异在哪里。(3)你的定义及其理由是什么。这个定义就是你在理论分析时要使用的定义,所以必须明确,并且通常是要写进调查报告里面去的。你的定义与经典定义和现行说法可能是一致的,也可能是不一致的,无论是哪种情况,都应该有一个分析、说明理由,从而使概念的内涵和外延明确并且根据充足。

2. 问题和事实是什么

社会调查的任务离不开研究问题,其目的是通过了解事实,形成科学的认识,找到解决问题的办法。所以,问题和事实是什么就成为任何理论分析的第二步。

首先是提出问题,指出研究这个问题的意义。其次是陈述事实,交代调查所得的资料。陈述事实主要有两种形式:一是文字叙述;二是统计描述。两种方式各有优点,不可偏废。文字叙述帮助人们了解调查对象的概况,形成大致印象,使人们对调查对象的印象数量化,精确化,减少模糊感。因此,一个好的理论分析在陈述调查事实时应该两种方式兼用,互相配合,互相补充。

3. 说明为什么

理论分析并不满足于弄清问题和事实是什么,而是要进一步说明为什么,之所以如此的原因,探索其中的必然联系。例如,毛泽东同志在《湖南农民运动考察报告》中分析所谓农民的"过分问题"时指出,第一,农会所谓"过分的举动"都是土豪劣绅、不法地主自己逼出来的,他们历来凭借势力称霸,践踏农民,农民才有这种很大反抗(实践)。第二,革命是暴动,是一个阶级推翻另一个阶级的暴力的行动。农村是农民阶级推翻封建地主阶级的权力的革命。农民如果不用极大的力量,决不能够推翻几千年根深蒂固的地主权力(理论)。这样就从实践和理论两个角度阐述了农民运动为什么是"过分"的原因,抓住了农民运动的本质,驳斥了"中派"的议论。

说明为什么这部分不仅要进行因果分析,而且可以进行多种分析,如比较分析、结构功能分析、系统分析、辩证分析等等。

4. 研究结论是什么

这是理论分析的结果。

三、理论分析的一般步骤

对调查资料进行理论分析没有统一的程式,但也不是无章可循。一般的原则是:由浅入深,由个别到一般,由部分到整体,由简单到复杂。本着这些原则,调查资料的理论分析大体包括五个步骤。

1. 资料审读和总体性思考

这是理论分析的第一个步骤。这个步骤是理论分析的必要前提,不要轻视,更不要放弃不做。这是因为,对调查资料进行理论分析,首先要分析了解、熟悉调查资料,所以要进行资料审读。而要进行理论分析,总的分析目标是什么,也必须事先搞清,所以要有个总体性思考。

(1) 资料审读。资料审读就是将全部用于分析的调查资料进行认真的审查和阅读,以加深对资料的印象和记忆。例如访问(或观察)记录,这就是比较生动地反映调查对象实际情况的调查资料。在审读时,应该做好甄别事实,按问题归类、选取有意义的事例等工作。又如综合统计资料,按问题归类、选取有意义的事例等工作。对理论分析有直接意义的报刊、内部文件、调查报告、历史文献等,也应该注意搜集和阅读,这将开拓我们的理论思考视野,启迪思维,提高水平,使调查资料的理论分析更具有现实意义和历史意义。

(2) 总体性思考。资料审读之后可以进行总体性思考。总体性思考就是在调查资料审读以后,根据原定分析方案和现有资料,整体性地思考下需要分析什么,现有资料允许分析什么,进行哪些分析,总的分析目标和理论假设是什么,等等。一句话,设计下一步的分析应该如何进行。在总体性思考中主要抓住以下三点。

① 根据现有资料,检查原来拟定的分析方案的可行性。在调查研究过程中,每个调查者都本着一定目的进行这种活动的,所以事先拟定了调查提纲和分

析方案。调查资料虽是按提纲和方案搜集而来的,但许多实际资料与原方案的要求并不处处吻合,这就需要根据现有资料检查原分析方案的可行性,并予以修订。即便调查资料与原方案相当一致,也还需要根据现有资料将原分析方案具体化,因为事先拟订的分析方案都是原则性的。

② 确定总体的分析目标。全部资料审核以后,分析者对资料形成了总的印象,经过仔细认真地思考,会使这种印象升华,形成对资料的总的判断:它能分析什么,可能得到哪些结论。分析的方向和途径有哪些,分析结论有可能怎样,等等。这些都是总的分析目标问题。虽然,这些问题在总体性思考中可能得不到明确的解决,但是思考这些问题,可以避免盲目性,增强自觉性。

③ 设计具体分析步骤。虽然各种理论分析都循着由浅入深、由个别到一般、由部分到整体、由简单到复杂的一般步骤进行,但由于每项具体分析的目标和方法不同,具体步骤也不尽一致。因此应该具体设计分析步骤,作为进一步分析的基础。

资料审读和总体性思考是调查资料理论分析的基础性工作,是重要的一环,不可轻视。由于每个分析者对调查资料的了解程度不同,分析技巧和水平也不同,所以怎样掌握资料审读和总体性思考,如两者如何结合,使用多长时间为宜等等,则因人而异。例如,有些分析者像本书介绍的那样,先审读资料再进行总体性思考,而有些同志则合二为一同时进行。

2. 个体资料和典型事例的理论分析

这是理论分析的第二个步骤。调查资料是关于被调查对象情况的客观反映。不论被调查者个人、家庭、工作小组还是基层组织,都是以个体单位的形式存在的,所以,调查资料的基本形态是个体资料。

个体资料包括两个部分:一是背景资料,它反映调查对象的客观背景,比如调查对象是个人,个人的年龄、性别、教育程度、职业、月工资等就是背景资料,再比如调查对象是家庭,家庭的人口数、代际结构、经济收入水平、职业成分等就是背景资料;二是行为和态度资料,这反映调查对象的客观活动,如研究职工积极性问题、职工的工龄、性别、教育程度、技术级别、月薪等属于背景资料,而职工的劳动态度、出勤、完成定额情况、产品质量等则属于行为和态度资料。

个体资料和典型事例的理论分析应把握如下三点:(1)深入细致地掌握个体资料,从中发现问题,抓住矛盾。(2)若抓住典型事例,让典型事例“说话”。(3)个体资料和典型事例的分析不要就事论事,要为总的分析目标服务。

3. 分类资料和具体假设的理论分析

这是理论分析的第三个步骤。进行社会调查,无论是概况调查还是专题调查,总是根据一定的目的从若干方面和若干角度来搜集资料的。在整理资料和统计分析之中,已按这些方面和角度将资料分类,我们将分类的结果称作分类资料。分类资料打破了调查资料的个体形态,从资料中看不出具体的调查对象,它是全部调查对象某一方面情况的客观反映,是理论分析和统计分析的重点。

分类资料的理论分析,是为论证具体研究假设服务的。进行调查研究,总要提出一定的研究假设或具体目的,调查资料理论分析的目的,是证明研究假设是否成立。研究假设分为中心研究假设和具体研究假设;前者解决调查研究的整体性总是用总体资料证明,后者是与中心研究假设相联系的,解决调查研究的具体方面和部分的问题,用分类资料证明。

分类资料和具体研究假设的理性分析,大体分为三个层次。

第一层次是陈述分类资料。我们在阅读调查报告时,接触到的大量篇幅都属于这个部分的内容。例如,毛泽东同志的《寻乌调查》和《兴国调查》就占用了大量篇幅陈述分类资料。陈述分类资料应做到层次分明、条理清楚,有一定的系统性。而不能像开"中药铺",不分层次,更不能像摆"杂货摊"、乱七八糟一大堆。

第二层次是进行概括和结论性分析。虽然分类资料仍然是感性材料,但是由于它已经脱离了调查对象的个体形态,因此它所反映的客观事实往往带有一定的普遍性。理论分析的任务,是抓住这一普遍性概括出共性的本质的东西来,形成研究结论。例如,《兴国调查》关于"斗争中的各阶级"的分析,毛泽东同志分别陈述了地主、富农、中农、贫下中农、雇农、手工工人、商人、游民等阶级阶层的经济和政治状况,就各个阶级阶层的阶级性质和对土地革命的政治态度大都做了概括性的、总结性的分析,不但对各阶级阶层的一般情况有了清楚的了解,而且对"谁是我们的朋友,谁是我们的敌人"的问题有了明确的认识。

第三层次是论证具体研究假设。这是分类资料理论分析的直接目的。论证具体研究假设,一方面是检查具体研究假设是否符合分类资料,符合的给予肯定,不符合的予以否定;另一方面是说明其符合或不符合的原因。确立研究假设有两种方式:一种是明确的方式,就是明确地提出某个假设并予论证;另一种是隐含的方式,这种方式在表面上看来没有确立假设,但实质上是隐含在事实陈述和概括性结论性分析之中了。例如,毛泽东同志在《兴国调查》中对土地革命斗争中农村各阶级的分析,其研究假设主要隐含的就是毛泽东同志1926年在《中国社会各阶级的分析》中提出的理论观点,《兴国调查》关于各阶级政治经济状况的陈述和分析,旨在论证这些观点(假设)。而毛泽东同志的《湖南农民运动考察报告》其研究假设就是以明确方式提出来的,其中每一个标题"农民问题的严重性"其假设是"农民问题是严重的",第七个标题"革命先锋",其假设是"贫农是土地革命的先锋",等等。

理论分析的任务,是抓住这一普遍性概括出共性的本质的东西,形成研究结论。通过以上例子,我们首先陈述了分类资料,然后进行概括和结论性分析,最后论证具体研究假设,以便形成研究结论。

当然,以上几个层次的分析应当有机结合起来,不要形而上学地割裂开来。它们的关系是:条理化、系统化的陈述资料是分析的基础,概括性结论性分析是分析的成果,论证具体研究假设是分析的直接目的。其中,论证研究假设:一方面是检查具体研究假设是否符合分类资料,符合的给予否定;另一方面是说明其符合与不符合的原因。

4. 全部资料和中心研究假设的理论分析

这是理论分析的第四个步骤。这一步骤的核心问题是,运用全部调查资料,论证中心研究假设。

中心研究假设是关于调查研究的核心问题的假设,一般来说,每项社会调查都应该提出自己的中心研究假设。

例如,毛泽东同志在 1927 年对湖南农民运动的调查研究,其核心问题是如何评农民运动的性质和在土地革命中的地位和作用。毛泽东同志写作《湖南农民运动考察报告》所持的中心假设是:农民运动不是"糟得很",而是"好得很",中国共产党应该积极支持而不应该消极反对农民运动。毛泽东同志作的《寻乌调查》和《兴国调查》属于概况调查,虽然概况调查的中心假设不像专题调查那样明确和突出,但是任何概况调查也总是围绕一组中心假设。《寻乌调查》和《兴国调查》的中心课题是弄清中国农村各阶级的经济政治状况,中心假设是毛泽东同志在 1926 年提出的土地革命斗争的基本策略:打倒地主富农,团结中农,依靠贫农。《寻乌调查》和《兴国调查》以及毛泽东同志在将新民主主义革命时期所作的大量农村调查,都是为了研究、证实和完善这条理论假设而进行的。经过调查研究和革命斗争的实践,这条阶级策略已作为指导中国新民主主义革命的理论写进了《中国革命和中国共产党》、《新民主主义论》等党的重要文献,成为党在新民主主义革命的斗争纲领。

运用全部资料论证中心研究假设,应当掌握以下原则:

(1) 分析者要善于从全部调查资料中抓取有价值的整体事实资料,抓取的根据就是调查研究的核心问题中心假设。

(2) 分析者要善于从个体资料和分类资料的相互关系中把握整体事实资料。整体事实资料不是脱离个体资料和分类资料而独立的,而是存在于个体资料和分类资料相互联系之中,所以把握整体事实资料一方面要认真做好个体资料和分类资料的分析,另一方面要学会概括和提炼。

5. 结论及其意义的理论分析

这是理论分析的最后一个步骤。调查资料理论分析的结果是提出研究结论。研究结论有不同的形式,可以是学术理论观点,也可以是实际工作建议,还可能是宏观决策的建议。无论哪种研究结论,都应该对其现实意义或理论意义做出恰当的分析。

(1) 作为学术理论观点的研究结论。例如"中国青年生育愿望"的调查研究,得出几条研究结论,分析者分别就这些结论及其意义做出分析。作为学术理论观点的研究结论,其意义不外乎肯定或否定学术界流行的某种观点,或者提出某种新的观点,推动理论的发展。

(2) 作为具体工作建议的研究结论。这种类型的调查研究很多。在《调查研究》(1981)一书中有一篇《关于调整农业科技干部政策的建议——山西省雁北地区农业科技干部情况的调查报告》,作者根据调查和分析,提出了调整农业科技干部的六个建议,分别就这些建议及其意义作了入理的分析,可以供我们学习参考。

(3) 作为宏观政策决策建议的研究结论。这种研究结论,通常是党和政府的主管部门、领导同志进行调查研究所得出的结果。在党和政府的历史中,有许多这样的调查研究,对我国革命和建设起了推动作用。根据已经发表的文献资料,属于这种情况的有毛泽东同志在新民主主义时期所作的农村调查,刘少奇同志所作的关于工人运动的调查等等。

总之,调查资料的理论分析一般分为以上五个基本步骤。由于调查研究的目的不同,调查资料质量和数量不同,有时理论分析并不是全部完成五个步骤,而只是进行其中的几个步骤,这就要从具体情况出发,而不能千篇一律。

四、科学抽象及其过程[①]

1. 科学抽象的特征

"抽象"一词源自拉丁文 abstractio,其原意是分离、排除、抽出。所谓科学抽象,就是对大量材料和事实的一种取舍,排除个别的、偶然的、表明的因素,抓住共同的、必然的、本质的因素,以达到关于事物的普遍的系统的认识,形成科学理论。

科学抽象贯穿于整个认识过程之中,它是认识进程中的一种内在驱动力。从捕捉凌乱的、个别的感性信息、获取知觉表象,到形成反映普遍本质与规律的

---

① 陈波等:《社会科学方法论》,中国人民大学出版社 1989 年版。

概念和判断,都离不开科学抽象的作用。科学抽象是科研过程中逻辑的、理性的活动的概称,甚至涉及某种程度上的非逻辑的洞察或直觉,它是指大脑通过对于感性经验材料的去粗取精、去伪存真、由此及彼、由表及里的理性加工,从而概括为概念、范畴,或者建立理论的整个思维过程。

理性思维是人类把握世界的主要手段,而理性思维只有在抽象中才能实现。科学抽象是从感性经验到理性认识的中介和桥梁,抽象思维一方面超越直观、远离被研究的客体,通过表象、知觉和感觉与研究对象相联系;另一方面,它又把握了被研究现象的本质和运动规律,从而更接近客体。这是科学抽象的基本特征。具体地说,科学抽象具有如下特征:

第一,充分地占有事实材料,是科学抽象的前提。

第二,科学抽象能够更深刻地反映对象的活生生的本质。正如列宁所指出的:"当思维从具体的东西上升到抽象的东西时,它不是离开——如果它是正确的(……)——真理,而是接近真理。物质的抽象,自然规律的抽象,价值的抽象及其他等等,一句话,那一切科学的(正确的、郑重的、不是荒唐的)抽象,都更深刻、更正确、更完全地反映着自然。"[1]

第三,科学抽象的原型是比较发展、比较典型的对象。正如马克思所说:"是一般的抽象总是产生在最丰富的具体发展的地方,在那里,一种东西为许多东西所共有,为一切所共有。这样一来,它就不再只是在特殊形式上才能加以思考了。"[2]马克思把这一点提升为思维发展的根本规律,例如他指出:"关于人类生活形态的深思及科学分析,一般来说,总是按照与现实发展相反的道路进行,那总是从后面,从发展过程的完成开始的。"[3]人体解剖对于猴体解剖是一把钥匙,低等动物身上表露的高等动物的征兆,反而只是在高等动物本身已被认识之后才能理解。

2. 科学抽象的过程

马克思在《〈政治经济学批判〉导言》中,对科学抽象的基本过程作了非常精辟的描述:"在第一条道路上,完整的表象蒸发为抽象的规定;在第二条道路上,抽象的规定在思维形成中导致具体的再现……"[4]我们认为,这两条不同的道路实际上是科学抽象的两个不同的阶段,它们前后相继,依次递进,最后达到关于认识对象的全面的、系统的、本质的认识。

科学抽象的第一阶段的出发点是"感性的具体"、"完整的表象"。人们的认

---

① 列宁:《列宁全集》第 38 卷,人民出版社 1992 年版,第 181 页。
② 马克思、恩格斯:《马克思恩格斯选集》第 2 卷,人民出版社 1966 年版,第 107 页。
③ 马克思:《资本论》第 1 卷,中国社会出版社 1983 年版,第 51 页。
④ 马克思、恩格斯:《马克思恩格斯选集》第 2 卷,人民出版社 1966 年版,第 103 页。

识是从现实存在的具体事物出发,经过与其直接接触,从而产生感觉、知觉、表象,形成"感性的具体"。感性的具体所反映的只是对象的外部特征和外部联系,还没有抓住对象的本质和规律,因此它还没有真正地认识对象。认识必须向前推进,把"完整的表象蒸发为抽象的规定"。"抽象的规定"是对象的普遍本质和必然规律。在这一过程中,分析方法、抽象方法起了十分重要的作用。尽管"抽象的规定"比起感性具体来说,是从表面深入到内部,从现象进入到本质,但是认识不能停留于此,因为"抽象的规定"仍只是反映了事物本质的某一方面、某一层次,并没有达到对事物的全面而又系统的认识。

因此,人们必须"从抽象上升到具体",使"抽象的规定在思维形成中导致具体的再现",进入到科学抽象的第二阶段。从感性具体到抽象的规定,再从抽象的规定上升为思维具体,都要运用科学抽象的方法,都是科学抽象的过程。"从抽象上升到具体"的过程,作为科学抽象的第二阶段,是更加重要的阶段。

第二阶段的逻辑起点是"抽象的规定"。辩证逻辑要求这个起点必须具备以下条件:(1)它是对象的最简单和最一般的本质规定;(2)它是构成具体对象的基本单位,如同动植物集体中的"细胞"一样;(3)它以"胚芽"的形式包含着对象整个发展中的一切矛盾。马克思的《资本论》中的"商品"就是这样的起点。因为商品关系在资本主义的经济关系中是最简单的和最一般的关系;它是构成资本主义经济的基本单位。在这个经济细胞中,包含着资产阶级社会的一切矛盾的胚芽。"人口"、"分工"、"阶级"、"价值"等等都不能作为了解资本主义社会的起点。第二阶段的逻辑终点是思维的具体。思维的具体不同于感性的具体之处在于,它是被透彻地加以研究和被理解了的具体,它是许多规定的综合,是多样性的统一,只有达到了思维的具体,对于对象的认识才能算是全面、系统和深刻的。在从抽象经过一系列环节上升到具体的过程中,综合方法起了主要作用。

综上所述,由感性的具体到抽象,再由抽象上升到思维的具体,这构成了科学抽象的全过程,过程的终点是思维的具体,即关于对象的全面、系统、深刻的认识。

科学抽象产物是多种多样的,例如科学概念、判断以及由这些概念、判断按一定逻辑联系方式构建的理论体系,以及科学抽象的另一类产物——模型。

模型及模型化方法在社会科学研究中获得了越来越广泛的应用。在社会科学中,运用模型最早、最多并且目前来说更成功的是经济学领域。1758年,法国古典经济学家弗·魁奈所提出的"经济表",可以看作是第一个经济数学模型。实际上,不仅是经济学,社会科学的其他许许多多领域,例如政治学、社会学、心理学、历史学等等,都在使用模型化方法,运用模型去解决问题。

第二节　理论解释方案

美国社会学家乔纳森·H·特纳于 1974 年以《社会学理论的结构》为题名撰写了一部系统介绍和评述西方社会学理论的专著。其后,该书一版再版,至今已修订重印了第 8 版。在中美合办的社会学高级研究班上,作者曾与其他几位学员在主讲教师福斯特教授指导下必修和翻译了这本专著,并在 1988 年以《现代西方社会学理论》的书名出版。在该书中,特纳从建构理论的角度涉及理论解释类型,理论建构检验等一系列理论分析的关键问题,本节就以此书为主要内容,介绍理论解释的几种类型。

特纳在《社会学理论体系的性质》一章中指出,理论的要素有概念、变量、陈述、格式。理论的陈述说明了概念所指的事物相互之间联系的方式,同时对事物的联系进行解释。把理论陈述予以归类才组成了理论的格式。特纳综述社会学理论中产生理论性陈述到格式有四种探讨方法:总体理论方案、分析方案、命题方案、模型方案。

首先,特纳总结了一种用以解释社会事物和产生有关人类事务知识的信念系统。这一类型体系提出两个基本的问题:(1) 知识研究是评价性的还是价值中立的?(2) 知识的发展是关于实际经验事件及其过程,还是有关经验的现实?换句话说,知识应该告诉我们"是什么"还是"应该是什么?"它应该提及的是可观察到的世界还是其他一些不大能观察到的领域?假如知识告诉我们在这个经验世界里什么是应该存在的(言外之意就是什么不应该发生),那么这就是一种意识形态的知识。假如知识告诉我们什么应该存在但并不涉及可观察到的事物,那么这种知识就是宗教知识或者说是关于冥冥中的力量或存在的知识。假如有种知识既非经验性又非评价性的,那它就是一种形式的逻辑系统,比如数学。而那种关于经验事件而有不带价值判断的知识便是科学知识。

产生知识的不同途径

		知识是经验性的吗?	
		是	否
知识是评介性的吗?	是	意识形态;或阐述世界应该是什么状况的信仰	宗教;或陈述超自然力指令的信仰
	否	科学;或对所有知识都是反映了经验世界的现实运动状况的信念	逻辑;或各种运用计算规律的推理体系

上图图示向我们提供了这么一个要点：在探求、解释和发展有关现实世界的知识方面存在着各种不同的途径。科学仅仅是一种途径。科学是建立在这样的假设之上的：它相信知识能够摆脱价值判断，它能解释经验世界的现实活动，并且能够根据仔细观察到的经验事件来修正自己。当然这种形象也遭到许多人的质疑，他们认为这是过于理想化了。这些批评认为，我们的研究总是要加进价值判断的。经验世界不是一个"纯粹的现存"，而是经过了概念和预想过滤过的。不带任何偏见地搜集事实检验理论是少见的。

理论是一种精神活动。正如我已指出的，它是一个能使我们去解释事物怎样存在和为什么会存在的观念开发过程。理论是由一些基本要素或构造板块组成的。它们是：(1) 概念；(2) 变量；(3) 陈述；(4) 格式。尽管在理论是什么或理论应该是什么这些问题上还存在分歧，但这四个要素是为大家所公认的。

理论是由概念组成的，概念是由定义来构造的。同时，社会学能够像其他科学一样都喜欢能转换成变量的概念。

从运用出发，理论的概念必须是相互联系的。概念间的这种联系就组成了理论的陈述。这些陈述说明了概念所指的事物相互之间联系的方式，同时也对这些事物相互之间是怎样和为什么有联系加以解释。把理论陈述予以归类，就组成了特纳所谓的理论的格式。

在社会学理论中产生理论性陈述到格式大体有四种基本的探讨方法：(1) 总体理论方案；(2) 分析方案；(3) 命题方案；(4) 模型方案。下图图示总结了这些方案之间的关系和理论的基本要素。概念依据定义来构造；理论陈述把概念联系在一起；而这些陈述又被组织到四种基本的格式类型之中。

特纳认为总体理论方案、自然主义方案、描述型方案是哲学问题，是贫乏的科学理论，形式理论、分析模型提供开创理论体系的最佳起点。中距理论、因果模型过于经验化，没有在视野范围和抽象方面进行创造性的飞跃，他们就不是理论。他指出，社会学理论大多是分析方案和松散的形式理论。

图示社会学理论的要素

定义 —→ 概念 —→ 陈述 —→ 格式 ⟨ 总体理论方案 / 分析方案 / 命题方案 / 模型方案

一、总体理论方案

总体理论方案并不描述事物的具体层次，而是解释理论必须涉及的一些基本问题。总体理论被认为是构造合适理论的一个基本前提,对于重视总体理论的人来讲,一系列理论准备性的问题是必须得到解决的。它们包括:(1) 跟我们所需发展的理论有关的人类活动本质是什么? 例如,什么是人的本质? 什么是社会的本质? 什么是人与人之间、人与社会之间联结的本质?(2) 构造理论的合适途径是什么? 有可能得到哪种类型的理论? 例如,我们能不能像物理学那样建立起高度抽象规律的形式系统,还是只能满足于我们仅仅感受或认清大量过程的一些普遍概念? 能不能够用精确的测量程序来严格地检验理论,还是只能将理论用作解释性的框架,而不能像自然科学理论那样用同一程序来进行检验?(3) 社会理论所应该关注的根本问题是什么? 例如,我们应不应该考察社会整合过程,还是只应该专心研究社会冲突? 我们应不应该把注意力集中于个体间的社会行动性质,还是只应该把社会的组织结构列为主要论题之一? 我们应不应该注重像价值、信仰之类的观念力量,还是只应该致力于研究人类生存的物质条件?

有时,总体理论确实具有真正总体之含义,卷入到一些哲学问题的视野里来对以前的学术思想作再分析。这种再分析最引人注目的对象有马克思、韦伯、杜尔克姆以及近年来的帕森斯。这种再分析的目的是在于总结学术著作中的形而上学和认识论上的假设,并指出这些理论框架中什么地方是错误的,什么地方还是有用的。进而,在这个评价的基础上,某些再分析中所得到的启示就作为我们应该怎样去建立理论和所建立的理论应该是什么的借鉴。

二、分析方案

社会学中许多理论活动内容是将概念组织为某种类型体系或分类的方案。分析方案是千变万化的,它们都共同强调分类化。分析方案的概念切割了事物总体现象,然后将这些概念有规则地放入到某种类型体系中去,从而使世界产生了一种有序感。无论什么时候发生的一件经验事物都能在这个分类方案中为它找到一个位置来对它作出解释。例如,有人用具有四种行动类型的"行动理论框架",当行为能分类到这四种类型中的一种中去时,这个行为便能得到解释。因此,它是通过寻找经验事物在类型体系中的适当位置来解释经验事物的。

尽管分析方案中的类型体系在性质上具有广泛的多样性,但主要有两种基本的类型:一种是自然主义型或实证主义型的方案,这种方案试图建立一种紧密的范畴系统,设想这一系统能抓住使整个世界的不变特性有规律的方法;另一种是描述型或感受型的方案,这是一种较为松散搭配起来的概念聚合体,它只要求研究者感受和认清事物发展的某些主要过程。

自然主义型或实证主义型方案假定整个社会领域具有同物理学和生物学领

域一样无穷无尽的过程。理论的目标在于创造一种和这些永恒的过程同构的抽象概念类型体系。与此相反,描述型或感受型的方案的特点是对社会事物的永恒本性表示怀疑。他们反倒认为概念和它们之间的联系总是暂时的和可感受的,因为人类活动的本性就是要改变这些由概念组织为理论陈述所表示的固定排列。因而,除了某些真正一般性的概念范畴之外,这种排列方案必然都可能随着经验世界情况的变化而机动灵活地得到修正。

三、命题方案

命题是一种说明两个或两个以上变量之间关系的理论陈述。它告诉我们,一个概念的变化如何因为另一个概念的变化而变化。

命题方案在所有的理论探讨方法中也许是变化最多的一种。它们基本上是沿着两种尺度变化的:(1)抽象性的程度;(2)命题组织到理论格式中去的途径。有些命题是高度抽象的,它所包含的概念不说明某些具体的情况,而是指所有这些情况的某种类型。反之,有些命题则受制于经验事实,它们只是事物在具体事例中相互关系的简单概括。命题方案不仅在抽象性方面是各有不同的,而且还由于如何把命题组织成某种格式的优点不同而有所变化。有些命题方案用十分明确的规则组合而成的;有些则纯粹是松散的命题群或命题集。

使用这两种尺度,命题方案可分为三种不同形式:(1)公理型;(2)形式型;(3)经验型。前两种(1)和(2)是很明显的理论格式,而(3)中有些类型仅仅只是检验理论的调查研究发现。但是,这些经验类型的命题方案常常被实际从事社会学研究的人当作是理论的,所以,我们将它们包括在这里一起讨论。

1. 公理型

理论陈述的公理型组织包括下列要素。首先,它包括一组概念。有些概念是高度抽象的;其他则是比较具体的。其次,它总有一套现成的陈述,这些陈述描述了具体运用这些概念和命题的情况分类和分级。这些现存的陈述往往决定了通常所谓的理论范围状况。再次,也是公理格式中几乎最独特的要素,便是命题的陈述用等级序列来表达。等级的顶点是公理,或者说是高度抽象的陈述,从那里所有其他的理论陈述都可以逻辑地推导出来。随后的这些陈述通常称作定理,它们是按照不同的法规从比较抽象的公理推导出来的。事实上,公理的选择多多少少是件任意的事情,但是通常人们是按头脑里的几项标准来选择的。各个公理尽管在逻辑上不必相互有联系,但应当是一致的。公理应该高度抽象,它们要阐明抽象概念之间的关系。这些关系在从它们中推演出来的一些具体定理中应如同法律一样,不会被经验研究所驳倒。并且,公理应该在直觉上是有道理的,它们的真理性似乎是不证自明的。

公理原理严格一致性的最终结果是产生一批或一套相关的命题,每个命题都能从至少一个公理或一些通常较为抽象的定理中推导出来。这种理论构造方式有一系列优点。首先,高度抽象的概念,能运用于包含广阔范围里的有关现象。这些抽象概念不必直接可测量,因为它们在逻辑上和比较具体的可测量命题有联系,这样在经验检验时,这些比较抽象的命题和公理就能间接地受到经验的检验。因而,根据命题和公理之间这种逻辑关系的长处,研究便能变得更为有效,由于不能驳倒一个具体的命题就导致相信其他的命题和公理。其次,利用逻辑体系从抽象公理推导出命题还能够产生一些附加的命题,这些命题指出了我们原先所不了解或没有预料到的社会现象之间的关系。

2. 形式型

形式理论本质上是对公理型方案的一种淡化。它的基本思想是发展高度抽象的命题用以解释经验事物。这类命题通常组合在一起,被看成是层次较高的有序规律。解释的目的则是把经验的事物看作是这一具有"覆盖面规律"的高层次理论命题的例证。此外,形式理论还承认外界变量并不总被排除在外,所以命题通常都否定一句"其他条件都是相等"。也就是说,假如没有其他外界力量的冲击,那么命题中所叙述的概念之间的关系可信为真理。例如,冲突和团结的关系就是形式系统的一种抽象命题。如形式方案可能会说,"其他条件都相等的情况下,群体团结是冲突的积极功能"。然后,我们就用这个规律去解释一些经验事件,比如说,第二次世界大战(冲突变量)和美国的民族主义(团结变量)。同时,我们也可能发现某种与法则或规律例外的情况,比如美国卷入越南战争,就与上述原理相矛盾,迫使它加以修正或者认识到"所有条件并不完全相等"。在这种情况下,我们可以修正这个命题,办法是说明一个限制性条件使它可信为真理:当参加冲突的一方觉察到这种冲突危及他们的幸福时,那么群体的团结水平是冲突程度的一种积极功能。这样,越南战争就不会产生美国内部的团结,因为它无法解释为对美国人民的普遍幸福构成一种威胁(而对北越来说,这是一种威胁,并由此产生团结)。

这里的中心思想是在形式理论中,已努力去创造抽象的原理,这些原理往往聚在一起形成一组规律,根据这些规律我们用相当松散的演绎方式来解释经验事物。形式理论系统十分像公理型系统,也是有等级的体系,但公理型系统所受的限制在这里却大为放宽。因此,社会学理论体系中的大多数命题方案都是这种形式理论类型。

3. 经验型

这些经验型格式是由特定经验条件下对具体事物的概括所组成的。戈尔顿法则表明:"随着工业化水平的提高,人口的文化水平也随之提高。"这样的命题并不很抽象,它充满着经验内容——工业化和文化。而且,它说的并不是一个无限的过程,因为工业化仅仅只有几百年的历史,而文化的出现按某些学者的研究也只是从一万五千年以前开始。社会研究中,有许多这样的概括被认为是理论上的东西。他们表达了学者们认为是值得理解和应予以重视的经验规律。事实上,社会研究的大多数领域和分支领域都充满了这种类型的命题。

但是,严格地说,这些都不是理论性的东西,事实上,它们正是需要用一种理论去解释的种种概括。

然而,还有另一种经验概括对这种经验理论的优点所引起的怀疑少些。它们被称为中距理论,因为这些理论比调查研究的发现抽象些,而同时和它们的经验内容有关的变量又是在社会现象的其他领域里也能找到的。举例来说,从复杂的社会组织机构研究文献中我们可以看到这么一系列的中距命题了:"一个科层组织机构的增长规模与下列各点正相关:(a) 结构复杂性(变异性分化)的增加。(b) 对正式规章制度的依赖性增加。(c) 权力分散增加。(d) 各权力中心控制幅度的增加。"这些原理(暂且不论其真实性如何)比戈尔顿法则就抽象了些,因为它们指出了社会组织这一现象的所有的等级。它们也涉及比较一般的变量——规模、分化、权力分散、控制幅度、规章和制度——这些所有时间、空间条件下都存在的变量。而且,这些变量可以不仅仅指科层制组织,还能够说得更抽象些,用来说明有组织的社会系统。这里的中心论点是某些经验概括比其他一些经验概括更带有理论上的潜力。如果它们的变量是比较抽象的,和它们所有关的那些社会总体事物的基本性质也存在于调查研究的其他所属领域中,那么我相信,可以把它们看作是理论性的东西。

总之,命题方案有三种基本的类型:公理型、形式型和各种各样的经验概括型。虽然,公理方案是高雅而有权威的,但社会学研究的多变性和代表性不能适应于它们的种种限制,我们必须有赖于形式方案来取而代之,形式方案产生一些命题来说明变量之间的抽象关系,然而用松散的有组织的"推论"演绎到具体的经验事例中去。最后一种是经验的格式,它们是从特定的研究领域里概括出来的。它们在该领域中往往被视为理论。其中有些近乎于一种研究结果的总结,但还需要用理论来解释它们。而中距理论,则具有较大理论潜力。因为它们较为抽象,并涉及一些更为一般性的变量。

四、模型方案

模型就是对社会事物的一种图示。任何模型的图解要素应包括:(1)指出并突出整个事物某些特征的概念;(2)这些概念在直观空间内的布局,从而反映出事物的整个秩序;(3)用各种符号标明概念之间的联系,比如线条、箭头,矢量符号和其他表示和变量间联系的符号。模型的要素可在各个方面有所侧重,也可以连续组织以表示事物在时间上的连续过程,或可以表示复杂的关系类型。社会研究人员通常构造两种不同类型的模型,它们为分析模型和因果模型。

分析模型是比较抽象的;它们突出事物总体最一般的性质,描绘变量之间一系列复杂的联系。与此相比,因果模型就比较经验实在;它们更像是在指明具体经验事例中的特殊性质,更像是在为因果关系提供一种简单的线性观点。

因果模型是为了对某一经验概括作比较详细的说明而象征性地描出来的。在设计模型图时,针对某些感兴趣的自变量、挑出它们各自的影响,一般都是些临时性的关联就行了。有时,因果模型成为表示中距理论要素的一种方法,这就只需将这些要素与具体的经验背景结合起来就成了。例如,我们要了解在一个发展中的机构这一具体经验事例中,为什么科层制组织机构的规模大小和组织结构的复杂性有关。我们可以把规模大小和复杂性这些比较抽象的概念转化为具体的经验指标,也有可能设法引进一些其他变量,这些变量在这个经验事例中也对规范和复杂性的关系产生影响。于是,这种因果模式便变为具体条件下更明晰的规模和复杂性之间的经验联系。

分析模型通常描绘、说明较为抽象和一般过程中的关系。它们常被用来描绘公理概念之间或者更可能是形式理论的概念之间结合起来的操作过程。举例来说,我们可以构造一个模型,告诉我们更多有关产生冲突和团结之间关系的作用过程或产生社会系统中大小与分化关系的作用过程。这要引进一些附加的概念以及它们作用的权数、直接性、间接性、反馈圈、循环性、滞差和其他相互之间的影响都要图示出来。在这种情况下,分析模型就告诉我们更多有关事物总体特性是如何和为什么会联系起来的。除了形式命题中指定的过程外,分析模型还能用来描述中距理论命题中的变量联系过程。例如,我们可以利用一个模型来计划如何通过组织中其他过程所产生的功能来把机构组织的大小和复杂性联系起来。

总之,到现在为止我们已经分析出四种一般的方法和一些比较特殊的方法,这些方法可供社会研究人员将概念和理论陈述组织到理论格式中去。正像我们在理论要素的叙述中所经常提到过的,这些各式各样的方案常常是相互有联系的①。

---

① 详见〔美〕特纳著,范伟达主译:《现代两个社会学理论》,天津人民出版社 1988 年版。

第三节 理论分析方法

一、矛盾分析法

要了解和运用矛盾分析法,首先需要弄清楚什么是矛盾。

矛盾是指事物内部对立着的诸方面之间的互相依赖又互相排斥的关系。矛盾无所不在,无时不在,它存在于事物发展的一切过程之中,又贯穿于一切过程的始终,是一切事物变化和发展的根本原因。

所谓矛盾分析法,就是运用马克思主义关于矛盾学说的原理、法则去具体分析事物内部矛盾运动的状况和外部事物的关系,达到认识客观事物的方法,也即是我们通常所说的对具体问题具体分析的方法。矛盾分析法是定性分析的一种方法,它建立在对客观事物最一般的、最根本的、符合辩证规律的哲学认识基础之上,通过客观地、历史地了解事物发展的进程,具体地分析、认识事物。可以说,认识事物,就是认识事物的矛盾。矛盾组成世界,不做矛盾分析,人们就无从认识世界。

马克思指出:"具体之所以具体,因为它是许多规定的综合,因而是多样性的统一。"①这就是说,世界上的每一个事物都是具体的,都有其自身特殊的矛盾或特殊的质。这里所说的特殊矛盾,又包含矛盾的各个方面,是矛盾各个方面的综合统一。而且,矛盾的每一个方面还有其特定的地位,以特定的形式和其他方面发生具体的相互关系。我们要真正认识一个具体的事物,就必须把矛盾内部的各个方面找出来,把它们的具体关系搞清楚,还需要进一步说明的是:"具体"所说的规定性和多样性,绝不仅仅限于内部矛盾的各个方面,还包括外部联系的各个方面。亦即是说,客观存在的每一个事物,都不是孤立的,而是和其他事物处在相互联系之中,一事物和它事物的外部联系也是多种多样的,每一种联系同样有其特定的形式和具体关系。我们要认识一个具体的事物,还必须注意掌握和分析事物各方面的外部联系。

在实际的调查研究过程中,运用矛盾分析法去获得对客观事物现状的正确认识,科学地预测它的未来发展,有着其他方法不能代替的重要作用。

---

① 马克思、恩格斯:《马克思恩格斯选集》第 2 卷,人民出版社 1966 年版,第 103 页。

马克思的《资本论》是通过矛盾分析法而认识现状来预见未来的典范。《资本论》从分析商品的内部矛盾开始,首先揭示出商品的二重性,即使用价值和价值。从商品的二重性进而分析劳动的二重性,即具体劳动创造使用价值、抽象劳动创造价值。接着分析价值形态与货币,指出由于劳动力变成商品,货币也就转化为资本,资本又分为不变资本和可变资本两种形式,不变资本不创造价值,可变资本则创造新的价值,这个新的价值即通过劳动力价值的部分,也就是由工人创造的而被资本家无偿地占用的剩余价值。剩余价值的生产又分为绝对剩余价值的生产和相对剩余价值的生产。剩余价值转化为资本,这就是扩大再生产。扩大再生产又引起新的矛盾,即由于不变资本比可变资本增加得快,从而引起资本有机构成的不断提高,于是社会的两种集中:一方面是资本的积聚和集中,生产日益现代化和社会化;另一方面是无产阶级贫困化的积聚和集中,这就揭露了资本主义社会的基本矛盾,即生产的社会化和生产资料私人占有的矛盾。这个矛盾在阶级关系上的表现则是无产阶级和资产阶级之间的阶级矛盾。这对基本矛盾又规定和影响着个别企业生产的计划性和整个社会生产的无政府状态的矛盾、生产和消费的矛盾、脑力劳动和体力劳动的矛盾、城市和乡村的矛盾等等。资本主义社会各种矛盾的尖锐化必然导致矛盾的总爆发,即出现经济危机。周期性经济危机的出现是资本主义社会的丧钟。资本主义社会由于自身矛盾的发展,决定了资本主义社会要被替代,这是运用矛盾分析法而得出的科学结论。

在中国,毛泽东在抗日战争初期所著的《论持久战》一书,是成功地运用矛盾分析法的又一范例。《论持久战》从分析中日矛盾双方的特点,对比、斗争、力量的变化而预见到中日战争必然经历防御、相持和反攻这三个阶段;同时也预见到每一个阶段将会出现的问题,提出了解决问题的有利条件和不利条件,从而制定出切实可行的办法,得出中国最后必然战胜日本帝国主义的结论。抗日战争的实践雄辩地证明,毛泽东运用矛盾分析法制定的战略策略是完全正确的。

矛盾分析法是一种高层次的分析方法,需要有较深厚、扎实的哲学理论功底,较强的思想演绎能力和对所研究事物的历史过程较深刻的了解。社会学研究者要学会运用矛盾分析法,就必须加强马克思主义理论的学习,充实和提高自己的哲学素养,不断实践,才可以逐步掌握对复杂的社会现象进行矛盾分析的本领[①]。

二、历史分析法

马克思主义认为,事物不是突然发生的,也不是事物在形成过程中有某种无

---

① 参见苏驼主编:《社会调查原理和方法》,湖北科技出版社 1989 年版,第 372—375 页。

法解释和无法预见的原因蜕变的结果,在以一种质的状态过渡到另一种质的状态为特征的各个连续不断的发展阶段之间,存在着客观的渊源联系,内在的因果关系。研究这种联系和关系就能把握各种不同的事物递变的规律。

历史分析法就是依据上述马克思主义关系发展的观点、动态系列的观点,通过对有关研究对象对历史资料进行科学的分析,说明它在历史上是怎样发生的,又是怎样发展到现在状况的。换言之,就是分析事物历史和现状的关系,包括历史和现状的一致方面以及由于环境、社会条件的变化而造成的不一致方面。历史分析的目的,是为了弄清楚事物在发生和发展过程中的"来龙去脉",从中发现问题,启发思考,以便认识现状和推断未来。对于社会学研究人员来讲,离开了对调查对象的历史分析,研究就缺少历史感,而没有历史深度的表述和结论都是不彻底的。

在调查研究活动中,为了获得对有关事物历史状况的了解,往往依靠搜集历史文献(官方的和民间的调查报告,各种各样的统计报表,典型人物的日记书信,以往的会议记录、档案、报刊等),因此,历史分析法在很大程度上是对各种历史文献资料进行检验和剖析,或多或少的回溯性是历史分析法的重要特征。

历史分析法的一般步骤是:检验文献本身的可靠性;检验文献记录的真实性;分析事物演变过程和阶段的历史性。检验文献本身的可靠性和文献记录的真实性是为对事物进行历史的考察服务的,否则,就成了单纯的历史研究而不是社会学的分析了。所以,分析事物演变过程和阶段的历史性是历史分析法至关重要的步骤。

分析事物演变过程的历史性有两层含义:其一是揭示某种事物产生的最初历史背景,寻求历史根源。例如,通过对真实可靠的历史文献的检验分析,使我们看到,犯罪行为不是与生俱来的,也不是永恒的现象。犯罪和国家、阶级一样,是属于一定历史范畴的社会现象,是私有制的产物,是阶级矛盾不可调和的产物和表现。只要世界范围内存在着阶级、阶级矛盾和阶级斗争,犯罪活动就不会消失。由此便可以推断:消灭阶级是消灭犯罪的社会前提。其二是把对事物的历史考察同现实调查分析结合起来,"古为今用"。仍以研究犯罪行为为例,为了要了解当前犯罪现象的特点和规律,有必要对犯罪现象的发生和发展做一些历史的回顾。为此,我们先大致划分这样几个阶段:新中国成立初期、20世纪50年代中期至60年代中期、"文革"时期、党的十一届三中全会以后的时期。然后我们再进而去搜集各个时期有关犯罪分子的年龄、职业和文化构成、罪犯人数、犯罪行为的类型、作案手段、引发犯罪的社会因素,在此基础上进行历史的比较分析,就可以说明犯罪已成为危害社会安定团结和"四化"建设的一个严重问题,应当引起全社会的高度警觉,强化综合治理措施,预防和打击青少年犯罪活动。总之,只有对研究对象进行历史分析,得出的结论才能建立在坚实的历史基础上,经受得住时间的检验,成为有价值的科学认识。

三、因果分析法

客观事物之间存在这样一种关系:事物 A 是事物 B 的原因,事物 B 是事物 A 的结果。进一步说,事物 A 的变化引起事物 B 的变化,事物 B 由于事物 A 的变化而变化。我们称这种关系为因果关系,分析因果关系的方法称为因果分析法,或因果关系分析法。

因果关系是客观事物之间极为普遍的一种关系,可以这样说,任何事物的发展变化都有其内部和外部的一定原因,而任何事物的发展变化都会产生一定的结果。所以,因果分析法也就成为一种经常使用的理论分析方法。在调查资料的理论分析当中,当需要做因果分析时,我们就使用因果分析方法。这主要掌握如下三点。

第一,找出构成因果关系的事物。无论是一因多果、一果多因还是多因多果的关系,凡是因果关系都必须具备两个或两个以上的事物,作为因果关系的承担物。例如,"雨后地皮湿",有两个事物:雨和地皮。其中下雨是地皮湿的原因,地皮湿是下雨的结果。

第二,确定因果关系的性质,常需解决两个问题:(1)判定是否真的存在因果关系,指出哪个为因,哪个为果。如果真的存在着因果关系,那么,(2)考察因果关系的类型:是一因多果,还是一果多因? 在社会调查中碰到的大多数问题是一果多因型的。

第三,对因果关系的程度作出解释。因果关系的程度是统计分析给定的,通常用相关系数或净相关系数来表示,理论分析的任务是做出解释。

这里重点举一个一果多因分析的例题:影响工人劳动积极性的原因是什么?

第一步:问题讨论。在这个例题中,我们研究的问题是工人劳动积极性,任务是找到影响工人积极性的原因,并予分析。

第二步,找出影响因素,建立因果关系示意图。比如这些因素是:工人的劳动态度、技术水平、与领导者的关系、工人管理制度。因果关系示意图如下:

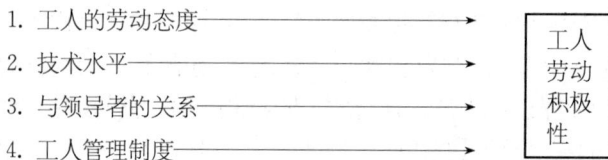

1. 工人的劳动态度 ⟶
2. 技术水平 ⟶
3. 与领导者的关系 ⟶
4. 工人管理制度 ⟶

工人劳动积极性

第三步,解释各因素对劳动积极性的影响程度,分析哪个原因是主要的,哪个原因是次要的,为什么。假定四种因素对劳动积极性的相关系数依次是:0.70、0.45、0.85、0.80,由此可知在影响工人劳动积极的因素中,首先工人与领导者的关系是最重要的原因,说明协调领导与群众的关系是调动工人积极性的重要途径;其次工厂管理制度合理与否与影响工人劳动积极性的发挥;再次是工人的劳动态度;最后是工人的技术水平。我们应具体分析一下为什么有的因素影响强,有的相对弱,并据此提出合理化建议。

四、比较分析法

客观世界是普遍联系的,同类事物和现象有共同的属性;客观世界又是千差万别的,"世界上找不出两片相同的绿叶"。这就是说,客观事物之间都存在着共同点和差异点。确定事物之间的相同点和差异点的方法,称为比较法或比较分析法。

比较分析法是自然科学、社会以及日常生活中常用的分析方法之一。比较分析试图通过事物异同点的比较,区别事物,达到对各个事物深入的了解认识,从而把握各个事物。所谓"有比较才有鉴别",就是这个意思。在调查资料的理论分析中,当需要通过比较两个或者两个以上事物或者对象的异同来达到某个事物的认识时,一般采用比较分析法。

我们进行比较分析,应把握如下四点。

1. 横向比较与纵向比较相结合

横向比较是将同一时期的相关的事物进行比较。这种比较既可在同类事物内部的不同部分之间进行,如来自城市社区的流浪乞讨者与来自农村社区的流浪乞讨者的比较,小型福利企业与大、中型福利企业的比较;这种比较还可在不同事物之间进行,如青少年流浪乞讨者与一般青少年的比较,贫困乡村与富裕乡村的比较。通过横向比较可以发现两类事物或同类事物不同部分之间在某一方面的差异,进而分析出造成这种差异的原因。

纵向比较是对同一对象在不同时期的具体特点进行比较。例如,将当前的流浪乞讨现象与新中国成立初期、三年自然灾害时期的乞讨现象进行比较,将农村实行家庭联产承包责任制前后农民的经济收入进行比较。纵向比较可以揭示认识对象在不同时期、不同阶段上的特点及其变化发展的趋势。

横向比较和纵向比较各有其长短。横向比较的优点是现实性强,容易理解,便于掌握,它侧重从质与量上对认识对象加以区分;缺点是它是一种静态比较法,难以揭示事物的本质规律及发展趋势。纵向比较的长处在于能够揭示事物之间的有机联系,认识事物之间的发展趋势,但它往往对事物之间横向联系注意不够。因此,需要将横向比较与纵向比较相结合,以达到对事物的深入了解和认识。

2. 比较事物的相同点与相异点

比较可以在异类对象之间进行,也可以在同类对象之间进行,还可以在同一对象的不同部分之间进行。分析社会调查资料,重视同类对象和同一对象的不同方面、不同部分之间的比较。比如,研究女职工劳动积极问题,可以同男职工进行比较,分析女职工劳动积极性问题的特点而同男性农民进行比较就意义不大。再比如,研究青年女工的劳动积极性问题,可以同成年女工或青年男工进行比较,前者分析青年女工的特点,后者分析青年女工的特点,而同老年或壮年男工进行比较则意义不大。

比较事物或对象的同和异是比较分析的两项内容。

首先是共同点的比较。确定事物或对象的共同点包括两个方面:一是找出共同性质,即同类事物的"同类"性,如男女职工的比较分析,"职工"就是共同性质,表明具有共同的劳动性质,这就是比较分析的前提条件;二是找出调查对象表现出来的共同特点,如分析比较男女职工的劳动积极性问题,在诸种影响因素中可能有若干共同因素,这就是男女职工在劳动积极性问题上表现出来的共同特点,即一致的地方。

其次是差异点的比较。这是比较分析主要的和重要的工作。确定差异点,就是找出调查对象表现出来的不同特点。例如,影响男女职工积极性的因素不同,在相同因素中影响程度可能不同,等等。从这些差异中我们会发现,调动男女职工的积极性,应该采取不同的手段和方法,所以提出不同的建议和对策。

3. 要对可比的事物作比较,不要在不可比的事物之间作比较

例如,社会指标和经济指标的比较常常应当弄清指标的可比口径问题,弄清指标概念的含义和指标数值的计算方法。具有相同含义和相同计算口径的统计指标,都是可比;反之是不可比的。对于调查对象的比较来说,要选择可比的方面开展比较分析,如综合比较炼钢厂和纺织厂的工作成绩,在产值、收入、企业管理、工人劳动态度等方面进行比较是可行的,因为这些方面是可比的;但是,如果比较工厂幼儿园的建设规模,则是不行的,因为纺织厂女职工多,"孩子妈妈"多,幼儿园的建设规模一般比炼钢厂要大,领导也重视,两者之间不存在可比性。

4. 选择和制定精确的、稳定的比较标准

定量比较的计量单位应选择精确统一的标准,如长度基本单位使用米,重量基本单位使用公斤,容积基本单位使用升,等等。比如,家庭生活水平主要看人均收入水平,用人民币为基本单位等。定性比较的标准应具有相对稳定性,只有

选择和制定精确的稳定的比较标准,比较分析才有章可循,得以坚持。例如,检查麦苗早期长势的分级定类标准,宜长期稳定,不宜随意改动;再比如,全面普遍开展"五好家庭"的活动,其择定标准也应具有相对稳定性。

费孝通教授以他对中国农村的研究为例说明了如何运用以及为什么要采用类型比较法。他写道:"怎样才能去全面了解中国农村,又怎样从中国农村去全面了解中国社会呢? 这就是怎样从点到面,从个别到一般的问题……我明白中国有千千万万的农村,而且都在变革之中。我没有千手万眼去全面加以观察,要全面调查我是做不到的。同时我也看到这千千万万个农村,固然不是千篇一律,但也不是千变万化、各具一格。于是我产生了是否可以分门别类地抓住若干种'类型'或'模式'来的想法。我又看到农村的社会结构并不是一个万花筒,随机变化出多种模样的,而是在相同的条件下会发生相同的结构,不同的条件下会发生不同的结构。条件是可以比较的,结构因之也可以比较。如果我们能对一个具体的社区,解剖清楚它的社会结构里各方面的内部联系,再查清楚产生这个结构的条件,可以说有如了解一只'麻雀'的五脏六腑和生理运作,有了一个具体的标本。然后再去观察条件相同和条件不同的其他社区,和已有的标本作比较,把相同和相近的归在一起,把它们和不同的和相远的区别开来。这样就出现了不同的类型或模式了。这也可以称之为类型比较法。"

"应用类型比较法,我们可以逐步地扩大实地观察的范围,按着已有类型去寻找条件不同的具体地区,进行比较分析,逐步识别出中国农村的各种类型。也就是由一点到多点,由多点概括更大的面,由局部接近全体。类型本身也可以由粗到细,有纲有目,分出层次。这样积以时日,即使我们不可能一下认识清楚千千万万的中国农村,但是可以逐步增加我们对不同类型的农村的认识,步步综合,接近认识中国农村的基本面貌。"①因此,马林诺夫斯基曾预言:"《江村经济》一书将被认为是人类学实地调查和理论工作发展中的一个里程碑。"(《江村经济·序》)

五、功能分析法

功能分析法是自然科学和社会科学用来分析自然现象和社会现象的一种方法。任何事物和现象都是由两个或两个以上的部分、方面、因素所组成的,这些部分、方面和因素之间形成一种相对稳定的联系,这种相对稳定的联系称之为结构。相互联系的各个部分、方面和因素之间总是相互依存、相互作用的,这种事物或现象内部各个部分、方面和因素之间的相互作用和影响以及该事物或现象

---

① 费孝通:《学术因缘五十年——编〈云南三村〉书后》,《读书》1988 年第 2 期。

对于外部其他事物或现象的影响和作用,我们称之为功能。分享事物或现象的结构和功能的方法,称之为结构—功能分析法。

社会调查研究中常用结构—功能分析法。例如,1945年美国社会学家K·戴维斯和穆尔运用结构—功能分析法提出了一种分层理论。他们认为,在人类社会中至少存在这样一个分层制度,即一个职业等级系统,在这个制度系统中职位高的人比职位低的人领取更高的薪水,并享有更高的声望。戴维斯和穆尔的解释是,某些职业对社会既重要又难以承担,需要更多的训练,就应给予更高的报酬;如果此项职业对社会不重要,也没有必要支付高报酬;如果仅仅重要而不需要高技术,也没有必要支付高报酬和高声望,因此,在他们看来,这种分层制度的存在是会发生正功能的,有助于现实社会的运行。

在调查资料的理论分析中运用结构—功能分析的方法,可以按下列步骤进行:(1)明确结构和功能的承载物;(2)内部结构分析,即考察各组成要素间在形式上的排列和比例;(3)内部功能分析,即考察各组成要素之间的相互影响和相互作用;(4)外部功能分析,即考察现象整体对社会的影响和作用,也就是把研究对象和现象放在社会之中,考察它对社会各方面的影响和作用。

美国社会学家结构功能主义的创始人帕森斯的AGIL分析法是这种理论分析的经典案例。在十几年前本书作者所著的《多元化的社会学理论》一书中,我们介绍了AGIL分析法。

"社会体系"问世后不久,帕森斯和R·贝斯、E·希尔斯合作出版了行动理论的研究论文(1953)一书。在这本书里,帕森斯首先提出了四个基本功能的概念:适应、达鹄、整合和维模。他指出,对社会体系的分析,甚至对整个行动体系的分析都可以由这四个功能类型来进行,因为这是任何一个社会体系的基本功能与要求,社会体系之所以发展,也是为了满足这四种要求。

这四种功能亦即所谓AGIL:

A(adaptation)是指适应,每一个社会体系都必须适应其环境,也就是对外界环境的一种适应性。

G(goal attainment)是指目标的获取,或曰达鹄,意为每一个社会体系都必须决定其共同的目标并利用资源去达到这些目标,也可以说是获得目标的价值取向。

I(integration)是指整合,也就是体系之内各因素的统一性。由于社会体系都包含各种因素,就需要把这些因素统一成一个大的整体。

L(latency, pattern maintenance)指模式之维护,简称维模,也即社会系统必须保持价值观的稳定,保持自己的独特性,这样才能保证行动的连续并按照一定的规范和秩序进行。

四个基本功能可以简单图示为：

A	适应	达鹄	G
	维模	整合	
L			I

这种分析方法也就是 AGIL 分析模式。帕森斯相信 AGIL 可以分析小至两个人之间，大至两个社会之间的互动。AGIL 不仅可以分析社会内的结构—功能，也可以研究社会本身与其他行动体系间的相关功能。

如果将 AGIL 应用于分析社会制度之间的交互关系：

A	经济制度	政治制度	G
	家庭制度	法律制度	
L			I

社会要使人类生存下去就要适应环境，就要搞生产，因此"适应"就是社会的经济部分。经济给我们提供了生存的重要物质条件，然而大多数的经济活动是在公司企业中进行的，为此社会里形成了政体，使社会的目标能够达到。经济产生财富，政治产生权力，只有有了权力，政府才能实现他们规定的目标，分配资源。要达到促进社会整合，主要起作用的是一个国家的法律制度。要维持一个社会的传统模式，关键在于文化传统和价值观念，帕森斯认为这种维模的功能是在家庭内部完成的。这就是他将 AGIL 应用在社会制度分析的模式。

帕森斯提出的 AGIL 是社会生存的四个问题，同时也是行动体系不可缺少的四个条件。社会体系内的分化主要是 AGIL 功能的分化。帕森斯相信每一个 A、G、I、L 又可再分化 AGIL，而且这个分化过程可以继续不断地分化下去，永无休止。这一过程的图示如下：

也就是说，每个社会系统都必须满足四个基本功能需要，为满足这四项要求，社会分成了四个子系统，每个子系统满足一项要求。当然每个子系统是一个社会系统,子系统本身也应该满足这四项要求。所以这子系统又分成四个更小的子系统(子子系统),如此一级一级地分化下去。

AGIL分析方案的关键意义还在于系统和子系统之间的能量交换。不考察AGIL之间的交换,要真正理解社会系统的功能是困难的,尤其是这些互换受到子系统的构成和该环境中其他系统之间交换的影响时更是如此,我们仍然以对社会制度进行AGIL分析为例。帕森斯强调经济的每一个支组织都和其他三个社会组织的相应联系。每一种联系都为一个组织对另一组织的输入———一种交换,以及另一组织对这一组织的输出——双重交换(互换)。

例如,生产组织与家庭组织有一交换关系,经济所产生的货物及设施为家庭生活所需要,而家庭产生了社会化的劳动力。资本组织又与政体组织有一交换关系,经济提供"达到目标"所需的财富;政体的产品为权力。经济所产生的财富为权力的基础,另一方面,政体—政府在资本经济中则提供经济行为所必需的信用贷款等。

帕森斯认为,如此一级一级地分化和互换,正是现代社会的表现形态。而所谓社会变迁乃是指为达到社会整合,其他各部门必须时刻调整与各部门之间关系[①]。

六、系统分析法

系统分析法是在系统理论高度发展和成熟的基础上产生的一种专门的科学研究方法。美国兰德公司的奈德对系统分析所下的定义是:系统分析是一种研究方略,它能在不确定的情况下,通过对问题的充分调查,找出其目标和各种可行方案,并通过直觉和判断,对这些方案的结果进行比较,帮助决策者在复杂问题中做出最佳决策。

什么是系统和系统理论呢?搞清楚这一问题是科学地进行系统分析的前提。

系统就是指由若干相互联系、相互作用的诸要素组成的复杂有序的整体。系统本来就是客观存在的。人们对系统的认识也是由来已久。古希腊原子论的创始人德谟克里特对物质结构作了探讨,认为一切事物都是由原子和虚空组成的。他所著的《世界大系统》一书,是最早采用"系统"这个词的著作。亚里士多德提出的"整体大于它的各部分之和"的著名论断,是对基本系统问题的一种表述,至今仍然正确。19世纪,恩格斯就指出:"我们面对着的整个自然形成一个

---

① 详见范伟达著:《多元化的社会学理论》,辽宁人民出版社1989年版。

体系,即各种物体相互联系的总体。"这里所说的"联系的总体",就是系统,因为系统之"系"就是指联系,"统"则是统一整体的意思。系统理论就是人们在社会实践活动中对客观存在的系统及系统的本质特征形成的一种系统化的认识。

系统理论认为,整体性是系统最基本的特征。在一个系统中,系统整体不等于各孤立要素的部分之和。系统整体特性和功能在原则上既不能归结为组成它的要素的特性和功能的总和,也不能从有关组成成分中简单推导出来。系统整体可获得的新的特性、新的功能是各组成要素在孤立状态时所没有的。这种系统的特性和功能,只有当它们作为整体存在时才显现出来;当把它分解为各孤立要素时,系统整体的特性和功能也就不存在了。并且,不仅每个对象都自成系统,而对象与对象之间又互成系统。当研究范围扩大时,原来的系统在另一个大系统中又变成了要素,也可以称之为子系统。这样,小到微观粒子,大到整个宇宙,便由要素、结构层次、系统而联结成有机统一的整体。系统理论不但要求对问题的研究要系统化,而且要求方法本身也要系统化,即形成方法系统。方法系统是对对象作系统研究的方法论保证,对对象的各个方面的研究才能在统一的系统方法下进行。

系统是普遍存在的,所以对任何事物都要采取系统分析的方法。

现代调查研究中的系统分析,就是按照系统理论和方法的基本原则与要求,对调查对象的整体进行系统分析,找出它的结构和层次,分析它的组成要素,掌握各部分的功能,研究怎样实现整个系统的最优化。从整体上看,调查研究的各个系统,每个系统的各个方面,都处于一定的层次,具有不同的功能,根据整体大于部分之和的系统整体效应的原理,我们在分析调查研究对象时,都要把它作为一个从周围环境中划分出来的系统来认识,同时还要把系统内部的各个环节、各个部分,看作是相互联系、相互影响、相互制约的。调查分析与中医诊断病情有许多相似之处。在医学科学中,中医的诊断和治疗十分强调整体观念,它用系统分析的方法把人、病、症结合起来统筹考虑。中医不仅把某一器官、某一部位的疾病与人的整体作为复杂系统对待,而且还把人与周围环境作为一个大系统联系起来考虑对疾病的影响,进行综合治疗,往往是同一种病却用不同的方剂。同样,任何一种社会现象的出现都不是孤立的、偶然的,总是与其他事物有着这样或那样的关系和联系。要想获得对它透彻的认识,就应将它放置在社会系统的大背景中加以考察研究,要知道,孤立地分析任何单一因素是无法找出全部原因的,也不能最终从根本上解决问题。

第十三章

研究报告

研究报告是反映调查研究成果的一种书面报告。它是整个社会调查研究过程的全面总结,是社会调查研究成果的集中体现。一份调查报告的好坏直接关系到社会调查成果质量的高低和社会作用大小。因此,撰写调查报告是社会调查总结阶段的一项重要工作。

第一节 研究报告的特点

一、研究报告的特点

研究报告作为社会调查研究成果的表现形式,具有如下四个基本特点。

1. 针对性

任何社会调查都是为了一定的目的而进行的,这就决定了研究报告具有强烈的针对性。也就是说,研究报告总是要根据调查研究的结果,明确地提出解决问题的方案。针对性越强,研究报告的价值越高,发挥的作用也就越大。同时,在撰写研究报告时,还要针对研究报告的读者对象,即要明确研究报告是写给谁看的。研究报告的读者一般是三类人。第一类是领导、决策机关和职能部门。他们希望听对现行政策的意见和评价,他们最感兴趣的是报告中的那些具有针对性的建议。第二类是科研工作者。他们侧重于寻找社会现象的原因和发展趋势,关心调查研究的新成果。他们对研究报告的要求较高,既要求结构严谨,同时要求数据、资料无误,还希望报告内容能有所创新、有所突破。第三类是一般群众。他们希望更多地了解身边的社会变化,希望听到有说服力的解释,得到有关的知识帮助。针对研究报告的读者对象的不同,报告的内容侧重点、发表形式也将不同。

2. 实证性

研究报告是以事实为基础的,社会事实是社会调查对象。社会事实是已经发生或正在发生的客观社会事件和事物。社会报告必须全面正确地反映社会事实,用事实来说话是研究报告最基本的表现手段。

实事求是是马克思主义的思想路线。坚持马克思主义的观点和方法,必须坚持实事求是的实证性特点。研究报告实际上是实事求是原则在社会调查过程中的具体表现。它作为社会现象的调查说明材料,必须忠实地反映社会现象的本来面貌。只有充分地、准确地以社会事实为根据,用客观事实说明问题,才能正确反映社会现实,找出社会现象出现的原因,引出正确的结论,用以指导实践。客观事实是研究报告赖以存在的基础,是研究报告的生命;实证性则是研究报告的基本特点。撰写研究报告,必须坚持实证方法,详尽地、系统地、全面地占有材料,特别是要掌握"第一手"材料,用具体的经验研究材料来检验理论假设,说明现实问题、推导研究结论。

坚持实证方法,就是强调研究报告材料必须真实、具体、准确,而绝不能虚假、抽象、含混不清。如果研究报告的材料不能真实的反映客观现实,事实不清楚,数据不准确,那就失去了研究报告的意义。

3. 时效性

研究报告中所反映的通常都是现实社会生活中迫切需要解决的问题,这就决定了研究报告必须讲究时效性。研究报告不仅要全面、准确地反映社会现实和社会问题,而且更要及时地提出解释社会现象和解决社会问题的答案和对策。如果研究报告延误了时间,错过了时机,不能及时地回答人们迫切需要了解的问题,就会"时过境迁"成为"马后炮",那样,研究报告也就失去了指导作用和应有的社会意义[1]。

4. 学术性

研究报告要体现研究人员的学术水平,特别是理论型、专题型、分析型的研究报告更加强调报告的学术性。在学术型的研究报告中,要在导言、方法、讨论乃至参考文献各个部分都应强调学术性。

研究报告是针对社会现实提出的具有明确观点和事实根据的书面报告。因

---

[1] 参见吴增基等主编:《现代社会调查方法》,上海人民出版社 1997 年版,第 279—280 页。

此,它既具有较高的学术价值,又对社会实践有指导意义。研究报告的作用主要表现在以下三个方面。

(1) 研究报告是实现调查目的重要环节。因为单纯地搜集一堆调查材料,并不能说明问题。只有将分散的、凌乱的调查材料按照事物本身的逻辑整理出次序来,进而通过研究报告这种书面形式把调查的成果巩固下来,才能揭示出社会现象的存在条件和发展的规律,得出科学的结论。通过研究报告揭示出来的科学结论是整个调查活动的结晶,它为人们正确地认识社会现象、解决社会问题提供了基础条件。通过研究报告的形式,可以为政策的制定、调整、修正提供事实和理论依据,可以改变管理者凭经验、想当然的不良工作方法,使领导者把决策建立在科学研究的基础之上。所以,研究报告也是调查目的向社会政策转化的一个中间环节。

(2) 研究报告能丰富和发展关于人类社会的科学理论。研究报告是调查研究成果的集中体现,它不仅能够提供大量的客观事实和有价值的资料,而且能够通过客观事实的分析,揭示社会现象的本质和发展规律,为人们提供认识社会的科学理论。如美国社会学家威廉姆·福特·怀特根据参与与观察写成的《街角社会》一书,既丰富了社会调查方法的理论,同时也丰富和发展了社会学关于小群体研究的理论。费孝通教授的小城镇研究也极大地推动了我国城市化理论的发展。大量事实说明许多有重大价值的理论突破都是在研究报告中揭示出来的。

(3) 研究报告对于人们的社会实践具有指导作用。科学的任务不仅在于认识世界,更重要的是要改造世界。研究报告的主要功能和价值就在于它对社会实际工作的指导作用。具体地说,调查报告在这方面表现为发现问题、反映情况、总结经验、树立典型、宣传政策、推动工作。例如,毛泽东的《湖南农民运动考察报告》、《兴国调查》等,不仅丰富了马克思主义理论,而且在我国革命的具体实践中起到了巨大的指导作用。费孝通教授的三访江村、小城镇大问题等研究报告既丰富我国的社区研究理论,同时也极大地推动了小城镇建设和发展。

二、研究报告的类型

各类研究报告不仅涉及的内容纷繁复杂,应用范围非常广泛,而且其表现形式也是多种多样的。研究报告的形式,根据社会调查的对象、范围、具体内容以及阅读对象的不同而分为不同的类型。其中,按社会调查的内容划分,有综合性研究报告和专题性研究报告;按社会调查的主要目的来划分,有应用性研究报告和学术性研究报告等等。

1. 综合性研究报告和专题性研究报告

综合性研究报告也叫概况调查报告,是指对调查对象的基本情况和发展变化过程作比较全面、系统、完整、具体反映的调查报告。这类调查报告一般着重分析社会的基本状况,研究带有共性的问题,提出具有普遍意义的建议。

综合性研究报告一般有三个特征:一是对调查对象的基本情况进行较为完整的描述,它的内容所涉及的范围比较广泛,包括一个地区甚至特定社会的地理、人口、阶级、阶层、政治、经济、文化等各方面的基本情况,所依据的资料比较丰富,覆盖面大,指导作用强;二是对调查对象的发展变化情况作纵横两方面的介绍;三是以一条主线来串联庞杂的具体材料,使整篇报告形神合一,达到清楚地说明调查问题的目的。

专题性研究报告是指围绕某一特定事物、问题或问题的某些侧面而撰写的调查报告。这类调查报告的特点是内容比较专一,问题比较集中,篇幅一般都比较短小,依据材料不及综合性调查报告那么广泛,反映问题也不及综合性调查报告普遍,但它能够帮助有关部门及时了解和处理现实生活中急需解决的具体问题。

2. 应用性研究报告和学术性研究报告

应用性研究报告是以解决现实问题为主要目的而撰写的调查报告。这类调查报告又可分为以下四种。

(1) 社会情况调查报告。这类调查报告是在深入、系统地调查研究社会基本情况后写出来的。其目的主要是认识社会现象、了解社会现状。其内容主要反映社会的政治、经济、文化、教育、生活方式等方面的基本情况。

(2) 政策研究调查报告。这类调查报告主要是为政策的制定和执行服务的。

(3) 总结经验调查报告。这类调查报告是以总结、推广先进经验为目的的。它对于表彰先进、推广先进典型、指导同类工作都具有重要意义。

(4) 揭露问题调查报告。这类调查报告的主要目的是揭露现实生活中存在的突出问题,以引起社会的重视,使人们从中吸取教训,提高认识,同时也为有关部门了解情况、解决问题提供依据。

学术性研究报告是以揭示社会现象的本质及其发展规律为主要目的而撰写的调查报告。这类调查报告,主要是通过对现实问题的调查和研究,来达到对客观社会现象作出科学的理论概括和说明。

学术性研究报告一般可分为以下四个部分。

(1) 导言。主要介绍调查研究的目的意义,以往的有关文献及研究结果,本次研究的角度、特点及独特之处。还要说明调查研究的理论假设和主要概念,并对选择的理论和概念的含义作出解释或界定。

（2）方法。在方法部分首先要明确调查对象，即所调查的是什么人，他们的特点、数量等等。调查方法，即如何搜集资料，采用了哪些手段和工具。调查过程，包括调查的时间、地点、步骤及调查中的某些重要问题。

（3）正文。正文是研究报告的核心，它表明调查研究所发现的东西。在这一部分中需要综合、概括地运用调查资料来表述研究结论。表述的原则是：对照研究假设先给出一般性的结论，然后再进行具体的说明和讨论。

（4）讨论。要说明从研究结论中能得出什么推论，结论的理论意义和实践意义是什么，本次研究有哪些新的贡献，将研究结论进行推广时有哪些限制条件，本次研究有何缺点，有哪些问题未能解答，发现了哪些需要进一步研究的新问题。

研究报告的分类，只有相对的意义，不能绝对化。同一篇调查报告，分类的标准和侧重点不同，就可以归入不同的类型。

第二节　研究报告的结构

写作研究报告，一方面要了解调查报告的一般内容结构，同时要熟悉写作调查报告的一般的程序、调查报告的内容结构大体上是前言—正文—结尾三个部分。研究报告的写作程序一般由确立主题、取舍材料、拟订提纲、撰写报告、修改报告等过程组成。

研究报告的内容结构是指它的一般格式，而研究报告的格式同调查研究类型又有密切关系。但是，各种类型研究报告的基本结构和内容仍存在着共性，有一定规律可循。对它们的一般格式或构架还是可以探讨的。这就是所谓"定体则无，大体则有"。一般说来，研究报告由标题、导言、方法、正文、结论等组成，有的研究报告还有附录。下面我们分别介绍这六个部分。

一、标题

标题就是题目。有人把它比作人的眼睛，通过它，可以看到人的灵魂；有人把它比作窗户，通过它，可以窥见整个建筑物珍藏的珠宝。"题好一半文"，认真的写作者在研究报告的标题上都要下一番工夫，仔细琢磨反复推敲研究报告的题目。

标题的写法是灵活多样的,一般有如下四种:一是陈述式。这是一种广为使用的单标题法,就是在标题中直接表明社会调查研究对象和主要问题,如《湖南农民运动考察报告》、《当前大学生择业观念调查》等等。这种标题法的优点是对象明确、简明客观、主题突出,但是比较呆板平淡,缺乏特殊的吸引力。二是提问式,即以对某一问题的疑问作为标题,如《下岗职工,出路何在?》等。这类标题法常见于揭露问题和总结经验方面的社会调查研究报告,尖锐泼辣、简洁明快,对读者具有很强的吸引力。普通社会调查研究报告常采用这种标题方式。三是判断式,也叫结论式,即以判断式的语言作标题,来表明作者的结论和观点,如《规划不当,妨碍城市成长》等。这种标题法针对性强,影响力大,但是理论色彩较强,不够活泼。四是双标题式,即用主标题和副标题相结合的方式作题目的复式标题法。一般主标题多以提问式和判断式表达,而副标题多以陈述式表达。如《高新技术产业特区的探索——北京中关村电子一条街的调查》等。这种标题形式,既表明了作者的态度,有鲜明地揭示了主题,具有前三种标题的优点,是十分常见的一种标题形式。我们可以根据需要,灵活地选择标题形式。

报告标题的写法可以灵活多样,但值得注意的是,任何标题都必须与报告的内容相符,而且文字要简练。

二、导言

导言也称前言或绪论,它是研究报告的一部分,通常包括三个方面的内容。

1. 研究的问题及背景

这主要介绍所研究问题的性质和背景,陈述所研究的问题是什么,为什么选择这一问题进行研究。在陈述和介绍中,应该采取沙漏式的写作手法,即从广阔的社会背景开始,逐渐缩小到自己所研究的现象或问题上来。这样做的好处是,一方面可以使读者从叙述中了解到此项研究为什么重要、为什么值得研究,另一方面还可以使读者从思想上作好探讨所研究的问题的准备。当然,导言部分的内容不能太详细,要用十分简明的语言、十分清晰地层次,向读者展示研究的背景和实际研究的问题。

这种指导思想或基本思路可以用"宽—窄—宽"来概括。若形象地说,就是依照"沙漏"的形式来撰写(见图 13 - 1)。

研究报告在内容上应从广阔的导言开始,逐渐集中到比较专门化的领域,直到提出研究者自己的研究领域和研究的问题,这就是由"宽"变"窄";然后介绍自己的研究方法和研究所得出的主要结果,这可以说是沙漏的最狭窄的部分。当转向讨

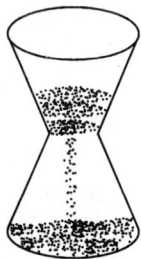

图 13 - 1 沙漏

论研究结果的内涵时起,研究报告又开始逐渐由具体的结论向更一般的领域拓展,即由"窄"又变"宽"。这种沙漏式的撰写形式,并不是指篇幅上的多和少,而指所涉及的内容范围的宽和窄。

2. 文献评论

科学研究是一种知识积累的过程,任何研究,严格地说,都是在前人已有的成果的基础上进行的。每个研究者都应该尽量全面地了解与自己所研究的问题有关的理论和方法,掌握最新的资料、动态和结果。研究者应该考虑这样一些问题:在这一特定方面,前人的研究做了些什么工作;对于这一特定的现象,是否存在着有关的理论,有哪些不同的理论;这些研究采取了哪些研究方法,已得到了哪些有价值的结果;已有的研究存在着哪些缺陷等等。

如何在报告中对已有的研究进行综合的评论呢?首先要解决文献的选择问题。

问题选择以后,文献评论的写作要进行精心的组织和安排,仔细阅读每一篇有关的文章,寻找那些与自己文章紧密相关的部分,然后对这些文章进行评论。

在评论每一篇具体的文章时,都需要先对其总的情况作一简单介绍。然后,集中地介绍对我们的研究有用的、与研究相关联的关键内容。仔细分析这些相关的内容,把它们同自己研究中的相应部分进行比较,作出解释和说明。

在文献评论这一部分中,所用的材料应该是相关的、恰当的和简明的。

3. 介绍自己的研究

在导言部分的最后,通常需要简单地介绍一下自己的研究,包括自己研究的起点及基本框架。比如,所研究的问题是什么,准备检验的假设是什么,主要的自变量和因变量是什么等等。在这种介绍中,要突出说明自己的研究与已有的研究所不同的地方,说明自己研究的特殊意义。

三、方法①

在应用性研究报告、普通调查报告中,对方法的介绍可以简单从略,一般不必单独列为一个部分,在导言中有个交代就可以。但是,在学术研究报告中,方法说明是一个十分重要的部分,这也是学术研究报告区别于普通调查报告的一个突出标志。在普通调查报告中,读者往往只关心你调查的结果,而不太对你的调查研究方法感兴趣。但是,在学术研究报告中读者关心的不光是

---

① 袁方主编,范伟达等参与编写:《社会调查原理与方法》,高等教育出版社 2000 年版,第 415—419 页。

你的研究结果,同时也关心你的研究方法,即关心结果是如何得到的,你的研究实际是如何做的。因为,只有知道了你的研究所采取的方法,明白了你的研究的各种具体操作步骤,读者才能评价你的研究是否具有科学性、你的结果是否有价值。

由于不同的调查研究所采取的方法不会完全相同,所以在研究报告中各自所介绍的内容也不会完全一样。但是,一般来说,大多数研究报告的方法部分都包括六个方面的内容。

1. 调查方式及研究设计

需要告诉读者你采取的是哪种调查方式,为开展此项调查研究工作进行了哪些研究设计工作。比如是定量的问卷调查还是定性的访问调查,是抽样调查还是典型调查或个案调查。调查的时间和地点、调查工作的组织、调查员的培训、调查工具的准备等等情况也都应简要地作些介绍。

2. 被调查对象

首先是对总体的说明,即给出所调查和研究的对象的总体的定义。总体不明确,就难以确定样本的性质,也无法评价调查结果的推论范围及适用性。其次要对调查的样本及抽样方法、抽样程序进行说明。

3. 研究的主要变量

研究报告要说明研究的主要变量是什么,这变量的操作定义是什么,这些变量又是通过哪些具体的指标来测量的。若调查采用的是问卷的方法,则还需进一步对问卷中用来测量这些变量的特定问题进行说明。如果某一个变量较为复杂,调查中采用的是多个指标的综合测量,那么,在这里就需要把对这些指标进行综合评分的程序和方法说明。让读者既明白你的变量是通过哪几个指标来测量的,又清楚具体的评分方法和计算方法。

4. 资料搜集过程

在研究报告中,还须把资料搜集的过程详细说明,比如,实地调查时派访问员登门访谈,还是发送自填式问卷。如果是派访问员登门访谈,那么必须说明访问员是一些什么样的人,他们是如何挑选来的,他们具有何种程度的访问调查经历,研究者又是如何对他们进行培训的等等。如果是发送自填式问卷进行调查,那么问卷是如何发到被调查者手中的,又是如何收回的,问卷的回收率是多少,有效回收率又是多少等等。

在介绍资料搜集过程时,还要对所用的工具作些介绍。比如,采用问卷进行调查,方法部分对问卷的结构、内容、形式及制作过程作些介绍。问卷包括多少个问题,主要是封闭式问题还是开放式问题,是否进行过试调查,对多少对象及什么样的对象进行的试调查,试调查的结果如何等等都应作些说明。

5. 资料分析方法

由于研究方式的不同、样本规模的不同、资料搜集方法的不同等,使得每一项具体的调查所采用的分析方法也不完全一样。有的以定性分析为主,有的则以定量分析为主;有的只进行了一般性的描述分析,有的则进行了较深入的相关分析、因果分析;有的完全采用手工的方式对资料进行处理,有的则是用计算机和分析软件进行处理分析。因此,在方法部分还要对研究者实际采用的分析法作些说明。

6. 调查的质量及局限性

在方法部分的结尾,常常需要对调查程序、方法、样本、资料等方面的质量进行评估。一般来说,每一项社会调查研究工作都不可能十全十美,总会在某些方面存在着这样或那样的问题或局限。由于调查研究的全过程只有研究者本人最清楚,因此,实事求是地指出这些问题,说明调查结果的局限性,既是科学的研究报告的要求,也是研究者应具备的科学态度。

在研究报告中指出调查在哪方面存在误差,在哪方面存在缺陷,哪些方面受到限制,哪些方面还有待探讨。这样的说明既可以避免其他的研究者或读者将研究的结论不适当地进行推广或运用,同时也可以启发其他的研究者在该研究的基础上,进行新的、进一步研究来弥补它的不足。

四、正文

正文,就是调查报告的主体,它是调查研究的基础内容,研究报告的最主要的部分。这一部分写得如何,将直接决定整个调查报告质量的高低和影响的大小。这就像一顶好看的帽子,戴在丑陋者头上使丑陋者更加丑陋,而戴在俊美者头上使俊美者更加俊美一样,如果我们把研究报告的导言写好了,再把研究报告的正文写好,就会使调查报告像一位俊美者戴上一顶好看的帽子显得更加英姿勃勃。所以,在写这部分的时候,为了表现主题,除了选择适当的写作方法和资料之外,还要特别注意主体的整篇布局,即主体结构的建立。一般说来,研究报告主体的结构形式有三种。

(1) 纵式结构。此种结构按照事物发展的前后顺序来叙述事实,条理清楚,有利于读者从动态上把握事物发展的前因后果。

(2) 横式结构。此种结构是从静态上把调查材料以及从调查材料中抽象出来的理论观点,按照不同的标准进行分类,并列排放,分别陈述,以便从不同的侧面来说明调查报告的主题。横式结构的优点是:对事物的分析全面透彻,条理清楚,说服力强。

　　（3）纵横式结构。此种结构是上述两种结构形式的结合。不过,在一般情况下,纵横式结构又有两种类型：一是以纵为主,纵中有横;二是以横为主,横中有纵。辩证唯物主义认为,对于事物全面而客观的把握在于：一方面对事物作静态的考察分析,研究事物内部诸要素之间以及事物之间的关系;另一方面对事物进行动态的追踪,从历史的角度分析研究事物发展变化的全过程。纵横交错式结构正是辩证唯物主义理论在社会调查报告撰写过程中的具体体现。由于这种纵横交错式结构,既有利于按照历史的脉络弄清事物的来龙去脉,又有利于按照事物的性质、类型,展开全面深入的论述,因此,许多大型的调查报告的主体部分,多采取此种结构。

　　正文部分为了将调查研究结果(成果)更清晰地显示,在行文表达上可以考虑以下一些方面。总的原则是先给出"森林"然后再是"树木",即先给出总体的、一般性的陈述,然后才是个别的、具体细节的陈述。具体的做法是首先从研究的最中心的结果开始;其次向读者提示你在报告的导言部分所提出的概念性问题,即对所研究问题的概念性陈述;进而向读者提示你在研究中实际完成的操作或实际测量的行为,即对问题的操作性陈述;紧接着马上告诉读者你的答案;力求用数字、图形、表格、材料向读者说话,向读者展示你的详细的、具体的证据和结果,并对这些数字、图形、表格进行必要的说明和解释;在每一个分支结果的末尾部分,都应对该结果所处的位置做一简要的小结;用一种平滑的转折句把读者引向结果的下一个部分。

　　调查报告内容的多样性决定了调查报告主体结构的多样性,内容决定形式。因此,我们在写调查报告时,为了揭示主题,深化主题,要勇于创新,依序布局,选择最佳的主体结构形式,使结构为主题服务,使丰富的内容与完美得体的结构有机地结合起来。

五、结论与讨论

　　在结论部分,需要对照研究假设对社会调查研究对象做出明确、扼要的判定。如果假设被本次社会调查研究的结果证实,可以建议在更大范围或不同范围之间进行新的验证。如果部分推翻或完全被否定,则应该做出进一步的探讨：是本次社会调查研究代表性有偏误、效度低造成的,还是假设本身确实是有问题。如果需要预测结果,要说明预测的条件和误差范围。一般结论部分篇幅都不会太长,要简明扼要,不要机械重复主题中已有的判断和分析。另外,如果是对策性调查研究,需提出解决问题的主要对策和策略。

　　社会调查研究报告的讨论部分是在结论的基础上,进一步挖掘一些更新、更深层次的东西,以增加读者对所研究的问题的理解。一般来说,讨论部分可以涉及以下四方面的内容:(1) 样本特点与社会调查研究结论之间的关系;(2) 与同类研究的比较与分析;(3) 对进一步研究的建议,如对自己的研究仍不能回答的问题的讨论,对在研究中出现的新问题的讨论,对新问题的研究建议等等;(4) 对其他研究推论的探讨。讨论部分只是研究的延伸而非深入,所以篇幅不宜太长,否则就可能冲淡研究的主题。

六、附录

1. 注释和参考文献

在普通社会调查研究报告中,对注释和参考文献没有特殊的要求。但是,在学术性社会调查研究报告中通常要在报告的末尾列出必要的注释和参考文献。这是一个严谨的研究必须具备的一部分。参考文献的意义在于为自己的报告提供一个有力的解释性支持,证明作者是本着科学的、实事求是的态度进行研究的,同时也为读者以及同行的研究者提供了一个可供参考的文献索引。关于参考文献的写法与格式,都有一些具体的规定。

2. 附录

附录作为正文的补充,是指将一些有关社会调查研究内容的细节性资料罗列出来,以期能更好地说明研究,并且以起到帮助读者增进对研究了解的作用。这具体包括一些问卷、量表、主要计算公式、数据等,还包括正文中未列出的图表以及其他计量手段等等。在以学位论文形式发表的社会调查研究报告中,这一部分不可或缺。如果以学术论文的形式发表,则可以省略,因为这一部分的篇幅一般都比较长。

第三节　研究报告的撰写

一、研究报告的撰写步骤

1. 确立主题

研究报告的主题就是研究报告要讲的中心思想,这是研究报告的灵魂。主题是否明确和有价值,是否能引起人们的重视,对研究报告具有决定性的意义。

主题的确立,应注意如下四个问题。

(1) 与研究主题一致。一般来说,调查的主题就是研究报告的主题。比如:我们进行一次合理使用科技人才的调查,研究报告的主题就是合理使用科技人才的状况和问题,报告的标题就可以定为《关于合理使用科技人才的调查》。我们进行一次关于某地农村专业户、重点户的调查,研究报告的主题就是某地农村专业户、重点户的状况、问题和发展趋势,报告的标题就可以定为《关于某地农村专业户重点户的调查》等等。在这种情况下,由于研究报告的主题在调查开始时就被选定了,所以写作报告时确立主题比较容易,只要与调查主题取得一致就可以了。

(2) 根据调查和分析结果重新确立主题。有的时候,研究报告的主题不一定就是调查的主题,两者并不一致。不一致的情况有三种:第一,调查的问题多,面较宽,一篇报告不宜全部交代,需要分写几篇报告,每一篇报告所要交代的问题较少,面较窄,需要缩小原主题的范围;第二,有些情况和问题调查和分析得比较透彻,有相当把握,而其他情况和问题调查和分析得比较肤浅,没有很大把握,所以研究报告要选择前者立题,后者留待进一步调查研究后再处置;第三,有些调查经过整理分析后觉得内容充实,问题突出,实际价值大,而有些没有新意,价值不大,所以从报告使用价值着眼,也要做好选择。在上述三种情况下,研究报告的主题就可以根据实际调查和分析结果重新确立,不一定拘泥于与调查主题相一致。

(3) 主题宜小,宜集中。主题越小、越集中,报告就越短,越容易写。鼓励初学者从写作小型研究报告做起,不要一下子就写大报告。专题研究报告比较短小精悍,材料扎实、观点鲜明,以讲清一条道理和两个观点为目的,所以要求主题必须明确突出,初学者善于发掘新的写作角度,找到小题目来做文章,只有靠不断摸索、反复锻炼,才能有所提高。其中,勤于思考,善于思考,善于分析,培养洞察能力,并且审时度势,及时了解上级领导、人民群众和实际工作的需要是重要的问题。

(4) 要讲究标题。调查报告的标题往往是研究报告主题的体现。标题有单标题和复标题两种。单标题如"关于××的调查",比较简单;复标题如"人才不能浪费!——某地某部门人才问题的调查"。主标题表明作者的观点,副标题表明调查地区和范围。复标题的形式对调查报告的主题有加强作用。不论哪种形式,一般都要注意:① 要与报告主题协调吻合,不能题文不符;② 尽可能醒目,有吸引力;③ 文字简短,一目了然;④ 表明作者的思想倾向性。陈云同志的青浦农村调查,三篇研究报告的题目是:《母猪也应该下放给农民私养》、《种双季稻不如种蚕豆和单季稻》和《按中央规定留足自留地》,每篇研究报告的标题都体现了这些特点,值得我们学习。

2. 材料取舍

我们把调查的全部所得称为"调查资料",而把将用于研究报告写作的调查资料称作"材料"。研究报告要用充分的调查材料来说明问题,用材料证明观点。调查和分析的材料很多,不能一股脑儿都写进报告,要注意取舍。

第一,选取与主题有关的材料,去掉与主题无关的材料,才能使主题更加集中突出。与主题无关的材料,要忍痛割爱,否则,堆砌材料,反而冲淡主题,使人不得要领。

第二,要学会精选材料。精选的方法是:① 精选的材料要能深刻地说明问题的本质,而不是图解现象,这是根本的标准;② 将有关的近似材料加以比较,选择符合标准的材料,这是鉴别的方法;③ 可用可不用的材料,要敢于舍弃。

3. 拟定提纲

在确定了主题,取舍了材料以后,就可以拟订一份写作提纲了。写作提纲的作用是搭起研究报告的"骨架",以便把调查和分析的结果按要求"填"进去,层次分明地表达材料和作者的观点。提纲的另一个作用是进一步明确写作的任务,理通思路,弄清报告内容各部分之间的联系。

写作提纲分为条目提纲和观点提纲两类。条目提纲就是从层次上列出研究报告的章节目,而观点提纲是在此基础上列出各章节目所要叙述的观点,比如大多数实际建议型报告,最好拟定一份观点提纲。

写作提纲还有粗细之分。一般来说,先拟订粗提纲,把研究报告的几大部分定下来,然后再充实详列,形成细提纲。提纲的粗细,反映了作者对写作内容了解的深度,提纲越细,说明了解越深、越具体,在撰写报告时就越"顺手"。应当提倡撰写研究报告先拟订写作提纲,特别提倡拟订细提纲的做法,初学者尤其应该这样做。有些写作"老手",表面上并不拟订写作提纲,但在实际上却打好了"腹稿",是打好腹稿代替拟提纲,这个本领是一步一步锻炼出来的。

4. 撰写研究报告

在拟好研究报告提纲以后,可以按照提纲的纲目进行选材和进行科学抽象,也就是通过对素材的"去粗存精、去伪存真、由此及彼、由表及里"的加工制作,从中引出规律性的东西,应注意掌握好三个方面。

(1) 研究报告的结构要合理。研究报告的内容一般包括三个部分:第一部分是引言,叙述调查的意义和目的、调查对象和范围、调查方法和过程等,这部分文字要少,简明扼要。第二部分是分章节陈述调查材料并予以一定的分析,这是研究报告的中心。这部分占较大篇幅。第三部分是结论和建议,作为研究报告的总结。这部分可长可短,依内容而定。这三个部分的比重布局不是一成不变的,调查内容和报告用途不同,写作重点和布局相应的应有所调整。

（2）语言要通俗易懂。研究报告写的都是目前的事件，是实际生活中的现象，写了以后是要给别人看的，所以要用群众懂得的语言，提倡通俗易懂的文风。有些人以为写文章也好，写研究报告也好，没有几个"大名词"就显得没有"学问"，实际上这是误解。还有些人借题发挥，为展示专业知识或一技之长，滥用数字、图表、公式，使大多数人看不懂研究报告，这是不正确的。其实，研究报告不外乎摆事实，讲道理，事实要让别人了解，道理要使别人明白。当然，通俗易懂并不是不讲深刻的道理，而是论理要深入浅出。

（3）学会使用资料。研究报告不同于一般论文的显著特点就是大量使用调查资料。调查资料是客观事实的反映，使用调查资料就是让事实"说话"。怎样使用调查资料呢？一是"点""面"资料结合使用，既有典型事例，又有分类资料，还有反映总体情况的综合资料。二是文字、数字、图表这三种形式配合使用，选择最好的表达方式。一般来说，文字表达具有叙述性、分析性和概括性；数字表达具有数量精确性和意义抽象性；图像表达具有直观性和示意性。三是统计资料与座谈、访问、观察资料要适当的配合，必要时还要引用历史文献资料。四是学会用观点统帅资料，用资料证明观点。有些初学者搞了一个很好的调查，搜集了很多资料，可是写报告时用不上，很着急。只要按照上述要点多练几次，就会摸索出经验来。

5. 修改研究报告和作必要的补充调查

研究报告不是一次完成的，要经过反复的审查、修改，如同人们说的：文章不是"写"出来的，而是"改"出来的。修改报告的主要任务是：第一，检查引用资料的合理性和正误；第二，检查所用概念、观点是否明确，表达是否准确；第三，检查全篇报告是不是言之有理，持之有据；第四，检查报告的思想基调是不是符合调查的目的和时代的要求；第五，通读全篇报告，检查语言是否畅达。以上五个方面，对于初学者来说常常发生问题，应该特别注意。

从经验来看，修改报告比撰写报告更加困难，有些时候自认为已经写好的报告，经有关方面审阅后，要求大量删减，作者往往不愿割爱，觉得辛辛苦苦搞了调查，好不容易，就尽可能把资料写进报告，但为了提高报告的质量是必须"忍痛割爱"才能修改好的。

在撰写、修改研究报告时，往往发觉某项资料未做调查，需及时做补充调查。补充调查的任务，一般都是搜集少量典型资料或个别资料，也有的用来核实和验证原调查资料的可信度。这种调查范围小，比较容易做。要注意的问题是：需要做补充调查时不要图方便，用其他资料代替，而应按科学程序搜集资料，不要忽视必要的中间环节，如抽样或选"点"；选择调查对象和地点尽可能客观一些，不要随意行事，用就近找熟人的办法代替到应该去的地方去搞调查。

二、报告写作的注意事项

要写好研究报告,需要了解研究报告的类型和作用,把握研究报告的内容、结构和写作过程,除此之外,还应注意下面一些问题。

1. 明确读者对象

研究报告是写给谁看的,这是撰写者首先必须明确的。因为读者不同,对研究报告的具体要求也就不同,在结构的选择、内容的安排以及理论阐述的深浅程度、表达的方式等方面都会有所区别。

确定的读者对象不同、写作的具体要求也不同。如果是写给党政领导看,则研究报告宜短小精练,用较短的篇幅容纳较多的信息量,写作重点应放在总结经验教训,提出具体建议,解决实际问题上。如果是写给科研工作者看,则在理论分析上要讲究深度,结构须严谨,调查的背景、过程、方法、手段应作详细介绍。如果是写给一般群众看,则应考虑一般读者的文化水平,文字宜通俗易懂,图表、数据应简单、明了。

2. 注意文体特点

各种文体均有其各自的特点,研究报告亦不例外。因此,要写好研究报告,必须研究报告的文体特点,注意研究报告与其他体裁的区别。

研究报告与总结不相同,总结是经过分析、研究,事后对一定时期的整个工作或单项工作的总的回顾,用以记载工作情况、总结经验教训。研究报告则是对某一社会现象和问题做了深入调查研究后所写的报告,重点在于研究和取得科学认识和解决问题。

研究报告与简报不相同。简报用于及时互通情报和向上级反映情况。"情况反映"、"情况交流"、"工作动态"、"内部参考"都属于简报的范畴。它侧重于对情况的描述,要求抓准问题、快速、及时报道原则。而研究报告不仅要科学地描述事实,而且要深入地分析事物的本质和规律。

3. 注意引文和注释

在撰写研究报告的工程中,有时需要引用别人的论述、结果、数据、资料等来支持或证明自己的观点或结论。这是就需要对引用的资料注明来源。

在撰写研究报告的过程中,注释也是经常用到的。当我们在报告中引用他人的资料或某些不易理解的内容和概念的时候,就需要加注释来说明。

加注释的方式有三种:

(1) 夹注。直接在所引资料之后,用括号将其来源或有关说明括起来,对引文进行注释或提示。一般用夹注的情况是: 外文的人名、地名,人物生卒年月,较少见的专业名词解释,专业名词的解释,其他说明。

（2）脚注。在加注词的右上方加上一个注释号,比如在其右上角加上①、②、③、④ 等做标志,然后在该页的最下端,用小一号的字体分别说明加注词的出处、时间等情况,或做出相关的解释。在一般的学术性书籍和论文中,这种注释形式大量存在。

（3）章节附注或尾注。在加注词的右上方按顺序表明注释号,然后在章节末尾或全文末尾用小一号的字体全部按注释顺序排除,分别说明加注词的意义、出处、时间等,并冠以"注释"的总标题,而不是分别排在各页之下,这样就形成附注和尾注。

4. 边写作边研究

在调查研究过程中的报告写作是在研究阶段之后进行的。但是,从调研的全过程看,撰写研究报告也是调查活动的一部分。研究工作贯穿整个活动的始终,从选题到报告成文,都是在研究,撰写报告时的再研究十分重要,可以随时检查、判断资料的准确真实,又可以进一步的解释前面研究中存在的疑问,深化认识。

附　录

一、调查问卷

（一）工人调查表

（卡尔·马克思）

一

（1）你在哪一个工业部门工作？

（2）你工作的企业属于谁？属于私人资本家，还是属于股份公司？私人企业主或公司经理姓什么？

（3）请说明有多少职工。

（4）请说明他们的性别和年龄。

（5）招收的童工（男孩和女孩）最小是几岁？

（6）请说明监工和不是一般雇员的其他职员有多少。

（7）有没有学徒？有多少？

（8）除了固定的和经常有工作的工人以外，是不是在一定季节还从外面招收另外的工人？

（9）你的老板的企业是全部或主要为当地用户生产的呢，还是为整个国内市场或为了向其他国家出口而生产的？

（10）你在什么地方工作，在农村还是在城市？

（11）如果你工作的企业在农村，那么你的工作是不是你生活的主要来源？还是作为从事农业的补充收入，还是两者相结合呢？

(12) 干活是完全用手工方式,还是主要用手工方式,还是用机器?

(13) 请讲一下你工作的企业的分工情况。

(14) 用不用蒸汽作动力?

(15) 请说明生产各个过程的工作场所的数目。谈谈你所从事的那部分生产过程,不仅从技术方面,而且从它所引起的肌肉和神经的紧张程度以及对工人健康的一般影响的观点来谈。

(16) 请谈谈工作场所的卫生状况:面积大小(划给每个工人的地方),通风,温度,粉刷,厕所,一般卫生,机器噪声,尘埃,湿度等等。

(17) 政府或地方机关对工作场所的卫生状况有没有某种监督?

(18) 在你的企业里有没有引起工人特殊疾病的特别有害的因素?

(19) 工作场所是不是摆满了机器?

(20) 有没有采取防护措施来防止工人的肉体受到发动机、传动装置和工作机械的伤害?

(21) 请讲讲在你工作以来发生过的造成工人残废或死亡的最严重的不幸事故。

(22) 如果你在矿上工作,请说明你的企业主为保证通风、防止爆炸和其他危险事故,采取了怎样的防护措施?

(23) 如果你在冶金或化学生产部门,在铁路或其他特别危险的生产部门工作,请说明你的企业主有没有采取防护措施?

(24) 你的工作场所使用的是煤气灯、煤油灯还是其他照明设备?

(25) 在工作场所内外有没有足够的消防器材?

(26) 企业主根据法律是不是必须付给不幸事故的受害者或他的家庭以抚恤金?

(27) 如果不是,那么企业主是不是用某种方式给那些为他发财致富而在工作时受伤害的人以赔偿?

(28) 在你的企业里有没有某种医疗设施?

(29) 如果你在家中工作,请谈谈你的工作场所的状况;你用的只是一些普通工具呢,还是也有小机器? 你是不是利用你妻子和孩子们的劳动以及其他辅助工人(成年工或童工,男工或女工)的劳动? 你是为私人主顾干活,还是为“企业主”干活? 你怎样同他们联系,是直接联系还是经过中间人?

二

(1) 请说明工作日一般有多长,一星期一般有几个工作日。

(2) 请说明一年有几个假日。

(3) 在一个工作日内有哪些休息时间?

（4）有没有规定一定的吃饭时间，或吃饭是不定时的。①

（5）在吃饭时间干不干活？

（6）如果用蒸汽，请说明实际的开关时间。

（7）开不开夜工？

（8）请说明童工和16岁以下的少年工人的工作时间。

（9）在一个工作日内，童工和少年工人是不是换班？

（10）政府有没有通过控制童工劳动的法令？企业主是不是严格遵守这些法令？

（11）有没有为在你的工业部门劳动的童工和少年工人设立学校？如果有，那么一天中哪些时间孩子们是在学校度过的？他们学习些什么？

（12）在生产日夜进行的地方，采用怎样的换班制度，是不是由一班工人换另一班工人？

（13）在生产繁忙时期，工作日通常延长多久？

（14）机器是专门雇工人来擦拭的呢，还是由使用机器的工人在工作日内无报酬地擦拭的？

（15）采用哪些规则和处分来保证工人在工作日开始时和午休后准时上工？

（16）你每天从家里到工作地点以及工作后回家要花多少时间？

三

（1）你的老板规定了怎样的雇佣制度？你是按日、按周、按月雇佣的呢，还是按其他办法雇佣的？

（2）规定解雇或离职要在多长时间以前通知？

（3）如果由于企业主的过错而违反了合同，是不是追究他的责任，什么责任？

（4）要是工人违反合同，会遭到怎样的处罚？

（5）要是使用学徒劳动，那么和他们订的合同有哪些条件？

（6）你的工作是固定的还是不固定的？

（7）你的企业主要是在一定的季节进行生产呢，还是通常相当均衡地全年进行生产？如果你的工作是有季节性的，那么在其他时间你靠什么收入生活？

（8）你的工资是怎么计算的？是计时还是计件？

---

① 沙·龙格对调查表的这一项作了下述补充："在哪里吃饭，室内还是室外？"——《马克思恩格斯全集》编者注

(9) 如果是计时,那么怎样同你结算? 是按钟点还是按整个工作日?

(10) 加班是不是补发工资?

(11) 如果你的工资是计件的,请说明是怎么计算的? 如果在你工作的生产部门里完成的工作是用尺量或过磅计算的(如煤矿),那么,你的老板或他的帮手是不是用欺诈手段剥夺你的部分工资?

(12) 如果你的工资是计件的,那有没有拿产品质量作为欺诈的借口来克扣工资呢?

(13) 不论是计时工资还是计件工资,你过多长时间领工资? 换句话说,在你领取已经完成的工作的工资以前,你给老板的贷款有多长时间? 什么时候发工资:一星期以后,一个月以后,或还要长?

(14) 你是不是感到:这样拖延发工资,就迫使你经常跑当铺,付出高额利息,同时使你失去你所需要的物品,或者迫使你向小铺老板借钱,变成他们的债户,成为他们的牺牲品?

(15) 工资是由"老板"直接发给,还是经过中间人或"包工头"等等?

(16) 如果工资是经过"包工头"或其他中间人付给的,请列举你的合同条件。

(17) 请说明你一天或一周工资有多少。

(18) 请说明和你在同一工场工作的女工和童工在上述时间内的规定工资。

(19) 请说明最近一个月内最高和最低的日工资。

(20) 请说明最近一个月内最高和最低的计件工资。

(21) 请说明在上述时间内你的实际工资;如果你有家,也请说明你妻子和孩子的工资。

(22) 工资是付给现金,还是一部分付给别的东西?

(23) 如果你向你的企业主租房屋,请说明有哪些条件。企业主是不是从你的工资中扣除房租?

(24) 请说明下列日用必需品的价格[①]:

(a) 房租和租房条件;有几个房间;多少人住;房屋修缮和保险;家具购置和修理;寄宿;取暖、照明和用水等等;

(b) 食品:面包、肉类、蔬菜(马铃薯等);乳制品、鸡蛋、鱼;黄油、植物油、脂肪;糖、盐、调味香料、咖啡、茶叶、莴苣;啤酒、西得尔酒、葡萄酒等;烟草;

(c) 衣服(父母和孩子的);洗衣;卫生用品,洗澡,肥皂等等;

[①] 　由此以下至第25项马克思是用法文写的,以后仍用英文。——《马克思恩格斯全集》编者注

(d) 其他开支：如邮资，还债和付给当铺的保管费；孩子在学校学习的各种开支，学费，买报，买书等等。交给互助会、罢工基金会、各种联合会、工会等等的会费；

(e) 和你从事的职业有关的开支(如有这种开支)；

(f) 捐税。

(25) 请尽量算出你每周和一年的收入(如果你有家，也请算出家庭的收入)以及每周和一年的支出。

(26) 根据你个人的经验，你是不是觉得日用必需品的价格(如房租、食品价格等等)比工资提高得更快？

(27) 请说明你所记得的历次工资变动情况。

(28) 请介绍一下在萧条或危机时期工资降低的情况。

(29) 请提供在所谓繁荣时期工资提高的情况。

(30) 请介绍一下产品式样改变以及局部或普遍的危机所造成的生产停顿的情况。

(31) 请对照地谈谈你生产的产品价格或你提供的服务的价格改变情况和工资同时改变或不变的情况。

(32) 在你工作以来是不是有过由于采用机器或其他改进而解雇工人的情况？

(33) 由于机器生产的发展和劳动生产率的提高，劳动强度和劳动时间是减少了还是增加了？

(34) 你是不是知道，什么时候有过由于生产改进而提高工资的情况？

(35) 你是不是知道，有哪个普通工人在年满 50 岁时可以脱离工作而靠他做雇佣工人时挣的钱过活？

(36) 在你的生产部门里一个中等健康水平的工人可以工作多少年？

四

(1) 在你的行业中有没有工会？它们是怎样活动的？

(2) 在你工作以来你们行业的工人举行过几次罢工？

(3) 这些罢工的时间有多长？

(4) 是局部罢工还是总罢工？

(5) 罢工的目的是不是提高工资，或是反对降低工资的做法，或是关于工作日的长短，或是由于其他原因？

(6) 罢工的结果怎样？

(7) 你们行业的工人是不是支持其他行业工人的罢工？

(8) 请谈谈你的老板为了管理他的雇佣工人而规定的规章以及违反规章的

处分。①

(9) 企业主有没有结成联合会,以便强迫工人接受降低工资、延长工作日、干涉罢工,总之,是要把自己的意志强加于工人阶级?

(10) 在你工作以来,你是不是知道有政府方面滥用国家权力来帮助老板反对工人的情况?

(11) 在你工作以来,这个政府是不是曾经帮助过工人反对企业主的勒索和非法的欺诈手段?

(12) 这个政府是不是要求不顾老板的利益贯彻执行工厂法(如果有这样的工厂法)?工厂视察员(如果有这样的视察员)是不是严格履行自己的职责?

(13) 在你的企业或你的行业中有没有对不幸事故——疾病、死亡、短期丧失劳动力、年老等等进行互助的团体?

(14) 加入这些团体是自愿的还是强迫的?这些团体的基金是不是完全受工人监督?

(15) 如果缴纳会费是强迫的并且是受企业主监督的,企业主是不是从工资中扣除这些会费?他是不是支付这笔款项的利息?被解雇或辞职的工人,能不能收回自己所交的钱?

(16) 在你的生产部门有没有工人合作企业?它们是怎样管理的?它们是不是也像资本家那样从外面雇用雇佣工人?

(17) 在你的生产部门里有没有这样一种企业,在这种企业中,付给工人的报酬一部分是工资,另一部分则是所谓分红?请把这些工人的总收入和没有所谓分红的工人的收入作一比较。这种制度下的工人有些什么义务?是不是容许他们参加罢工等活动,还是只许他们做老板的忠实奴仆?

(18) 在你的生产部门里的工人(男工和女工)一般的体力、智力和精神状况怎样②?

---

① 在手稿上删去了下列字句:"自然,在他的工厂里,他把最高的立法权、审判权和行政权都集中在自己手里。"——《马克思恩格斯全集》编者注
② 卡尔·马克思起草于1880年4月上半月,载于1880年4月20日《社会主义评论》杂志第4期。

（二）浦东新区社会发展调查问卷

浦东新区居民(村民)同志：

您好！浦东新区的开放开发不仅是项目和土地的开发,更是一项社会开发。为了推动新区经济与社会的协调发展,记录与预测这项跨世纪工程的社会发展趋势,复旦大学社会学系受新区社会发展局委托进行此项《浦东新区社会发展》户卷调查。根据科学的随机抽样的原则,您或您的家人被选中作为访问对象,现麻烦您或您的家人花费一些时间协助我们填这份问卷,我们会负责对您提供的个人情况予以保密,谢谢您的合作。

复旦大学社会学系
《浦东新区社会发展》课题组

请问您家中有几位 16 岁以上的成员,请您从年纪最长的一位开始,告诉我他们与您的关系及年龄。

序号	列出 16 岁以上的家庭成员	年龄	个案号的最后一位数字									
			1	2	3	4	5	6	7	8	9	0
1			1	1	1	1	1	1	1	1	1	1
2			2	1	2	1	2	1	2	1	2	1
3			2	3	1	2	3	1	2	3	1	2
4			3	4	1	2	3	4	1	2	3	4
5			5	1	2	3	4	5	1	2	3	4
6			5	6	1	2	3	4	5	6	1	2
7			3	4	5	6	7	1	2	3	4	5
8			6	7	8	1	2	3	4	5	6	7
9			8	9	1	2	3	4	5	6	7	8
0			9	10	1	2	3	4	5	6	7	8

从上表选出受访者并请他接受访问

首先,请问您个人的有关情况　　　　　　　　　　　卡 1(1—10)

1. 您的性别:(1) 男　(2) 女　　　　　　　　　　11 __

2. 出生年月:19 _____年_____月　　　　　　12—15 _____

3. 现在年龄:_____周岁　　　　　　　　　　　　16—17 __

　　　　　〔(1) 16—35 岁　(2) 36—55 岁　(3) 56 岁以上〕　18 __

4. 文化程度:(1) 文盲或识字很少　　　(2) 小学　　19 __

　　　　　(3) 初中　(4) 高中　(5) 中专、技职校

　　　　　(6) 大专　(7) 大学　(8) 研究生

　　　　　到目前为止,您共接受了_____年学校教育　　20—21 __

5. 您的职业:(1) 专业技术人员　(2) 党政企事业负责人　22—23 ___

　　　　　(3) 军事武警人员　(4) 一般办事人员

　　　　　(5) 商业服务人员　(6) 生产运输工人

　　　　　(7) 个体经营人员　(8) 农林牧渔人员

　　　　　(9) 待业下岗人员　(10) 离退休人员

　　　　　(11) 在校学生　(12) 其他(请注明:_____)

6. 您工作单位:(1) 党政机关　(2) 事业单位　(3) 国有全民企业　24 __
   性　　　质:(4) 集体企业　(5) 三资企业　(6) 个体私营企业

　　　　　(7) 农村农场　(8) 其他(请注明:_____)

　　工作单位地点:(1) 浦东　(2) 浦西　(3) 其他　　25 __

7. 您的出生地:_____省(市)　　　　　　　　　26—27 ___

8. 您或您的祖辈搬迁到浦东来居住已经_____年　　28—30 ___

9. 您的民族:(1) 汉族　(2) 回族　(3) 其他(　)　　31 __

10. 政治面目:(1) 中共党员　(2) 共青团员　(3) 民主党派　32 __
　　　　　(4) 群众

11. 宗教信仰:(1) 无　(2) 佛教　(3) 基督教　(4) 天主教　33 __
　　　　　(5) 伊斯兰教　(6) 其他(　)

12. 婚姻状况:(1) 未婚　　　(2) 已婚　　　(3) 离婚后未再婚　34 __
　　　　　(4) 离婚后再婚　(5) 丧偶未再婚　(6) 丧偶后再婚

13. 如果您已结婚,那么您有几个子女?_____个　　35—36 __

14. 现在是否与父母居住在一起?　(1) 是　(2) 否　　37 __

15. 您家在户籍上有几口人:_____口人　　　　　38—39 ___
　　实际在一起生活的有几口人:_____口人　　　40—41 ___

16. 您家的家庭结构是:(此项由调查员以实际家庭人口状况填写)　42 __
　　(1) 核心家庭　(2) 主干家庭　(3) 联合家庭
　　(4) 单身家庭　(5) 其他

17. 您父亲的职业是_____文化程度是_____　　43—45 ___

18. 您母亲的职业是_____文化程度是_____　　46—48 ___

403

19. 您第一次工作的职业是_____单位(性质) 是_____   49—51 ___

20. 您第一次就业是由:(1) 国家分配 (2) 亲戚介绍   52 ___
　　　　　　　　　　(3) 朋友介绍 (4) 自己联系
　　　　　　　　　　(5) 其他(注明:_____)

21. 如果重新选择职业,您将选择何种职业_____何种(性质) 单   53—55 ___
　　位_____

下面,询问您对浦东新区的社会及其发展状况的评价及感受: 卡 2(1—10)

22. 您对浦东新区自然环境的感受如何?
　　(1) 以 100 分为最理想状况,您认为目前可打_____分。   11—13 ____
　　(2) 预期五年后可打_____分。   14—16 ____

23. 请您对当地目前的自然环境的感受给予评价打分:
　　(1) 空气　1　2　3　4　5
　　　　　混浊_____新鲜   17 _
　　(2) 噪声　1　2　3　4　5
　　　　　高_____低   18 _
　　(3) 风沙　1　2　3　4　5
　　　　　大_____小   19 _
　　(4) 绿地　1　2　3　4　5
　　　　　少_____多   20 _
　　(5) 水质　1　2　3　4　5
　　　　　差_____好   21 _
　　(6) 气候　1　2　3　4　5
　　　　　坏_____好   22 _
　　(7) 自然灾害　1　2　3　4　5
　　　　　多_____少   23 _

24. 浦东开发几年来,新区的自然环境是:
　　(1) 净化了 (2) 与前差不多 (3) 恶化了   24 _

25. 浦东开发几年中,新区的环境保护工作:
　　(1) 有成效 (2) 差不多 (3) 无成效 (4) 不了解   25 _

26. 如果以 100 分为最理想状况,请您对目前工作状况的满意程度   26—28 __
　　打_____分,预计五年后可打_____分。

27. 请您对有关工作的十一个因素的满意程度作个评价,并按序选   29—31
　　择三项重要的因素:

工作因素	很满意 1	基本满意 2	一般 3	不太满意 4	很不满意 5	最重要的三个因素（排序）（1—3）	
(1) 工作时间							32 __
(2) 工作报酬							33 __
(3) 工作地点							34 __
(4) 与同事的关系							35 __
(5) 工作兴趣							36 __
(6) 与领导的关系							37 __
(7) 晋升机会							38 __
(8) 劳动保护							39 __
(9) 退休保障							40 __
(10) 劳动强度							41 __
(11) 技术培训							42 __ 43—48

28. 如果以100分为最理想状况,请您对浦东新区目前的基本生活　　　　　__ __ __ __
条件打_____分,预期五年后可打_____分。　　　　49—51 ___

29. 请您对浦东新区目前的基本生活条件逐一进行评估,并选择您　52—54 ___
　　所认为最重要的三个因素:

基本生活条件	很满意 1	基本满意 2	一般 3	不太满意 4	很不满意 5	最重要的三个因素（1—3）	
(1) 收入							55 __
(2) 住房							56 __
(3) 家用电器拥有量							57 __
(4) 垃圾清理							58 __
(5) 废水排放							59 __
(6) 室外环境							60 __

续　表

基本生活条件	很满意 1	基本满意 2	一般 3	不太满意 4	很不满意 5	最重要的三个因素 (1—3)	
(7) 取暖							61 __
(8) 水电							62 __
(9) 购物							63 __
(10) 邮电							64 __
(11) 看病							65 __
(12) 交通							66 __
(13) 孩子上学入托							67 __
(14) 社区服务							68 __
							69—74 ____

30. 如果以 100 分为最理想状况,您认为浦东新区目前的文化生活状况可以打_____分,预期五年后可打_____分。　卡 3(1—10)　11—13 __

31. 请您对浦东新区目前的业余文化生活作一评价,并指出急需要解决的三项内容:　14—16 __

文化生活状况	很同意 1	同意 2	无所谓 3	不同意 4	很不同意 5	急需解决的三项 (1—3)	
(1) 想买的书买不到							17 __
(2) 电视里的节目没意思							18 __
(3) 自己在学校学过的东西,在工作中用不上							19 __
(4) 一年看不到几部好电影							20 __
(5) 学校的教育质量太差							21 __
(6) 图书馆阅览室太少							22 __

续　表

文化生活状况	很同意 1	同意 2	无所谓 3	不同意 4	很不同意 5	急需解决的三项 (1—3)	
(7) 很多业余爱好难以实现							23 __
(8) 想散散心都找不到个娱乐场所							· 24 __
(9) 各类展览太少							25 __
(10) 体育设施(球场、健身房等)不能满足人们需要							26 __
(11) 到外地旅游的愿望很难实现							27 __
(12) 公园绿地太少							28 __ 29—34 ___

32. 以100分为最理想状况,您认为浦东新区目前的社会状态(社会治安、政府效率、国际地位等)可以打_____分,预期五年后可打_____分。　　　　　　35—37 ___

33. 请您对浦东新区目前的社会状况(社会生活环境)的十三个方面给予评价：　　　　　　38—40 __

               1　　2　　3　　4　　5　　　　　　41 __

(1) 社会秩序　_____

               混乱　　　　　　稳定

               1　　2　　3　　4　　5　　　　　　42 __

(2) 民族关系　_____

               冲突　　　　　　和谐

               1　　2　　3　　4　　5　　　　　　43 __

(3) 男女关系　_____

               不平等　　　　　平等

	1　2　3　4　5	44 __
(4) 社会风气	_____	
	败坏　　　　　良好	
	1　2　3　4　5	45 __
(5) 法制状况	_____	
	不好　　　　　良好	
	1　2　3　4　5	46 __
(6) 政　　府	_____	
	腐败　　　　　廉洁	
	1　2　3　4　5	47 __
(7) 生存和发展机会	_____	
	不平等　　　　　平等	
	1　2　3　4　5	48 __
(8) 经济状况	_____	
	坏　　　　　好	
	1　2　3　4　5	49 __
(9) 政　　策	_____	
	易变　　　　　稳定	
	1　2　3　4　5	50 __
(10) 社会安全	_____	
	无保障　　　　　有保障	
	1　2　3　4　5	51 __
(11) 政府及社会服务 　　机构办事效率	_____	
	低　　　　　高	
	1　2　3　4　5	52 __
(12) 政府工作透明度	_____	
	低　　　　　高	
	1　2　3　4　5	53 __
(13) 国际地位	_____	
	低　　　　　高	

34. 在浦东新区您是否感到有安全(保障)感?　　54 __
　　(1) 有　　　(2) 无　　　(3) 其他(_____)

35. 您认为怎样才算有"安全"(保障)?　　55—56 __

　　_____

36. 假定您有"不安全"感,那么您觉得近来"最不安全"(最无保障)　　57—58 __
　　的是什么_____

37. 您是否已具有以下一些安全保障:(凡具有就打√)　59—66 __

(1) 经济保障　(2) 食品安全　(3) 健康保障　　　　　　 ——

(4) 环境安全　(5) 人身安全　(6) 社区安全　　　　　　 ——

(7) 政治保障　(8) 其他_____　　　　　　　　　　　 ——

38. 您认为新区社会发展中最大的问题是什么?(选三项,并排序)　67—68 _____

(1) 物价飞涨□　(2) 社会动荡□　　(3) 贫富悬殊□

(4) 交通堵塞□　(5) 干部腐败□　　(6) 精神生活贫乏□

(7) 动迁拆迁□　(8) 外来人口犯罪□　(9) 经济机遇的不平等□

(10) 环境恶化□　(11) 社会治安不良□　(12) 无节制的人口增长□

(13) 毒品贩卖□　(14) 教育质量下降□　(15) 国际恐怖主义□

39. 请您对时间分配状况的感受作出评价:

时间分配	很不满意 1	不太满意 2	一般 3	满意 4	很满意 5
(1) 实际工作时间					
(2) 上班时间					
(3) 休息时间					
(4) 学习时间					
(5) 娱乐时间					
(6) 家务时间					

69 __

70 __

71 __

72 __

73 __

74 __

40. 您的家庭平时有哪些共同业余生活?(任选主要的三项)　75—76 ____

(1) 看电视　　(2) 看电影　　(3) 看书

(4) 读报　　　(5) 看杂志　　(6) 打牌

(7) 打麻将　　(8) 跳舞　　　(9) 听音乐

(10) 唱卡拉 OK　(11) 聊天　　(12) 逛街

(13) 家庭体育活动 (14) 其他(　　)

41. 请您从以下人们生活中的十几种要素中选出三种自己认为最　77—78 ___
　　重要的要素:

重要性排序	最重要 1	最重要 2	最重要 3
生活要素			

(1) 金钱　(2) 地位　(3) 名声　(4) 友谊　(5) 关系网

(6) 爱情　(7) 能力　(8) 知识　(9) 健康　(10) 权力

(11) 运气　(12) 天资　(13) 其他(　　)

下面我们问一些有关态度方面的问题,请您对每种陈述作出选择: 卡 4(1—10)

42. A. 您是否很关心公共事务(如公共卫生)? 11 __

　　① 经常　② 很少　③ 没有

　B. 如果可以免费受教育,您期望您的孩子受多少教育? 12 __

　　① 小学　② 初中　③ 高中　④ 大学　⑤ 博士

　C. 两个 12 岁的孩子在水稻田里劳动时,抽空试图想出一个少 13 __
　　费力而不减产的方法:

　　① 一个孩子的父亲说:"这是一件好事,告诉我你们对改变
　　　耕作方法有何想法。"

　　② 另一个孩子的父亲说:"这种种水稻的方法是我们一直沿
　　　用的,谈论什么变革除了浪费时间外毫无用处。"

　　您同意哪一种说法?

　D. 一个人位居高职需要什么资格: 14 __

　　① 要有一个杰出的家庭背景　② 有基层工作经验逐级晋升

　　③ 受人欢迎群众拥护　　　④ 具有高等教育和专业知识

　E. 对一个国家的前途来说,什么最重要: 15 __

　　① 人民努力工作　② 政府方面良好的计划　③ 好运气

　F. 大学里的博学者正在研究诸如,是什么决定了婴儿是男性还 16 __
　　是女性,或一粒种子何以成为一棵植物。您认为这类研究:

　　① 都很好　　　　　② 都有好处

　　③ 都有点害处　　　　④ 都非常有害

　G. 有些人说,夫妻必须限制生育孩子的数量,以便更好地关心 17 __
　　照顾已有的孩子;有些人说,有意限制孩子数量不好。

　　您比较赞同哪一种看法?

　　① 前一种　　　　　② 后一种

　H. 下列哪一样新闻使您最感兴趣? 18 __

　　① 世界大事(他国发生的事件)

　　② 国内新闻　　　　③ 自己家乡的新闻

　　④ 体育、宗教、庆典或节日

　I. 如果您会见一个居住在很远国家的外国人,你能理解他的思 19 __
　　考方式吗?

　　① 能　　　　　　② 不能

　J. 您认为一个没有任何宗教信仰的人,能是一个真正的好人吗? 20 __

　　① 能　　　　　　② 不能

　K. 您是否属于某个社团? 如果是,该社团的名字是什么? 21—22 ____

　　_____

　L. 您能告诉我,当前我国面临的最大问题是什么?(用文字填写) 23—24 ___

M. 巴黎是哪个国家的城市?　_____　　　　　　　　　　25 __

N. 您经常从报纸上获得新闻和信息吗?　　　　　　　　　26 __
　　① 每天　　　　　　　　　② 一周几次
　　③ 偶尔(很少)　　　　　　④ 从不

O. 当您和一个从不认识的人打交道时,您是否会信任他?　27 __
　　(1) 完全信任　　(2) 基本信任　　(3) 很难说
　　(4) 不太信任　　(5) 很不信任

P. 有人说防人之心不可无,即使对好朋友也不可过于交心。您　28 __
　　同意这种说法吗?
　　(1) 完全同意　　(2) 基本同意　　(3) 很难说
　　(4) 不太同意　　(5) 很不同意

Q. 如果您的子女结婚了,您希望他(她)们生个男孩还是女孩?　29 __
　　(1) 女孩　　　　(2) 男孩　　　　(3) 男女都一样

R. 某项工作收入一般但旱涝保收;另项工作收入很高但没有　30 __
　　保证,您愿意选哪项工作?
　　(1) 选前一项工作　(2) 选后一项工作　(3) 不知道

S. 如果您有了足够的钱,不愁吃穿,您是否还工作?　　　　31 __
　　(1) 继续工作　　(2) 不再工作　　(3) 不好说

T. 您认为有多少资产(人民币元) 就可以过上称心如意的日子?　32 __
　　(1) 3—5 万　　　　(2) 5—10 万
　　(3) 10—30 万　　　(4) 30—50 万
　　(5) 50—100 万　　　(6) 100 万以上

U. 在日常生活中有了多余的钱,您倾向于怎样使用它?　　　33 __
　　(1) 买能保值的物品　　　(2) 买股票债券
　　(3) 存入银行　　(4) 放债给别人　　(5) 吃喝娱乐
　　(6) 不存不花留在手里　　(7) 其他(　　　　)

V. 请问您是否了解下面的事物?

	1. 了解	2. 听说过,不解其意	3. 不了解	
支票	＿＿	＿＿	＿＿	34 __
债券	＿＿	＿＿	＿＿	35 __
合同	＿＿	＿＿	＿＿	36 __
期货	＿＿	＿＿	＿＿	37 __
公关	＿＿	＿＿	＿＿	38 __
法人	＿＿	＿＿	＿＿	39 __
股票	＿＿	＿＿	＿＿	40 __
董事	＿＿	＿＿	＿＿	41 __
保险	＿＿	＿＿	＿＿	42 __

W. 您是否同意如下的说法?

（很同意）	1	2	3	4	5	
做自己喜欢的事,不在乎人家怎么议论	__	__	__	__	__	43 __
只要生活能过得去就没有必要冒险	__	__	__	__	__	44 __
最好少与有权势的人抗争	__	__	__	__	__	45 __
遇到天灾人祸最好顺其自然	__	__	__	__	__	46 __
广播中的消息总不会错	__	__	__	__	__	47 __
成事靠自己,别指望别人帮你忙	__	__	__	__	__	48 __
挣不了钱的工作是最没意义的工作	__	__	__	__	__	49 __
即使有了钱也要过节俭的日子	__	__	__	__	__	50 __
钱挣的越多人心越坏	__	__	__	__	__	51 __

X. 您是否知道上海市政府制定的"七不规范"?   52 __

┌ (1) 知道　(2) 知道一部分　(3) 不知道

└→ 您已经做到了哪几条?(做到的打 √)

(1) 不随地吐痰   53 __

(2) 不乱扔垃圾   54 __

(3) 不损坏公物   55 __

(4) 不破坏绿化   56 __

(5) 不乱穿马路   57 __

(6) 不在公共场所吸烟   58 __

(7) 不说脏话、粗话   59 __

Y. 您认为"七不规范"中最不容易做到的是哪一条? _____   60 __

Z. 请您用一句话来描述"上海人"的特点(素质):   61 __

_____

43. 您对目前的健康状况满意吗?

	很满意 1	还算满意 2	一般 3	不太满意 4	很不满意 5	
身体状况						62 __
心情状况						63 __

44. 请您对城市居民的十四个主要方面分别进行满意程度的五级量表评价,并从中选出三项您认为理想生活起码必备的基本条件:

	很满意 1	基本满意 2	一般 3	不太满意 4	很不满意 5	理想生活必备的三个条件(按重要性1—3排序)	
1. 住房							64 __
2. 工作							65 __
3. 婚姻							66 __
4. 家庭生活							67 __
5. 政府							68 __
6. 健康							69 __
7. 自然环境							70 __
8. 社会风气							71 __
9. 个人经济状况							72 __
10. 个人基本权益							73 __
11. 社会地位							74 __
12. 文化生活							75 __
13. 朋友、友谊							76 __
14. 时间分配状况							77 __ 78—80 __ __

现在,请您对浦东新区政府及社会发展局的工作作些评价与建议：　卡 5(1-10)

45. 您对新区政府工作的基本评价是：　　　　　　　　　　　　　　11 __

　　(1) 尽了很大努力　　　(2) 尽了努力

　　(3) 一般　　　　　　　(4) 尽力不够　　　(5) 很不尽力

46. 您认为新区政府的管理水平总体上说：　　　　　　　　　　　　12 __

　　(1) 很高　(2) 较高　(3) 一般　(4) 较低　(5) 很低

47. 一年来,您对新区政府的工作关心吗?　　　　　　　　　　　　13 __

　　(1) 非常关心　　　　　(2) 比较关心　　　(3) 不太关心

48. 您认为浦东新区目前的经济发展速度是：　　　　　　　　　　　14 __

　　(1) 进入了快车道　　　(2) 一般速度　　　(3) 进展不快

49. 您认为浦东新区目前的经济与社会发展是否协调?　　　　　　　15 __

　　(1) 很协调　　　　　(2) 不太协调　　　(3) 很不协调

50. 浦东开放几年来,是否取得了以下各方面的进展?(多选)　　16—20
　　(1) 基础设施初见形象　　　(2) 重点开发小区产生效益
　　(3) 经济综合实力明显增长　(4) 各类市场建设形成规模
　　(5) 其他(　　　　)

51. 浦东开发几年来,您及您的家人是否从中受益,得到了"实惠"?　21 __
　　(1) 得到　　　　　(2) 不明显　　　　　(3) 没得到
　　若"得到"的话,受益最大的是什么? _____　22—23
　　若"没受益"的话,希望今后解决什么问题? _____　24—25

52. 您是否听说:"今年中央赋予了浦东新五年开发开放的功能性　26 __
　　政策?"
　　(1) 听说了　　　　　(2) 没听说

53. 国家经济生活中政策的一些变化,您认为与您个人就业生活等
　　是否相关?

经济政策　　与个人:	有关	无所谓	无关	
外贸企业在新区设子公司	____	____	____	27 __
中外合资的外贸企业	____	____	____	28 __
外高桥保税区的商业经营活动	____	____	____	29 __
外资银行经营人民币业务	____	____	____	30 __
外资金融机构设分支机构	____	____	____	31 __
个人支票使用	____	____	____	32 __
产业结构调整	____	____	____	33 __
产业技术进步	____	____	____	34 __
信用卡的使用	____	____	____	35 __
国家外贸发展	____	____	____	36 __

54. 您知道浦东未来五年进行的以第二批十大工程为主的基础设　37—41
　　施建设吗?
　　请您说出五项:(1)_____　(2)_____　　　　　　　　　——
　　(3)_____　　(4)_____　　(5)_____　　　　　　　——

55. 请您选出下列设置中哪些是属于我国的一级政府?(凡属于即　42 __
　　打"√")
　　(1) 市　(2) 区　(3) 县　(4) 乡(镇)　(5) 街道

56. 您建议浦东城市化地区实行怎样的政府管理模式?　　　　　43 __
　　(1) 二级政府二级管理(市—新区)
　　(2) 二级政府三级管理(市—新区—街道)
　　(3) 新型的三级管理(市—新区—社区)

(4) 其他政府管理模式,建议:＿＿＿＿＿＿＿＿＿＿＿＿＿

＿＿＿＿＿＿＿＿＿＿＿＿＿＿＿＿＿＿＿＿＿＿＿＿＿

57. 您知道浦东新区有个"社会发展局"吗?　　　　　　　　　　44 __

  (1) 知道　　　　　　　　(2) 不知道

58. 您是通过什么途径了解或知道浦东新区社会发展局的?　　45 __

  (1) 新闻媒介　　　　(2) 亲朋好友　　　(3) 各项活动

  (4) 千户调查　　　　(5) 其他途径

59. 社会发展局的工作范围是:＿＿＿＿＿＿＿＿＿＿＿＿＿＿　　46 __

60. 您认为浦东新区近五年的学校教育在总体上是:　　　　　　47 __

  (1) 进展很快　(2) 有所进展　(3) 老样子　(4) 一年不如一年

61. 您认为新区在试行多种模式办学上应优先发展:　　　　　　48 __

  (1) 公立学校　(2) 私立学校　(3) 境外机构和个人合作办学

  (4) 企事业单位办学　(5) 房产开发商办学　(6) 其他(　　)

62. 您认为新区学校教育目前要解决的主要问题是:(单选)　　49 __

  (1) 实施义务教育　　(2) 提高教育质量　(3) 充实师资队伍

  (4) 解决入学高峰　　(5) 减轻学生负担　(6) 制止乱收杂费

  (7) 多种模式办学　　(8) 其他(　　　)

63. 您认为在医疗卫生方面,最急需解决的是什么问题?(单选)　50 __

  (1) 医疗网点　　　　(2) 医疗质量　　　(3) 医德医风

  (4) 医院设备　　　　(5) 医疗费用　　　(6) 特别服务

  (7) 以物代药　　　　(8) 收受红包　　　(9) 其他(　　)

64. 您步行到离您家最近的医院(含地段医院卫生所站)需要用　51—53 ＿＿＿＿

 ＿＿＿＿分钟,您建议离家步行＿＿＿＿分钟应设立一个医院　54—56 ＿＿＿＿

 或诊所。

65. 您认为目前浦东新区与创建国家级卫生城区的条件相比　　57 __

  (1) 很接近　　　　　(2) 差不多　　　　(3) 差很多

66. 在浦东新区创建国家卫生城市首先要解决什么问题?(单选)　58 __

  (1) 食品卫生　　　　(2) 公共场所卫生　(3) 饮水卫生

  (4) 传染病防治　　　(5) 室外环境卫生　(6) 其他(　　)

67. 您认为在新区医院中首先要建设的特色医院、特色专科是什　59 __

 么?(单选)

  (1) 心血管病　　　　(2) 老年病　　　　(3) 肛肠病

  (4) 精神病　　　　　(5) 心理保健　　　(6) 儿童医院

  (7) 其他(　　　)

68. 您喜欢看书吗?　　　　　　　　　　　　　　　　　　　　60

  (1) 喜欢　　(2) 一般　　(3) 不喜欢　　　　　　　　61—62

  您最喜欢看的是哪一类书?＿＿＿＿＿＿＿＿＿＿＿＿＿

69. 您家中是否订阅报纸杂志?   63 __

  ┌─(1) 订　　(2) 没有订   64—65

  └─►所订阅的报纸杂志名称:＿＿＿＿＿＿＿＿＿

70. 您觉得浦东目前能否称得上一座"不夜城"?   66 __

  (1) 能   (2) 不能

71. 您认为浦东目前的夜生活哪些方面比较欠缺? (可选两项)   67—68

  (1) 购物场所少   (2) 餐饮场所少

  (3) 文化娱乐场所少   (4) 环境幽雅的地方少

  (5) 夜间安全保障差   (6) 夜晚交通不方便

  (7) 业余夜校缺少   (8) 其他(　　)

72. 您觉得浦东的交通方便吗?   69 __

  (1) 很方便   (2) 比较方便   (3) 一般   (4) 不方便

  (5) 很不方便

73. 为改善公共交通,您认为下列措施的迫切程度是:(选两项请   70—71

  排序)

  (1) 增加公共汽车线路□   (2) 把月票改为本票(预售票) □   __ __

  (3) 增加出租车数量□   (4) 改善道路设施□

  (5) 改善服务水平□   (6) 其他(　　)□

74. 您生活中需要帮助或有了困难,首先想到找谁来帮助解决?   72 __

  (1) 政府机构   (2) 居委街道(村委乡镇)

  (3) 工作单位   (4) 邻里街坊

  (5) 亲朋好友   (6) 其他(　　　　)

75. 您在向您的朋友介绍你的住址时,会首先采用: 73 __

  (1) 道路名   (2) 所在街道名   (3) 所在小区名

  (4) 公共设施名(如宾馆、影院等)   (5) 其他名称(　　　　)

76. 您家所在地区的街道居委(乡镇村委) 开展"社区服务"工作吗?   74 __

  ┌──(1) 开展   (2) 不开展   (3) 不知道

  └─►有哪些社区服务项目?(请举例)   75—76 __ __

  ──────────────────────────────

77. 您是否知道社会发展局今年为老百姓设立了一个电脑信箱及   77 __

  "市民 999 求助电话"?

  ┌──(1) 知道   (2) 不知道   78 __

  └─►您使用过吗?(1) 用过   (2) 没用过

78. 您家是否属于贫困户?(市区人均月收入在 165 元以下或近郊   卡 6(1—10)

  农村人均年收入 800 元以下)   11 __

```
┌─(1) 是　　(2) 不是
│
└→造成困难的主要原因是＿＿＿＿＿＿＿＿＿。
```
12—13

79. 你目前享受哪几种保障形式?(多选)　　14—17

(1) 公共医疗或劳保医疗与病假　　(2) 离退休金

(3) 残疾人抚恤金　　(4) 遗属补助　　(5) 生育补助与产假

(6) 工伤抚恤金　　(7) 失业救济金　　(8) 政府社会救济金

(9) 优抚金　　(10) 不同机构的困难补助

(11) 其他(不同)(　　　　)

80. 如果您或家庭遇到下列生活问题时,你首先会找谁去争取帮助:

	政府机构 (1)	工作单位 (2)	居委村委 (3)	邻居街坊 (4)	亲朋好友 (5)	自己解决 (6)	
照顾老人生活							18 __
独自养育未成年子女							19 __
照顾生活不能自理的亲友							20 __
失业或下岗后再找工作							21 __
家中遭意外难以维持生活							22 __
退休后再就业							23 __

81. 你目前医疗保障状况是:　　24 __

(1) 全部自费　　(2) 公费医疗　　(3) 劳保医疗

(4) 其他形式医疗保险(注明＿＿＿＿)

82. 你目前主要参与或享受:　　25 __

(1) 社会养老保险　　(2) 单位补充养老保险

(3) 个人自愿养老保险　　(4) 其他保险(注明＿＿＿)

83. 以目前生活水平,你认为每月退休金至少得＿＿＿＿元?　　26—28

84. 如你是在职者,你愿否交纳失业准备金?　　29 __

(1) 愿意　　(2) 不愿意

85. 对失业或下岗人员,你认为较好的办法是:(二选)　　30—31

(1) 企业生产自救,扩大劳动安置　　(2) 企业间交流

(3) 企业进行培训,进入新岗位　　(4) 企业清退外劳后吸收

(5) 企业抚养　　(6) 组织下岗职工开拓新领域

(7) 一次性补助,自行解决　　(8) 让其走向社会

(9) 其他(　　　　)

86. 你家是否有下列人员或属于下列情形:(三选)　　32—34

(1) 哺乳期婴儿　　(2) 在学青少年　　(3) 60岁以上老人

(4) 生活自理困难者　(5) 身体残疾者　(6) 精神病患者

(7) 失业或下岗成员　(8) 烈军属　(9) 绝症患者

(10) 都没有

87. 您认为这几年浦东新区居(村)民自身生活质量提高速度 35 __

    (1) 很快　(2) 较快　(3) 一般　(4) 较慢　(5) 很慢

88. 和你周围人相比,你认为你的生活水平处于哪一等?(只选一项) 36 __

    (1) 上等　(2) 中上等　(3) 中等　(4) 中下等　(5) 下等

89. 您认为你自己今后两三年的生活水平和现在比会怎么样? 37 __

    (只选一项)

    (1) 比现在更好　　(2) 和现在差不多　　(3) 比现在更差

    (4) 说不清

90. 如果有一机会,让您迁往浦西,您会: 38 __

    (1) 立即就迁　　(2) 考虑一下再说　　(3) 不迁 39—40

    原因是:_____ ___

91. 您对新区政府的工作有何建议与要求?_____ 41—60

    _____

    _____

    _____

    _____

92. 您是否认为新区正在形成和应该倡导一种"浦东精神"? 61—80

    您认为什么是"浦东精神"?

    _____

    _____

    _____

最后,请问一些您的家庭收入和生活情况。 卡 7(1—10)

93. 您目前的月收入状况:

    (1) 基本工资_____元 11—14 _____

    (2) 各种补贴_____元 15—17 ____

    (3) 奖金_____元 18—20 ____

    (4) 其他津贴及收入(_____)_____元 21—23 ____

    (5) 每月合计_____元 24—27 _____

94. 您全家今年的每月平均收入是_____元 28—32 _____

95. 在目前情况下,您家的收入能不能满足基本生活需要? 33 __

    (1) 有剩余　　(2) 基本持平　　(3) 不能满足

96. 您家前三个月(8、9、10月)的平均月支出情况(元以下四舍五入)：

    (1) 主食(米、面等)＿＿＿＿元　　　　　　　　　　34—36 ＿＿＿

    (2) 主要副食品(肉、蛋、鱼等)＿＿＿＿元　　　　37—39 ＿＿＿

    (3) 蔬菜及各种副食品＿＿＿＿元　　　　　　　　40—42 ＿＿＿

    (4) 烟、酒、糖、茶、糕点等＿＿＿＿元　　　　　43—45 ＿＿＿

    (5) 房租＿＿＿＿元　　　　　　　　　　　　　　46—48 ＿＿＿

    (6) 水电、燃料费＿＿＿＿元　　　　　　　　　　49—51 ＿＿＿

    (7) 报纸、杂志、文化用品＿＿＿＿元　　　　　　52—54 ＿＿＿

    (8) 添置衣物＿＿＿＿元　　　　　　　　　　　　55—57 ＿＿＿＿＿

    (9) 各种交往应酬＿＿＿＿元　　　　　　　　　　58—60 ＿＿＿

    (10) 医药费＿＿＿＿元　　　　　　　　　　　　　61—63 ＿＿＿

    (11) 子女及本人学习费＿＿＿＿元　　　　　　　64—66 ＿＿＿

    (12) 资助子女费＿＿＿＿元　　　　　　　　　　　67—69 ＿＿＿

    (13) 赡养老人费＿＿＿＿元　　　　　　　　　　　70—72 ＿＿＿

    (14) 储蓄＿＿＿＿元　　　　　　　　　　　　　　73—76 ＿＿＿

    (15) 其他( )＿＿＿＿元　　　　　　　　　　　77—80 ＿＿＿＿＿

97. 您家耐用消费品的拥有情况：　　　　　　　　　卡 8(1—10)

名称	有 1	无 2	打算购买时间 (1) 今明年 (2) 三年以后	不打算购买 3	
彩　电					11—12 ＿＿
黑白电视机					13—14 ＿＿
电冰箱					15—16 ＿＿
洗衣机					17—18 ＿＿
微波炉					19—20 ＿＿
照相机					21—22 ＿＿
钢　琴					23—24 ＿＿
组合音响					25—26 ＿＿
空　调					27—28 ＿＿
摩托车					29—30 ＿＿
录像机					31—32 ＿＿
电　脑					33—34 ＿＿
激光影碟机					35—36 ＿＿
传真机					37—38 ＿＿

98. 您家现住房的产权是：　　　　　　　　　　　　　　　　　39 ___

    (1) 公房、单位房　(2) 公房、市管房　(3) 原为公房买下产权

    (4) 祖传私房　　(5) 其他(　　)

99. 您家的住房共有多少使用面积？ _____平方米　　　　40—42 _____

100. 您家的住房间数是：_____间　　　　　　　　　　　43—44 ___

101. 您家厨房的情况是：　　　　　　　　　　　　　　　　　45 ___

    (1) 单独使用　　(2) 与别人合用

    (3) 没厨房(指没有单独房间)

102. 您家的卫生设备情况是：　　　　　　　　　　　　　　　46 ___

    (1) 单独使用　　(2) 几家共用　　　(3) 便桶

    (4) 上公共厕所

103. 您家是否备有浴缸或淋浴设备？　　　　　　　　　　　47 ___

    (1) 是　　　　　(2) 否

104. 您家自来水使用情况是：　　　　　　　　　　　　　　48 ___

    (1) 单独使用　　(2) 几家合用　　　(3) 给水站取水

105. 您家的燃料使用情况是：　　　　　　　　　　　　　　49 ___

    (1) 管道煤气　(2) 液化气　(3) 煤炉　(4) 其他(　　)

106. 您的家庭安装电话了吗？　　　　　　　　　　　　　　50 ___

    (1) 已经安装　　(2) 没有安装

    (3) 其他(　　)

107. 您生活中还有什么困难和问题？（选五项主要的排序）　51—60 ___

排序	1	2	3	4	5
困难					

    (1) 买早点难　(2) 吃水难　　(3) 买菜难

    (4) 洗澡难　　(5) 孩子入托难　(6) 买合适的日常用品

    (7) 上下班路途远　(8) 工作单位不顺心

    (9) 家庭经济困难　(10) 照顾老人病人负担重

    (11) 家庭不和睦　(12) 本人身体不好

    (13) 邻里不和　　(14) 孩子不好管教　(15) 其他

全卷答毕,再次表示感谢！

一、被访姓名_____家庭地址_____

二、访问日期___年___月___日　开始时间_____结束时间_____

三、访问成功程度：

<pre>
        1   2   3   4   5
     ─────────────────────────
     非常成功   很不成功
</pre>

四、是否原被访者：

    (1) 是   (2) 不是(原因_____)

五、需要进一步复核的问题：

    1.

    2.

    3.

调查附记：

                                访问员_____

                                系 别_____

                                复核员_____

                                录入员_____

(附：原被访者简况≡性别____年龄____文化____职业____)

二、统计用表

（一）随机数表

```
10 09 73 25 33    76 52 01 35 86    34 67 35 48 76    80 95 90 91 17    39 29 27 49 45
37 54 20 48 05    64 89 47 42 96    24 80 52 40 37    20 63 61 04 02    00 82 29 16 65
08 42 26 89 53    19 64 50 93 03    23 20 90 25 60    15 95 33 47 64    35 08 03 36 06
99 01 90 25 29    09 37 67 07 15    38 31 13 11 65    88 67 67 43 97    04 43 62 76 59
12 80 79 99 70    80 15 73 61 47    64 03 23 66 53    98 95 11 68 77    12 17 17 68 33

66 06 57 47 17    34 07 27 68 50    36 69 73 61 70    65 81 33 98 85    11 19 92 91 70
31 06 01 08 05    45 57 18 24 06    35 30 34 26 14    86 79 90 74 39    23 40 30 97 32
85 26 07 76 02    02 05 16 56 92    68 66 57 48 18    73 05 38 52 47    18 62 38 85 79
63 57 33 21 35    05 32 54 70 48    90 55 35 75 48    28 46 82 87 09    83 49 12 56 24
73 79 64 57 53    03 52 96 47 78    35 80 83 42 82    60 93 52 03 44    35 27 38 84 35

98 52 01 77 67    14 90 56 86 07    22 10 94 05 58    60 97 09 34 33    50 50 07 39 98
11 80 50 54 31    39 80 82 77 32    50 72 56 82 48    29 40 52 42 01    52 77 56 78 51
83 45 29 96 34    06 28 89 80 83    13 74 67 00 78    18 47 54 06 10    68 71 17 78 17
88 68 54 02 00    86 50 75 84 01    36 76 66 79 51    90 36 47 64 93    29 60 91 10 62
99 59 46 73 48    87 51 76 49 69    91 82 60 89 28    93 78 56 13 68    23 47 83 41 13
```

421

65 48 11 76 74　　17 46 85 09 50　　58 04 77 69 74　　73 03 95 71 86　　40 21 81 65 44
80 12 43 56 35　　17 72 70 80 15　　45 31 82 23 74　　21 11 57 82 53　　14 38 55 37 63
74 35 09 98 17　　77 40 27 72 14　　43 23 60 02 10　　45 52 16 42 37　　96 28 60 26 55
69 91 62 68 03　　66 25 22 91 48　　36 93 68 72 03　　76 62 11 39 90　　94 40 05 64 18
09 89 32 05 05　　14 22 56 85 14　　46 42 75 67 88　　96 29 77 88 22　　54 38 21 45 98

91 49 91 45 23　　68 47 92 76 86　　46 16 28 35 54　　94 75 08 99 23　　37 08 92 00 48
80 33 69 45 98　　26 94 03 68 58　　70 29 73 41 35　　53 14 03 33 40　　42 05 08 23 41
44 10 48 19 49　　85 15 74 79 54　　32 97 92 65 75　　57 60 04 08 81　　22 22 20 64 13
12 55 07 37 42　　11 10 00 20 40　　12 86 07 46 97　　96 64 48 94 39　　28 70 72 58 15
63 60 64 93 29　　16 50 53 44 84　　40 21 95 25 63　　43 65 17 70 82　　07 20 73 17 90

61 19 69 04 46　　26 45 74 77 74　　51 92 43 37 29　　65 39 45 95 93　　42 58 26 05 27
15 47 44 52 66　　95 27 07 99 53　　59 36 78 38 48　　82 39 61 01 18　　33 21 15 94 66
94 55 72 85 73　　67 89 75 43 87　　54 62 24 44 31　　91 19 04 25 92　　92 92 74 59 73
42 48 11 62 13　　97 34 40 87 21　　16 86 84 87 67　　03 07 11 20 59　　25 70 14 66 70
23 52 37 83 17　　73 20 88 98 37　　68 93 59 14 16　　26 25 22 96 63　　05 52 28 25 62

04 49 35 24 94　　75 24 63 38 24　　45 86 25 10 25　　61 96 27 93 35　　65 33 71 24 72
00 54 99 76 54　　64 05 18 81 59　　96 11 96 38 96　　54 69 28 23 91　　23 28 72 95 29
35 96 31 53 07　　26 89 80 93 54　　33 35 13 54 62　　77 97 45 00 24　　90 10 33 93 33
59 80 80 83 91　　45 42 72 68 42　　83 60 94 97 00　　13 02 12 48 92　　78 56 52 01 06
46 05 88 52 36　　01 39 09 22 86　　77 28 14 40 77　　93 91 08 36 47　　70 61 74 29 41

32 17 90 05 97　　87 37 92 52 41　　05 56 70 70 07　　86 74 31 71 57　　85 39 41 18 38
69 23 46 14 06　　20 11 74 52 04　　15 95 66 00 00　　18 74 39 24 23　　97 11 89 63 38
19 56 54 14 30　　01 75 87 53 79　　40 41 92 15 85　　66 67 43 68 06　　84 96 28 52 07
45 15 51 49 38　　19 47 60 72 46　　43 66 79 45 43　　59 04 79 00 33　　20 82 66 95 41
94 86 43 19 94　　36 16 81 08 51　　34 88 88 15 53　　01 54 03 54 56　　05 01 45 11 76

98 08 62 48 26　　45 24 02 84 04　　44 99 90 88 96　　39 09 47 34 07　　35 44 13 18 80
33 18 51 62 32　　41 94 15 09 49　　89 43 54 85 81　　88 69 54 19 94　　37 54 87 30 43
80 95 10 04 06　　96 38 27 07 74　　20 15 12 33 87　　25 01 62 52 98　　94 62 46 11 71
79 75 24 91 40　　71 96 12 82 96　　69 86 10 25 91　　74 85 22 05 39　　00 38 75 95 79
18 63 33 25 37　　98 14 50 65 71　　31 01 02 46 74　　05 45 56 14 27　　77 93 89 19 36

74 02 94 39 02　　77 55 73 22 70　　97 79 01 71 19　　52 52 75 80 21　　80 81 45 17 48
54 17 84 56 11　　80 99 33 71 43　　05 33 51 29 69　　56 12 71 92 55　　36 04 09 03 24
11 66 44 98 83　　52 07 98 48 27　　59 38 17 15 39　　09 97 33 34 40　　88 46 12 33 56
48 32 47 79 28　　31 24 96 47 10　　02 29 53 68 70　　32 30 75 75 46　　15 02 00 99 94
69 07 49 41 38　　87 63 79 19 76　　35 58 40 44 01　　10 51 82 16 15　　01 84 87 69 38

09 18 82 00 97　　32 82 53 95 27　　04 22 08 63 04　　83 38 98 73 74　　64 27 85 80 44
90 04 58 54 97　　51 98 15 06 54　　94 93 88 19 97　　91 87 07 61 50　　68 47 66 46 59
73 18 95 02 07　　47 67 72 52 69　　62 29 06 44 64　　27 12 46 70 18　　41 36 18 27 60
75 76 87 64 90　　20 97 18 17 49　　90 42 91 22 72　　95 37 50 58 71　　93 82 34 31 78
54 01 64 40 56　　66 28 13 10 03　　00 68 22 73 98　　20 71 45 32 95　　07 70 61 78 13

```
08 35 86 99 10    78 54 24 27 85    13 66 15 88 73    04 61 89 75 53    31 22 30 84 20
28 30 60 32 64    81 33 31 05 91    40 51 00 78 93    32 60 46 04 75    94 11 90 18 40
53 84 08 62 33    81 59 41 36 28    51 21 59 02 90    28 46 66 87 95    77 76 22 07 91
91 75 75 37 41    61 61 36 22 69    50 26 39 02 12    55 78 17 65 14    83 48 34 70 55
89 41 59 26 94    00 39 75 83 91    12 60 71 76 46    48 94 97 23 06    94 54 13 74 08

77 51 30 38 20    86 83 42 99 01    68 41 48 27 74    51 90 81 39 80    72 89 35 55 07
19 50 23 71 74    69 97 92 02 88    55 21 02 97 73    74 28 77 52 51    65 34 46 74 15
21 81 85 93 13    93 27 88 17 57    05 68 67 31 56    07 08 28 50 46    31 85 33 84 52
51 47 46 64 99    68 10 72 36 21    94 04 99 13 45    42 83 60 91 91    08 00 74 54 49
99 55 96 83 31    62 53 52 41 70    69 77 71 28 30    74 81 97 81 42    43 86 07 28 34

33 71 34 80 07    93 58 47 28 69    51 92 66 47 21    58 30 32 98 22    93 17 49 39 72
85 27 48 68 93    11 30 32 92 70    28 83 43 41 37    73 51 59 04 00    71 14 84 36 43
84 13 38 96 40    44 03 55 21 66    73 85 27 00 91    61 22 26 05 61    62 32 71 84 23
56 73 21 62 34    17 39 59 61 31    10 12 39 16 22    85 49 65 75 60    81 60 41 88 80
65 13 85 68 06    87 64 88 52 61    34 31 36 58 61    45 87 52 10 69    85 64 44 72 77

38 00 10 21 76    81 71 91 17 11    71 60 29 29 37    74 21 96 40 49    65 58 44 96 98
37 40 29 63 97    01 30 47 75 86    56 27 11 00 86    47 32 46 26 05    40 03 03 74 38
97 12 54 03 48    87 08 33 14 17    21 81 53 92 50    75 23 76 20 47    15 50 12 95 78
21 82 64 11 34    47 14 33 40 72    64 63 88 59 02    49 13 90 64 41    03 85 65 45 52
73 13 54 27 42    95 71 90 90 35    85 79 47 42 96    08 78 98 81 56    64 69 11 92 02

07 63 87 79 29    03 06 11 80 72    96 20 74 41 56    23 82 19 95 38    04 71 36 69 94
60 52 88 34 41    07 95 41 98 14    59 17 52 06 95    05 53 35 21 39    61 21 20 64 55
83 59 63 56 55    06 95 89 29 83    05 12 80 97 19    77 43 35 37 83    92 30 15 04 98
10 85 06 27 46    99 59 91 05 07    13 49 90 63 19    53 07 57 18 39    06 41 01 93 62
39 82 09 89 52    43 62 26 31 47    64 42 18 08 14    43 80 00 93 51    31 02 47 31 67

59 58 00 64 78    75 56 97 88 00    88 83 55 44 86    23 76 80 61 56    04 11 10 84 08
38 50 80 73 41    23 79 34 87 63    90 82 29 70 22    17 71 90 42 07    95 95 44 99 53
30 69 27 06 68    94 68 81 61 27    56 19 68 00 91    82 06 76 34 00    05 46 26 92 00
65 44 39 56 59    18 28 82 74 37    49 63 22 40 41    08 33 76 56 76    96 29 99 08 36
27 26 75 02 64    13 19 27 22 94    07 47 74 46 06    17 98 54 89 11    97 34 13 03 58

91 30 70 69 91    19 07 22 42 10    36 69 95 37 28    28 82 53 57 93    28 97 66 62 52
68 43 49 46 88    84 47 31 36 22    62 12 69 84 08    12 84 38 25 90    09 81 59 31 46
48 90 81 58 77    54 74 52 45 91    35 70 00 47 54    83 82 45 26 92    54 13 05 51 60
06 91 34 51 97    42 67 27 86 01    11 88 30 95 28    63 01 19 89 01    14 97 44 03 44
10 45 51 60 19    14 21 03 37 12    91 34 23 78 21    88 32 58 08 51    43 66 77 08 83

12 88 39 73 43    65 02 76 11 84    04 28 50 13 92    17 97 41 50 77    90 71 22 67 69
21 77 83 09 76    38 80 73 69 61    31 64 94 20 96    63 28 10 20 23    08 81 64 74 49
19 52 35 95 15    65 12 25 96 59    86 28 36 82 58    69 57 21 37 98    16 43 59 15 29
67 24 55 26 70    35 58 31 65 63    79 24 68 66 86    76 46 33 42 22    26 65 59 08 02
60 58 44 73 77    07 50 03 79 92    45 13 42 65 29    26 76 08 36 37    41 32 64 43 44
```

53 85 34 13 77	36 06 69 48 50	58 83 87 38 59	49 36 47 33 31	96 24 04 36 42
24 63 73 87 36	74 38 48 93 42	52 62 30 79 92	12 36 91 86 01	03 74 28 38 73
83 08 01 24 51	38 99 22 28 15	07 75 95 17 77	97 37 72 75 85	51 97 23 78 67
16 44 42 43 34	36 15 19 90 73	27 49 37 09 39	85 13 03 25 52	54 84 65 47 59
60 79 01 81 57	57 17 86 57 62	11 16 17 85 76	45 81 95 29 79	65 13 00 48 60

（二）标准正态分布表

（Z＝标准值）

Z	.00	.01	.02	.03	.04	.05	.06	.07	.08	.09
0.0	.000 0	.004 0	.008 0	.012 0	.015 9	.019 9	.023 9	.027 9	.031 9	.035 9
0.1	.039 8	.043 8	.047 8	.051 7	.055 7	.059 6	.063 6	.067 5	.071 4	.075 3
0.2	.079 3	.083 2	.087 1	.091 0	.094 8	.098 7	.102 6	.106 4	.110 3	.114 1
0.3	.117 9	.121 7	.125 5	.129 3	.133 1	.136 8	.140 6	.144 3	.148 0	.151 7
0.4	.155 4	.159 1	.162 8	.166 4	.170 0	.173 6	.177 2	.180 8	.184 4	.187 9
0.5	.191 5	.195 0	.198 5	.201 9	.205 4	.208 8	.212 3	.215 1	.219 0	.222 4
0.6	.225 7	.229 1	.232 4	.235 7	.238 9	.242 2	.245 4	.248 6	.251 8	.254 9
0.7	.258 0	.261 2	.264 2	.267 3	.270 4	.273 4	.276 4	.279 4	.282 3	.285 2
0.8	.283 1	.291 0	.293 9	.296 7	.299 5	.302 3	.305 1	.307 8	.310 6	.313 3
0.9	.315 9	.318 6	.321 2	.323 8	.326 4	.328 9	.331 5	.334 0	.336 5	.338 9
1.0	.341 3	.343 8	.346 1	.348 5	.350 8	.353 1	.355 4	.357 7	.359 9	.362 1
1.1	.364 3	.366 5	.368 6	.371 8	.372 9	.374 9	.377 0	.379 0	.381 0	.383 0
1.2	.384 9	.386 9	.388 8	.390 7	.392 5	.394 4	.396 2	.398 0	.399 7	.401 5
1.3	.403 2	.404 9	.406 6	.408 3	.409 9	.411 5	.413 1	.414 7	.416 2	.417 7
1.4	.419 2	.420 7	.422 2	.423 6	.425 1	.426 5	.427 9	.429 2	.430 6	.431 9
1.5	.433 2	.434 5	.435 7	.437 0	.438 2	.439 4	.440 6	.441 8	.443 0	.444 1
1.6	.445 2	.446 3	.447 4	.448 5	.449 5	.450 5	.451 5	.452 5	.453 5	.454 5
1.7	.455 4	.456 4	.457 3	.458 2	.459 1	.459 9	.460 8	.461 6	.462 5	.463 3
1.8	.464 1	.464 9	.465 6	.466 4	.467 1	.467 8	.468 6	.469 3	.469 9	.470 6
1.9	.471 3	.471 9	.472 6	.473 2	.473 8	.474 4	.475 0	.475 8	.476 2	.476 7
2.0	.477 2	.477 8	.478 3	.478 8	.479 3	.479 8	.480 3	.480 8	.481 2	.481 7

Z	.00	.01	.02	.03	.04	.05	.06	.07	.08	.09
2.1	.482 1	.482 6	.483 0	.483 4	.483 8	.484 2	.484 6	.485 0	.485 4	.485 7
2.2	.486 1	.486 5	.486 8	.487 1	.487 5	.487 8	.488 1	.488 4	.488 7	.489 0
2.3	.489 3	.489 6	.489 8	.490 1	.490 4	.490 6	.490 9	.491 1	.491 3	.491 6
2.4	.491 8	.492 0	.492 2	.492 5	.492 7	.492 9	.493 1	.493 2	.493 4	.493 6
2.5	.493 8	.494 0	.494 1	.494 3	.494 5	.494 6	.494 8	.494 9	.495 1	.495 2
2.6	.495 3	.495 5	.495 6	.495 7	.495 9	.496 0	.496 1	.496 2	.496 3	.496 4
2.7	.496 5	.496 6	.496 7	.496 8	.496 9	.497 0	.497 1	.497 2	.497 3	.497 4
2.8	.497 4	.497 5	.497 6	.497 7	.497 7	.497 8	.497 9	.498 0	.498 0	.498 1
2.9	.498 1	.498 2	.498 3	.498 4	.498 4	.498 4	.498 5	.498 5	.498 6	.498 6
3.0	.498 65	.498 7	.498 7	.498 8	.498 8	.498 8	.498 9	.498 9	.498 9	.499 0
3.1	.499 03	.499 1	.499 1	.499 1	.499 2	.499 2	.499 2	.499 2	.499 3	.499 3
4.0	.499 97									

取自 H. Arkin and R. R. Colton, Tables for Statisticians, 2nd edition, Harper & Row, 1963。

（三）Z 检验表

Z 检定：常用的显著度(p)与否定域($|Z| \geqslant$)

$p \leqslant$	$|Z| \geqslant$	
	一端	二端
0.10	1.29	1.65
0.05	1.65	1.96
0.02	2.06	2.33
0.01	2.33	2.58
0.005	2.58	2.81
0.001	3.09	3.30

参考文献

(1) 马克思、恩格斯:《马克思恩格斯选集》,人民出版社,1966。

(2) 列宁:《列宁选集》,人民出版社,1977。

(3) 毛泽东:《毛泽东选集》,人民出版社,1967。

(4) 马克思:《资本论》,中国社会出版社,1983。

(5) 恩格斯:《自然辩证法》,人民出版社,1971。

(6) 恩格斯:《英国工人阶级状况》,人民出版社,1956。

(7) 毛泽东:《毛泽东农村调查文集》,人民出版社,1982。

(8) 肖前等主编:《历史唯物主义原理》,人民出版社,1983。

(9) 洪谦主编:《逻辑经验主义》,商务印书馆,1982。

(10) 瞿铁鹏:《马克思社会研究方法论》,上海人民出版社,1991。

(11) 魏宏森:《系统科学方法论导论》,人民出版社,1983。

(12) 费孝通:《社会调查自白》,知识出版社,1985。

(13) 陈波等编著:《社会科学方法论》,中国人民大学出版社,1989。

(14) 朱红文:《人文精神与人文科学》,中共中央党校出版社,1994。

(15) 景天魁主编:《现代社会科学基础(定性与定量)》,中国社会科学出版社,1994。

(16) 吉尔德·德兰狄著,张茂元译:《社会科学——超越构建论和实在论》,吉林人民出版社,2005。

(17) 张巨清主编:《自然科学认识论问题》,湖南人民出版社,1984。

(18)〔美〕K·贝利著,许真译:《现代社会方法研究》,上海人民出版社,1986。

(19)〔美〕艾尔·巴比著,印泽奇译:《社会研究方法》,华夏出版社,2000。

(20)〔美〕艾尔·巴比著,李银河编译:《社会研究方法》,1987。

(21)〔美〕特纳著,范伟达主译:《现代西方社会学理论》,天津人民出版社,1988。

(22)〔法〕E·杜尔克姆著,胡伟译:《社会研究方法论》,华夏出版社,1988。

(23)〔英〕贝弗里奇:《科学研究的艺术》,科学出版社,1984。

(24)〔英〕卡尔·波普尔:《猜想与反驳》,上海译文出版社,1986。

(25)〔瑞士〕皮亚杰:《发生认识论原理》,商务印书馆,1981。

(26)〔苏〕科学院社会学研究所编,唐学文译:《社会学手册》,浙江人民出版社,1983。

(27)〔美〕W. L. Neuman 著,王佳煌等译:《当代社会研究法——质化与量化途径》,(台湾)学富文化事业有限公司,2005。

(28)〔英〕G·罗斯:《当代社会研究方法》,宁夏人民出版社,1988。

(29)〔日〕福武直等:《社会调查方法》,湖南大学出版社,1986。

(30)〔美〕约翰·洛西著,邱仁忠译:《科学哲学历史导论》,华中工学院出版社,1982。

(31)〔美〕卡尔纳普等著,江天骥主编:《科学哲学和科学方法论》,华夏出版社,1990。

(32)〔美〕威廉姆·福特·怀特:《街角社会——一个意大利人贫民区的社会结构》,商务印书馆,1993。

(33)〔美〕邓津、林肯主编,风笑天等译:《定性研究:经验资料搜集和分析的方法》,重庆大学出版社,2007。

(34)〔英〕邓肯·米切尔主编:《新社会学辞典》,上海译文出版社,1987。

(35)〔美〕小卡尔·迈克丹尼尔等著,范秀成译:《当代市场调研》,机械工业出版社,2000。

(36)谢宇著:《社会学方法与定量研究》,社会科学文献出版社,2006。

(37)林聚安等主编:《社会科学研究方法》,山东人民出版社,2004。

(38)〔美〕贝蒂·H·奇斯克:《政治学研究方法举隅》,中国社会科学出版社,1987。

(39)吕苏绮丽:《面谈艺术》,中华书局(香港)有限公司,1990。

(40)黄伟强编著:《市场调查指南》,万里书店,1988。

(41)林振春:《社会调查》,五南图书出版公司,1989。

(42)袁方主编:《社会调查原理和方法》,高等教育出版社,1990。

(43)苏驼主编:《社会调查研究方法》,天津人民出版社,1993。

（44）袁方主编，王汉生副主编：《社会研究方法教程》，北京大学出版社，1997。

（45）苏驼主编：《社会调查研究方法》，吉林人民出版社，1989。

（46）苏驼主编，江山河副主编：《社会调查原理与方法》，湖北科学技术出版社，1990。

（47）范伟达编著：《现代社会研究方法》，复旦大学出版社，2001。

（48）吴增基等主编：《现代社会调查方法》，上海人民出版社，1986。

（49）水延凯等：《社会调查教程》，中国人民大学出版社，1988。

（50）陈向明著：《质的研究方法与社会科学研究》教育科学出版社，2000。

（51）丘海雄编著：《社会统计学》，中山大学出版社，1993。

（52）〔芬〕雷同能等著，王天夫译：《复杂调查设计与分析的实用方法》，重庆大学出版社，2008。

（53）邱皓政著：《量化研究与统计分析》，重庆大学出版社，2009。

（54）张性秀等编著：《调查研究理论与方法》，国防科技大学出版社，2001。

（55）杨国枢等：《社会及行为科学研究法》，（台湾）东华书局，1981。

（56）李沛良：《社会研究的统计分析》，湖北人民出版社，1987。

（57）袁方主编：《社会统计学》，中国统计出版社，1988。

（58）沈关宝：《社会统计》（校内使用），上海大学文学院，1985。

（59）郭志刚等：《社会调查研究的量化方法》，中国人民大学出版社，1989。

（60）范伟达：《多元化的社会学理论》，辽宁人民出版社，1989。

（61）范伟达主编：《全球化与浦东社会变迁》，复旦大学出版社，2004。

（62）宣兆凯：《社会学概论》，新华出版社，1993。

（63）李执成等：《新时期政治工作调查与研究方法》，军事译文出版社，1988。

（64）谢安田：《企业研究方法》，（台湾）水牛出版社，1980。

（65）黄荣生主编：《市场调查与预测》，中国商业出版社，1998。

（66）张勋：《社会调查研究方法及其在行政管理中的应用》，中山大学出版社，1996。

（67）刘勇等：《市场调查精要》，石油工业出版社，1999。

（68）刘小红等：《服饰市场营销》，中国纺织出版社，1998。

（69）刘汉太：《中国的乞丐群落》，江苏文艺出版社，1987。

（70）天津市政府办公厅：《户卷调查与科学决策》，群众出版社，1988。

（71）朱庆芳：《社会指标的应用》，中国统计出版社，1992。

（72）范伟达主编：《世纪图景——21世纪国人生活权威调查》，中国社会出版社,2000。

(73) 浦东新区社发局等:《'95 浦东新区社会发展报告》,上海人民出版社,1995。

(74) 曹锦清、张乐天:《当代浙北乡村的社会文化变迁》,上海远东出版社,1995。

(75) 顾永才主编:《企业电子商务实务》,中华工商联合出版社,2000。

(76) 五城市家庭研究项目组:《中国城市家庭》,山东人民出版社,1985。

(77) 曹锦清:《黄河边的中国——一个学者对乡村社会的观察与思考》,上海文艺出版社,2000。

(78) 张子毅等:《中国青年的生育意愿》,天津人民出版社,1982。

(79) 龙冠梅:《云五社会科学大辞典》(社会学),(台湾)商务印书馆股份有限公司,1974。

(80)《中国大百科全书·社会学卷》,中国大百科全书出版社,1991。

(81) 国务院人口普查办公室:《第五次全国人口普查普查员手册》,中国统计出版社,2000。

(82) John W. Creswell 著,崔延强主译:《研究设计与写作指导——定性、定量与混合研究的路径》,重庆大学出版社,2007。

(83) W. L. Neuman, *Social Research Methods*, Third Edition, Allyn and Bacon, 1997.

(84) Earl Babbie, *The Practice of Social Research* (Sixth Edition) California, Uadsuorth Publishing Company, 1992.

(85) Herbent J. Rubin, *Applied Social Research*, London, 1988.

(86) Kenneth D. Bailey, *Methods of Social Research*, NY, The Free Press, 1982.

(87) D. Starley Eitgen and Maxine Baca Zinn, *Social Problems*, Library of Congress Cataloging Publication Data, 1992.

(88) *The SPSS Guide to Data Analysici*, Chicago, 1991.

(89) F. Chalmers, *What is the thing called science? —An assessment of the nature and status of science and its methids*, 1978.

(90) Graham Kalton, *Introduction to Suvey Sampling*, London, SAAGE Publicatons, 1983.

(91) *Resarch Methods*, London, SAGE Publications, 1993.

(92) Marija J. Norusis, Richard H. Hall, *Organizations — Structures, Processes, and Outcomes*, New Jersey, Prentice Hall, 1991.

（93） H. M. Blllack, *Construction from verbal to Mathematciall Fourmulations*, Engveuoord Cliggs, N, J, Prentice — Hall, 1969.

（94）Nan Lin, *Foundations of Social Research*, N. Y. McGraw Hill Book Co, 1976.

（95）B. D. Reynolcis, *A Primerin Theouy Construction*, Indianpolis, Bobbs — merrill, 1971.

（96） K. E. Weicd, *The Handbook of Social Psychology*, Massachusettes, Addison Wesley, 1968.

（97）J. G. Gallup, *The Gallup Poll*, Wilmingotn, SRINC, 1984, USA.

（98） Esther. Dyson, *A design for Living in the Digital Age*, BATMA, 1997.

（99）Darwin, F, *Life and Letters of C. Daruin*, John Murray. London, 1887.

（100）The RAND Cosporation, *A million Random Digits*, Free Piess, Glencce, Ⅲ, 1955.

（101）H. Arkin and R. R. Colton, *Tables for Statisticians*, 2nd edition, Harpen & Row, 1963.

复旦博学·社会学系列(可供书目)

1. 西方社会思想史(第三版)   普通高等教育"十一五"国家级规划教材
全国优秀教材/国家级优秀教学成果

于　海　著　ISBN 978 - 7 - 309 - 07131 - 3/D·450   定价：38 元

本书将西方社会思想及社会思想家置于重大的时代背景、历史潮流及特定的文化传统和学术流派中,以社会生活的结构逻辑为横轴、学理脉络的历史逻辑为纵轴,概述了从古希腊城邦社会学到当代后现代社会学的西方社会思想演进的历程,突出社会理论的时代性、历史性和社会性,展示"思想的理趣和历史的韵律"。在对西方社会思想的分析观照中,同时亦表现了作者对西方文化精神的独特领悟。

本书视野开阔,内容丰富,结构紧凑,议论深透;将哲理反思、历史考究与社会分析融为一体。一卷在手,西方两千五百年社会思想的历史发展过程及其深层的文化精神尽收眼底。

2. 西方社会学文选(英文版)   专业英语教材/基础原典文献

于　海　主编　ISBN 7 - 309 - 03256 - X/C·59   定价：68 元

本书为 20 世纪西方社会理论文选。全书分经典与当代两大部分,当代理论再分为美国、德国、英国和法国等四个小部分,选入过去 100 年在西方产生过最重要影响的欧美社会理论家 50多位,文献 78 篇。本书可作为社会学专业学生的专业英语教材,也可用作社会科学的基础原典文献。

3. 城市社会学文选   专业英语教材/基础原典文献

于　海　主编　ISBN 7 - 309 - 04386 - 3/C·75   定价：30 元

本书为西方城市理论文选,选录了过去 100 年欧美最重要的城市理论流派和分析范式,按学科史进程,包括第一个经典的城市社会学芝加哥学派、主要发源于欧洲的城市政治经济学学派、兴起于全球化时代的洛杉矶学派等。

本书可作为城市社会学、城市管理、城市规划、城市设计、城市社区发展、建筑学等专业本科生与研究生的英语教材,并可作为一种城市经典读本,适于一切与城市发展、管理、规划及城市文化有关的专业人士。

4. 女性主义研究方法   特色双语教材

孙中欣　张莉莉　主编　ISBN 978 - 7 - 309 - 05769 - 0/C·96   定价：50 元

本书为大学本科及研究生女性主义或妇女研究课程及妇女或女性问题培训项目的双语教材,全面论述了女性主义研究方法,包括访谈研究、调查研究、实验研究、评价研究、质性研究、民族志研究、跨文化研究和行动研究等,旨在为读者提供性别问题研究中各种常用的研究方法,并着重于社会学的女性主义研究及其在研究实践中所面临的种种挑战的分析,帮助读者找到适合自己的女性主义研究方法。

本书用作高等院校社会学专业本科生、研究生教材,也可供妇女问题研究者参考。

5. 社会心理学　　　　　　　　　　普通高等教育"十一五"国家级规划教材

孙时进　编著　ISBN 7 - 309 - 03509 - 7/C • 62　　　　定价：29 元(配教学课件)

本书从个体社会心理、群体社会心理和应用社会心理三个层面,论述了个体、群体和社会相互之间存在的错综复杂的关系,揭示了其中的规律,阐明了社会心理学的基本概念和基本原理,如人的社会化、社会认知和归因理论、人类的攻击性和利他行为、人际吸引、社会影响和相符行为、环境与都市心理、人生态度与身心健康等等。

6. 经济社会学(第二版)　　　　　　普通高等教育"十五"国家级规划教材

朱国宏　桂　勇　主编　ISBN 7 - 309 - 04295 - 6/F • 950　　　　定价：33 元

全书共分十章,分别论述了什么是经济社会学、经济社会学到新经济社会学、经济行为、交换行为、消费行为、经济制度、企业与产业组织、劳动力市场、社会资本、文化•网络与经济等。本书的特点是内容全、资料新,每章后附有本章小结、思考题以及推荐阅读文献,同时书末还附有人名索引、主题词索引便于读者查阅。

本书适合各大专院校经济、社会等专业师生。

7. 社会调查研究方法　　　　　　　普通高等教育"十一五"国家级规划教材

范伟达　范　冰　编著　ISBN 978 - 7 - 309 - 07331 - 7/C • 147

定价：36 元(配教学课件)

本书阐明社会调查研究是有中国特色的社会研究,是社会研究的中国化或本土化。全书不仅详述了社会调查研究的原理、程序、方法和技术,而且在抽样和问卷技术,电话与在线调查,统计分析、定性分析和理论分析等方面提供了崭新的视角。

本教材可供高等院校社会学专业教学主干课程使用,同时也可作理论研究、方案设计、现场实施、资料分析、撰写报告等社会调查研究的教学科研和咨询服务的参考用书。

社会工作概论　　　　　　　　　　复旦博学•社会工作系列

顾东辉　主编　ISBN 978 - 7 - 309 - 06002 - 7/C • 102　　　定价：35 元(配教学课件)

本书是社会工作专业教学的纲领性文献。本书以受过国际化高级课程训练的社会工作专家为主进行编写,较好地整合本土与国际,全面介绍社会工作的知识,并以年龄和机构为视角对实务进行了诠释,最后还附以多个案例说明。本书适合社会工作专业与相关专业的本专科学生、政府社会工作和社会福利相关部门的工作人员、社会服务机构行政人员和前线人员,以及对社会工作知识有兴趣的其他人士。

请登陆 **www.fudanpress.com**,内有所有复旦版图书全书目、内容提要、目录、封面及定价,有图书推荐、最新图书信息、最新书评、精彩书摘,还有部分免费的电子课件与图书供大家阅读。

意见反馈、参编教材、投稿出书请联系 fudanpress@126.com, floracao @ 126. com。电话：021 - 65643595,65103043。传真：021 - 65642892。

《社会调查研究方法》信息反馈表

　　复旦大学出版社向使用本社《社会调查研究方法》教材的教师免费赠送多媒体教学资源，包括配套的教学课件及电子书，便于教师教学。欢迎完整填写下面表格来索取。

教师姓名：_____职务/职称：_____

任课课程名称：_____

任课课程学生数：_____

联系电话:(O) _____　(H) _____　手机 _____

E - mail 地址：_____

学校名称：_____

学校地址：_____　邮编：_____

学校电话总机(带区号)：_____　学校网址：_____

院系名称：_____　院系联系电话：_____

邮寄多媒体课件地址：_____

邮编：_____

您认为本书的不足之处是：

您的建议是：

请将本页完整填写后，剪下邮寄到上海市国权路 579 号

复旦大学出版社　马晓俊收

邮编：200433　　　　　　　　　联系电话：(021)65643595

E - mail：fudanpress@126.com　　传真：(021)65642892

图书在版编目(CIP)数据

社会调查研究方法/范伟达,范冰编著.—上海:复旦大学出版社,2010.7(2024.1重印)
(复旦博学·社会学系列)
ISBN 978-7-309-07331-7

Ⅰ.社…　Ⅱ.①范…②范…　Ⅲ.社会调查-调查方法　Ⅳ.C915-31

中国版本图书馆 CIP 数据核字(2010)第 109552 号

社会调查研究方法
范伟达　范　冰　编著
责任编辑/马晓俊

复旦大学出版社有限公司出版发行
上海市国权路 579 号　邮编:200433
网址:fupnet@fudanpress.com　http://www.fudanpress.com
门市零售:86-21-65102580　团体订购:86-21-65104505
出版部电话:86-21-65642845
上海华业装潢印刷厂有限公司

开本 787 毫米×960 毫米　1/16　印张 27.75　字数 488 千字
2024 年 1 月第 1 版第 10 次印刷

ISBN 978-7-309-07331-7/C·147
定价:68.00 元